ERLANGER STUDIEN

Band 28

Herausgegeben von
Detlef Bernd Leistner
und Dietmar Peschel

1980
VERLAG PALM & ENKE ERLANGEN

ISBN 3-7896-0128-4

Offsetdruckerei Jürgen Sieland Erlangen

JUTTA ZANDER-SEIDEL

KUNSTREZEPTION
UND SELBSTVERSTÄNDNIS

EINE UNTERSUCHUNG ZUR ARCHITEKTUR
DER NEURENAISSANCE IN DEUTSCHLAND IN DER
ERSTEN HÄLFTE DES 19. JAHRHUNDERTS

1980
VERLAG PALM & ENKE ERLANGEN

INHALT

Einleitung   1

ERSTER TEIL

THEORETISCHE GRUNDLAGEN DER NEURENAISSANCE

1. Neurenaissance und Klassizismus   7
2. Die Grundlegung der Neurenaissance in der nachrevolutionären französischen Architekturtheorie   12
3. Neurenaissance als Hofkunst   31
4. Neurenaissance und bürgerliche Bewegung vor 1850   37
4.1. Der frühe Historismusbegriff Gottfried Sempers   38

ZWEITER TEIL

ZUR ROLLE DER NEURENAISSANCE IN DER ARCHITEKTUR

I. Die Anfänge in Deutschland: Neurenaissance als
   Hofarchitektur   45

1. Die Neugestaltung der Residenzstadt München
   von 1816 - 1836   45
1.1. Ludwig I. als Bauherr   46
1.2. Die Auswahl des Architekten: Herkunft und
     Stellung Klenzes   49
1.3. Die Neugestaltung des ehemaligen Schwabinger
     Tores und die Anlage der Ludwigstraße   55
1.3.1. Das Leuchtenberg-Palais   58
1.3.2. Das Odeon   67
1.4. Die Neuanlage des Max-Joseph-Platzes   69
1.4.1. Die Platzanlage Karl von Fischers   70
1.4.2. Der Wiederaufbau des Nationaltheaters nach
       dem Brand von 1823 und die Platzgestaltung
       Klenzes   72
1.4.3. Die Stilwahl beim Königsbau   75

1.4.4. Das Postgebäude 78

1.4.5. Die Anlage des Max-Joseph-Platzes als
 Residenzvorplatz 83

1.5. Die Bedeutung der Neurenaissance für die
 gleichzeitige städtische Architektur Münchens 87

II. Die Entwicklung der Neurenaissance von 1830-1850:
 Neurenaissance als Ausdruck einer bürgerlich-
 demokratischen Gesinnung 98

1. Zur ökonomischen und politischen Situation
 Deutschlands von 1830-1850 99

1.1. Dresden 100

1.2. Hamburg 103

1.3. Fürth 105

2. Die Widerspiegelung der bürgerlichen Bewegung
 vor 1850 in der Architektur 106

3. Die Tätigkeit Gottfried Sempers in Dresden 108

3.1. Das Verhältnis Sempers zur bürgerlichen
 Bewegung vor 1849 109

3.1.1. Erfahrungen der Studienjahre 110

3.1.2. Der politische Gehalt der ersten Schrift
 Sempers (1834) 113

3.1.3. Der Dresdener Kreis 115

3.2. Die Dresdener Bauten Sempers 118

3.2.1. Die Neugestaltung des Theaterplatzes 118

3.2.1.1. Barocktradition und Neurenaissance 118

3.2.1.2. Städtebauliche Akzente der Platzanlage 121

3.2.2. Das Alte Hoftheater 130

3.2.2.1. Möglichkeiten und Aufgaben des zeitgenössischen Theaterbaus 130

3.2.2.2. Der erste Theaterentwurf Sempers als
 Beispiel einer bürgerlich-fortschrittlichen
 Konzeption (1835) 133

3.2.2.3. Der ausgeführte Bau 139

3.2.3. Die Gemäldegalerie 148

3.2.3.1. Zeitgenössische Stellungnahmen zum
        Museumsbau 149

3.2.3.2. Museumsneubau und Denkmalpflege 151

3.2.3.3. Das ausgeführte Museum 158

3.2.4. Private Wohnbauten 170

3.2.4.1. Sozialgeschichtlicher Standort der
        Wohnbauten Sempers 170

3.2.4.2. Kunstgeschichtlicher Standort der
        Wohnbauten Sempers 172

3.2.4.3. Die Villa Rosa 173

3.2.4.4. Das Palais Oppenheim 177

3.2.4.5. Die Wirkung der privaten Wohnbauten
        Sempers für die Dresdener Bautätigkeit 180

4. Hamburg als Beispiel eines republikanisch verfaßten deutschen Stadtstaates: Neurenaissance
   und bürgerlich-utilitaristisches Architekturverständnis 184

4.1. Zur Hamburger Architektur in der ersten
     Hälfte des 19. Jahrhunderts 185

4.1.1. Wirtschaftliche Interessen und künstlerischer
       Anspruch 185

4.1.2. Stiltendenzen zwischen Tradition und Fort-
       schritt 190

4.2. Der Wiederaufbau des zerstörten Stadtzentrums
     nach dem Brand von 1842 192

4.2.1. Planungsziele 192

4.2.2. Zur Stilfrage 195

4.2.3. Die städtebauliche Konzeption 201

4.3. Hamburg - Venedig: Assoziierender Historismus
     und bürgerliches Selbstverständnis 205

5. Das Rathaus in Fürth. Stilfragen zum ersten
   Rathausbau der bayerischen Stadt 209

5.1. Die erste Planungsperiode von 1823-1825 und
     die Zeit der Bauaussetzung bis 1832 210

5.2. Die zweite Planungsperiode von 1832-1840 und
     der ausgeführte Bau von 1840-1850 218

5.3. Die Rathauserweiterungsprojekte der
   Jahrhundertwende   235

AUSBLICK

Entwicklungslinien der Neurenaissance in der
zweiten Hälfte des 19. Jahrhunderts   238

ANMERKUNGEN   251

LITERATUR- UND QUELLENANGABEN   320

ERLÄUTERUNGEN UND NACHWEISE ZUM BILDTEIL   325

BILDTEIL   nach 162

EINLEITUNG

In der ersten Hälfte des 19. Jahrhunderts vollzog sich die Ablösung des seit dem Spätbarock bis ins zweite Jahrzehnt des Jahrhunderts für die Architektur bestimmend gewordenen Klassizismus[1] durch die breit gefächerte Stilskala historisierender Architektur. Obgleich sich dieser Wandel, bedingt durch die starren autoritären Strukturen klassizistischen Architekturverständnisses nur schrittweise vollzog, so daß neben typisierenden Einzelformen wie Säulenportiken und antikisierenden Giebelfeldern auch das Streben nach Symmetrie und Regelmäßigkeit als das hartnäckigste Relikt klassizistischer Architekturpraxis noch weit über die Jahrhundertmitte hinaus für viele Architekten unabdingbare Forderung blieb, lassen sich für Deutschland die Jahre zwischen 1815 und 1825[2] als erste Phase des Übergangs vom Klassizismus zum Historismus[3] benennen, die die entscheidende theoretische Umorientierung mit sich brachte. An die Stelle der ahistorisch-normativ gesetzten, zum Dogma einer absoluten Ästhetik erhobenen Rezeption antiker Architekturelemente, die mittlerweile eine Erstarrung der allgemeinen Bautätigkeit zur Anwendung festgefügter Schemata zur Folge hatte, trat nun die neue Formenvielfalt historisierender Stiladaptionen, die das auf der Individualität vergangener Zeitstile basierende Architekturprinzip des Historismus kennzeichnete.
Soll dieser Wandel anhand der architektonischen Praxis jener Zeit aufgezeigt werden, so kann die Erklärung einer kunstimmanenten "zwangsläufigen Entwicklung"[4] von der begrenzten Formensprache der Antike zu "jenen vielfältigeren und reicheren Formen"[5] für die historisierende Architektur nicht ausreichen. In der Ablösung des dogmatischen Klassizismus und seiner normativen Vorbilder der griechischen und römischen Antike wird vielmehr der Strukturwandel der Gesellschaft des frühen 19. Jahrhunderts ablesbar, der sich - allgemeinst zu fassen unter "Verbürgerlichung" - in dieser auch programmatisch so reichhaltig dokumentierten Architekturphase widerspiegelt.
Während die mittelalterlichen Stiladaptionen, das heißt für

diese Zeit vor allem die Neugotik, stets als fundamentale Zäsur klassizistischer Tradition erkannt und gewürdigt wurden[6], da hier die formalen Unterschiede am augenfälligsten waren, gilt dies nur bedingt für die auch innerhalb des Historismus an antike Formtraditionen anknüpfenden Rezeptionsvorgänge, deren Ergebnis weiterhin antikisierende Stilformen verschiedener Spielarten darstellten.
So trägt auch die Definition eines "klassizistischen Pluralismus"[7] für die ersten vier Jahrzehnte des Jahrhunderts weiterhin zur Verunklärung der Begriffe bei, indem der grundlegende theoretische Neuansatz des Historismus, die nahezu uneingeschränkte Wahlfreiheit bietende Stilpluralität, durch die Verbindung mit dem an eine normative, stilistisch eingleisige Ästhetik gebundenen Klassizismusbegriff erneut als eine kontinuierliche Weiterentwicklung[8] architektonischer Praxis dargestellt wird.
Begünstigt durch eine breite Analogie der verwendeten Formen wird so die Antikenrezeption des Klassizismus und des Historismus auch als künstlerisches Prinzip unter Vernachlässigung ihres die Unterschiede klar benennenden programmatischen Kontexts in eins gesetzt.

Gleichermaßen ohne exakte Abgrenzung zwischen Klassizismus und Neozeitstilen angesiedelt erscheint immer noch die Neurenaissance, deren Programm die Aktualisierung der italienischen Architektur des 15. und 16. Jahrhunderts darstellte. Als Antikenrezeption "aus zweiter Hand" wurde sie vielfach einem definitionslosen Klassizismus zugeordnet und somit als eigenständige Stilform des Historismus verkannt.[9]
Tatsächlich ist die Neurenaissance aufgrund ihrer antikisierenden Formelemente mit einer rein formal-stilkritischen Betrachtungsweise kaum exakt zu definieren, zumal sie in ihrer Gesamtheit keine homogene Stilphase darstellte. Das frühzeitige Einsetzen neurenaissancistischer Stilbildung[10] bereitet mitunter Schwierigkeiten bei der Abgrenzung eindeutiger Renaissanceadaptionen mit dem Ziel architektonischer Historisierung gegenüber gleichzeitig vorhandenen Relikten spätklassizistischen Architekturverständnisses.
Dennoch aber stellt die Neurenaissance als Stileinheit innerhalb des Historismus eine selbständige, vom Klassizismus

zeitlos-absoluter Definition bereits durch die Einführung
einer historischen Dimension klar zu trennende Architektur
dar, wenngleich der Grad der Historisierung - verstanden als
aktive Bezugnahme von Vergangenem auf die Gegenwart - im Laufe des hier vorliegenden Untersuchungszeitraumes deutlich
zunahm.
Damit wird die Unterscheidung zweier, auch zeitlich voneinander abgrenzbarer Phasen neurenaissancistischer Architektur
notwendig:
Von der Mitte des zweiten Jahrzehnts bis zum Beginn der dreißiger Jahre fand die Neurenaissance vornehmlich in den deutschen Residenzstädten als "Hofarchitektur" des 19. Jahrhunderts
ihre Anwendung. Für ihre Architekten wie für ihre überwiegend
fürstlichen Bauherrn, die sich, entsprechend der konservativ-
-reaktionären Grundhaltung der herrschenden Gesellschafts-
schichten auf künstlerischem Gebiet von der Präferenz antiker
Formelemente im Sinne eines überalterten Klassizismus nie ganz
frei machen konnten, bedeutete die Verwendung italienischer
Renaissancemotive im wesentlichen eine Vermittlung der Antike,
indem sie die begrenzten Formvorräte griechischer und römischer Bauten durch die in einer neuzeitlicheren Gesellschaft
entstandenen italienischen Vorbilder erweiterte und somit den
Rezeptionsfundus hinsichtlich architektonischer Aufgabenstellungen der eigenen Zeit entscheidend bereicherte. Die historisierende Stilform blieb für sie unter Vernachlässigung einer
gesellschaftlichen Verankerung der Rezeption weitgehend autonome Form, die zwar innerhalb der neuen architektonischen Prinzipien durch die angestrebte Aktualisierung vergangener Kunst
außerhalb der Antike durchaus ihren Platz fand und somit den
dogmatischen Klassizismus auch hier verdrängt hatte, doch
unterschied sich dieser Rezeptionsvorgang deutlich von der
zweiten Phase der Neurenaissance, die etwa mit dem Beginn der
dreißiger Jahre des Jahrhunderts einsetzte.
Sie war gekennzeichnet durch die enge Bindung der architektonischen Stiladaption an die außerkünstlerische Situation der
vorbildlich gesetzten Epoche, die selbst als wesentliche,
motivierende Komponente in die Rezeption einbezogen wurde.
Über die auf dem gemeinsamen Nenner einer bürgerlichen Ordnung
begründete Analogiesetzung einer idealisierten italienischen

Renaissancegesellschaft mit den Zielen bürgerlicher Selbstbestimmung im Vormärz wurde so die italienische Renaissancearchitektur nicht mehr allein als formale Lösung verstanden, sondern darüberhinaus als eine an die Bewußtseinsstrukturen ihrer Zeit gebundene künstlerische Äußerung paradigmatisch für die eigene Gegenwart rezipiert.
Die Neurenaissance als architektonische Möglichkeit erhielt damit eine Rolle innerhalb der aktuellen gesellschaftlichen Entwicklung zugesprochen, die über die gemeinhin als Reproduktion der herrschenden Ideologie zu definierende Funktion gebauter Architektur hinausging. Ihre Inanspruchnahme als spezifisch bürgerliche Architekturform machte sie vielmehr zur Manifestation einer gesellschaftlichen Forderung, als welche sie aktiv auf die politische Neuordnung einwirken sollte.
In dieser programmatischen Phase neurenaissancistischer Architektur – deren Vertreter weitgehend dem fortschrittlichen, für eine republikanische Verfassung kämpfenden Bürgertum angehörten – fand nun eine starke Betonung der Eigenständigkeit der Neurenaissance gegenüber dem Klassizismus, aber auch gegenüber den antikisierenden und mittelalterlichen Stilformen des Historismus statt, die ihrerseits ebenfalls verstärkt mit aktuellen politischen Gruppierungen identifiziert wurden. Stildiskussionen waren nun häufig gleichzusetzen mit einem politischen Meinungsaustausch, wie es am Beispiel der frühen Schriften Gottfried Sempers als eines zentralen Vertreters dieser Richtung zu zeigen sein wird.[11]

Aber auch anhand der Neubauten, die in dieser zweiten Phase der Neurenaissance etwa zwischen 1830 und 1850 entstanden, wird der veränderte Anspruch dieser Architektur ablesbar, wenngleich die aus der Abhängigkeit der Architekten von ihren Bauherrn erwachsenden Zugeständnisse oftmals die ursprüngliche Intention verunklärten.[12] Hier, wie für die Bestimmung der Neurenaissance im Allgemeinen, vermittelt die umfangreiche programmatische Präsentation der einzelnen Bauten wichtiges Quellenmaterial, das sowohl den künstlerischen Anspruch, wie auch die ideologischen Abhängigkeiten dieser Architektur klarer als für frühere Epochen darlegt.

Die Rezeption traditioneller – und was entscheidend ist –
in ihrer historisch-gesellschaftlichen Wertigkeit subjektiv
genau festgelegter Stilformen als künstlerisches Prinzip des
Historismus hatte eine Vielzahl programmatischer Schriften
zur Folge, die der Erkenntnis der künstlerischen Intention,
aber auch der gesellschaftlichen Funktion dieser Architektur
größtmögliche Authentizität vermitteln. Zwar ermöglicht das
Wissen um die Einschätzung und Bewertung vergangener Kunst
durch ihre jeweiligen Zeitgenossen nicht aus sich heraus bereits die ästhetische Definition historischer Kunsterscheinungen, doch liefert es in den spezifischen Kriterien der
Rezeption das Material, die historisierende Architektur des
19. Jahrhunderts in ihrer entscheidenden Bindung an das Selbstverständnis der Zeit darzulegen.

Für die Definition der Neurenaissance als eigenständige Stilform des Historismus in Deutschland während der ersten Jahrhunderthälfte scheint deshalb eine rezeptionsgeschichtlich
orientierte Betrachtungsweise besonders geeignet, bei der die
Beziehungen zwischen dem vorbildlichen Originalstil und dessen
Aktualisierung im Untersuchungszeitraum im Mittelpunkt stehen.
Über die stil- und formgeschichtliche Bestimmung des architektonischen Bestandes hinaus werden so anhand des Konkretisierungsprozesses, den der bauherrliche Auftrag in der Auseinandersetzung mit den künstlerischen Möglichkeiten seiner
Zeit erfährt, grundlegende Einsichten in das Verhältnis von
Architektur und Gesellschaft möglich, die als Maßstab des
historischen Bewußtseins auch für die Beurteilung aus heutiger
Sicht ausschlaggebend bleiben.

Die Weiterentwicklung der Neurenaissance in der zweiten Jahrhunderthälfte, die sich augenfällig auch in einer starken
Zunahme neurenaissancistischer Architektur äußerte, kann im
Rahmen dieser Untersuchung nur ausblickshaft in ihren wichtigsten Linien skizziert werden[13], da sie nach der Zäsur der
gescheiterten bürgerlichen Revolution von 1848/49 aufgrund
der veränderten ökonomischen und politischen Situation in
Deutschland erneut eine völlig andere Richtung nahm.
Als beherrschender Architekturstil der nachfolgenden bürger-

lichen Konsolidierungsphase erfuhr sie unter dem Einfluß zunehmender Refeudalisierungs- und Nationalisierungstendenzen eine den Spätstil charakterisierende Betonung der formalen Seite, während gleichzeitig nach dem Verlust der ehemals im Bürgertum bestehenden ideologischen Barrieren ihr Aufgehen im Neobarock gegen Ende des Jahrhunderts eine tiefgreifende programmatische Neuorientierung signalisierte.

ERSTER TEIL

THEORETISCHE GRUNDLAGEN DER NEURENAISSANCE

1. Neurenaissance und Klassizismus.
Zum Wandel der Antikenrezeption.

Die Abgrenzung der Neurenaissance gegenüber dem Klassizismus ist nicht allein von stilgeschichtlicher Bedeutung. Der Wandel in der Antikenrezeption von den ersten klassizistischen Theorien Winckelmanns bis zur Mitte des 19. Jahrhunderts, - in dem Zeitraum also, der Entstehung und endgültige Ablösung des Klassizismus durch den Historismus einschließt - macht darüberhinaus in der ideologiespezifischen Aneignung der von Adel und Bürgertum gleichermaßen zum Vorbild erhobenen künstlerischen Form Anspruch und Selbstverständnis ihrer Rezipienten ablesbar.
Die Proklamierung der Antike als absolute Norm durch Winckelmann und die dadurch vollzogene Loslösung der Stilentwicklung vom historischen Ablauf war die erste Voraussetzung für die in den folgenden 150 Jahren beherrschende Praxis rezeptiver Architektur. Dieser als Befreiung der Kunst aus dem Mißbrauch barocker Allegorese empfundene Schritt[14] schuf eine bislang unbekannte Verfügbarkeit der künstlerischen Form, deren scheinbare Zweckfreiheit nun der individuellen Rezeption überlassen blieb. Die Ausbildung ihrer Regeln erfolgte zunächst im Bereich der Philosophie, wo durch die neu entstehende Disziplin der Ästhetik[15] der Kunst als "Weg zum Weltverständnis"[16] erstmals die Aufgabe zugeteilt wurde, die in der nachfolgenden Zeit zur allgemeinen Grundlage künstlerischen Schaffens wurde.
Die Forderung Kants, nach der jeder "Anspruch eines ästhetischen Urteils auf allgemeine Gültigkeit ... einer Deduktion, d.i. Legitimation seiner Anmaßung"[17] bedurfte, brachte eine Kunsttheorie hervor, die im Rückgriff auf die in der italienischen Renaissance formulierten Bindung der künstlerischen Lebenskraft an die klassische Form in der Absolutsetzung der

Antike diese höchste, legitimierende Norm fand. Noch frei von
vordergründiger Ideologisierung im Dienst aktueller politischer Zielsetzungen vollzog sich die Antikenrezeption des vorrevolutionären Klassizismus in einem idealisierten "Reich der
absoluten Ästhetik", in dem die Kunst der Antike als der "höchste und genaueste Begriff von Kunst"[18] unangefochten regierte.
Die Betrachtung der künstlerischen Werke und Epochen in ihrer
historischen Eigenständigkeit lag noch außerhalb des Interesses, Kunstgeschichte wurde verstanden als "Bestandteil des
sittlichen Strebens nach dem Vollkommenen"[19], für dessen Erlangung allein die Antike den richtigen Weg wies; denn ihre
Werke verhielten sich zu denen anderer Epochen wie "das Buchstabieren zum Lesen, wie Stottern zum Recitiren und Deklamiren".[20]
Eine derart begründete Antikenrezeption, in der die klassischen Formen zum ahistorisch-normativen Leitbild erhoben wurden, stand im deutlichen Gegensatz zu den Rezeptionsvorgängen
im 19. Jahrhundert, für die eine bewußt vollzogene Reproduktion der historischen Kunsterscheinungen auf die eigene Gegenwart und die daraus resultierende Brauchbarkeit oder Unbrauchbarkeit die Übernahme bestimmte.
Dieser Wandel, der auch für die antiken Vorbilder die Möglichkeit der Modifizierung, bzw. Ablehnung mit sich brachte, wurde
markiert durch die explizite Indienstnahme der Antike seitens
des Bürgertums in der französischen Revolution[21], mit der der
Rezeption der klassischen Formensprache eine aktive Rolle in
der bürgerlichen Emanzipationsbewegung zugeteilt wurde.
Der dogmatische Klassizismus als vorrevolutionäre Stilform
wurde auch als künstlerische Ausdrucksform der vorrevolutionären Gesellschaft zugeordnet und deshalb zusammen mit dieser
abgelehnt und verurteilt.
So vollzog sich von Frankreich ausgehend nach der ersten, vorwiegend auf das Entwurfsstadium beschränkt gebliebenen Gegenströmung der Revolutionsarchitektur[22] der grundlegende Wandel
in der Antikenrezeption von dem in einer normativen Ästhetik
begründeten Klassizismus des 18. Jahrhunderts zum historisierenden Rückgriff auf antike Formvorbilder.
Bereits die vorwiegend römischen Übernahmen der napoleonischen
Zeit sind dieser neuen Phase der Antikenrezeption zuzuordnen,

da hier auf einen zeitlich begrenzten Originalstil in seiner
historischen Eigenständigkeit zurückgegriffen wurde. Die Triumphbogen und Tempelarchitekturen sollten als nahezu kopierende Neuauflagen der historischen Vorbilder den politischen
Anspruch des neuen Kaiserreichs als Nachfolger des römischen
Imperiums legitimieren und so mithilfe der Architektur das
Selbstverständnis der Herrschenden anschaulich werden lassen.[23]

Diese veränderte Rezeptionsgrundlage bestimmte für die Folgezeit auch die antikisierende Architektur in den deutschen
Einzelstaaten, wenngleich sich hier erst nach den Befreiungskriegen und nach der Neuregelung der politischen Verhältnisse
im Wiener Kongress eine nennenswerte Bautätigkeit entwickeln
konnte.
Gegenüber dem vorrevolutionären Klassizismus trat nun eine
deutliche Ambivalenz in der Antikenrezeption auf, entsprechend dem Anspruch der sie tragenden Klasse und dem Ziel
ihrer Indienstnahme. Während im Umkreis der Fürstenhöfe als
Mittel der politischen Reaktion weiterhin auf die Antike als
zeitloser Idealzustand zurückgegriffen wurde, um damit die
eigene Machtstellung gleichfalls als überzeitlich gültig darzustellen, konnte für die Vorkämpfer einer bürgerlichen Gesellschaftsordnung das ahistorisch-absolut gesetzte Ideal
der Antike keine gesellschaftliche Aussagekraft mehr besitzen. In den Vordergrund trat nun der entwicklungsgeschichtlich ausgerichtete Fortschrittsgedanke als zentraler Inhalt
bürgerlicher Ideologie, dem auch der künstlerische Bereich
in seiner aktuellen und historischen Dimension untergeordnet
werden sollte.
Für die eigene Kunstpraxis bedeutete dies:
Die Antikenrezeption fand nicht mehr unter dem Absolutheitsanspruch klassizistischer Ästhetik statt, sondern erfuhr
nun ihre entscheidende Umdeutung im Sinne des Historismus.
Die griechischen und römischen Formen wurden als Ausdruck
eines eigenständigen Zeitstils neben den anderen historischen Stilrichtungen rezipierbar und bedurften wie diese der
individuellen Legitimation hinsichtlich ihrer Brauchbarkeit
für die jeweils gestellte Bauaufgabe, bzw. für die intendierte außerkünstlerische Aussage des architektonischen Projekts.

Aber auch für die Bewertung der Antike innerhalb der Kunstgeschichte wurde diese Umdeutung zum Wendepunkt. Die Klassik als Zeitalter künstlerischen Schaffens schlechthin verlor ihre absolute Autorität und fand Einordnung innerhalb einer neu als kontinuierlich begriffenen historischen Entwicklung der architektonischen Formen. Unter dem Anspruch der vorurteilsfreien Erfassung künstlerischer Erscheinungen in ihrer Bindung an ein "nationales und locales Element"[24] sollte sich Kunstgeschichte nicht länger in einer "Elegie auf das verlorene und unwiederbringliche goldene Zeitalter"[25] erschöpfen. Insonderheit die Geschichte der Architektur rückte als "versteinerte Weltgeschichte"[26] ins Blickfeld, deren jeweilige Epochen unter dem Gesichtspunkt der Kontinuität hinterfragt wurden.

Da sich eine solcherart festgestellte Nachfolge, bzw. ihre Negation, nicht allein auf den künstlerisch-handwerklichen Bereich beschränkte, sondern jede Rezeption historischer Formvorbilder die architektonische Aufgabe in ihrer gesamtgesellschaftlichen Verankerung umfaßte, waren damit auch die Voraussetzungen zur direkten Ideologisierung vergangener Kunst im Hinblick auf die eigenen politischen Ziele geschaffen. Von der Forderung Schlegels an die Kunstgeschichte nach "Darlegung des unendlichen Fortschritts im Menschengeschlechte"[27] war es nur noch ein interpretatorischer Schritt, diesen Fortschritt an das eigene favorisierte politische System gebunden darzustellen und anhand einer historisierend-programmatischen Kunstpraxis ablesbar zu machen.

Die Antike in ihrer vielfältigen Ausdeutbarkeit erwies sich für eine derartige Ideologisierung besonders geeignet, zumal ihre bereits in der französischen Revolution zum Vehikel bürgerlicher Emanzipation erklärte Kunst eine erneute explizite Indienstnahme durch die bürgerliche Bewegung in den deutschen Staaten nahelegte.[28] Dennoch boten die antiken Formvorbilder innerhalb des eng an der historischen Bauaufgabe orientierten Rezeptionssystems bald keine ausreichenden Rückgriffsmöglichkeiten mehr für die baulichen Aufgabenstellungen der Gegenwart, so daß die Architektur der italienischen Renaissance als neuzeitlichere Präsentation antiker Formen neben die grie-

chischen und römischen Vorbilder trat.
In Übertragung der für die Antikenrezeption bereits dargelegten Ambivalenz auf die Aktualisierung der italienischen Renaissancearchitektur beinhaltete so die Neurenaissance von Anfang an eine potentielle Zweigleisigkeit, wie sie an den Architekturbeispielen der ersten Jahrhunderthälfte ablesbar wird. Denn ihre Formensprache erlaubte einerseits ein Festhalten an der ästhetischen Prävalenz antiker Vorbilder unter gleichzeitiger Überwindung ihrer formalen und typusmäßigen Beschränkung, andrerseits aber wurde sie in Betonung ihrer epochalen Eigenständigkeit rezipierbar und ermöglichte damit als Paradigma einer neuzeitlicheren gesellschaftlichen Situation eine spezifischere Analogiesetzung mit den Zielen der eigenen Zeit als die Antike selbst.
So war es zB für Schinkel als Repräsentanten und spätere Symbolfigur[29] der konservativen Architektenkreise der ersten Jahrhunderthälfte nicht widersprüchlich, für sich in Anspruch zu nehmen, "dem einfachen und erhabenen Stile der rein griechischen Kunst"[30] zu folgen und im nächsten Satz zu konstatieren, daß "dieser ganz ideale Stil ... aber mit vielen neuen Lebensverhältnissen ganz direkt im Widerspruch (sei)"[31] und er daher "vermittelnd modifiziert"[32] werden muß.
Gleichzeitig konnte aber auch Semper als exponierter Vertreter einer spezifisch auf die zukünftigen bürgerlichen Verhältnisse ausgerichteten Architektur die italienische Renaissance zum primären Bezugspunkt seiner Rezeption machen, indem er sie in formaler wie inhaltlicher Hinsicht als das der Antike überlegene Vorbild betrachtete.

Die Voraussetzungen zu dieser Entwicklung hatte aber nicht allein die Überwindung der normativen Antikenrezeption des Klassizismus durch die deutsche Kunsttheorie im ersten Viertel des 19. Jahrhunderts geschaffen. Deutlich vor dem Wirksamwerden neurenaissancistischer Architekturformen für die deutsche Baupraxis im zweiten Jahrzehnt des Jahrhunderts fand diese veränderte Sicht der Antike bereits Eingang in die französische Architekturtheorie der Jahrhundertwende, als in Auseinandersetzung mit den spätbarocken und klassizistischen Theorien feudal-absolutistischer Prägung[33] erstmals

eine neuzeitliche Architekturlehre formuliert werden sollte.
Im Gegensatz zu der im Sinne einer allgemeinen Kunsttheorie
im philosophischen Bereich angesiedelten deutschen Theorie
des Nachklassizismus zielte die französische Richtung bewußt
auf die direkte Anwendbarkeit ihrer Prinzipien für die zeiteigene Architektur, so daß sie als die früheste Grundlegung
der Neurenaissance gelten kann.[34]
Die 1802-1805 erschienene Schrift Jean Nicolas Louis Durands,
eine auf theoretische Neufassung und praktische Anwendbarkeit
gleichermaßen ausgerichtete Architekturlehre unter dem Titel
"Précis des Leçons d'Architecture données à l'Ecole Polytechnique"[35] stehe dafür als Beispiel.

2. Die Grundlegung der Neurenaissance in der nachrevolutionären französischen Architekturtheorie:
Die Architekturlehre Durands[36]

In dem Bestreben, eine kurzzeitige, doch nichtsdestoweniger
fruchtbare Ausbildung zukünftiger Architekten zu ermöglichen[37],
entstand Durands Architekturlehrbuch für die polytechnischen
Schulen, die innerhalb ihres Unterrichts auf eine enge Verbindung von theoretischer Grundausbildung, architektonischem
Entwurf und materieller Realisierung abzielten.[38]
So wurde mit diesem Werk in knappester Form Selbstverständnis
und Anspruch einer neuen Architektur dargelegt[39], die sich
durch die eindeutige Ablehnung der als Inbegriff des feudal-
absolutistischen Systems begriffenen spätbarock-klassizistischen "Scheinarchitektur"[40] von der herrschenden Baupraxis
abkehrte und so mit der Neuformulierung architektonischer
Grundprinzipien der veränderten gesellschaftlichen Situation
Rechnung tragen wollte.
Gegenüber der bislang als Reaktion auf die offizielle Rokoko-
kunst im Frankreich des späten 18. Jahrhunderts entstandenen
Traktatliteratur rationalistischer Prägung[41], die sich im
Bemühen um die philosophische Erfassung der "Kunst des Bauens"
weitgehend auf die theoretische Abhandlung architektonischer
Leitsätze konzentrierte, während der materiellen Ausführung
von Bauwerken nur eine untergeordnete Handlangerfunktion zu-
gebilligt wurde[42], zeigt bereits die äußere Einteilung des

zweibändigen Werks Durands, daß dieses für einen neuen Adressatenkreis bestimmt war. Mit ihm wandte sich Durand an den ausführenden Architekten, dem ein Gebäude von der Planung bis zur Bauleitung anvertraut war und leitete damit bewußt über zur Generation der Ingenieurarchitekten des 19. Jahrhunderts. Einer Bestimmung des Zieles der Architektur und den daraus abgeleiteten Prinzipien, denen das Lehrbuch folgte, schloß er so im ersten Band die Besprechung der einzelnen Bauglieder[43] und ihrer Kompositionsmöglichkeiten[44] an, während der zweite Band die Darstellung der einzelnen Baugattungen zum Inhalt hatte[45], aufgeteilt gemäß ihrer gesellschaftlichen Funktion.

Der Einfluß dieses Werkes auf die gesamte bürgerliche Architekturtheorie des 19. Jahrhunderts - dem hier nicht im einzelnen nachgegangen werden kann - beruhte nicht zuletzt darauf, daß Durand, im Gegensatz zu den Theorie gebliebenen Sozialutopien der Revolutionsarchitekten[46] erstmals versuchte, eine Architektur l e h r e auf den "Grundrissen einer besseren Welt"[47] aufzubauen, indem er die neu definierten architektonischen Prinzipien in umfangreichen praktischen Beispielen für die eigene Zeit anwendbar zu formulieren suchte. Denn eben mit dieser bewußten Bezugnahme auf eine gesamtgesellschaftliche Neuordnung wurde die Schrift Durands für die bürgerliche Gesellschaft rezipierbar, die zentrale Inhalte ihrer eigenen Ideologie angesprochen erkannte, wenn dieser das Ziel der Architektur dahingehend bestimmte, den Nutzen für die Öffentlichkeit wie für den Einzelnen, sowie Glück und Schutz des Individuums und der Gesellschaft zu garantieren.[48]
Erste Voraussetzung für das Erreichen dieses Zieles aber war für Durand die Entwicklung einer richtliniengebenden Methode, die er folgendermaßen begründete:
"Mais les principes de tout art, de toute science ne sont que des résultats d'observation. Or, pour les découvrir, il faut observer; et pour observer avec fruit, il faut le faire avec méthode."[49]
Hierin folgte Durand zwar der seit dem Rationalismus zum Allgemeingut der Architekturtheorie gewordenen Forderung nach einer vernunftmäßig kontrollierbaren Architektur[50], vollzog aber gleichzeitig eine erste Abkehr vom normativen Klassi-

zismus und seinem Grundsatz, daß sich Gesetze nicht auf das
zu beziehen hätten, was ist, sondern auf das, was sein soll[51],
indem er der Beobachtung des Bestehenden die Möglichkeit prinzipieller Erkenntnis zuerkannte.[52]
In der Forderung nach der Entwicklung von Prinzipien, die für
die architektonische Tätigkeit richtungsweisend werden sollten,
ohne dogmatische Kompositionsgesetze zu sein, war bereits intendiert, was Gottfried Semper rund fünfzig Jahre später mit
seiner "Lehre vom Stile" vermitteln wollte: Eine "Art Topik
oder Erfindungsmethode, welche zur Erkenntnis des natürlichen
Prozesses des Erfindens führen könnte"[53], das heißt eine Systematisierung des architektonischen Schaffens außerhalb einer
normativen Ästhetik.

Die Architekturlehre Durands soll hier unter einem doppelten
Aspekt Beachtung finden. Zum einen macht der in ihr greifbare
Übergang von der normativ klassizistischen Baukunst zur Bindung der Architektur an bestimmte gesellschaftliche Konstellationen die theoretische Grundlage historisierender Architektur des 19. Jahrhunderts anschaulich; gleichzeitig liefert sie
die Grundlage zu einer spezifisch bürgerlichen Architekturtheorie, indem die von Durand geforderten sozialen Bedingungen
der Architektur von der bürgerlichen Gesellschaft als die ihren identifiziert werden.
Zum andern zeigen die Beispiele, die Durand anführt, um das
Gesagte anschaulich zu machen, in der Vermittlung der Antike
durch die Bauformen der italienischen Renaissance erste Ansätze einer programmatischen, das heißt als Zeitstil rezipierten Neurenaissance; der italienischen Architektur des 15. und
16. Jahrhunderts wird eine der Antike in gewissen Bereichen
überlegene Realisierung zeiteigener Bauaufgaben zugesprochen.

1. Der Übergang vom Klassizismus zum Historismus wird auch
beschreibbar an dem grundlegenden Wandel des Architekturverständnisses, der sich an der Wende zum 19. Jahrhundert
vollzog. Der Architekturlehre Durands kommt hinsichtlich dieser Neuorientierung insofern eine Schlüsselstellung zu, als
Umfang, Aufbau und Absicht dieser Schrift erstmals eine weitere, auch massenwirksame Verbreitung der veränderten Ein-

schätzung des architektonischen Schaffens ermöglichten, wie
sie anhand der dort einleitend versuchten Neubestimmung architektonischer Grundprinzipien ablesbar wird.
Durand stellt die Auseinandersetzung mit dem Normensystem
klassizistischer Ästhetik an den Anfang seiner Ausführungen,
um so zunächst die neue theoretische Basis seiner Architekturlehre darzulegen. Sein Ziel ist es, die Leitsätze einer philosophisch-theoretisch dogmatisierten Architektur als unnatürlich und daher willkürlich zu entkräften und sie durch eine
umfassende, an den "natürlichen"[54] Funktionen der Architektur
für den Menschen orientierte Prinzipienlehre zu ersetzen.

Dabei wendet er sich sowohl gegen die traditionelle Einteilung
der Architektur in drei mehr oder weniger selbständige Teilbereiche der Schmuckformen ("décoration"), der räumlichen Zuordnung einzelner Bauglieder ("distribution") und der Bauausführung ("construction")[55] und ihre verabsolutierende Behandlung innerhalb der klassizistischen Architekturtheorie, wie
auch gegen die dort zentrale Stellung der fünf Säulenordnungen.
Insonderheit die seit dem Manierismus verbindliche, bei Vitruv
im vierten Buch dargelegte[56] anthropomorphe Deutung der Säulenformen lehnt er als falsche, da unnatürliche Grundlage der
architektonischen Schönheitslehre des Klassizismus ab,[57] wie
auch ihre Ableitung aus der menschlichen "Urhütte"[58], die bislang als Legitimation ihrer universellen Anwendung galt.
Statt dieser als chimärenhaft und unsinnig verworfenen Gedankenkonstruktionen[59] fordert Durand nun eine Rückführung der
Architektur auf ihren natürlichen Ursprung, den er aus den
spezifischen Ideen und Bedürfnissen der menschlichen Gesellschaft abzuleiten sucht.[60]
Die "Urprinzipien"[61] menschlicher Existenz, "l'amour du bien-
-être"[62] - der Wunsch nach Wohlergehen - und "l'aversion pour
toute espèce de peine"[63] - die Abneigung gegen jegliche Mühsal - werden für ihn so zur Grundlage allen architektonischen
Schaffens, indem die Menschen stets versuchten, diese Idealvorstellungen zu realisieren. Dazu mußten sie Bauwerke errichten, die erstens dem geforderten Zweck bestmöglich entsprachen und zweitens mit dem geringsten Aufwand an Mühen zu erstellen waren, was später, "als Geld der Preis der Arbeit

geworden war", bedeutete, sie mit möglichst geringem finanziellen Aufwand zu realisieren.[64]
Die so definierten "Quellen"[65], aus denen die Architektur für Durand ihre Prinzipien zu ziehen hat, nämlich die Angemessenheit ("convenance") und die Wirtschaftlichkeit ("économie")[66], waren die erste Voraussetzung für die Anwendbarkeit seiner Theorie durch die bürgerliche Gesellschaft. Die Bindung der Architektur an bestimmte gesellschaftliche Konstellationen einerseits und ihre Unterwerfung unter die genannten "Quellen" andrerseits, die sich mit zentralen Inhalten bürgerlicher Ideologie deckten, waren geeignet, für den architektonischen Bereich die Abgrenzung gegenüber dem feudal-absolutistischen System zu vollziehen:
Die Sicherung des individuellen Wohlbefindens sollte an die Stelle der Unterdrückung des Einzelnen durch den absoluten Herrscher treten; ein wirtschaftlich geführter Staatshaushalt sollte die verschwenderische Finanzpolitik des Hofes ersetzen.

Das französische Bedeutungsfeld[67] des architekturtheoretischen Begriffs der "convenance" umfaßt mit "conformité"(= Übereinstimmung, Harmonie, Angemessenheit), "bienséance"(= Wohlanständigkeit, Schicklichkeit) und "commodité"(= Bequemlichkeit, Annehmlichkeit) eine relativ breite Skala von Kriterien, die zur Wertung eines Bauwerks herangezogen werden konnten. Mit der Anwendung dieses Begriffs durch Durand wurde seine dem bürgerlichen Grundtenor der Schrift entsprechende Eingrenzung vollzogen:
Bezeichnete "convenance" bislang die dem Rang und der gesellschaftlichen Stellung des Hausherrn angemessene Gestaltung eines Bauwerks[68] - entsprach also in etwa "bienséance" - so wurde nun mit der Herleitung der Forderung nach "convenance" aus dem natürlichen Anspruch jedes Menschen auf Wohlergehen eine neue Wertigkeit des Begriffes betont, die mit "conformité" und "commodité" zu umschreiben wäre. Diese Bedeutungsverschiebung ist charakteristisch für die nachrevolutionäre französische Architekturtheorie. Aufgrund der veränderten historischen Situation konnte die Baupraxis nicht länger architekturhierarchischen Prinzipien[69] unterstellt bleiben, die zwar dem einen Gebot bürgerlicher Baukunst - einer durch die Vernunft kon-

trollierbaren Logik der Konstruktion - entsprachen, doch
damit nur einen Teil der neuen Ideologie abdeckten. Erst
nachdem mit dieser Umdeutung auch die Forderung nach dem
Ausgleich der Rangstufen in der Nachfolge Ledoux's, der
erstmals den Architekten nicht nur für monumentale Repräsentativbauten, sondern auch für das "Haus des Holzfällers"[70]
als zuständig erklärt hatte, weitere Verbreitung fand, war
es möglich, die bürgerliche Baukunst auf einer tragfähigen
theoretischen Basis zu entwickeln.

Aussicht auf Anwendung in der Praxis konnte eine solche Theorie jedoch nur haben, wenn sie sich den Forderungen des bürgerlichen Wirtschaftssystems einfügte. Für den Architekten
bedeutete dies - so Durand - die Reduzierung seiner Aufgaben
auf die Lösung zweier Probleme[71]:
Erstens galt es mit einer gegebenen Summe j e d e s Bauwerk so angenehm wie möglich zu gestalten und somit ein Prinzip der Privatarchitektur, die Bequemlichkeit, als Funktionsgerechtheit auch auf öffentliche Bauten zu übertragen.
Zweitens war bei bekannter Bestimmung und vorgegebenem Entwurf jeder Bau so p r e i s w e r t wie möglich auszuführen,
ren, wodurch die Forderung an die Staatsführung nach Wirtschaftlichkeit ihrer öffentlichen Bautätigkeit auch für den
einzelnen Bürger verpflichtend wurde.
Damit wird die oben aus dem gedanklichen Überbau der Theorie
Durands abgeleitete Aufhebung der traditionellen Architektur-
hierarchie auch durch die konkreten "Ausführungsbestimmungen"
bestätigt. Öffentliche und private Aufgaben der Architektur
werden in der idealen bürgerlichen Gesellschaft nicht mehr
von vornherein unterschiedlich behandelt. Das Kriterium für
den entwerfenden Architekten ist allein die Funktion des Bauwerks, der nach dem aller Architektur übergeordneten Prinzip
der Nützlichkeit[72] bestmöglich zu entsprechen ist. Auf diese
Weise entsteht eine Architektur, die sowohl ihrer Aufgabe gerecht wird, wie auch - gleichsam in kausalem Zusammenhang -
"gefällt"[73].
Eine derart definierte Architektur - und damit die Theorie
Durands - konnte für die bürgerliche Gesellschaft eine doppelte Funktion erfüllen. Mit der Anleitung zu einer ihrem

Selbstverständnis entsprechenden Architektur erfuhr sie
gleichzeitig eine Legitimation als soziale Ordnung, indem
eben jene Architektur ihre Herleitung aus den Grundbedürf-
nissen des Menschen erfahren hatte.

2. Entscheidend für den hier zu untersuchenden Aspekt der
Grundlegung der Neurenaissance innerhalb der Architekturlehre Durands sind nun die konkreten Anweisungen für die Baupraxis, mit denen Durand seine Schrift fortsetzte.
Denn trotz wiederholter Hinweise auf die Orientierung an der
Antike als Methode der neuen Architektur, das gesetzte Ziel
zu erreichen[74], zeigte sich hier der entscheidende Unterschied
zur Antikenrezeption des Klassizismus, wenn Durand bewußt dort
auf Werke der italienischen Renaissance zurückgriff, wo die
klassischen Vorbilder nicht mehr entsprechen konnten. Er vollzog damit eine grundsätzliche Abkehr von der klassizistischen
Einschätzung der Renaissance als Rezeption römischer Bauwerke,
die, wie es J.G.Sulzer in seiner "Allgemeinen Theorie der
schönen Künste", dem 1773 erschienenen ersten Lexikon der
Ästhetik ausdrückte, "selbst schon viele Fehler hatten" und
deshalb "nicht in ihrer ehemaligen Reinheit"[75] - sprich gesetzten Norm - erschienen und leitete über zur historisierenden Architektur der Neurenaissance.
Die Funktion der italienischen Renaissancearchitektur für
den Klassizismus war eine eng begrenzte Vorbildlichkeit für
die private Villenarchitektur, wo der Einfluß palladianischer
Bauten weitgehend die antike Norm verdrängt hatte, während
für den Bereich staatlich-repräsentativer Öffentlichkeit ihre
absolute Autorität unbestritten gültig blieb. Vor allem der
späte Palladianismus des 18. Jahrhunderts war jedoch im wesentlichen auf rein im Formalen begründete Übernahmen typisierender dekorativer Elemente der italienischen Bauten beschränkt[76], wobei tempelartige Portiken den ersten Platz einnahmen. Seine Einordnung innerhalb des klassizistischen Normensystems erforderte deshalb kein Abweichen von theoretischen
Positionen und die Tatsache, daß hier bereits italienische
Renaissanceformen für eine spätere Architektur rezipiert wurden, hatte mit dem Programm der Neurenaissance des 19. Jahrhunderts noch nichts gemein.

Das bei Durand Neue, nun erstmals eine historisierende Renaissancerezeption Vorbereitende, war die Bindung des architektonischen Rückgriffs an die Funktion der aktuellen Bauaufgabe, für deren Lösung man einen historischen Zeitstil nach exemplarischen Vorbildern überprüfte. Die von den Bedürfnissen und Vorstellungen der eigenen Zeit bestimmte gesellschaftliche Funktion der Bauten ersetzte also den normativen Formenkanon des Klassizismus durch ein programmatisches Bezugssystem, wie es für die gesamte Architektur des Historismus grundlegend wurde.

So finden sich bei Durand neben Hinweisen auf die Vorbildlichkeit italienischer Palazzi für die herrscherlichen Wohn- und Repräsentivbauten Übernahmen renaissancistischer Formelemente in erster Linie an Gebäuden, die mit den spezifischen Bedürfnissen einer bürgerlichen Gesellschaft in Verbindung standen, wie Markthallen, Rathäuser, Börsengebäude u.a., womit erstmals eine gesellschaftliche Verankerung der Rezeption angestrebt wurde.

Gleichzeitig aber wurde damit bereits bei Durand jene mehrschichtige Rezeption angelegt, die später die Architektur der Neurenaissance kennzeichnete. Einerseits wurde die italienische Renaissance vorbildlich für eine Hofarchitektur, die dem veränderten gesellschaftlich-politischen Stellenwert des Bürgertums nach 1789 Rechnung tragen sollte, indem die autoritären Ansprüche ihrer nun in Renaissancepalästen residierenden Bewohner hinter der Architektur eines bürgerlich-demokratisch apostrophierten Zeitalters verborgen werden sollten. Andrerseits aber wurde auch schon jene fortschrittlich-bürgerliche Komponente der Neurenaissance vorbereitet, deren Vertreter die Vorbilder aus der Epoche der ersten frühbürgerlichen Revolution als die dem eigenen Anliegen entsprechendsten aufnahmen.

Betrachtet man nun die bei Durand angeführten Beispiele, die diesen theoretischen Neuansatz für den ausführenden Architekten praktisch verwertbar machen sollten, so wird trotz vorhandener Reminiszenzen an den von antikischen und palladianischen Vorbildern bestimmten klassizistischen Formenkanon deutlich, daß diesen Architekturbeispielen stets das Bemühen zugrunde lag, die konventionelle Formensprache dem neuen über-

greifenden Kriterium der Funktionsgerechtheit zu unterziehen
und sie damit in entscheidenden Punkten abzuwandeln.
Bereits der erste Abschnitt über die Anlage öffentlicher Plätze[77] macht dies anschaulich, indem Durand die antiken Plätze
und Foren der barocken Anlage des Place Vendôme[78] gegenüberstellte und die Überlegenheit der ersteren damit begründete,
daß sie unter funktional-inhaltlichem Aspekt angelegt wurden,
während es sich bei letzterem "nur um Dekoration handelt"[79].
So wurde der ikonologische Aussagewert barocker Repräsentationsarchitektur als unzeitgemäß empfunden und vor den Idealen
einer zweckorientierten bürgerlichen Architektur als inhaltslose Leerformel abgelehnt. Die primäre Funktion barocker Plätze als repräsentative Memorialzone[80] wurde ersetzt durch die
neue Bauaufgabe der im aktiven städtischen Leben begründeten
Anlage, dem administrativen, bzw. kommerziellen Zentrum.

Um das für ihn Entscheidende bei einer derart modernen Platzgestaltung zu verdeutlichen, entwarf Durand ein korrektives
Abb. Projekt zu dem 1757-1772 von Jacques-Ange Gabriel angelegten
1 Place de la Concorde in Paris, mit dem er erstmals die aus
dem Vorbild des antiken Forums[81] abgeleiteten Kompositionsprinzipien auf eine zeitgenössische Platzanlage übertrug und
somit auch im städtebaulichen Bereich für die spätere Neurenaissance wegweisend wurde.
Anstelle der als "Kindereien"[82] abgetanen Gestaltungselemente
des dekorativen Repräsentationsstils der spätbarocken Anlage
forderte er ein direktes Eingehen auf die durch seine Lage
und seine städtischen Funktionen bestimmten Erfordernisse des
Platzes. So sollten in einer klar gegliederten, geradlinigen
und symmetrischen Gesamtanlage überdachte Kolonnadengänge geschützte Spazierwege ermöglichen, Bäume und Brunnenanlagen
eine angenehme Atmosphäre schaffen und das Aufstellen zahlreicher Statuen darüberhinaus der Bildhauerei ein neues Betätigungsfeld eröffnen. Nur ein derartig angelegter Platz
wäre - so Durand - würdig geworden, sich an denen der Griechen und Römer zu messen und hätte zudem in seiner Ausführung
einen geringeren finanziellen Aufwand erfordert als die vorhandene Lösung, für die aus der herrschenden "Dekorationsmanie"
heraus enorme Summen sinnlos ausgegeben, gleichzeitig aber

wichtige städtebauliche Projekte unmöglich wurden.[83]

Die erste eindeutige Stellungnahme Durands für die italienische Renaissance aber findet sich in dem Abschnitt seiner Architekturlehre, mit dem er für die zukünftigen Residenzneubauten Richtlinien setzen wollte.[84] Ausgehend von dem für ihn allein gültigen Kriterium der künstlerischen Realisierung funktionaler Erfordernisse in einer finanziell angemessenen Relation, nannte Durand dort die italienischen Beispiele als Vorbilder schlechthin[85]. Den barocken Prototypen der Palastarchitektur, dem Escorial, Versailles und den Tuilerien erteilte er in diesem Zusammenhang eine entschiedene Absage, indem er sie sowohl vom ästhetischen Eindruck[86] wie auch vom erforderlichen finanziellen Aufwand[87] her verurteilte. Wenngleich diese Ablehnung aus der nachrevolutionären antibarocken Grundhaltung des Bürgertums heraus nicht überrascht, so ist doch die Entscheidung Durands für die betont schlicht definierten Vorbilder der italienischen Renaissance als Alternative bemerkenswert. Denn er nannte die extrem geringen Ausmaße ohne eine Vielzahl von Nebengebäuden, das Fehlen eines umfangreichen funktional überflüssigen Dekorationsapparates und die deshalb gering zu haltenden Baukosten als entscheidende Kriterien des empfohlenen Rückgriffs, mit dem er auch auf antikisierend-klassizistische Formelemente verzichten wollte.[88]
Die - wenn auch im Sinne der eigenen Zielvorstellungen idealisierten - Bauten der italienischen Renaissance, die hier explizit den antiken Vorbildern vorgezogen wurden, waren aber durch diese Präsentation nicht allein Formvorbild für den Architekten, sondern auch Forderung an die zukünftigen fürstlichen Bauherrn nach einer maßvollen Hofhaltung.
Dieser deutliche Hinweis auf die nur noch beschränkte Bereitschaft des nachrevolutionären Bürgertums, herrscherliche Privilegien zu akzeptieren, ist geeignet, bereits frühzeitig einen Zusammenhang des hier ausgedrückten neuen Architekturverständnisses mit den Inhalten der bürgerlichen Ideologie nachzuweisen, aufgrund dessen eben diese Schrift als Grundlegung einer spezifisch bürgerlichen Architektur angesehen werden kann.
Als Vorbereitung der späteren, programmatischen Verbindung

von Bürgertum und Neurenaissance kann darüberhinaus auch die
deutlich gattungsspezifische Orientierung der Renaissancerezeption Durands gelten, die die Übernahme italienischer
Formelemente zunächst für die Bauten verbindlich werden ließ,
die durch die veränderten Bedürfnisse einer bürgerlichen Gesellschaftsordnung verstärkt an Bedeutung gewannen.
Dies lassen besonders deutlich die Ausführungen über den Bau
zukünftiger Rathäuser und über den Theaterbau erkennen, die
hier näher untersucht werden sollen.
Fragt man nach der formalen Tradition der Entwürfe Durands,
so zeigt es sich, daß vor allem der vertraute Typus der Villa
Rotonda Palladios in immer neuen Abwandlungen das Grundschema
seiner Vorlagen bildete.[89] Diese erneute Rezeption des "über-
strapazierten" Vorbilds der gesamten europäischen und außer-
europäischen Villenbaukunst in Barock, Spätbarock und Klassizismus[90] durch Durand zeigt zwar einerseits die immer noch
bestehende Wirksamkeit traditioneller Formvorbilder, macht andrerseits aber an deren Umdeutung ihre veränderte Funktion im
Rahmen der neuen Architekturlehre ablesbar.
Die von Anfang an durch die ästhetische Verselbständigung des
architektonischen Entwurfs gegenüber dem Gebrauchswert als
Villa gekennzeichnete Rotonda[91], die im Laufe ihrer kontinuierlichen Rezeptionsgeschichte zum "perfekten künstlerischen
Ausdruck, zur anschaulichen Illusion der an der Vergangenheit
orientierten gesellschaftlichen Wunschbilder der herrschenden
aristokratischen Klasse geworden"[92] war, wurde nun einer Neudefinition ihrer Vorbildlichkeit unterzogen, mit der sie auch
in eine zukünftige bürgerliche Baukunst Eingang finden konnte.

Die von jeder funktionalen Verankerung weitgehend losgelöste
Formtradition einer normativen Ästhetik fand in der Rückführung auf ihre Bedeutung innerhalb des historischen Zeitstils
- als Lösung einer Bauaufgabe - Beachtung, als welche sie nun
erst auf ihre Brauchbarkeit für die eigenen architektonischen
Bedürfnisse hinterfragbar und damit modifizierbar wurde.
So wandelt Durand für einen Rathausentwurf[93] das Rotondaschema
den Anforderungen an ein administratives Stadtzentrum entsprechend ab, wobei er, wie die beigefügten Grund- und Aufriß-
skizzen zeigen, nicht primär die Übernahme des palladianischen
Vorbilds als formalen Typus anstrebte, sondern vielmehr seine

Anpassung an die eigene Bauaufgabe zu erreichen suchte.
Ausgehend von dem funktional bestimmten Raumbedarf sollten
ein großer Ratssaal, abgeschlossene Büroräume und ein übersichtliches Vestibül durch ein bequemes Treppensystem miteinander verbunden werden, so daß bereits im Innern entscheidende Abänderungen gegenüber dem Originalbau vorgenommen werden mußten.
Die streng symmetrische, von dem zentralen Kuppelraum ausgehende Raumdisposition der Rotonda wurde bei Durand durch eine Einteilung der Grundfläche in neun gleichgroße quadratische Kompartimente ersetzt, von denen die drei mittleren zu einem die gesamte Tiefe des Gebäudes einnehmenden längsrechteckigen Hauptraum zusammengefaßt waren, der im Erdgeschoß als Vestibül und im Obergeschoß als großer Ratssaal vorgesehen war. In der Mitte dieses Raumes schlossen sich zu beiden Seiten die Treppenanlagen an, so daß aus der quadratischen Grundfläche des Hauses durch das auf diese Weise gebildete griechische Kreuz noch vier Eckräume ausgegrenzt wurden, die in Unter- und Obergeschoß als abgeschlossene Büroräume genutzt werden sollten. Diese Umfunktionierung der privaten Villa in ein öffentliches kommunales Gebäude entsprach der bei Durand einleitend geforderten Aufgabe einer außerfunktional definierten Trennung in private und öffentliche Architektur, erwies sich aber gleichzeitig als ein Eingehen auf den neuen Adressatenkreis dieser Architekturlehre, indem so die Übertragung der privaten Repräsentation des italienischen Adelssitzes in den öffentlich-städtischen Bereich vollzogen wurde.
Entsprechend tiefgreifend waren die Veränderungen, die Durand für das Äußere seines Rathauses gegenüber der Rotonda vornahm. Er verzichtete auf die beherrschenden Säulenportiken ebenso wie auf die Kuppelbekrönung und stellte einen gleichseitigen, quadratischen Baukubus vor, dessen Dekorationssystem den klar gegliederten, betont schmucklos gehaltenen Vorbildern italienischer Renaissancepaläste nachempfunden war.
Der Zweigeschossigkeit des Innenaufbaus entsprach die Verdoppelung der Geschoßgliederung am Außenbau, wo jeweils auf einer flachen Sockelzone der zentralen, dreiteiligen Bogenstellung links und rechts drei rechteckige Fensteröffnungen zugeordnet waren. Darüber befand sich ein wenig vorkragendes Kranzgesims,

über dem eine geradlinige Verblendung von drei flachen Satteldächern den Bau abschloß.
An die Disposition der Rotonda erinnerten am Außenbau lediglich die Treppenaufgänge, die wie dort zu den auf allen vier Seiten zentral angebrachten Zugängen führten.
Mit dieser Aufgabe aller, für die bisherige Rezeption entscheidenden antikisierenden Formelemente des Palladioentwurfs[94] zugunsten der schlichten Formensprache des italienischen Palazzostils sollte das Rathaus als Symbolbau bürgerlicher Selbstverwaltung vorrangig dem neuen Anspruch einer nachrevolutionären Architektur genügen. An die Stelle des dogmatischen Formenkanons trat die "Charakterisierung" des Gebäudes gemäß seiner Funktion als zentraler Austragungsort bürgerlicher Angelegenheiten, wozu der assoziativ definierte, "demokratische" Gehalt der republikanischen Stadtpaläste Italiens als das geeignete Stilvorbild erschien.

Ein weiteres Beispiel für eine Bauaufgabe, der in einer bürgerlichen Gesellschaft ein neuer Stellenwert zukam und die durch die Aufnahme in die Architekturlehre Durands die Neurenaissance in ihrer gesellschaftlich-ideologischen Wertigkeit erkennbar machen kann, war das Theater.[95] Die Ausführungen
Abb. 4 hierzu bei Durand, wie auch sein eigener beigefügter Idealplan eines Theaters zeigen, daß die Ablösung des allein der Hofgesellschaft zugänglichen spätbarock-klassizistischen Hoftheaters durch die einer breiteren Öffentlichkeit zugänglichen Häuser gleichzeitig eine Hinwendung zu den Formen der italienischen Renaissance bedeutete.
Für den Theaterbau am Anfang des 19. Jahrhunderts gab es im wesentlichen zwei Alternativen:
Der hinsichtlich der Funktion des Gebäudes im Außenbau "neutrale" rechteckige Grundriß, meist mit umlaufendem Säulengang und antikisierendem Eingangsportikus[96] und die amphitheatralische Traditionen verarbeitende Konzeption mit konvexem Zuschauerraum, die auch am Außenbau durch eine kreissegmentförmige Fassade gekennzeichnet war.[97]
Während für die erste Lösung - noch ganz im Sinne eines normativen Klassizismus - der ringsum geführte Säulengang als "Hauptzierde"[98] galt, durch die dem Gebäude erst sein ästhe-

tischer Wert verliehen wurde, waren für das letztgenannte
Schema die auch von Durand zur Grundlage gemachten Architekturprinzipien der aufklärerisch-rationalistischen Theorie des
18. Jahrhunderts bestimmend, die eine Entsprechung von innerer Disposition und äußerer Erscheinung eines Bauwerks forderten.[99]
Daß diese Opposition aber keine rein ästhetische war, sondern
vielmehr jede der beiden Lösungen einen gesellschaftlichen
Anspruch implizierte, der eine Interpretation in dem genannten Sinne zuläßt, wird anhand der Kriterien deutlich, die für
Durand zur Ablehnung des traditionellen Theatertypus führten.

Mit der Aufnahme des Idealentwurfs für ein Theater in die
Architekturlehre Durands fand die neuartige Konzeption des
amphitheatralischen, auf Freisäulen und Tempelportiken verzichtenden Theaterbaus, wie er für die Neurenaissance zur
zentralen Lösung dieser Bauaufgabe wurde, erstmals eine massenwirksame Verbreitung. Denn die früheren, seit Soufflots
Théâtre de Lyon aus dem Jahre 1754 mit segmentförmigem Baukörper entstandenen Theaterbauten, wie das 1791 von Le Grand
und Molinos errichtete Théâtre Feydeau in Paris und der Entwurf Gillys zum Berliner Schauspielhaus von 1798, waren noch
zu deutlich von dem stereometrischen Kombinationsverlangen
der französischen Revolutionsarchitektur bestimmt, als daß
sie sich einer Genese neurenaissancistischer Bauformen problemlos einfügten. In formaler wie in programmatischer Hinsicht wurden so mit dem vor 1805 entstandenen Entwurf Durands[100]
die Ideen und Forderungen der architektonischen Revolution der
80er und 90er Jahre des 18. Jahrhunderts erstmals für die Praxis wirksam gemacht, indem hier der Klassizismus in seiner
Formensprache und in seiner Architekturästhetik gleichermaßen überwunden wurde.[101]
Der Hinweis Durands auf die seinem Entwurf zugrunde liegenden
antiken Arenen und Amphitheater steht dazu nicht im Gegensatz,
da die Vorbildlichkeit der Antike für seine architektonische
Arbeit bereits jede normierende Funktion verloren hatte, sofern sie seinen eigenen zweckgerichteten Architekturprinzipien
widersprach. Rezeptionsgrund war deshalb für Durand nicht mehr
der formale Bestand der antiken Bauten, sondern ihre Funktion

im Leben ihrer Zeit. Diese wurde nun für ein Theater in
zweifacher Hinsicht definiert:
Zum einen durch die zweckmäßige, bzw. unzweckmäßige Benutzbarkeit durch ein Publikum, zum Andern durch die Zusammensetzung dieses Publikums selbst. Die Rezeption der antiken
Theaterbauten[102], die gegenüber dem barocken Logentheater
optimale Sichtverhältnisse boten und gleichzeitig dessen ex-
klusiver Nutzung durch den Hof eine allgemeine Zugänglichkeit
gegenüberstellten, beinhaltete also für die nachrevolutionäre
Architekturpraxis sowohl die Übertragung des Prinzips der
Zweckentsprechung eines Gebäudes auf die Bauaufgabe Theater,
wie auch die Forderung nach einer Neudefinition ihrer Rolle
in einer bürgerlichen Gesellschaft, für die das Privattheater
im herrscherlichen Hofverbund nicht mehr tragbar war.

Ein Vergleich des Theaterplans Durands mit einem der typischen
Hof- oder Residenttheater des 18. Jahrhunderts[103] zeigt eine
völlige Umdeutung des barocken Rang- und Logenauditoriums im
Sinne der von Palladios Teatro Olimpico in Vicenza her bekannten Übertragung antiker Amphitheater in ein geschlossenes Gebäude.
Das Schema von Vicenza schien übereinandergestellt die Raum-
einteilung zu bestimmen. Den leicht ansteigenden Parkettreihen schlossen sich, dem Halbrund des Zuschauerraums folgend,
hintereinander aufsteigende Sitzreihen an, deren oberste - wie
in Vicenza - eine korinthische Säulenkolonnade trug, die mit
einer deutlich akzentuierten Attikazone abgeschlossen war.
Hinter dieser Kolonnade befanden sich weitere überhöhte Sitzreihen, die, ebenso wie die Verdoppelung des Vicentiner Aufrisses, auf die Schaffung möglichst vieler Plätze zurückzuführen sein dürfte. Die untere Attikazone bildete also gleichzeitig die Brüstung der zweiten Raumeinheit, wodurch auf die
bekrönenden Freifiguren des italienischen Vorbilds verzichtet
werden mußte. Auch das Verhältnis von ansteigenden Sitzreihen
und Säulen, die bei Durand zusammen eine Ranghöhe bestimmten,
unterschied sich von dem Bau Palladios. Während dort der Stu-
fenrang dominierte und den abschließenden Säulenstellungen
eine primär dekorative Funktion zukam, beherrschten in dem
Entwurf Durands die den Sitzreihen vorgestellten Säulen die

Gliederung der Ränge, so daß der Einfluß des gewohnten Aufrisses eines Zuschauerraums mit Logentrennwänden noch deutlich erkennbar war.
Aufgrund des schematischen Charakters dieses Idealentwurfs lassen sich zwar exakte Aussagen über die dekorative Behandlung des Innenraums kaum machen, doch zeigen das Deckenvelum, die angedeuteten Draperien auf den Rangbrüstungen und die Reliefkassetten des Prosceniums, daß Durand hier weitgehend der klassizistischen Tradition folgte. Diese konservative Tendenz des Entwurfes könnte jedoch auf eine bewußte Vernachlässigung der dekorativen Ausgestaltung des Idealplanes hindeuten, dessen entscheidende Neuerungen im architektonischen Aufbau lagen und als solche auch unbeeinträchtigt durch ungewohnte Schmuckformen auf den Betrachter wirken sollten.
Am augenfälligsten war hier das Fehlen jeglicher, durch eine besondere architektonische Gestaltung hervorgehobenen Herrscherloge. Obgleich diese Tatsache für die Zeit Durands sicherlich nur für einen Idealplan denkbar war, und dieser demokratische Anspruch eines "Bürgertheaters" auch in den nachfolgenden Jahrzehnten noch keine Aussicht auf Realisierung hatte[104], zeigte sich gerade hier der mit diesem Bau vertretene gesellschaftliche Anspruch, der die für große Volksmassen konzipierten antiken Vorbilder nun an die Stelle der exklusiven Hoftheater treten ließ. Ihre Vermittlung durch die italienische Renaissance bei Durand kann so gerade hinsichtlich des Theaterbaus als Grundlegung einer als spezifisch bürgerliche Architektur verstandenen Neurenaissance angesehen werden.

Weiterhin neuartig in dem Entwurf Durands waren die halbkreisförmig ansteigenden Sitzreihen des Auditoriums und der Verzicht auf abgeschlossene Logen. Zwar fanden sich die sogenannten "Stalles d'Amphithéâtre" als regionale Besonderheit in Frankreich auch in den Hoftheatern[105], doch waren sie dort vor allem in ihrer Funktion für das gesellschaftliche Ereignis einer hofinternen Theateraufführung begründet.[106]
Durand hingegen erklärte ihre Einführung ausdrücklich mit der Schaffung gleichberechtigter Sitzplätze, wenn er hier auf die Vorbildlichkeit der antiken Theater verwies, wo "eine Vielzahl halbkreisförmig angeordneter, von einer herrlichen

Kolonnade bekrönter Stufen eine Menge an Plätzen boten, von denen aus jeder gleich gut sehen und hören konnte."[107]
Diese überhöhten Sitzreihen sollten auch die bisher stets vorhandenen Logen ersetzen, aufgrund derer "mindestens ein Viertel der Zuschauer überhaupt nichts oder schlecht sah"[108], obgleich die italienische Form der durch Trennwände völlig abgeschlossenen Logen sich im französischen Bereich nie ganz hatte durchsetzen können.
Mit den Logen wurde aber gleichzeitig eine architektonische Form aufgegeben, die in dem höfischen Theatererlebnis ihre nicht wegzudenkende Funktion besaß, so daß erneut deutlich wird, daß dieser Entwurf Durands mehr bedeutete als eine alternative Architekturlösung. Er bot vielmehr dem aufstrebenden Bürgertum eine adäquate Form, ideologische Ziele mithilfe des neu eroberten Bereichs des Theaters einer breiten Öffentlichkeit anschaulich zu machen und somit ein Instrument im Kampf gegen die politische Reaktion.[109]

Der Wunsch nach einer zeiteigenen Typisierung des Theaters bestimmte auch das Äußere des von Durand vorgestellten Entwurfs. Aufbauend auf den Vorbildern der wenig früher entstandenen Pariser Theaterbauten, die die neue Bauaufgabe des selbständigen, freistehenden Theatergebäudes durch die für die Revolutionsarchitektur charakteristische Aneinanderfügung stereometrischer Grundkörper zu lösen suchte, entwarf Durand eine Außenarchitektur, die ebenfalls die innere Raumdisposition unverfälscht ablesbar machen sollte.
Im Gegensatz zu dem gleichfalls von dieser Absicht bestimmten, nur zwei Jahre vorher von Friedrich Gilly gefertigten Entwurf zu einem Berliner Nationaltheater verzichtete Durand jedoch vollständig auf die dort noch vorhandenen traditionell-klassizistischen Formelemente wie Säulenportikus und antikisierende Reliefs und beschränkte sich hinsichtlich der Fassadengestaltung ganz auf die im römischen Kolosseum vorgegebene gleichförmige Gliederung des Zuschauerrunds durch von Halbsäulen gerahmte Arkadenbänder, die in ihrer schlichten, unaufdringlichen Wirkung den geforderten architektonischen Grundprinzipien der Funktionalität und der Wirtschaftlichkeit bestmöglich zu entsprechen schienen. Durch diese Eigenschaft

aber rückte dieser Entwurf in unmittelbare Nähe der für den
Bau herrscherlicher Paläste definierten Vorbildlichkeit der
italienischen Renaissancearchitektur und konnte somit auch
für das Theater zur Grundlage späterer neurenaissancistischer
Lösungen werden, wie sie in den Häusern von Mainz und Dresden
prototypisch entwickelt wurden.

Fragt man nun zusammenfassend nach der Rolle, die der Architekturlehre Durands hinsichtlich einer Grundlegung der Neurenaissance zukam, so muß sie aus der spezifischen historischen Situation des französischen Bürgertums an der Wende zum
19. Jahrhunderts heraus verstanden werden. Die Rezeption renaissancistischer Elemente in der Architektur jener Zeit war
gekennzeichnet von der "vermittelnden" Haltung eines Bürgertums, das zwar auf der Basis der mit der Revolution erkämpften,
auch für die herrschende Klasse nicht mehr negierbaren historischen Position an seinen ideologischen Grundlinien festhalten konnte, das jedoch während des ersten Kaiserreiches noch
auf eigene kämpferische Ansätze verzichten mußte.
Für die Architektur, insonderheit für den hier zu behandelnden
Aspekt der Einbeziehung von Stilelementen der italienischen Renaissance bedeutete dies:
Die bei Durand aus dem Recht eines jeden Menschen auf Glück,
individuellen Schutz und gesellschaftliche Sicherheit abgeleiteten Ziele der Architektur[110] und die speziell auf die
ökonomischen Verhältnisse einer bürgerlichen Ordnung ausgerichtete Anleitung zu ihrer Verwirklichung nach den neu formulierten Prinzipien "utilité"(Nützlichkeit), "convenance"
(Angemessenheit) und "économie"(Wirtschaftlichkeit), zeigen
die Entstehung dieser Architekturlehre im theoretischen Umfeld der zentralen bürgerlichen Emanzipationsbewegungen des
18. Jahrhunderts von Aufklärung und Revolution.
Gleichzeitig wird aber anhand der dort vorgestellten Architekturbeispiele deutlich, daß nun im napoleonischen Kaiserreich mit der Ablösung der klaren stereometrischen Baukörper
der Revolutionsarchitektur durch den erneuten Rückgriff auf
ein antikisierendes Formensystem auch die erste progressive
Phase der neuen antiklassizistischen Baukunst ihr Ende gefunden hatte. An die Stelle des mit jenen Entwürfen gekennzeich-

neten ideologischen Vorstoßens des Bürgertums trat nun - symptomatisch für die politische Situation der Zeit - eine weitaus zurückhaltendere Präsentation der eigenen Vorstellungen, wie sie die Architekturlehre Durands zum Beispiel in der Vermittlung antiker Vorbilder durch die Formensprache der italienischen Renaissance ablesbar machte.
Für die Grundlegung der Neurenaissance war aber durch eine derartige Vermengung fortschrittlicher und konservativer Tendenzen von vornherein der Ansatz zu der mehrschichtigen Rezeption gegeben, die in der Folgezeit ihre Wirkung auf die Bautätigkeit in Deutschland bestimmte.

Die führenden Praktiker dieser Jahre, Percier (1764-1838) und Fontaine (1762-1853) waren die Architekten Napoleons, die dessen Hofkunst entscheidend mitbestimmten. Ihre Aufgaben waren neben der Leitung aller Festlichkeiten des Kaiserreiches vor allem die Aus- und Umbauten von Schlössern, ihr Hauptwerk der dem Severusbogen nachempfundene Arc de Triomphe du Caroussel in Paris. Ihre Architektur und die für Deutschland wirksamere Verbreitung ihrer theoretischen Grundlagen durch Durand[111] konnten so trotz ihrer Entstehung als Gegenpol feudal-klassizistischer Architekturtradition zunächst für die Neurenaissance der Bauten im Umkreis der deutschen Fürstenhäuser vorbildlich werden, wie dies an der Abhängigkeit Klenzes von den französischen Theorien zu zeigen sein wird.
Daneben war es aber auch möglich, auf die französische Architektur der Jahrhundertwende zurückzugreifen, als es für das deutsche Bürgertum in den 30er Jahren des Jahrhunderts darum ging, seinen Machtanspruch erneut zu akzentuieren.[112] Die bei Durand erstmals vorgenommene Ableitung der Vorbildlichkeit der italienischen Renaissancearchitektur im Zusammenhang mit den Bedürfnissen der nachrevolutionären Gesellschaft wurde nun eindeutiger formuliert zur Grundlage der paradigmatischen Renaissancerezeption durch das Bürgertum, die neben der formalen Vorbildlichkeit auch im gesellschaftlichen Bereich Übereinstimmung mit der Zeit des "Originalstils" suchte.

3. Neurenaissance als Hofkunst

War noch für die französische Architekturtheorie des 18. Jahrhunderts die anzueignende philosophische Welt des aufgeklärten Rationalismus Anlaß, mit einer durch Regeln und Vernunft nachvollziehbaren Architektur dem "regellosen" Überschwang von Barock und Rokoko entgegenzutreten, so wurde diese Opposition spätestens mit den Programmen der Revolutionsarchitekten zum Ausdruck einer politischen Haltung: Die formalen Systeme von Barock und Rokoko waren, ebenso wie der spätbarocke Klassizismus mit seiner Vorliebe für schwere Säulenportiken und Kolossalordnungen als Stilträger der absolutistischen Hofarchitektur zum Inbegriff der zu bekämpfenden Gesellschaftsordnung geworden.
Und so, wie mit der französischen Revolution für den politischen Bereich Marken gesetzt worden waren, die nicht mehr unterschritten werden konnten, so blieb auch für die Architektur diese Assoziation von vorrevolutionärer Hofkunst und der verhaßten, sie tragenden Gesellschaft von solch nachhaltiger Wirkung, daß eine kontinuierliche Fortsetzung der höfischen Architekturtradition in der ersten Hälfte des 19. Jahrhunderts nicht mehr möglich war. Der Beginn der Neurenaissance in Deutschland, die durch ihren in der antifeudalistischen Architekturtheorie definierten "demokratischen" Stellenwert für diese neue, nachrevolutionäre Hofkunst prädestiniert schien, spiegelt somit das Verhältnis von Adel und Bürgertum hinsichtlich der politischen Führungsrolle: Noch besitzt der Adel genug wirtschaftliche Potenz und politische Macht und ist in der Lage, dem Volk Fortschritt und Entwicklung durch die Reformen verfaßter Königshäuser zu präsentieren.

Die Auseinandersetzung mit der neuen Zeit seitens der Fürstenhäuser bekam in Deutschland durch die napoleonische Herrschaft neue Impulse, als im Zuge der nationalen Befreiungsbewegung auch die Gedanken der konstitutionellen Neuordnung und der ökonomischen Konkurrenzfähigkeit mittels technischer Errungenschaften verstärkt an Aktualität gewannen.[113] Es begann eine Phase der Reformen und Neuordnungen, in der die Herrschenden gezwungen waren, mit dem Versuch einer Synthese zwischen mo-

narchischer Staatsform und bürgerlichem Fortschrittsdenken
dem neuen Selbstwertgefühl ihrer Untertanen Rechnung zu tragen, wollte man nicht von vornherein Mißtrauen gegen die Vereinbarkeit von Monarchie und Fortschritt hervorrufen und damit
die Gefahr eines Aufbegehrens gegen die "befohlenen Reformen
... mit dem Ziel, von oben nach unten, von innen nach außen
voranschreitend eine neue Staatsbürgergesellschaft zu errichten"[114]. In dem Bewußtsein, daß Revolutionen ganz unmöglich
seien, "sobald die Regierungen fortwährend gerecht und fortwährend wach sind, so daß sie ihnen durch zeitgemäße Verbesserungen entgegenkommen und sich nicht so lange sträuben, bis
das Notwendigste von unten her erzwungen wird"[115], fand diese
Entwicklung im politischen Bereich im Kampf um die Verfassungen ihren deutlichsten Ausdruck.
Daneben mußten aber auch Veränderungen im gesamten gesellschaftlich-öffentlichen Bereich einsetzen, unter denen der
Architektur eine tragende Funktion als äußerlich sichtbares
Zeichen einer inneren Umstrukturierung zukommen sollte. Dies
galt besonders für die Neubauten im Umkreis der Höfe, sowie
allgemein für die staatliche Repräsentationsarchitektur, die
stets im unmittelbaren Zusammenhang mit dem herrschenden politischen System gesehen wurde und somit für die Selbstdarstellung seiner Repräsentanten eine wichtige Rolle übernahm.
Nachdem es aber gerade hier nicht mehr möglich war, die vorrevolutionäre Tradition unverändert fortzuführen, die mit
zentralisierten Schloßbauten darauf ausgerichtet war, absolute Herrschermacht zu demonstrieren, erfolgte im Bereich der
Hofarchitektur sofort mit dem erneuten Aufleben der Bautätigkeit in den Jahren nach dem Wiener Kongress eine gründliche
Neuorientierung, für die der Rückgriff auf die architektonischen Vorbilder der italienischen Renaissance eine doppelte
Funktion erfüllte.
Die Residenzen des 19. Jahrhunderts[116] waren nicht mehr dahingehend konzipiert, die besondere Stellung ihrer Bewohner
demonstrativ zum Ausdruck zu bringen, sondern zielten in ihrer
architektonischen Erscheinung bewußt auf eine Integration innerhalb ihrer gebauten Umgebung.[117] Zeigte sich dies bereits
in der Wahl des Bauplatzes, der sich nun vornehmlich im innerstädtischen Bereich befand[118], so war darüberhinaus in erster

Linie die Annäherung an den Stil der italienischen Renaissancepaläste geeignet, eine Hofarchitektur zu entwerfen, die sich in ihrer äußeren Erscheinung nicht mehr grundsätzlich von den Häusern großbürgerlicher Bauherren unterschied.[119]
An die Stelle hierarchischer Schloßanlagen und aufwendiger Adelspaläste traten nun "diese demokratischen Paläste mit gleichwertigen Stockwerkreihen, die wenigstens der Straße nach ableugnen mußten, daß ihr Inneres ein Herrschergeschoß berge",[120] um somit den herrscherlicherseits vollzogenen Bruch mit den feudalabsolutistischen Normen einer breiten Öffentlichkeit glaubhaft zu machen.[121]
Aber auch gesamtgesellschaftliche Bezüge zur historischen Situation der vorbildlich gesetzten Epoche wurden bereits gesucht und im Sinne der angestrebten Selbstdarstellung interpretiert. Daß dabei noch nicht die bürgerlich-republikanischen Traditionen der italienischen Renaissance in den Vordergrund gestellt wurden, wie dies in der zweiten Phase der Neurenaissance seitens des fortschrittlichen Bürgertums geschah, liegt auf der Hand. Die gesuchte Nachfolge durch die deutschen Monarchen geschah vielmehr über die höfische Komponente der Renaissancekunst, die es ihren Erneuerern erlaubte, als Sachwalter italienischen Kunstmäzenatentums aufzutreten und somit der Bevölkerung eine von wirtschaftlichem, sozialem und künstlerischem Aufschwung gleichermaßen bestimmte Zukunft in Aussicht zu stellen, wie sie der idealisierten Vorstellung des historischen Vorbilds entsprach.

In diesem Sinne sind sowohl die von Friedrich Wilhelm IV. bereits in den 20er Jahren gezeichneten "Italienischen Landschaften"[122] zu interpretieren, die er als Traumvisionen verstand, denen er seinen zukünftigen märkischen Herrschaftsbereich angenähert sehen wollte, wie auch seine seit der Thronbesteigung eigenhändig entworfenen Projekte für den Umbau der Anlagen in Sanssouci, bei denen er vornehmlich für die königlichen Wohn- und Repräsentativbauten auf die Formensprache der Renaissance zurückgriff.
Die Planung eines neuen Schlosses[123] im Stil der Villa Madama Raffaels und eines dazugehörigen Orangeriegebäudes nach dem Aufriß der Wasserfassade der Uffizien[124] zeigen ebenso wie

der Entwurf für ein als Gästehaus vorgesehenes "Casino" die Abkehr von der für eine derart individuelle Projektion historischer Konstellationen assoziationsneutralen Formensprache der Architektur Schinkels zugunsten konkret benennbarer Vorbilder einer realen geschichtlichen Epoche. Darüberhinaus sollte die städtebauliche Umwandlung Potsdams in eine "südliche Stadt"[125] durch aufragende Kuppeln, durch die Maskierung unansehnlicher Hintergebäude mit venezianisch beeinflußten Fassaden und durch eine neu anzulegende Villenzone am Stadtrand die Illusion des Renaissancefürsten im authentischen Herrschaftsbereich vervollständigen, wie sie dem neuen Selbstverständnis entsprach.

Daß ähnliche Vorgänge auch die architektonischen Aktivitäten an anderen deutschen Fürstenhöfen bestimmten, wird noch ausführlich am Beispiel der Um- und Neubauten Ludwigs I. für München zu zeigen sein. Aber bereits der Ausspruch Ludwigs, "schaffende Kunst im Großen ist nicht in Rom, ist in München itzo"[126], weist, ebenso wie seine frühen Gedichte auf Florenz und das Zeitalter der Medici[127], mit aller Deutlichkeit auf dieses Selbstverständnis hin, das sich auch in seiner Wirkung auf die Bevölkerung genau berechnet zeigte, wenn Ludwig auf einer seiner zahlreichen, auch in diesem Zusammenhang zu sehenden Kunstreisen mit einer Festschrift als "Freund der Unglücklichen und Beschützer der Kunst"[128] begrüßt wurde.

Die politische Wahrhaftigkeit einer derart idealisierten Selbstdarstellung durch die Regenten kann durch all dies jedoch nicht bestätigt werden. Die Visionen und Beschwörungen einer befriedeten, mit sich selbst zum Wohle aller im Einklang befindlichen Epoche übernahmen vielmehr – wie die politische Entwicklung in der ersten Jahrhunderthälfte zeigte – lediglich eine Alibifunktion für die reaktionäre Grundhaltung der deutschen Königshäuser in dieser Zeit, indem sie nur scheinbar Alternativen zu feudalen Gesellschaftsstrukturen darstellten und in Wirklichkeit primär dem Ziel dienten, die bürgerlichen Ideen veralteten Hierarchien ebenso unbemerkt unterzuordnen, wie es durch das neue Formsystem der italienischen Renaissance mit dem unverändert bestehenden Anspruch höfischer Architektur geschah.

So wird an den in dieser Arbeit gewählten Münchener Beispielen für eine neurenaissancistische Hofarchitektur, die neben den Gebäuden der Hofhaltung auch Wohnbauten des Adels und städtebauliche Projekte der Residenzstadt umfaßte, eine spezifische Ausprägung der neuen Formensprache festuzstellen sein, die durch die Beibehaltung zahlreicher, in der Barockzeit als Bedeutungsträger feudaler Repräsentation ausgebildeter Architekturschemata gekennzeichnet ist.
Neben ihrer Analyse, die unter architekturikonologischem Aspekt die Vordergründigkeit dieses Versuchs einer monarchischen Neuordnung zeigen soll, kann dies aber auch ein Blick auf die kunsttheoretische Bewältigung der Neurenaissance in ihrer ersten Phase der Anwendung im höfischen Bereich deutlich machen.

Die Begründung der stilistischen Neuerungen erfolgte hier nämlich trotz der genannten individuellen Rezeption im Dienste der an den Renaissancevorbildern ausgerichteten Selbstdarstellung seitens der deutschen Fürsten[129] noch nicht aus dem Assoziationszusammenhang einer gesellschaftlichen Neuordnung, wie er - freilich mit anderen Inhalten - seit den 30er Jahren verstärkt als Rezeptionsgrundlage zum Tragen kam. Die italienischen Vorbilder wurden vielmehr in dieser ersten Phase noch weitgehend als formale Bereicherung eines antikisierenden Formeninstrumentariums übernommen, die so seine Vermittlung durch eine konstruktiv wie inhaltlich "neuzeitlichere" Präsentation erlaubten, die es aber gleichzeitig gestatteten, die traditionellen, normativ-klassizistischen Denkweisen auch in die Zeit des Historismus zu retten.
Diese Grundsituation der ersten Neurenaissance in Deutschland war für die Architekturtheorie nicht ohne Widersprüche zu bewältigen. Während auf der einen Seite die Vorbilder der Antike ganz im Sinne des Historismus als Ergebnisse unterschiedlicher Zeitstile aufgefaßt wurden, die "mehrere Epochen durchlaufen und mehrere Umbildungen und Kombinationen des Einzelnen"[130] erfahren hatten, wurden andrerseits gerade die Abweichungen von einer zeitlos idealisierten, klassischen Norm als durch "Umstände, Nationalitäts-Eigenthümlichkeiten und Lokalverhältnisse"[131] verursachte "Resultate"[132] kritisiert und abgelehnt.

Bereits in den ersten Jahrzehnten des Jahrhunderts bildete sich somit eine Kunsttheorie heraus, deren programmatischer Ansatz sich in einer pauschal formulierten, nostalgischen Vorbildlichkeit der "Alten" erschöpfte und damit die Voraussetzungen schuf zu einer Autonomiesetzung der künstlerischen Tätigkeit[133], die für den konservativen Flügel bürgerlicher Kunsttheorie das gesamte Jahrhundert hindurch bestimmend blieb.

Um die eigene, anti-progressive Haltung zu kaschieren bzw. zu legitimieren, wurde an einem durch die Neurenaissance als klassische Tradition "aus zweiter Hand" bereicherten, geschichtslosen Idealbild der Antike festgehalten, indem man für die Architektur der Gegenwart forderte: "Die Baukunst des Alterthums muß schon darum die Grundlage für unsere Kunst bleiben, weil ... die Kultur unserer Tage kein Gebiet findet größerer Verwandtschaft als das Leben des Alterthums, keine schönere Mittlerstufe zu ihm hinüber als die Kunst der Italiener im XV. und XVI. Jahrhundert."[134]
Mit dem Axiom, daß "das Große und Vortreffliche in der Kunst ... aber nicht bei wechselnden Begriffen, Systemen und individuellen Bestrebungen in divergierender Richtung"[135] erreicht werden kann, bezog die Architekturtheorie hier ausdrücklich Stellung gegen den gesellschaftlichen Fortschritt und übernahm eine eindeutig systemerhaltende Funktion, wenn sie die Verfolgung "ein und derselben Grundidee, ein und desselben Weges"[136] als Voraussetzung künstlerischen Lebens postulierte. Als "ewiges Vorbild"[137] sollte dazu die Antike "über die Zufälligkeiten der gewöhnlichen Erscheinungen erhaben, so zu sagen eine zweite Welt schaffen"[138], die in ihrer Eigengesetzlichkeit von den realen Bedürfnissen der Zeit ablenken und die Notwendigkeit politischer und gesellschaftlicher Veränderungen verschleiern sollte.

Erst als mit dem Beginn der 30er Jahre auf der Grundlage einer entwicklungsgeschichtlich orientierten Kunstbetrachtung, die historische Eigenständigkeiten akzeptierte, ja bewußt zur Rezeptionsgrundlage machte, diese reaktionären Theorien überwunden werden konnten, erfolgte auch für die Neurenaissance eine Neubestimmung ihrer Möglichkeiten als eigenständige Stilform, nun im Dienste der politischen Neuordnung auf Seiten des fortschrittlichen Bürgertums.

4. Neurenaissance und bürgerliche Bewegung vor 1850

Die zweite Phase der Neurenaissance, die sowohl durch ihre theoretischen Grundlagen, wie auch seitens ihrer Trägerschaft als Programmarchitektur der bürgerlichen Bewegung des Vormärz gelten kann, ist eng verknüpft mit der politischen Geschichte der deutschen Staaten in der ersten Hälfte des 19. Jahrhunderts. Lag ihr Anfang in den 30er Jahren, als mit dem erneuten kämpferischen Auftreten des Bürgertums auch das Verhältnis von Architektur und Gesellschaft eine Umdeutung im Sinne bürgerlich--ideologischer Zielsetzungen erfuhr, so fiel ihr Ende zusammen mit dem Scheitern der bürgerlichen Revolution von 1848/49, das auch im politischen Bereich den Hoffnungen auf eine fortschrittliche Neuordnung ein abruptes Ende setzte.
Die Umformulierung neurenaissancistischer Programmatik von der primär in formalen Vorbildlichkeiten des historischen Bestandes begründeten Rezeption der vorhergehenden Jahre, zu der wesentlich im gesellschaftlichen Bereich verankerten Aktualisierung künstlerischer Äußerungen der italienischen Renaissance, kennzeichnete die veränderte Rolle der Architektur in diesem Zeitraum. Mit der Definition einer inhaltlichen Verbindung von Architektur und gesellschaftlich-politischer Entwicklung erhielt das kunstimmanente Ringen um einen "Neuen Styl"[139], das die Baukunst des Jahrhunderts von Anfang an bestimmte, eine neue gesamtgesellschaftliche Dimension, die sich in dem Bewußtsein niederschlug, daß die Kunst nicht allein ein Produkt ihrer Zeit sei, sondern auch mit zu deren wirksamsten Faktoren gehöre.[140]
Unter dem Motto "Unsere Kunstgeschichte ist auch Politik"[141] erhielten die als Repräsentanten einer historischen Epoche verstanden Baudenkmäler der Vergangenheit eine aktive Rolle im gesellschaftlichen Programm der bürgerlichen Klasse zugesprochen, deren Wirksamkeit von der eindeutigen Definition ihrer außerkünstlerischen Assoziationsmöglichkeiten abhing.
So wandte man sich gegen die Rezeption mittelalterlicher Stilformen und forderte "Stoffe und Perioden, wo wirkliche Geschichtsschreibung der Völker und nicht allein der Fürsten"[142] existierte, um sich damit von Gedanken "inspirieren" zu lassen, "deren Lösung auch noch in unsere Tage hinüberspielt"[143].

Für das fortschrittliche Bürgertum und die liberalen Vertreter des Adels als Träger dieses neuen Architekturverständnisses wurde nun die - freilich innerhalb der zeiteigenen Geschichtskonstruktionen gesehene - italienische Renaissancegesellschaft zur geeigneten Rezeptionsgrundlage, die mit ihren Freiräumen für eine bürgerlich-kapitalistische Entwicklung einerseits und mit ihren stadtrepublikanischen Traditionen andrerseits die politischen und gesellschaftlichen Anliegen der Zeit am besten abzudecken schien.
Für die Neurenaissance bedeutete dies die endgültige Aufgabe jenes zeitlosen Idealbilds der Antike, dem die Vermittlung durch die italienischen Vorbilder in der konservativen Architekturtheorie der ersten Phase noch vielfach gegolten hatte, da eine derartige Absolutsetzung ästhetischer Normen den Blick auf den Menschen in seiner konkreten historischen Situation von vornherein verstellte. Die Autorität der Antike wurde ersetzt durch die Betonung der Selbständigkeit und Eigenwertigkeit der italienischen Vorbilder aus ihrem eigenen Kulturzusammenhang heraus. Ihn hatte, ebenso wie die Definition antiker Zeitstile, der Fortschritt in den historischen Wissenschaften verfügbar gemacht und damit die Voraussetzung geschaffen, die gesuchten Analogien exakter zu formulieren.[144]

Als konkretes Beispiel für die Herausbildung dieses die bürgerliche Renaissancerezeption der 30er und 40er Jahre kennzeichnenden "kritischen Historismusbegriffs" soll nun der theoretische Standort Gottfried Sempers in dieser Zeit näher untersucht werden, da hier die Verbindung von Kunstrezeption und politischem Programm am deutlichsten ausgesprochen wird.

4.1. Der frühe Historismusbegriff Gottfried Sempers

Die großen kunsttheoretischen Schriften Gottfried Sempers entstanden in der zweiten Hälfte des 19. Jahrhunderts. Ihre zentralen Themen, wie die Herausbildung der architektonischen Zeitstile aus wenigen formalen Grundtypen und der in der "Bekleidungstheorie" zusammengefaßte Einfluß von Zweck, Material und Technik auf den Stil bestimmten auch sein 1878/79 unter dem Titel "Der Stil in den technischen und tektonischen Künsten"

erschienenes zweibändiges Hauptwerk einer "Praktischen Ästhetik"[145], mit dem er innerhalb der Theoriediskussion des 19. Jahrhunderts wesentlich dazu beigetragen hatte, die Kunsttheorie aus der Umklammerung durch die idealistische Philosophie zu befreien, um sie als wissenschaftliche Einzeldisziplin einem neuen, an ihrem eigentlichen Gegenstand orientierten Selbstverständnis zuzuführen.[146]
Die einzige umfassende Programmschrift Sempers aus der ersten Schaffensperiode vor 1850, in der jene später zentrale Problematik noch kaum Beachtung fand, ist hingegen in weit geringerem Maße zum architekturtheoretischen Allgemeingut geworden, zumal sie sich durch ihren Titel "Vorläufige Bemerkungen über bemalte Architektur und Plastik bei den Alten"[147] nicht sofort als solche auswies.
Tatsächlich wurde jedoch hier neben einem Beitrag zu der damals heftig geführten Diskussion um die Polychromie antiker Bauten[148] vom Autor ein künstlerisches Programm vorgestellt, an dem abzulesen ist, daß die das Leben Sempers entscheidend beeinflussende Zäsur des Jahres 1849 auch auf seine Kunsttheorie nicht ohne Einfluß geblieben war. Während nämlich die Schriften der zweiten Jahrhunderthälfte durchaus in der Tradition des mit dem Scheitern der Revolution resignierenden, sich politisch abfindenden Bürgertums zu sehen sind und nur noch als Beitrag zu einer systemimmanenten künstlerischen Reform gelten können[149], wurde hier in den Thesen und Forderungen des Jahres 1834 mit der Erneuerung der Kunst gleichzeitig eine gesamtgesellschaftliche Veränderung angestrebt.[150]

Die "Vorläufigen Bemerkungen" beinhalten im Vorwort die Auseinandersetzung Sempers mit der künstlerischen Situation im Deutschland ihrer Entstehungszeit. Geprägt von der Einsicht in die gesellschaftliche Abhängigkeit der Kunst, insonderheit der Architektur, kritisierte er die herrschende Baupraxis, deren Stilpluralität er eben aufgrund des Fehlens einer realistischen gesellschaftlichen Verankerung der formalen Übernahmen als bloßem "Verzierungsdrang" entstammenden "Unfug"[151] ablehnte. Er forderte demgegenüber konkrete Kriterien, um den Rückgriff auf historische Baustile zu rechtfertigen und gelangte so zu einer Definition des Historismus, dessen primäre

Berührungspunkte von Originalstil und zeiteigener Aktualisierung er im außerkünstlerischen Bereich angesiedelt wissen wollte.
Die Vorbildlichkeit vergangener Kunst wurde nur akzeptiert, wenn die "Nachfolge" gesamtgesellschaftlich gerechtfertigt schien, das heißt durch assoziative Gedankenkonstruktionen eine Synthese von historischer und gegenwärtiger Gesellschaftsentwicklung hergestellt werden konnte. Indem diese Assoziationen, innerhalb derer die Architektur als kontingentes Produkt ihrer Zeit verstanden wurde, aber nicht nur der Reproduktion herrschender Ideologien dienen sollten, sondern umgekehrt mit ihrer Hilfe der Architektur auch die Möglichkeit eines aktiven Einwirkens auf die gesellschaftliche Basis der eigenen Zeit zugesprochen wurde, ergab sich für diese Schrift Sempers ein eindeutig gesellschaftskritischer Tenor. Dieser aber machte sie zu einem künstlerischen Programm, das nicht auf eine isolierte Erneuerung der Kunst ausgerichtet war, sondern dieses Ziel nur im Zusammenhang gesamtgesellschaftlicher Reformen verwirklicht sehen wollte.

Die zentrale Stellung dieses Programms kam - der architektonischen Praxis der Zeit entsprechend - dem von Semper hier entwickelten Historismusbegriff zu, der seine erste Schaffensperiode kennzeichnete. Er unterschied sich von den Ergebnissen bisheriger Stildiskussionen dadurch, daß weder eine konkrete Bauaufgabe, noch die individuelle Beurteilung einer Architektursprache zum Ausgangspunkt der Überlegungen gemacht wurde. Erstmals innerhalb der nachklassizistischen Architekturtheorie wurde hier der Versuch unternommen, durch prinzipielle, universell anwendbare Rezeptionskriterien Richtlinien für eine historisierende Architektur zu erstellen, ohne auf den formalen Dogmatismus der klassizistischen Ästhetik zurückzugreifen.
An seine Stelle trat nun als zentrale Forderung für jegliche Stilrezeption die Abwägung der sozialen Bedingungen, unter denen die historische, vorbildlich gesetzte Architektur entstanden war mit dem "Bedürfnis"[152] der eigenen Zeit. Obgleich weit entfernt von einer soziologischen Analyse, charaktrisierte Semper dieses Bedürfnis als abhängig von "Kultus" und

"Staatsverfassung"[153] eines Volkes und entwickelte aus dieser Einsicht heraus seine spezifischen Forderungen an die zeitgenössische Baukunst.
Hier nun wurde die Verknüpfung von künstlerischer und gesellschaftlicher Neuordnung explizit ausgesprochen. In dem Bewußtsein, daß Politik und Kunst stets "Hand in Hand gegangen"[154], setzte Semper seine Hoffnungen für eine bessere Architektur in die "politischen Stürme, die sich seit dem Ende des verflossenen Jahrhunderts erhoben haben"[155], und damit in die bürgerliche Gesellschaft. Er entwarf ihr Idealbild, in dem "bürgerlicher Gemeinsinn"[156] an die Stelle von Herrscherwillkür und ein neuer "Maßstab zum Volke"[157] die "Monumente der Eitelkeit und des Eigensinns"[158] ersetzen sollte.
Um dieser Zukunftsvision Nachdruck und Legitimation zugleich zu verleihen, bedurfte es jedoch im Sinne der programmatischen Stilrezeption Sempers neben dem Hinweis auf Ansätze dazu in der eigenen Zeit auch eines historischen Vorbilds, das in seiner Beispielhaftigkeit ermutigend auf die Zeitgenossen wirken sollte. Diese Rolle übernahm nun bei Semper zunächst erneut das klassische Altertum, wenn er das antike Gemeinwesen als organisch gewachsene Stätte menschlichen Zusammenlebens den späteren Hauptstädten gegenüberstellte, in denen "nicht das kleinste Menschenbedürfnis den Maßstab gab"[159]. Gleichzeitig aber ging Semper mit einer derartigen Antikenrezeption weit über die am formalen Architekturvorbild orientierte ästhetische Norm des Klassizismus hinaus, indem er die Antike nun als vorbildliche Epoche in einer neuen, das gesamtgesellschaftliche Umfeld mit einschließenden Dimension zur Rezeptionsgrundlage machte. Er stellte nicht mehr einzelne Bauwerke, Säulenordnungen oder Kompositionsgesetze als nachahmenswert dar, sondern sah das zu erreichende Vorbild in den antiken Städten "mit ihren Märkten, Stoen, Tempelhöfen, Gymnasien, Basiliken, Theatern und Bädern, mit allen ihren Orten zur Beförderung des Gemeinsinns und des öffentlichen Wohls"[160].

Mit dieser Verankerung des historisierenden Rückgriffs im gesellschaftlich-sozialen Bereich veränderte sich aber nicht nur seine Grundlage, sondern auch sein Anspruch. Denn eine Rezeption der Antike als Epoche beispielhafter gesellschaft-

licher Organisation, die aufgrund dieses Umstandes erst fähig
war, die bewunderten künstlerischen Höchstleistungen hervor-
zubringen, implizierte gleichzeitig für die eigene, im künstlerischen Bereich als unzureichend gekennzeichnete Zeit den
Vorwurf mangelhafter gesellschaftlicher Verhältnisse.
Die mit dieser Grundaussage des Historismusbegriffs Sempers
bereits ausgesprochene Notwendigkeit einer Veränderung des
herrschenden politischen Systems erfuhr zudem durch die im
weiteren Verlauf der Darlegungen vorgestellte Entwicklungs-
reihe künstlerischer Vorbilder, innerhalb der dann auch die
italienische Renaissance ihren Platz fand, eine eindeutige Konkretisierung im Sinne bürgerlicher Zielsetzungen.

Wie schon Goethe, Winckelmann und Herder vor ihm, sah Semper
in der politischen Freiheit Griechenlands eine Voraussetzung
für das Entstehen seiner Kunstwerke. Mit dem Blickwinkel auf
die eigene Zeit und ihre bürgerlich-revolutionären Forderungen
begnügte sich Semper jedoch nicht mit der Feststellung dieser
Tatsache, sondern räumte einer Schilderung des Freiheits-
k a m p f e s des griechischen Volkes breiten Raum ein, wenn
er den Beginn der klassischen Priode folgendermaßen beschrieb:
Da entzündete der Funke des Prometheus die Gemüter und erweckte
das Feuer der Freiheit und des politischen Selbstgefühls. Mit
dem Kampf um die Freiheit gegen innere Tyrannen und fremde
Invasionen entwickelten sich und reiften jene wunderbaren Kräfte, durch die sich Griechenland über alle Völker aller Zeiten
erhob. Der Genius der Kunst entfaltete seine Schwingen. Auch
ihm waren die beschränkten Formen, in welche er sich gezwungen sah, zu enge geworden."[161]
Besonders dieser letzte Satz scheint nicht ohne eine implizierte Rückbeziehung auf die Gegenwart der ersten Hälfte des
19. Jahrhunderts formuliert, auf den Wunsch nach Überwindung
des klassizistischen Normensystems, als deren Voraussetzung
unausgesprochen nun ebenfalls das "Feuer der Freiheit" und
"politisches Selbstgefühl" gelten müssen.
Für eine so verstandene Erneuerung antiker Traditionen berief sich Semper nun erneut auf eine Vermittlung durch die
italienische Renaissance. Während sich diese jedoch in der
ersten Phase der Neurenaissance vorwiegend im formalen Bereich

abgespielt hatte, trat jetzt die italienische Renaissance
gleichermaßen als gesamtgesellschaftliches Vorbild neben das
klassische "Original", das diesem zudem insofern überlegen
war, wie es den Rückgriff auf die Vorbilder des Altertums als
Grundlage einer zweiten künstlerischen Blütezeit vor Augen
führte.
In diesem Sinne war für die Neurenaissance der ersten Schaffensperiode Sempers nicht mehr der formale historische Bestand der vorbildlich gesetzten Epoche assoziationstragend,
sondern vielmehr die "Anschauung über die socialpolitischen
und religiösen Zustände derjenigen Nationen und Zeitalter, ...
denen die betreffenden architektonischen Stile eigentümlich
waren"[162]. Denn "architektonischen Denkmale sind" - so Semper
in einem kurze Zeit nach seiner Emigration im Londoner Exil
gehaltenen Vortrag - "thatsächlich nur der künstlerische Ausdruck dieser socialen, politischen und religiösen Institutionen."[163]

Auf dieser theoretischen Basis konnte Semper nun zu diesem
Zeitpunkt auch auf die Bestimmung eines verbindlichen stiltragenden Formenkanons der Neurenaissance verzichten, wie er
in der zweiten Jahrhunderthälfte allgemein zur Regel historisierender Architektur wurde. Da statt dessen die Orientierung
an wenigen typisierenden Stilmerkmalen der historischen Vorbilder bereits zur Kennzeichnung der angestrebten Nachfolge
ausreichte und somit der architektonisch-schöpferischen Leistung der eigenen Zeit ein entscheidender Anteil am baukünstlerischen Entwurf zukam, entstanden in dieser kurzen Phase
der Neurenaissance vor 1850 diejenigen Bauten des Historismus,
denen ein Höchstmaß an stilistischer Selbständigkeit und
schöpferischer Spontaneität zuzusprechen ist. Die Dresdener
Bautätigkeit Sempers, die in diesen Zeitraum fiel, steht dafür selbst als Beispiel an vorderster Stelle.
Daß die Definition eines derartigen Historismusbegriffs für
Semper aber auoh die Möglichkeit des aktiven Einwirkens auf
die aktuellen gesellschaftlichen Zustände in den Vordergrund
stellte, zeigt die hier vorgenommene explizite Analogiesetzung des revolutionären Gehalts der künstlerischen Bewegung
der italienischen Renaissance mit den Reformtendenzen der

eigenen Gegenwart. "Als im Anfang des 15. Jahrhunderts ein
neuer Revolutionseifer die Künstler ergriff, die Tradition
ihrer Väter abzuschwören, um im Enthusiasmus für die Antike
ihren Geist gleichsam nur am Borne trinken zu wollen,"[164]
wurde für ihn der Weg vorgezeichnet, der mit den "politischen
Stürmen"[165] der französischen Revolution und der damit eingeleiteten "neuen Gärung"[166] in der Kunst wiederum zu jenem
"glänzenden Erfolg"[167] führen sollte.

Mit der Übertragung dieser zentralen Rolle für die Verbesserung der gegenwärtigen Kunstpraxis an die bürgerliche Bewegung seiner Zeit hatte Semper erstmals die aktuelle politische
Entwicklung als tragenden Bestandteil in ein künstlerisches
Programm des Historismus integriert und es damit umgekehrt
für das Bürgertum in dieser Phase des politischen Machtanspruchs verwertbar gemacht. Denn seine Forderung nach dem
Messen vorbildlicher Stilformen und ihrer sozialen Bedingungen an dem "Bedürfnis" der eigenen Zeit ermöglichte nicht nur
die Legitimation herrschender Ideologien durch die Aktualisierung historischer Stilformen, sondern gleichzeitig die Manifestation systemverändernder Zielvorstellungen, die in der
vorbildlichen Epoche enthalten zu sein schienen.
Daß diese fortschrittlichen Inhalte des Semper'schen Historismusbegriffs jedoch hauptsächlich auf die Theorie beschränkt
bleiben mußten, da ihre architektonische Realisierung an den
konkreten geschichtlichen Möglichkeiten scheiterte, wird noch
anhand der in diesem Zeitraum entstandenen Dresdener Bauten
Sempers nachzuweisen sein.[168]

abgespielt hatte, trat jetzt die italienische Renaissance
gleichermaßen als gesamtgesellschaftliches Vorbild neben das
klassische "Original", das diesem zudem insofern überlegen
war, wie es den Rückgriff auf die Vorbilder des Altertums als
Grundlage einer zweiten künstlerischen Blütezeit vor Augen
führte.
In diesem Sinne war für die Neurenaissance der ersten Schaffensperiode Sempers nicht mehr der formale historische Bestand der vorbildlich gesetzten Epoche assoziationstragend,
sondern vielmehr die "Anschauung über die socialpolitischen
und religiösen Zustände derjenigen Nationen und Zeitalter, ...
denen die betreffenden architektonischen Stile eigentümlich
waren"[162]. Denn "architektonischen Denkmale sind" - so Semper
in einem kurze Zeit nach seiner Emigration im Londoner Exil
gehaltenen Vortrag - "thatsächlich nur der künstlerische Ausdruck dieser socialen, politischen und religiösen Institutionen."[163]

Auf dieser theoretischen Basis konnte Semper nun zu diesem
Zeitpunkt auch auf die Bestimmung eines verbindlichen stiltragenden Formenkanons der Neurenaissance verzichten, wie er
in der zweiten Jahrhunderthälfte allgemein zur Regel historisierender Architektur wurde. Da statt dessen die Orientierung
an wenigen typisierenden Stilmerkmalen der historischen Vorbilder bereits zur Kennzeichnung der angestrebten Nachfolge
ausreichte und somit der architektonisch-schöpferischen Leistung der eigenen Zeit ein entscheidender Anteil am baukünstlerischen Entwurf zukam, entstanden in dieser kurzen Phase
der Neurenaissance vor 1850 diejenigen Bauten des Historismus,
denen ein Höchstmaß an stilistischer Selbständigkeit und
schöpferischer Spontaneität zuzusprechen ist. Die Dresdener
Bautätigkeit Sempers, die in diesen Zeitraum fiel, steht dafür selbst als Beispiel an vorderster Stelle.
Daß die Definition eines derartigen Historismusbegriffs für
Semper aber auoh die Möglichkeit des aktiven Einwirkens auf
die aktuellen gesellschaftlichen Zustände in den Vordergrund
stellte, zeigt die hier vorgenommene explizite Analogiesetz-
zung des revolutionären Gehalts der künstlerischen Bewegung
der italienischen Renaissance mit den Reformtendenzen der

eigenen Gegenwart. "Als im Anfang des 15. Jahrhunderts ein
neuer Revolutionseifer die Künstler ergriff, die Tradition
ihrer Väter abzuschwören, um im Enthusiasmus für die Antike
ihren Geist gleichsam nur am Borne trinken zu wollen,"[164]
wurde für ihn der Weg vorgezeichnet, der mit den "politischen
Stürmen"[165] der französischen Revolution und der damit eingeleiteten "neuen Gärung"[166] in der Kunst wiederum zu jenem
"glänzenden Erfolg"[167] führen sollte.

Mit der Übertragung dieser zentralen Rolle für die Verbesserung der gegenwärtigen Kunstpraxis an die bürgerliche Bewegung seiner Zeit hatte Semper erstmals die aktuelle politische
Entwicklung als tragenden Bestandteil in ein künstlerisches
Programm des Historismus integriert und es damit umgekehrt
für das Bürgertum in dieser Phase des politischen Machtanspruchs verwertbar gemacht. Denn seine Forderung nach dem
Messen vorbildlicher Stilformen und ihrer sozialen Bedingungen an dem "Bedürfnis" der eigenen Zeit ermöglichte nicht nur
die Legitimation herrschender Ideologien durch die Aktualisierung historischer Stilformen, sondern gleichzeitig die Manifestation systemverändernder Zielvorstellungen, die in der
vorbildlichen Epoche enthalten zu sein schienen.

Daß diese fortschrittlichen Inhalte des Semper'schen Historismusbegriffs jedoch hauptsächlich auf die Theorie beschränkt
bleiben mußten, da ihre architektonische Realisierung an den
konkreten geschichtlichen Möglichkeiten scheiterte, wird noch
anhand der in diesem Zeitraum entstandenen Dresdener Bauten
Sempers nachzuweisen sein.[168]

ZWEITER TEIL

ZUR ROLLE DER NEURENAISSANCE
IN DER ARCHITEKTUR

I. Die Anfänge in Deutschland:
Neurenaissance als Hofarchitektur.

1. Die Neugestaltung der Residenzstadt München von 1816-1836

Die umfänglichen Bauprojekte für die Stadt München unter den Regierungen Max I. Joseph und Ludwigs I. bestimmten in weiten Teilen Anlage und Aussehen der Residenzstadt neu. Die Planungen im Umkreis der Königsresidenz umfaßten Aufgaben des Wohn- und Repräsentativbereichs gleichermaßen und sind in ihrer Geschlossenheit geeignet, Ziele und Aufgaben der Architektur im Umkreis nachrevolutionärer Hofhaltung ablesbar zu machen.

Seit dem Jahre 1812 existierte ein von Ludwig von Sckell und Karl von Fischer aufgestellter Generalplan für die Stadt München, der es zur Aufgabe hatte, "daß die alte Stadt mit dem äußeren Stadtteil harmonisch verbunden werde, damit ein Ganzes herauskäme"[169]. Seine Schwerpunkte, die Erschließung neuen Geländes für die Stadterweiterung und eine repräsentative Einbeziehung des in unregelmäßiger, unübersichtlicher Baufolge sich darbietenden Komplexes der Königsresidenz in das Stadtganze, waren schon unter Kurfürst Karl Theodor (1777-1799) im Gespräch. Er gab den Anstoß zur Niederlegung der mittelalterlichen Befestigungswälle und projektierte eine Eingliederung der Residenz durch die Anlage einer den Hofgarten durchschneidenden, nördlichen Hauptachse etwa an der Stelle der heutigen Kaulbachstraße.[170] Im neuen Generalplan hingegen stellte sich die Schwierigkeit, ohne diesen Rückgriff auf zentralisierte Schloßanlagen barocker Provenienz eine städtebaulich überzeugende Lösung zu finden.[171]

Die im Sckell-Fischer'schen Plan vorgesehene Umgestaltung[172] verzichtete zwar auf diese "absolutistische" Komponente, doch nun um den Preis repräsentativer Großzügigkeit, so daß die Vorschläge nicht die Billigung des Königs erlangen konnten. Auch die Bebauung im Sinne des Klassizismus Karl von Fischers, eines lockeren Villenstils des späten Palladianismus, entsprach nicht mehr dem zu evozierenden Bild einer tätigen Bürgerstadt, in der der König inmitten seiner Untertanen "wohnte".

Erst Klenze traf mit seinen städtebaulich wie stilistischen Planänderungen die Vorstellungen des Bauherrn. Die künstlerisch orientierungslose Zwischenphase nachbarocker Hofarchitektur - Ausdruck des Umbruchs im ideologischen Bereich der Monarchien - war beendet.
Ein neues herrscherliches Selbstverständnis setzte neue Maßstäbe: Weiträumige Straßenzüge und Platzanlagen sollten Zeugnis geben von dem auf verkehrstechnischem und wirtschaftlichem Gebiet vorausblickenden König, dem die moderne Entwicklung seines Herrschaftsbereichs am Herzen lag; an den italienischen Stadtpalästen der Renaissance orientierte Architekturformen sollten den Verzicht auf pompöse Herrschergesten zugunsten eines volksnahen Regierungs- und Lebensstils signalisieren.
So mußte das enge Schwabinger Tor mit seinem winkelig zugeführten Straßensystem der weiträumigen Anlage der Ludwigstraße weichen, an deren Anfang der Residenzbezirk - durch Neubauten im italienischen Stil ummantelt - homogen eingefügt wurde. Den südwestlichen Abschluß des Residenzbezirks sollte der umzugestaltende Max-Joseph-Platz bilden, wobei ebenfalls die Neurenaissance entscheidend zum Tragen kam.

1.1. Ludwig I. als Bauherr

Die Verantwortlichkeit Ludwigs für das architektonische Programm der Residenzstadt zeichnete sich bereits in den Regierungsjahren seines Vaters ab. Denn obgleich Max I. Joseph bis 1825 amtierte, lag die künstlerische Planung und Aufsicht jener Münchener Bautätigkeit, die hier für die erste Phase der Neurenaissance in Deutschland stehen soll, von Anfang an bei

Ludwig.[173] Er löste das Bauwesen aus der festgefügten höfischen Beamtenhierarchie seines Vaters und schuf so die Voraussetzung für die zentrale Rolle, die ihm unter seiner Regierung zukommen sollte.[174]
Eine Untersuchung der bestimmenden Kräfte dieser Architektur, die 1816 mit dem Bau des Leuchtenberg-Palais durch Klenze begann und um die Mitte der dreißiger Jahre mit der Vollendung des neu gestalteten Max-Joseph-Platzes abgeschlossen war, kann sich also bezüglich der Herrschergestalt unter Einbeziehung der Kronprinzenjahre auf die Person Ludwigs beschränken.

Mit der Neuanlage des Residenzbezirks sollte München neben dem alten Stadtkern ein neues Zentrum entstehen, das gleichsam die moderne Stadt in sich verkörperte. Die Einflußnahme des Königshauses auf die Projektierung der Bauten war begreiflicherweise hoch, galt es doch mittels architektonischer Denkmale die herrscherliche Selbstdarstellung zu befördern.[175] Diese zentrale Funktion höfischer Architektur erfuhr jedoch im 19. Jahrhundert aufgrund der veränderten politischen Situation einen völlig neuen Stellenwert. Die gesicherte Position des absolutistischen Herrschers wurde durch die französische Revolution nachhaltig erschüttert; höfische Architektur ist nicht mehr uneingeschränkt Widerspiegelung gegebener Machtverhältnisse. Das Königtum wird dem bürgerlichen Kriterium der Leistung unterworfen, der König muß seine Existenzberechtigung nachweisen, will er nicht eine weitere, vielleicht erfolgreichere Revolution provozieren.
Diesem Legitimationsstreben kommt die Architektur der Zeit entgegen:
Aus dem breiten Spektrum verfügbarer historischer Baustile kann der Herrscher für seine Bauten denjenigen auswählen, der seinem Selbstverständnis, bzw. der gewünschten Selbstdarstellung am nächsten kommt. Für Ludwig bedeutet dies den Rückgriff auf die italienischen Vorbilder des 15. und 16. Jahrhunderts, deren Bauformen ihm zum Repräsentanten einer Vergangenheit werden, als deren legitimen Erben er sich versteht.
Die assoziativen Bezüge liegen auf der Hand: In dem Sinne, wie die Renaissance als Befreiung aus den feudalen Strukturen des Mittelalters galt, soll die Epoche der verfaßten Monarchie

die Zeit des Absolutismus ablösen. In der Nachfolge Mediciäischen Mäzenatentums verstand sich Ludwig als Garant einer auf wirtschaftlich-sozialem, wie künstlerischem Gebiet fortschrittlichen Entwicklung.[176]

Die Problematik dieser, aus der Überschätzung renaissancezeitlicher Freiheiten durch die romantisch-idealisierende Sicht der Zeit einerseits und der tatsächlichen Kompromißlosigkeit des Königs gegenüber einer bürgerlichen Gesellschaftsform andrerseits gekennzeichnete Rückkoppelung, lassen bereits die außerkünstlerischen Voraussetzungen einer Architektur spüren, deren Bauten selbst in der Vermengung neurenaissancistischer und traditionalistischer Elemente beide Komponenten ablesbar werden lassen.
Fortwährende Konflikte um die Finanzierung der Neubauten mit den verfassungsmäßig festgesetzten Gremien charakterisieren das Unzeitgemäße herrscherlicher Selbstdarstellung mittels monumentaler Hofarchitektur, wenn wirtschaftliche und soziale Interessen einer bürgerlichen Gesellschaftsform eine neue Verteilung der zur Verfügung stehenden Mittel verlangen. Wenn es aber für Ludwig dennoch möglich war, sein immenses Bauprogramm zu realisieren, so zeigt dies die offene Diskrepanz zwischen Verfassungszielen und politischer Wirklichkeit in jener Zeit. Die - zumal in Bayern - noch starke Autorität des Königs, wie der weite finanzielle Spielraum, den ihm sein Privathaushalt offensichtlich gewährte, ermöglichten es auch dem verfaßten Monarchen, weitestgehend Herr seiner Entscheidungen zu bleiben. In dem hier genannten Zeitraum von einer ideologisch wie zahlenmäßig schwachen Opposition noch hingenommen, führte dies erst mit dem Erstarken des Bürgertums im zweiten Drittel des Jahrhunderts zum offenen Konflikt.[177] Dann ist auch für die Münchener Hofarchitektur eine Zäsur aufzuzeigen:
Die allmähliche Verdrängung Klenzes aus führender Position durch den immer stärker werdenden Druck der Vertreter der bürgerlich-demokratischen Richtung, der Widerstand gegen seine Monopolstellung als Hofbauintendant und Vorstand der Obersten Baubehörde und der Rücktritt des Königs signalisieren das Ende jener ersten Phase nachrevolutionärer Hofarchitektur und damit der Epoche des nachrevolutionären Königtums, in der

die Spannungen zwischen bürgerlicher Gesellschaft und Monarchie noch nicht politisch wirksam wurden.

1.2. Die Auswahl des Architekten: Herkunft und Stellung Leo von Klenzes (1784-1864)[178]

Der Werdegang Klenzes bis zu seiner Anstellung in München und seine dortige Funktion sind symptomatisch für die Entwicklung der Neurenaissance von ihrer Ausprägung in der französischen Architekturtheorie bis in das dritte Jahrzehnt des Jahrhunderts. Sein an der eigenen Karriere orientiertes Bemühen, trotz gegensätzlicher politischer Strömungen an führender Stelle Architektur zu gestalten, setzte eine große Anpassungsfähigkeit an die herrschenden Verhältnisse voraus. Der Weg Klenzes vom Schüler Durands an der polytechnischen Schule in Paris zum Hofbauintendanten Ludwigs I. in München spiegelt somit die Ausrichtung der unter dem Einfluß der französischen Revolution auf bürgerlicher Seite entstandenen Renaissancerezeption der Jahrhundertwende für die Hofarchitektur des frühen 19. Jahrhunderts seitens der monarchischen Restauration.

Die Studienjahre Klenzes zwischen 1800 und 1807 begannen in Berlin, wo er zwar unter dem Einfluß der archäologisch-antikisierenden Methode Hirts stand, doch zeigen seine Arbeiten aus diesen Jahren[179], daß er bereits hier mit der zweiten Architekturtendenz der Zeit, den an schlichten geometrischen Körpern orientierten Bauformen, vertraut wurde. Sein Lehrer war Friedrich Gilly. In den Erläuterungen zu einem Entwurf für ein Lutherdenkmal schrieb Klenze damals: "Die Zirkelform ist die einfachste und natürlichste, sie schließt mit der kleinsten Peripherie den größten Raum ein."[180] Ab 1803 befand sich Klenze dann in Paris, wo er bei Durand, Percier und Fontaine erstmals mit den italienischen Beispielen jener Architektur konfontiert wurde, auf denen auch die Neurenaissance Klenzes später aufbauen konnte. Er zeichnete nach den florentinischen Vorbildern des 15. und 16. Jahrhunderts Fassaden, die sich durch gleichmäßige Achsengliederung und klare Gesimsführung auswiesen.[181] Über die formal-handwerkliche Schulung hinaus lernte Klenze dort auch die ideologische Fundierung dieser frühen Neurenaissance kennen, wenn er sie angewendet fand in einem von Durand und Thibault im Jahre 1795 entworfenen "Temple à la félicité publique"[182], den er sorgfältig kopierte. Den Pariser Jahren folgte ab 1805 ein zweijähriger Italienaufenthalt, von dem als Beweis einer auch dort fortgesetzten, gründlichen Beschäftigung mit der Renaissancearchitektur zahlreiche Villenentwürfe erhalten sind.[183]

In den deutschen Einzelstaaten wurde die politische Situation inzwischen von der französischen Besetzung bestimmt. Napoleon, nach der Zerschlagung des preußischen Feudalstaates vor dem Höhepunkt seiner Macht stehend, bediente sich immer mehr der Mittel, die er mit den feudalabsolutistischen Staaten des Kontinents bekämpft zu haben schien. Infolge dieser Unterdrückung nahmen die nationalen Befreiungsbewegungen der besetzten Gebiete ihren ersten Aufschwung, und der Widerstand gegen die Okkupanten bestimmte auch die politische Szene in Deutschland.
In diese Zeit fiel für Klenze die Gelegenheit seiner ersten Anstellung, die er von 1808-1813 am westfälischen Königshof unter Jérôme, dem Bruder Napoleons, in Kassel fand. Die Tatsache, daß sich mit dieser Stelle die Rolle eines Hofarchitekten an einem der verschwenderischsten und aufwendigsten Königshöfe der Zeit verband, kennzeichnete Klenze schon frühzeitig als einen pragmatischen, erfolgsuchenden Künstler, der es stets verstand, die herrschende politische Situation für die eigene Karriere kritiklos hinzunehmen.
Daß es sich beim Eintritt in napoleonische Dienste nicht um eine existenznotwendige Maßnahme in auswegloser Situation handelte, sondern bereitwillige Anpassung ausschlaggebend war, zeigt die damit verbundene Kehrtwendung des an der französischen Architekturtheorie geschulten Klenze auch in programmatischer Hinsicht. Seine "Erläuterungen zum Lutherdenkmal" von 1805 im Gedächtnis, lassen seine drei Jahre später anläßlich des Entwurfs zu einem Theater in Schloß Wilhelmshöhe, bzw. Napoleonshöhe überlieferten Äußerungen aufhorchen. Er schreibt: "Was ich bei diesem Entwurf gesucht, war die optischen, ästhetischen und gesellschaftlichen Erfordernisse eines Hoftheaters mit der Reinheit der architektonischen Formen zu vereinigen;

welch letztere fast in allen unseren neuen Theatern und vorzüglich in denen nach dem regellosen und barbarischen französischen Zirkelschema (!) erbauten, völlig vernachlässigt ist."[184]

Als im Jahre 1813 auch das westfälische Königreich infolge der Niederlage Napoleons bei Leipzig sein Ende fand, bedeutete dies für Klenze den Verlust seiner Ämter. In der Überzeugung, daß "das Große und Vortreffliche in der Kunst ... nicht bei wechselnden Begriffen, Systemen und individuellen Bestrebungen"[185] erreicht werden kann, schlug er sich auch jetzt auf die Seite der fürstlichen Restauration.
Seine seltenen politischen Äußerungen kennzeichnen ihn als treuen Monarchisten[186] und sein Weg als Hofarchitekt scheint vorgezeichnet. Er bemühte sich, seinen eigenen Lebensstil dem der höfischen Kreise anzugleichen und verstand es auch, sich über Finanzspekulationen materiellen Rückhalt zu schaffen.
Die künstlerischen Bemühungen dieser Jahre setzten erneut deutliche Markierungen für das von Klenze gewünschte Betätigungsfeld. Auf der Suche nach neuen Arbeitgebern begab er sich nach Wien, um dort den Entwurf für ein Befreiungsdenkmal vorzulegen.

Abb. 5 Mit seinem "Projet de Monument à la Pacification de l'Europe",[187] das er den "zur Befriedung Europas verbündeten Herrschern"[188] zueignete, präsentierte sich Klenze dem Wiener Kongress als überschwänglicher Bewunderer der "glänzendsten Epoche der Geschichte, deren Zeugen wir sind"[189] und bot seine Dienste als Künstler, dieselbe "unsterblich"[190] zu machen. Den Planzeichnungen, die einen in der klassizistischen Tradition stehenden pyramidalen, trophäengeschmückten Stufenbau vorweisen, dessen Krönung ein Tempel in "modern dorischer Ordnung"[191] darstellt, waren auf fünf Textseiten Erklärungen Klenzes zu Form und Aufgabe des Monuments beigegeben.[192] In plakativer Eindeutigkeit gerieten diese zu einem klaren Bekenntnis zur monarchischen Restauration - sicherlich geeignet, die Aufmerksamkeit der alten und neuen Herren Europas auf einen stellungslosen ambitionierten Architekten zu lenken.
Obgleich dieser Entwurf nicht angenommen wurde, könnte er für die ein gutes Jahr später erfolgte Berufung Klenzes nach Mün-

chen mit ausschlaggebend gewesen sein. Ludwig selbst hatte
am 4. Februar 1814 einen Wettbewerb für ein Denkmal ausgeschrieben, das er dem Andenken großer Deutscher errichten
lassen wollte - die erste Initiative zum Bau der Walhalla,
zu der schließlich am Jahrestag der Völkerschlacht von Leipzig im Jahre 1830 der Grundstein gelegt wurde.[193]
Die formalen Richtlinien, "ein längliches Viereck mit frei
herumziehendem Säulengang auf dreifachem Sockel"[194], deckten
sich mit den Vorstellungen Klenzes für sein Befriedungsmonument von 1814, wodurch das Interesse Ludwigs hinsichtlich seiner eigenen Pläne besonders angesprochen worden sein dürfte.
Die Vorstellungen über den Aufstellungsort auf einer "sanften
Anhöhe mit Baumgruppen"[195], ebenso wie die stilistische Realisierung als "würdige Nachahmung des Großen im Altertum"[196],
fanden sich ebenfalls in den Erklärungen Klenzes zu seinem
Planvorschlag wieder,[197] so daß er dem Kronprinzen als geeigneter Mann für die Stelle eines Hofarchitekten in München auffallen mußte.
Dort war Klenze zunächst als Privatarchitekt Ludwigs angestellt[198], das heißt ohne Stellung innerhalb der Baubehörde.
Da jedoch jede Neuplanung deren Genehmigung bedurfte, erkannte
Klenze rasch die Notwendigkeit der Eingliederung in die Hierarchie des staatlichen Bauwesens, die er noch im Jahr seiner
Berufung nach München durchsetzen konnte. Ab 1816 Hofbaurat,
zwei Jahre später Hofbauintendant und Oberbaurat, gelang ihm
aufgrund der Protektion Ludwigs bis 1830 der Aufstieg in die
berufliche und persönliche Spitzenposition des "wirklichen
geheimen Rats" am königlichen Hof.[199]
In dieser Zeit war aber auch der Widerstand und das Mißtrauen
gegen die Monopolstellung Klenzes so weit angewachsen, daß in
öffentlichen Aktionen gegen ihn gearbeitet wurde. Die Diskrepanz zwischen dem höfischen Glanz, für den der König und sein
Architekt zum Inbegriff geworden waren, und den tatsächlichen
Bedürfnissen der Bevölkerung wurde nicht länger kritiklos hingenommen. Mit Unterstützung einiger Abgeordneter[200] inszenierte man gegen den "Dieb Klenze"[201] eine systematische Hetze,
in die auch die Presse eingriff. Als in einem Zeitungsartikel
behauptet wurde, Klenze bestimme in München vor dem König,
erkannte auch Ludwig die Gefahr für seine eigene Position und

betrieb die demonstrative Lockerung seines Verhältnisses zu
Klenze, der für das Volk zum Sinnbild einer allzu selbstherr-
lichen Monarchie geworden war.
Klenze wurde zunächst für einige Monate in staatlicher Mission
nach Griechenland geschickt, aber bei seiner Rückkehr merkte
er, daß sich für ihn die Lage keineswegs gebessert hatte. Er
blieb zwar im Amt, doch erhielten neben ihm nun auch Gärtner,
Ziebland und Ohlmüller größere Aufträge.[202]
Erst nach seiner Abdankung im Jahre 1848 wagte es Ludwig, seine Beziehungen zu Klenze wieder zu festigen und "von dem, was
vorgefallen, war keine Rede und das ehemalige gute Verhältnis
wieder hergestellt."[203] Diese Reaktion zeigt, daß die Kalt-
stellung Klenzes durch Ludwig als Mittel der Staatsraison zu
werten ist, da im vorrevolutionären Deutschland der 30er und
40er Jahre aus politischen Gründen ein "Hofarchitekt" mit der
Machtposition Klenzes seitens des Königs nicht mehr riskiert
werden konnte.

Die stilistische Einordnung der Bauwerke Klenzes in München
muß zwei Grundtendenzen berücksichtigen:
Den graecisierenden Klassizismus und die Neurenaissance. Diese Verteilung, bei der das zahlenmäßige Gewicht klar auf Seiten der Neurenaissance liegt, ist keineswegs willkürlich.
Unter dem oben ausgeführten Aspekt der Schaffung eines neuen
Herrscherbildes durch eine neue Hofarchitektur wird hier eine
Systematik der Stilwahl erkennbar, die die genannte Funktion
der Neurenaissance bestätigt.
Der Schwerpunkt der nachrevolutionären herrscherlichen Selbstdarstellung lag auf der Vorspiegelung eines Demokratisierungs-
prozesses innerhalb der Monarchie. Auf politischem Gebiet entsprach dem der Erlaß von Staatsverfassungen, im architektonisch-künstlerischen Bereich die Ablösung barocker Schloßbauten und Palais' durch die Rezeption der Stadtpaläste der italienischen Renaissance.
Die gesellschaftliche Funktion dieser neuen Architektur war
aber nur auf die Gegenwart zugeschnitten, in der es galt,
bürgerlichem Gedankengut innerhalb der Monarchie eine ver-
meintliche Heimat zu geben. Der gesamte Memorialbereich höfischer Kunst, in dem es um dynastische Tradition und Fortdauer

an sich ging, war hingegen nicht hinterfragbar. Er erwies
sich so - aus existenziellen Legitimationsbestrebungen heraus -
den neuen Architekturtendenzen gegenüber als konservativ und
fand seine Bauformen weiterhin in einem antikisierenden Klassizismus.
Abgesehen von der Glyptothek und der Allerheiligen-Hofkirche,
deren klassizistischer, bzw. neumittelalterlich-byzantinischer
Stil bereits durch die jeweilige Bauaufgabe vorbestimmt war,
bedeutete dies für Klenzes weitere Tätigkeit in München:
Die Walhalla, der Monopteros im Englischen Garten und die Ruhmeshalle wurden im antikisierenden Stil errichtet, während er
sich für all die Bauten, die mit dem Wohn- und Repräsentativbereich des Königs und des Hofes in Verbindung standen, der
neurenaissancistischen Formensprache bediente.

Daß diese Verteilung keine zufällige war, zeigt ein Blick auf
die Hofarchitektur Friedrich Wilhelms IV.[204], für dessen Umgestaltung der Residenzanlage von Sanssouci in Potsdam dieselben Kriterien anwendbar bleiben. Während auch er für die neuen
Bauten der Hofhaltung, wie die Orangerie und das Kasino auf
Formen der italienischen Renaissance zurückgriff[205], blieb für
die Memorialzone östlich des alten Schlosses - die dem Andenken Friedrichs des Großen gewidmete "Preußische Akropolis" -
die Antike vorbildlich.[206]
Diese für die Architekturikonologie so aufschlußreiche stilistische Zweigleisigkeit der von Klenze geschaffenen Münchener
Hofkunst bedeutete für sein eigenes Architekturverständnis
keinen Bruch. Auf der Suche nach einen neuen zeiteigenen Stil
sah er sein gesamtes Schaffen einem "Prinzip Renaissance" unterstellt, wenn er fragte:
"Sollte es nicht gelingen, wie seinerzeit sich der Renaissancestil aus dem damals bekannten Stile entwickelte, so auch jetzt
eine neue Bauart zu finden?"[207] Ob er dies über den Weg der
"zuerst zur glücklichen Reue über ... artistische Verwilderung
erwachten Italiener des 15. und 16. Jahrhunderts"[208] versuchte,
oder durch die "sinnreiche Übertragung ... der Griechen Werk"[209]
war für ihn als Architekten zweitrangig. Denn den stilistischen Orientierungsrahmen setzte Ludwig selbst, und für ihn
war "der Effekt, die Wirkung, ... die Hauptsache"[210].

1.3. Die Neugestaltung des ehemaligen Schwabinger Tores und die Anlage der Ludwigstraße[211]

Die Stadterweiterungsprojekte Münchens, die den Ausführungsplänen der Zusammenarbeit Ludwig/Klenze vorausgingen, dehnten das Stadtgebiet nach Süden, Westen und Osten aus, während der nördliche Bereich jenseits des Schwabinger Tores unberührt blieb. Zwar gab es Pläne, das ehemalige Stadttor nach der Auflassung der Festung selbst umzugestalten, doch wiederum nur als Ausfahrt aus dem eigentlichen Stadtgebiet, als Stadtgrenze. Wie in dem Projekt Andreas Gärtners von 1814[212] wurde nur die Form einer modernen klassizistischen Veränderung unterzogen, die Funktion der Anlage blieb erhalten.

Erst Ludwig veranlaßte, nachdem ihm von seinem Vater "die Führung der Münchner Kunstangelegenheiten"[213] überlassen worden war, die Einbeziehung der nördlichen Vorstadt, die unmittelbar an den alten Residenzbezirk und die Hofkirche anschloß. Er zielte bewußt auf die Neugestaltung der "Residenzstadt" München und machte folgerichtig das Gebiet um die Residenz zu deren architektonischem Zentrum. Dort wollte er erstmals in Deutschland den neuen Baustil der Neurenaissance zur Anwendung bringen und damit der neuen Monarchie ein sichtbares Zeichen schaffen.

Das Leuchtenberg-Palais, das stellvertretend als Typus des Stadtpalasts der Ludwigstraße stehen kann, besitzt für die Architekturbetrachtung der ersten Phase der Neurenaissance doppelte Dienstbarkeit. Zum einen Programmbau der neuen Hofkunst, zeigt es zum anderen deutlich die Besonderheiten, die diese Funktion der Neurenaissance in ihrer formalen Präsentation aufgeprägt hatte: die Reminiszenzen an die höfisch-barocke Tradition.

Das Leuchtenberg-Palais hatte für die Gesamtanlage der Ludwigstraße in stilistischer und städtebaulicher Hinsicht initiatorische Bedeutung. Es war nicht nur der Bau, auf den "der herrliche Styl florentinischer Wohngebäude ... zuerst in Deutschland"[214] angewendet wurde, sondern es besaß für die gesamte Planung des Residenzbezirks eine Schlüsselfunktion. Die Äußerung Klenzes, "daß das Mißlingen des Baues, wenigstens für lange Zeit das Mißlingen des ganzen Unternehmens nach sich ziehen würde"[215], berührte neben der baupraktischen Seite auch die finanzpolitische Problematik des Projekts. Ihre Betrachtung ist geeignet, zunächst an einem außerkünstlerischen Kriterium die veränderte Situation der Hofkunst aufzuzeigen.

Vergleicht man unter diesem Aspekt die Planung der Ludwigstraße mit architektonischen Unternehmungen höfischer Kunst aus früherer Zeit, so wird die zentrale Konfliktsituation der nachrevolutionären Monarchie zwischen dem tatsächlichen Selbstverständnis und der von der Staatsraison geforderten Selbstdarstellung deutlich. Hier drückt sie sich aus in dem ungebrochenen Repräsentationswillen des Herrschers und den veränderten Bedingungen seiner Konkretisierung. Der König, in unserem Fall der von ihm in die Zuständigkeit gestellte Kronprinz, setzte mit der Planung einer Prachtstraße die Maßstäbe einer Selbstdarstellung, deren Realisierung nicht mehr allein in seiner Verantwortlichkeit lag. Über die verfassungsmäßig festgesetzten Gremien nahm eine staatliche Gewalt Einfluß, die, im Gegensatz zur absolutistischen Epoche, nicht mehr mit der Person des Monarchen identisch war.

Für das Projekt der Ludwigstraße hatte dies zur Folge, daß dazu in den Kammern und durch den König zwar die Genehmigung erteilt wurde, jedoch "ohne Haftung und Garantie der Staatskasse"[216]. Diese Ablehnung der staatlichen Trägerschaft zwang den Bauherrn zur privaten Finanzierung, wobei er aufgrund der Größe des Vorhabens auf potente Geldgeber angewiesen war. Obgleich die zur Verfügung gestellten Mittel aus dem Privathaushalt des Kronprinzen beträchtlich waren, blieb der Anteil privater Bauherren so groß, daß die damit herbeigeführten Schwierigkeiten zweitweise die Realisierung des Projekts in Frage stellen konnten.

Das Paradoxon herrscherlicher Selbstdarstellung auf der Basis des Vermögens finanzkräftiger Untertanen wurde nämlich offenbar, als Ludwig, in seinen Repräsentationsbestrebungen die Interessen der adeligen und großbürgerlichen Bauherren negierend, strenge Richtlinien für die Bebauung erließ, die weder den Bedürfnissen, noch den finanziellen Möglichkeiten der Grundeigentümer entsprachen.[217] Ideologische Zwänge verschlos-

sen Ludwig der Einsicht, daß "München nicht Rom, und Herr Mayer kein Farnese oder Pitti"[218] sei, was zur Folge hatte, daß sich die Interessenten zurückzogen und der weitere Ausbau der Anlage so lange stagnierte, bis Ludwig selbst die Regierungsgewalt inne hatte. Erst jetzt war er als König in der Lage und im Gegensatz zu seinem Vater auch willens, durch "Reformen" des Staatshaushalts öffentliche Mittel bereitzustellen und sich so von privaten Geldgebern weitgehend unabhängig zu machen.
Diese Praxis aber macht die Opposition der Öffentlichkeit verständlich, die sich gegen den König und seinen Architekten schließlich ausbreitete; war doch die Ludwigstraße augenfälliger Beweis dafür, daß trotz der Staatsverfassung beim Monarchen immer noch eine Machtkonzentration lag, die es ihm erlaubte, die Interessen der bürgerlichen Untertanen völlig außer acht zu lassen.

Das Leuchtenberg-Palais, das als erster Bau der im Mai 1817 genehmigten Anlage entstand, spielte innerhalb des genannten Finanzierungsmodells eine wichtige Rolle. Bauherr war Eugène de Beauharnais, der Stiefsohn Napoleons und ehemalige Vizekönig von Italien, der seit seiner Heirat mit Auguste, der Tochter König Max Josephs, den Titel eines Herzogs von Leuchtenberg führte. Er galt, nachdem im österreichisch-bayerischen Staatsvertrag - Oberitalien war im Wiener Kongress den Habsburgern zugesprochen worden - die Zusicherung seiner Ansprüche auf künftige Versorgung festgelegt worden war, als einer der reichsten Männer in Bayern[219] und versprach mit seinem geplanten Palais eine würdige Akzentsetzung der neuen Prachtstraße. Klenze und Ludwig standen schon seit längerer Zeit wegen des Baues in Verbindung mit dem Herzog, der sich bereits seit dem Jahre 1814, nach seiner Flucht aus Mailand und der Übersiedelung aus der österreichischen Festung Mantua, mit dem Gedanken einer Ansiedlung in München trug.
Aus dieser Zeit existieren zwei Entwürfe zu einem Palais von Karl von Fischer. Ein Überblick über die Planungs- und Baugeschichte soll im Folgenden zunächst an der Gegenüberstellung der Pläne Fischers und Klenzes die formalen Unterschiede des Münchener Klassizismus und der Neurenaissance aufzeigen.

Danach sollen an dem ausgeführten Bau Klenzes die Elemente einer höfischen Ausprägung der Neurenaissance bestimmt werden, die am Leuchtenberg-Palais auf die direkte Einflußnahme des Kronprinzen zurückzuführen sind.

1.3.1. Das Leuchtenberg-Palais

Die ersten Pläne für das Leuchtenberg-Palais fertigte Karl von Fischer im Jahre 1814.[220] Aufgrund der unsicheren politischen Lage nach der Rückkehr Napoleons kam das Projekt jedoch in dieser ersten Planungsphase nicht zur Ausführung. Ein Bauplatz war außerhalb des alten Münchener Stadtkerns vorgesehen, wo Fischer bereits das Prinz-Carl-Palais und die Bauten am Karolinenplatz für Angehörige des ortsansässigen Adels errichtet hatte. Dieser projektierte Standort befand sich unweit des später unter Klenze tatsächlich gewählten, doch wurde er damals noch unbeeinflußt von dem Ensemble der Ludwigstraße bestimmt. Bei den Fassadenentwürfen Fischers handelt es sich offensichtlich um zwei gleichzeitige Alternativlösungen der gestellten Aufgabe eines Stadtpalais. Beide sind vom November 1814 datiert. Vergleicht man sie innerhalb des Fischer'schen Gesamtwerks[221], so scheinen sie die zwei grundsätzlichen Möglichkeiten repräsentativen privaten Wohnbaus der Zeit zu vertreten:

Abb. 6
Das Projekt I folgt - wenn auch bereits durch neue Bauformen verfremdet - noch dem Typus des aufwendigen Stadtpalais spätbarock-klassizistischen Stils, wie er im Prinz-Carl-Palais in den Jahren 1803-06 am reinsten angewendet wurde, während das

Abb. 7
Projekt II in einer Reihe steht mit den schlichteren, gleichförmig gegliederten Fassaden der Bauten am Karolinenplatz[222], auf deren noch weitgehend stilneutralen Schema die Architektur der Neurenaissance unmittelbar aufbauen konnte.
Fischer kennzeichnet sich so erneut als Architekt des Übergangs vom Klassizismus zur Neurenaissance, der für München die Voraussetzungen schuf, die in der Folgezeit die Ablösung des klassenspezifischen Barockpalais durch das in äußerem Eindruck und innerer Aufteilung neutrale, für Adel und Bürgertum gleichermaßen gültige, repräsentative Stadthaus ermöglichten.

Der erste Entwurf Fischers zum Leuchtenberg-Palais zeigt eine eigenartige Vermengung konservativer und moderner Architektur-

Abb. 8

elemente. Der Vergleich des Prinz-Carl-Palais, das unter den Bauten Fischers das traditionelle Adelspalais verkörpert, mit dem Projekt I für das Leuchtenberg-Palais macht die stilistische Zwischenstellung dieser Arbeit deutlich.
Bei beiden Bauaufgaben handelte es sich um mehrflügelige, um einen inneren Hof gruppierte Anlagen, die in ihrem Raumaufkommen dem groß angelegten Lebensstil ihrer adeligen Bauherren angepaßt waren.[223]

Abb. 9

Im Grundriß des Leuchtenberg-Palais I steigerte Fischer die Symmetrie der Raumanordnung gegenüber dem Prinz-Carl-Palais noch durch die Einbringung einer zweiflügeligen zentralen Treppenanlage, die die spiegelbildlichen Seitentrakte trennt und folgte so direkt dem Schema barocker Palastvorbilder. Für beide Bauten war im Untergeschoß eine zentrale Haupteinfahrt vorgesehen, darüber jeweils ein großer Mittelsaal, der als Zentrum der repräsentativen Lebensführung der Bewohner auch am Außenbau sichtbar werden sollte.
Beim Prinz-Carl-Palais erreichte dies Fischer durch einen viersäuligen Portikus kolossaler Ordnung, der den drei zentralen Achsen der Hauptfassade vorangestellt wurde, während er die zu beiden Seiten verbleibenden zurücktretenden Achsen durch Kolossalpilaster zusammenfaßte. Die beiden Hauptgeschosse erheben sich auf einem farblich, wie in der Steinbearbeitung vom Übrigen abgesetzten, flachen Sockelgeschoß, auf dessen vorgezogenem Mittelteil auch die Säulen des Portikus aufruhen.
Der geschlossene Gesamteindruck, den die Fassade des Prinz-Carl-Palais bietet, wurde somit durch Gliederungselemente erreicht, die formal wie stilistisch in enger Beziehung zueinander stehen. Die Linien des Sockels und der Hauptgeschosse werden trotz des Mittelrisalits nicht unterbrochen und die Hervorhebung der zentralen Achsen durch den Portikus erscheint - abgesehen von dem bekrönenden Giebelfeld - als plastisch gewordene Wandstruktur der Seitentrakte.
Dieser harmonische Gesamteindruck ist in dem elf Jahre später entstandenen Entwurf I zum Leuchtenberg-Palais verloren gegangen. Hier trafen herkömmliche und neue Architekturformen in einer Weise aufeinander, die diese Arbeit als ein Werk des Übergangs kennzeichnen, an dem das Traditionelle nicht mehr uneingeschränkt möglich, das neu Gültige aber noch nicht gefunden ist.

Wie beim Prinz-Carl-Palais ist einem geradlinig rechteckigen, von einem Walmdach geschlossenen Baukörper ein gegiebelter Mittelrisalit vorgesetzt, doch entstand hier auf diese Weise eine Fassade, für die zwei architektonische Schemata nahezu bezugslos zusammengefügt wurden.
Die fünfachsigen Seitentrakte, deren monotone Fensterreihen das rustizierte Sockelgeschoß wie die glatt geputzte Fläche der zwei Hauptgeschosse gleichförmig überziehen, folgten dem italianisierenden Typus des Stadthauses, das in der Theorie[224] bereits seit der Jahrhundertwende das Adelspalais spätbarockklassizistischer Prägung verdrängt hatte. Auf enge Bebauung innerhalb des Stadtgebiets und vielfältige Benutzbarkeit abgestimmt, sollte eine neutrale Fassadengestaltung, die auf die jeweilige Inneneinteilung keinen direkten Bezug mehr nahm, den Bedürfnissen der neuen Gesellschaft Rechnung tragen. Die damit verbundene Minderung des individuellen Repräsentationswertes des Gebäudes schien jedoch mit den Ansprüchen vor allem adeliger Bauherren nicht unbedingt konform zu gehen, so daß die Architekten - wie der vorliegende Entwurf zeigt - zu Kompromissen gezwungen waren.
In diesem Sinne stellte Fischer seinem Projekt II, mit dem er die neuzeitlichen Vorstellungen zu verwirklichen suchte, im Projekt I eine Alternative zur Seite, die dem Wunsch nach feudaler Repräsentation mehr zu entsprechen schien. Er griff dabei auf das reich gestaltete Mittelrisalit zurück, dessen Repräsentationswert seit der Barockzeit geläufig war.
Den zurückbleibenden drei Geschossen der Fassade wurde ein Baukörper vorangestellt, der nur im Sockelgeschoß die vorgegebene Gliederung aufgreift. Sein beide Fensterreihen der Seitentrakte übergreifendes Obergeschoß wird von drei hohen Rundbogenfenstern durchbrochen, die unter einem breiten, schrifttragenden Architrav einer Pilaster-Säulen-Kolonnade eingestellt sind. Die verbleibenden Eckzwickel sind mit figürlichem Schmuck ausgestattet.
Aber die Zusammenstellung von Fassadenkörper und Mittelrisalit wirkt wenig organisch und zerfällt optisch in ihre Einzelelemente. Eine gegenseitige Bezugnahme fehlt vor allem im oberen Teil, wo die vorgeblendete Tempelfront die Proportionen der Seitengeschosse völlig mißachtet. Auf diese Weise wurde nicht,

wie beim Prinz-Carl-Palais, durch das Risalit die Akzentuierung eines Gebäudeteils erreicht, sondern vielmehr die Zusammenfügung zweier Architekturprinzipien, die einander ausschlossen:
Die monotone Fassadengestaltung der italienischen Renaissancepaläste, die aufgegriffen wurde, um einem bürgerlichen Zeitalter angemessene Wohnbauten zu schaffen und die Schmuckhaftigkeit hierarchisierender Repräsentationsarchitektur, die den Bedürfnissen bestimmter Kreise immer noch näher zu kommen schien.

Vergleicht man Fischers Projekt I zum Leuchtenberg-Palais etwa mit dem sechs Jahre später entstandenen Plan Klenzes zum Arco-Palais am Wittelsbacher Platz, so wird deutlich, daß in der Architektur Fischers zwar erste neurenaissancistische Formtendenzen aufgenommen wurden, von einem eigenständigen Baustil, wie ihn die Neurenaissance seit Klenze innerhalb der Münchener Architektur darstellte, aber noch nicht gesprochen werden kann.

Abb. 10

Auch Klenze versuchte am Arco-Palais einen gleichförmig gegliederten, geradlinigen Baukörper durch einen architektonisch reicher behandelten Mittelbau auszuzeichnen. Im Gegensatz zu Fischer, der eine eigenständige Schmuckfassade vorblendete, gelang ihm dies aber innerhalb des gewählten Baustils durch eine schmuckhafte Intensivierung bereits vorhandener Formelemente, wie sie die erneute Rustizierung des Mittelvorsprungs, das ornamental betonte Palladiomotiv des ersten Obergeschosses und die Säulenrahmung des Haupteingangs darstellten.
Bei Fischer hingegen gab es noch nicht diese Souveränität innerhalb des neuen Formensystems, die es dem Architekten ermöglichte, mit stileigenen Mitteln das starre in der Architekturtheorie geforderte Grundschema abzuwandeln. Wurde aber dennoch vom Bauherrn eine Akzentuierung oder Individualisierung des in Auftrag gegebenen Gebäudes verlangt, so war der Architekt gezwungen - wie beim Leuchtenberg-Palais I - auf Bauformen zurückzugreifen, die die bisherige Baupraxis mit dem gewünschten Aussagewert identifizierte.

In seinem zweiten Projekt für das Leuchtenberg-Palais folgte

Fischer ohne zusätzliche dekorative Schmuckformen der klaren
und nüchternen Fassadengliederung des nachrevolutionären Stadtpalais, wie er sie für München erstmals in den Bauten am Karolinenplatz verwendete.

Abb. 11
Verglichen mit dem Törring-Palais von 1811 finden sich dieselben architektonischen Gliederungselemente, in ihrer Anordnung nur unbedeutend abgewandelt. Die Ausmaße des Gebäudes wurden jedoch beim Leuchtenberg-Palais erheblich gesteigert, sowohl in der Fassadenlänge, wie in der Höhe. Die bereits im Sockelgeschoß grobere Eckrustizierung setzt sich nun bis unter das reicher ausgebildete Kranzgesims fort, so daß insgesamt zwar eine Monumentalisierung des früheren Entwurfs festzustellen ist, nicht aber eine Weiterentwicklung in stilistischer Hinsicht.

Abb. 12
Diese war in dem zwei Jahre später gefertigten ersten Entwurf Klenzes zum Leuchtenberg-Palais erreicht.[225] Es gelang, das starre, in den Idealbauten der Architekturtheorie fundierte Schema des Fischer'schen Projekts zu individualisieren, ohne dabei den neurenaissancistischen Grundtenor aufzugeben. Der Weg dazu führte über die Bauwerke der als vorbildlich gesetzten Epoche, deren Anregungen man als formale Möglichkeiten aufnahm. Das Leuchtenberg-Palais wurde das erste Stadtpalais Münchens, das mit dem Palazzo Farnese in Rom in Grund- und Aufriß an ein konkretes historisches Gebäude erinnerte, so daß ein Vergleich beider Fassaden[226] besonders geeignet ist, das rezeptive Prinzip der Münchener, insonderheit der Neurenaissance Klenzes, aufzuzeigen.
Der Palazzo Farnese (1541-1589) in seiner heutigen Gestalt wird bestimmt durch die nacheinander erfolgte Bautätigkeit Antonio da Sangallos des Jüngeren, Michelangelos und Giacomo della Portas. Stilistisch bedeutete dies einen Wandel vom Ordnungsprinzip der Hochrenaissance im Plan Sangallos über die Einführung plastisch-räumlicher Strukturelemente während der Bauleitung Michelangelos (1546-1552) bis zu der von barocken Tendenzen bestimmten Fertigstellung des Palasts duch della Porta nach einer dreißigjährigen Bauunterbrechung.[227]
Die Rezeption des italienischen Vorbilds durch Klenze beschränkte sich deshalb ausschließlich auf den Entwurf Sangallos,

der allein noch ohne das breit ausladende, reich ornamentierte Kranzgesims Michelangelos und dessen plastische Betonung der Mittelachse der Architekturästhetik dieser ersten Phase der Neurenaissance am meisten entsprechen mußte. Dennoch erfolgte für den Münchener Bau gegenüber dem Palazzo Farnese eine zusätzliche Reduktion der plastischen Fassadenwerte und eine Monotonisierung seiner Schmuckformen, so daß der dekorative Apparat der historischen Fassade nochmals den Forderungen des zeiteigenen Architekturgeschmacks unterzogen wurde, bevor er für das Palais Leuchtenberg Anwendung fand.

Wie beim Palazzo Farnese wählte Klenze einen dreigeschossigen Fassadenaufriß, der seine Grundaufteilung durch kräftige Horizontalgesimse erhielt. Eckrustizierung und bossiertes Portalfeld wurden ebenfalls übernommen, doch erscheint zusätzlich im flachen Untergeschoß dieselbe Steinbearbeitung: ein Kompromiß zwischen dem Idealtypus des italienischen Sockelhauses aus der Theorie und dem historischen Vorbild.

Die Reduktion plastischer Formwerte am Münchener Bau zeigt sich am deutlichsten in der Behandlung der Fensterzonen. Im Erdgeschoß wurden die Konsolvoluten der Sohlbänke gegenüber dem römischen Vorbild erheblich verkleinert und ganz der geradlinigen Rahmung untergeordnet. Bei den auf einem durchgehenden Gesimsstreifen aufgereihten Ädikulen des Mittelgeschosses wurden sämtliche Säulenvorlagen in Pilaster umgewandelt, deren Sockel erheblich abgeflacht.

In purifizierender Absicht verzichtete Klenze auch völlig auf die zentrale Achsenbetonung, die Michelangelo am Palazzo Farnese in diesem Geschoß dem Entwurf Sangallos hinzufügte. An die Stelle des mehrsäulig gerahmten, kartuschenbekrönten Zugangs zu einem flachen Repräsentationsbalkon trat bei Klenze ein schlichtes Fenster, das sich nicht von den übrigen unterschied. Bei den Ädikulen selbst wurden im ersten Obergeschoß die alternierenden Segmentgiebel zugunsten der Dreiecksform aufgegeben, um die Fassadengliederung weiter zu glätten und mit einer gleichförmigen Fensterabfolge im Sinne der Neurenaissance zu monotonisieren.

Das zweite Obergeschoß, dem am italienischen Vorbild die stark auf plastische Wirkung ausgerichtete Architektur Michelangelos entsprach, erfuhr am Münchener Bau die schlichteste Behandlung.

Auf der schmalen profilierten Gesimslinie, die erstes und zweites Obergeschoß voneinander trennt, sitzen die elf Rechteckfenster unmittelbar auf. Ihr einziger Schmuck ist eine geradlinige, auf denselben Konsolen wie im Erdgeschoß aufruhende Verdachung, die einen schmalen Rahmenstreifen übergreift. Den oberen Abschluß der Fassade bildet ein flaches, mäßig vorkragendes Kranzgesims, wobei im ersten Entwurf Klenzes noch nicht endgültig festgelegt war, ob zusätzlich ein Walmdach aufgesetzt werden sollte.
Stellt man nun beide Fassaden gegeneinander, so wird das Rezeptionsprinzip der Klenze'schen Neurenaissance deutlich, die für München die stilistisch noch nicht eindeutig festgelegte Villen- und Palastarchitektur Karl von Fischers ablöste: Klenze übernahm als erster von einem konkreten historischen Bauwerk Anregungen für seine eigene Architektur, die über grob stiltypisierende Merkmale - wie rustiziertes Sockelgeschoß, Fenstergliederung usw. - hinausgingen. Dabei rezipierte er architektonische und ornamentale Einzelelemente in ihrem Formwert bis zur Detailtreue, während er die plastischen Werte innerhalb der Fassadenstruktur der Flächigkeit klassizistischer Wandgestaltung anpaßte. Das so gewonnene "Gliederungsraster" wendete er dann auf seinen eigenen Bau an, wobei er sich in Größen- und Proportionsverhältnissen vom historischen Vorbild freimachte. Das Ergebnis eines derartigen Vorgehens war eine Fassade, mit der der Architekt nicht imitierte, sondern gegebene Anregungen in einem eigenständigen Bauwerk weiterverarbeitete. Unter ausdrücklicher Berufung auf vorhandene Traditionszusammenhänge legte Klenze in diesem Zusammenhang die Programmatik seiner historisierenden Architektur dar:
"Der heutigen Architektur steht ... die ganze Errungenschaft der Vergangenheit an Vorbildern und Technik zur Verfügung. Ein geschickter Baumeister wird sich der vorhandenen Bauformen der klassischen sowohl als auch der romantischen, der geraden Linie, des Rund- und Spitzbogens mit ihrer Ornamentik in voller Freiheit zur Befriedigung der Gegenwart bedienen und sie zu einem originellen, schönen, organischen Ganzen verbinden."[228]
Dabei stellte sich für Klenze, wie für alle Architekten des Historismus die Schwierigkeit, diese Programmatik gegen den

Vorwurf des Plagiats zu verteidigen. Als ihm hinsichtlich des Leuchtenberg-Palais nachgesagt wurde, daß "das Äußere in vieler Hinsicht von ängstlicher Nachahmung eines bekannten Palastes zeugt"[229], wußte er sich aber nur durch einen an Selbstverleugnung grenzenden Schachzug aus der Affäre zu ziehen, indem er behauptete, einen derartigen Palast, der ihm als Vorbild gedient hätte, nicht zu kennen.

In unlösbarem Widerspruch mit dem vorher Gesagten stehend, blieb auf diese Weise die groß angelegte theoretische Fundierung der eigenen Arbeit auf der Strecke: Das Unzeitgemäße historistischer Kunsttheorie wird offenbar an der Diskrepanz zwischen dem Restitutionsversuch einer künstlerischen Arbeit, der "alles vom Ursprung her" am Kunstwerk "Tradierbaren" zur Verfügung stand[230] und dem neuzeitlichen, unter Ausbildung des künstlerischen Warenmarkts entstandenen Originalitätsbegriff, dem die Einzigartigkeit des künstlerischen Entwurfs zum wesentlichen Wertmaßstab wurde.

Das Leuchtenberg-Palais kam jedoch nicht nach diesem ersten Entwurf Klenzes zur Ausführung, da die betonte Schlichtheit der Fassade den Vorstellungen Ludwigs, die er sich von seiner neuen Prachtstraße machte, nicht genügen konnte. Auf seinen ausdrücklichen Wunsch wurden Veränderungen vorgenommen, die am späteren Bau die spezifisch höfische Ausprägung der Münchener Neurenaissance begründeten.[231]

Abb. 13

Diese Eingriffe, die sowohl den Bau selbst, wie auch seine Stellung innerhalb der Gesamtanlage betrafen, waren für Klenze zwar aufgrund seiner Abhängigkeit als Hofarchitekt Gebot, doch bedeuteten sie auf künstlerischem Gebiet mehr als einen Kompromiß.

Die Vorschläge Ludwigs zur "Verschönerung" des "in Rücksicht des Äußeren etwas zu einfach gefunden(en)"[232] Baues zielten auf eine erneute Einführung von Elementen traditionell hierarchischer Hofarchitektur und liefen so der Intention Klenzes, eine "neue Bauart" zu begründen grundsätzlich entgegen. Klenze hatte in seinem ersten Entwurf zum Leuchtenberg-Palais wie später kein zweites Mal versucht, in kompromißloser Weise den Forderungen neurenaissancistischer Architekturästhetik zu entsprechen, indem er auf die gewohnten Repräsentationszeichen

und auf überflüssige Ornamentik ebenso verzichtete, wie auf klassizistische Säulenordnungen. Gerade darauf aber bezog sich Ludwigs Kritik.
Um seine Vorstellungen einer angemessenen Hofarchitektur verwirklicht zu sehen, bedurfte es einer größeren Formenvielfalt, als sie diese geglättete und monotonisierte Neurenaissancefassade bot. Neben reicheren Detailornamentierungen, wie zum Beispiel am mittleren Gesimsstreifen, an den Fenstern des zweiten Obergeschosses und am Kranzgesims, war die einschneidendste Abänderung ein säulengetragener Mittelbalkon, der an der Südseite des Palais die drei zentralen Achsen des Erdgeschosses portikusartig übergriff.
Das Rundbogentor und die zwei angrenzenden Rechteckfenster des Erdgeschosses wurden zu einer Portalanlage zusammengefaßt, die nun dieser Südfassade den Hauptakzent des Gebäudes gab. Der Wandgrund des Portikus erhielt eine aufgeputzte Rustikagliederung, die mit keilsteinförmigen Fugen über dem Tor und den beiden Fenstern die Ausgrenzung aus dem Fassadenschema bewirkte. Die vier toskanischen Säulen, die eben diese Fläche übergreifen, tragen als Gebälk einen Architrav, dessen profiliertes Gesims über einem schmucklosen Friesstreifen in Höhe und Ausführung mit dem Fassadengesims zwischen Erdgeschoß und erstem Obergeschoß übereinstimmt. Vor der Fenstersockelzone des ersten Obergeschosses liegt, auf dem Architrav aufruhend, die Balustrade des Freibalkons, so daß er sich, im Aufriß gesehen, der ursprünglich geplanten Fassadengliederung relativ unauffällig einfügt.
Dennoch rückte der Gesamtbau mit dieser neuen Portalanlage wieder ein Stück näher in Richtung der barock-klassizistischen Adelspaläste mit ihren vorgeblendeten Säulenarchitekturen und Repräsentationszwecken zugedachten Freibalkonen, die Klenze im Sinne einer unhierarchischen "demokratischen" Architektur der Neurenaissance zu überwinden gesucht hatte. Das Leuchtenberg-Palais wurde somit auch in formal-stilistischer Hinsicht zum Schlüsselbau der neuen Münchener Architektur:
Eine durch dekorative Formbehandlung und traditionell höfische Repräsentationselemente bereicherte Neurenaissance, die die Residenzstadt vor der einfachen Bürgergemeinde auszeichnen sollte.

Diese Charakterisierung betrifft auch den städtebaulichen
Aspekt der neuen Hofkunst, unter dem im Zusammenhang mit dem
Leuchtenbergpalais eine weitere Sonderlösung aufzuzeigen ist,
die im Weiterleben konservativ-traditionalistischer Vorstellungen höfischer Architektur ihren Ursprung hat. Es ist die
optische Verdoppelung des Leuchtenberg-Palais durch einen
zweiten, diesem in seinem Äußeren identischen Bau auf der gegenüberliegenden Straßenseite.

1.3.2. Das Odeon[233]

Ein Entwurf Klenzes für den späteren Odeonsplatz aus dem Jahre
1818[234] zeigt im Vordergrund den als Armeedenkmal projektierten, neunzig Fuß hohen Obelisken, dahinter zwei gleichartige
Gebäude in symmetrischer Anordnung, die den Durchblick auf
einen kuppelbekrönten tempelartigen Bau freigeben. Der Obelisk
und die als Kriegergedenkstätte geplante Pantheonarchitektur
kamen nie zur Ausführung, während das rechte Gebäude das zur
Planzeit bereits in Bau befindliche Leuchtenberg-Palais darstellt. Das linke, diesem identische Gebäude war zu diesem
Zeitpunkt in Funktion und Ausführungstermin noch völlig unbestimmt und ausschließlich als optisches "Pendant"[235] aus Symmetriegründen eingesetzt. Im Gegensatz zur Anbringung des
säulengetragenen Balkons am Leuchtenberg-Palais waren sich
Ludwig und Klenze über diese Lösung einig und es gelang ihnen,
diesem Phantombau bis zur Realisierung als Konzert- und Ballhaus "Odeon" im Jahre 1826 beizubehalten.
Mit diesem Vorgehen, das in elementarer Weise gegen das Grundprinzip nachklassizistischer Architektur von der Abhängigkeit
von Baufunktion und Bauform verstieß und als Rückfall in die
überwunden geglaubte Zeit ästhetischer Normierung der Architektur gewertet wurde, setzten sich Ludwig und Klenze einer
äußerst heftigen Kritik der Öffentlichkeit aus.[236] In Parlament und Presse wurde der willkommene Anlaß aufgegriffen, die
Praktiken der Hofbauintendanz anhand des Odeonsbaus anzuprangern, den Ludwig als "eines der gelungensten Werke Klenzes"[237]
bezeichnete.
Die Kritik der baulichen Mängel des Odeon bezog sich in erster
Linie auf die negativen Auswirkungen, die die seit langem vor-

gegebene Fassadengestaltung für die konkrete Benutzbarkeit
des Gebäudes mit sich brachte. Unzureichende Zugänge, schlecht
disponierte Treppenanlagen und eine ungünstige Aufteilung der
Innenräume seien die Folge eines Baus, der im Grunde "nur der
Symmetrie wegen dasteht"[238], und seinem Architekten galt erneut die Kritik des liberalen Bürgertums, dem der Einfluß Klenzes auf das Münchener Baugeschehen seit langem die angemessene
Berücksichtigung bürgerlicher Bauaufgaben zu verhindern schien.
Spottverse und satirische Zeitungsartikel konnzeichneten die
allgemeine Stimmungslage und man versäumte nicht, auf die Konsequenzen hinzuweisen, die derartige Mißstände im künstlerischen Bereich für die gesellschaftlich-politische Entwicklung
haben können.

Angriffe auf die elitäre, neben dem Hofe nur für eine kleine
Schicht der Bevölkerung nutzbare Funktion des Gebäudes wurden
laut und gaben der Kritik eine deutlich systembezogene Komponente. Der Bau wurde als "Lusthaus, dessen Notwendigkeit wohl
niemand behaupten kann"[239] eingestuft und der Landtag stellte
fest, daß ihm kein Staatszweck zugrunde liege, sondern nur die
Unterhaltung und der Glanz der Residenzstadt.[240] "Der Landbewohner könne wenig Interesse dafür aufbringen, daß man in
München tanze, singe und sich im eigenen Glanz sehen lasse in
einem Gebäude, dessen Herstellungskosten sich auf beinahe dreimal hunderttausend Gulden beliefen, während es in der Provinz
an Schulhäusern gebräche, Irrenanstalten fromme Wünsche blieben, die Akten der Gerichte wegen mangelhafter Registratur
verfaulen würden oder die Gefängnisse völlig unzulänglich
seien."[241]

In diesem Sinne als architektonisches Relikt des verhaßten
Feudalabsolutismus begriffen, wurde das 1828 fertiggestellte
Odeon zum Politikum, das innerhalb der bürgerlichen Emanzipationsbewegung der ersten Jahrhunderthälfte einen wichtigen
Punkt markiert. Die verfassungsmäßigen Vertreter des Bürgertums im Parlament, eine bürgerfreundliche Presse und ideologischer Rückhalt in weiten Teilen der Öffentlichkeit konnten
sich innerhalb des monarchischen Systems bereits so weit
etablieren, daß der offiziellen Ideologie in Bezug auf die
allgemeine politische Meinungsbildung ernstzunehmende Kritik

entgegengesetzt werden konnte. Veranstaltungsboykotte seitens der Bevölkerung und ein abschlägiger Bescheid des Landtags von 1831 über die etatmäßige Deckung der Baukosten des Odeons waren erste Versuche zur Durchsetzung der eigenen Interessen.[242]
Gleichzeitig war aber das Vertrauen in die politische und persönliche Integrität des Königs noch weitgehend unerschüttert. Man suchte in Klenze den Schuldigen für die erkannten Mißstände und in seiner Ablösung ihre Beseitigung[243] und ließ dabei den konkreten Anlaß der Auseinandersetzung in Vergessenheit geraten. So beschloß eine weitere Landtagsversammlung im Mai 1834 die Kostenerstattung aus der Staatskasse und tat auf diese Weise den ersten Schritt, den strittigen Bau aus dem Blickpunkt des öffentlichen Interesses zu ziehen.

1.4. Die Neuanlage des Max-Joseph-Platzes

Direkten Eingang in den Residenzbezirk fand die Neurenaissance mit der Bebauung des südwestlich angrenzenden Max-Joseph-Platzes. Dort war seit dem Abbruch des Franziskanerklosters im Jahre 1803 eine weite Baulücke entstanden, die, mittlerweile als Markt- und Exerzierplatz genutzt, den Blick auf die schmucklosen Hof- und Brandmauern der alten Residenzanlage freigab. Mit der Erhebung Bayerns zum Königreich wurde die erneute städtebauliche Eingliederung forciert: Das Gelände sollte zum repräsentativen Vorplatz der Residenz umgestaltet werden.

Wie beim Leuchtenberg-Palais standen auch hier nacheinander Bebauungspläne Karl von Fischers und Leo von Klenzes zur Diskussion. Das Projekt Fischers - in der bestehenden Anlage durch das Nationaltheater vertreten - folgte noch deutlich dem additiven Übergangsstil des Architekten, während die Planung Klenzes für die Münchener Bauszene programmatisch wie formal die neurenaissancistische Hofkunst der ersten Jahrhunderthälfte zu verwirklichen suchte.
Die zeitliche Differenz zwischen den Projekten beider Architekten ist erheblich größer als beim Leuchtenberg-Palais. Klenze war von 1823-1836 mit den drei den Platz nach Norden, Süden und Osten begrenzenden Gebäuden befaßt, während die

Entwürfe Fischers bereits aus den Jahren 1809-1811 stammten.
Innerhalb dieses Zeitraums vollendete sich die stilistische
Entwicklung der ersten Phase der Münchener Neurenaissance,
die auf der Grundlage einer pseudobürgerlichen Renaissancerezeption die Hofkunst Ludwig I. prägte.

1.4.1. Die Platzanlage Karl von Fischers

Abb.
14

Die Planung Karl von Fischers zielte erstmals auf eine geschlossene Platzanlage, nachdem frühere Projekte Cuvilliés,
Peter Puilles und Maximilian von Verschaffelts nur auf eine
neue Schaufront der Residenz angelegt waren.[244] Dem einzig
bereits bestehenden Gebäude des Törring-Palais sollte eine
neue Fassade vorgelegt werden, die mit dem gegenüber zu errichtenden Residenzbau und dem den Platz an der östlichen
Schmalseite begrenzend geplanten Nationaltheater eine stilistische Einheit bilden sollte. Diese war gekennzeichnet durch
den Übergangsstil des Architekten, in dem auch hier verschie-
denartige Architekturelemente im Sinne der Frühzeit rezeptiven
Bauens zusammengefügt wurden.
Allen drei Gebäudeprojekten Fischers liegt ein mehrgeschossi-
ger, gleichförmig durchfensterter, langgestreckter Baukörper
zugrunde, dem jeweils mehr oder minder eigenständige Archi-
tekturgebilde vorgeblendet wurden. Sie sind dem bekannten
Formenreservoir Fischers entnommen und enthalten neben Pal-
ladianischem auch Stilmittel eines nachrevolutionären wie eines antikisierenden Klassizismus.
So wurde der Residenzfassade[245] eine zweigeschossige offene
Bogenhalle mit figurengeschmücktem Attikageschoß eingefügt,
deren Vorbild eindeutig in der Basilika Palladios in Vicenza
zu sehen ist. Auf die für Fischer charakteristische Weise
wurden nicht Einzelmotive zitierend verarbeitet, sondern die
gesamte, in sich abgeschlossene Architekturform übernommen.
Dennoch war das Rezeptionsschema historisierender Architektur
des 19. Jahrhunderts auch hier bereits gültig. Während zwei-
dimensional gesehen der Aufriß des Originalgebäudes in Ge-
schoßeinteilung und dekorativen Gliederungselementen nahezu
übernommen wurde, schaffte der Verzicht auf jegliche raum-
greifende Strukturierung der Fassade - so zum Beispiel auf

die hintereinandergestellten Arkadensäulen des "Palladiomotivs" - die gewünschte klassizistische Flächigkeit.
Zwar sind die bei Palladio vorgeblendeten Halbsäulen durch Säulen ersetzt, doch wurden diese ihrerseits durch geradlinige Gebälkstreifen in ein starres Kolonnadensystem eingefügt, so daß ihre plastische Wirkung nicht zum Tragen kam. Die in die Tiefe wirksame Strukturierung der palladianischen Fassade wurde somit in zwei hintereinandergestellte Schichten aufgelöst. Der glatten flächigen Bogenfront wurde eine zweite Schicht vorgeblendet, die erst mit der doppelten Kolonnadenreihe und den Engelsfiguren in der Attikazone sämtliche Gliederungselemente der Fassade enthielt.
In seinem Vorschlag für den Umbau der Nordfassade des Törring-Palais[246] wählte Fischer andere Stilmittel, die auch hier vorhandene regelmäßig durchfensterte Front zu akzentuieren.
Als Mittelbau wurde ein wuchtiger, mit drei Thermenfenstern nur wenig aufgebrochener risalitartiger Baukörper eingefügt, dem als weiteres Gliederungselement eine auf hohem Sockel aufruhende zwölfsäulige Kolonnade vorgestellt wurde. Ein skulpierter Fries unter dem flachen Walmdach und ein weiterer schmaler Ornamentstreifen unterhalb der Säulenreihe korinthischer Ordnung waren der einzige Schmuck dieses Gebäudeteils, der in seiner kompakt-geschlossenen Körperhaftigkeit an die Architektur des nachrevolutionären Klassizismus aus dem Umkreis Gentz, Gilly und Weinbrenner erinnert.[247]
Mit dem Nationaltheater, das als einziger Bau dieses ersten Platzprojektes in den Jahren 1812-1818 zur Ausführung kam[248], folgte Fischer schließlich einem antikisierenden Klassizismus, indem er der Eingangshalle vor einem deutlichen Mittelrisalit einen achtsäuligen gegiebelten Portikus voranstellte, der zusätzlich von dem abgewalmten Aufbau des Bühnenhauses überragt wurde. Zwei seitliche fünfachsige Flügelbauten wurden auch hier in der schlichten Fenstergliederung belassen, so daß der mittlere Gebäudeteil wiederum eine in sich geschlossene, herauslösbare Einheit bildete.

Mit dieser geplanten Platzanlage stand Fischer im krassen Gegensatz zu der später durch Klenze verwirklichten Gestaltung. Seine Architektur entstand zwar in einer ersten Auseinander-

setzung mit den nachbarocken, auf formale Schlichtheit ausgerichteten Formtendenzen, jedoch noch nicht unter dem Einfluß eines stilistisch wie ideologisch assoziierenden und demgemäß selektierenden Historismus. Sie fand noch innerhalb eines primär nach ästhetischen Kriterien komponierenden Klassizismus statt.
Der umlaufenden, zusammenfassenden Kulisse regelmäßig durchfensterter, den Platz nach drei Seiten abschließenden Gebäude wurden jeweils klar abgegrenzte, selbständige Mittelbauten vorgestellt, die der Gesamtanlage erst ihren monumentalen, durch die Bauaufgabe vorgegebenen Charakter verliehen. Dominierende Akzente gaben dabei vor allem die Säulenstellungen, wie sie - in Kolonnaden oder Giebelportikus zusammengefaßt - im klassizistischen Formenkanon vorgegeben waren.
Diese Relikte normativen Bauens waren es auch, die für Klenze während seiner späteren Arbeiten für den Max-Joseph-Platz zu ständigen Konflikten mit seinen eigenen Vorstellungen führten.

1.4.2. Der Wiederaufbau des Nationaltheaters nach dem Brand von 1823 und die Platzgestaltung durch Klenze[249]

Als im Jahre 1823 das neue Nationaltheater nach nur fünfjähriger Bespielung abbrannte und Klenze mit der Auflage, die Pläne Fischers beizubehalten, mit dem Wiederaufbau beauftragt wurde, trat die Stilauseinandersetzung zwischen dem Klassizismus Fischers und dem historisierenden Bauen Klenzes zum ersten Mal offen zutage.
Die Anordnung Max Joseph I., bei der Wiederherstellung des Baues alles so zu belassen, wie es gewesen war, verhinderte jede Umdeutung des älteren Entwurfs im Sinne der Neurenaissance, die später den Charakter des Platzes bestimmen sollte. Aus Gründen der Feuersicherheit verzichtete man lediglich auf die beiden fünfachsigen Flügelbauten des Fischer'schen Planes, so daß Klenze den ehemals akzentgebenden Mittelteil des Theaters nun isoliert aufführte. Bezeichnenderweise entstand dadurch kein unvollständig wirkender Rumpfbau, was im Nachhinein das additive Architekturprinzip Fischers erneut verdeutlicht.
Die einzige stilistische Veränderung, die Klenze durchsetzen konnte, betraf das Walmdach des Bühnenhauses. Indem er jenen

"außerordentlichen architektonischen Mißstand"[250], - das in den Entwürfen Fischers noch nahezu durchgängige Walmdach - durch die "höchste architektonische Zierde"[251], nämlich ein zweites Giebelfeld, ersetzte, versuchte er, den normativen Klassizismus Fischers im Sinne der Antikenrezeption des Historismus abzuwandeln, der auch die klassische Architektur als einen Zeitstil begriff, der erst durch bestimmte unerläßliche Merkmale in der Wiederbelebung durch die eigene Zeit identifizierbar wurde. Dazu zählte nun vorrangig das Giebelmotiv, das von den Tempelbauten abgeleitet, geeignet schien, ein Gebäude besonders auszuzeichnen. Das Walmdach spätbarock-klassizistischer Herkunft wäre als untragbarer Fremdkörper empfunden worden.

Das Gesamtergebnis des wiederaufgebauten Nationaltheaters veranlaßte Klenze aber dennoch, sich von diesem Bau ausdrücklich zu distanzieren: "Euer Majestät wissen, ... da ich das Theater nicht selbst entworfen, und da dasselbe sogar ganz gegen die Idee anstrebt, welche ich von der architektonischen Gestaltung eines Theaters mache, ... (ich mich) ... nie als Erfinder und Anordner, sondern lediglich als E.M. Werkzeug ... betrachtet habe."[252]

Die verbliebenen Verstöße gegen die eigenen Architekturprinzipien, die Klenze jeden schöpferischen Anteil verneinen ließen, bezeugen den Wandel innerhalb der Architektur, der sich inzwischen vollzogen hatte. Seine Kritik erstreckte sich vor allem auf den Säulenportikus, dem wiederum eine unzulässige Verfälschung des vorbildlichen historischen Bauwerks, - des Pantheon[253] - nachgesagt wurde.

Der Vorwurf, "alles mögliche getan(zu haben), um dieses Schema zu verderben"[254], zielte erneut auf die spätbarocken Relikte in der Architektur Fischers, die hier in den mehrere Geschosse der Fassade übergreifenden Säulen des Portikus gesehen wurden. "Eine unendlich weite Entfernung der Säulen von der Rückwand, drei Etagen dahinter mit großen und kleinen, runden und eckigen Fenstern usw."[255], wie Klenze es in einem Brief an Ludwig ausdrückte, bezeichnet die Aversion Klenzes gegen große Ordnungen, die später auch noch bei der Planung des Königsbaus der Residenz zum Ausdruck kam. Daß sich Klenze aber selbst von einem normativen Klassizismus noch keineswegs

emanzipiert hatte, zeigt die auch von ihm noch vollzogene Verabsolutierung der antiken Säule als Garant ästhetischer Werte, die "selbst in ihrem tiefsten Verderben sich nicht ganz bezwingen läßt"[256].
Es blieb charakteristisch für den Historismus Klenzes, daß er sich trotz aller formaler und programmatischer Neuerungen hinsichtlich der Rezeption des Zeitstils einer geschichtlichen Epoche nie völlig von dem Hintergrund aus der Antike hergeleiteter ästhetischer Normen freimachen konnte. Seiner Neurenaissance blieb stets die Komponente einer vermittelten Antikenrezeption, wenngleich der Abstand zu früheren Klassizismen, wie in diesem Fall zur Architektur Karl von Fischers, bewußt war. Klenze verstand sich zweifellos als ihr Überwinder, wenn er das wiederhergestellte Nationaltheater zusammenfassend qualifizierte: "Man erfreut sich dessen, was da ist - bis man bedenkt, was mit so großen Mitteln gemacht werden könnte."[257]

Im Jahre 1825 wurde die bislang für die Bautätigkeit am Max-Joseph-Platz zuständige Theaterbaukommission aufgelöst und alle Zuständigkeiten für die weitere Gestaltung gingen an die königliche Hofbauintendanz über.[258] Dies ist sicherlich im Zusammenhang mit der im Oktober desselben Jahres erfolgten Regierungsübernahme durch Ludwig zu sehen, da aufgrund dieser verwaltungstechnischen Umstrukturierung seine persönliche Einflußnahme auf die Projekte am Max-Joseph-Platz problemloser wurde. Gleichzeitig wurden Planungen wie des Armeeministeriums, die den Platz in ein kettenbegrenztes Paradefeld umwandeln sollten[259], damit endgültig aussichtslos.
Ludwig begann in enger Zusammenarbeit mit seinem Architekten das unmittelbar an seinen eigenen geplanten Wohnbau anschließende Gelände als repräsentative Platzanlage auszugestalten, deren architektonische und skulpturale Ausstattung zeiteigenen Anspruch und dynastische Tradition des Königshauses gleichermaßen ausdrücken sollte:
Ein zentrales Monument des ersten bayerischen Königs Max Joseph[260], umgeben von Gebäuden im Stil der ludovizianischen Hofkunst, der Neurenaissance.

1.4.3. Die Stilwahl beim Königsbau[261]

Abb. 15

Die Ausführung des schon lange in der Diskussion stehenden Erweiterungsbaus der Residenz für die Wohnräume der königlichen Familie stand unmittelbar am Anfang der Regierungsübernahme durch Ludwig I. Wie bei den Unternehmungen früherer Schlösser bauender Monarchen trat auch hier der Gebrauchswert des Gebäudes hinter dessen Repräsentativfunktion zurück, so daß der sogenannte "Königsbau" in erster Linie als Programmbau des neuen Regiments zu werten ist.[262]
Die im politisch-ideologischen Bereich verankerte Symbolhaftigkeit kommt dabei, dem Medium der Architektur entsprechend, hauptsächlich in der Stilwahl des Gebäudes zum Ausdruck.
In dem neuen Residenztrakt bot sich für Ludwig Gelegenheit, die italienische Palastarchitektur der Renaissance auf seine eigene Hofarchitektur anzuwenden. Die analoge Bauaufgabe ermöglichte eine weitgehend "stilreine", originaltreue Übernahme der bevorzugten Formensprache, um am eigenen Wohnbau die gewünschte Selbstdarstellung eindeutig zu manifestieren.[263]
Dem eminent symbolhaften Stellenwert des Gebäudes entsprach ein außergewöhnliches Verhältnis zum historischen Vorbild. Während man sich bisher mit allgemein gehaltenen Hinweisen auf die italienische Architektur begnügt hatte und in einer Erneuerung renaissancezeitlicher Theorien von der Wiedergeburt der Antike deren Größe und Schönheit pries, wurde beim Königsbau erstmals innerhalb der architektonischen Neurenaissance auf konkrete Vorbilder hingewiesen.[264]
Was beim Leuchtenberg-Palais noch als Makel galt, und von Klenze energisch zurückgewiesen wurde, nämlich die "Nachahmung eines bekannten Palastes"[265], war jetzt im Dienste ideologischer Transparenz erlaubt. Die unverkennbare Synthese der Florentiner Paläste Pitti und Rucellai, die die Palastfassade der Residenz Ludwigs prägte, sollte auch zwischen den Bewohnern Kontinuität bezeichnen und somit den Bruch des nachrevolutionären Herrscherhauses mit der absolutistischen Tradition zugunsten einer fortschrittlichen, bürgerlicher Entwicklung Raum gebenden Regiments glaubhaft machen.[266]
Neben diesen politisch-ideologischen Kriterien, die die Architektur der Renaissance erstmals in Deutschland aus einer - wenn

auch subjektiv verkannten - gesellschaftlichen Verankerung
heraus rezipierbar machten, zeugen die für die Stilwahl des
Königsbaus bestimmenden künstlerischen Erwägungen auch im
formalen Bereich von einer deutlichen Weiterentwicklung neurenaissancistischer Architektur. Klassizistische Reminiszenzen wurden zunehmend hinderlich, wie die Abstimmung des Neubaus auf das vorhandene Nationaltheater zeigt, während der
freie Umgang mit den verschiedenartigen historischen Formelementen innerhalb der Fassade die in der neuen Bauart gewonnene Sicherheit dokumentiert.

Die Ausführung des Königsbaus durch Klenze erfolgte wie schon
die Projekte Fischers unter dem Aspekt der Platzgestaltung.
Eine der ersten Aufgaben war also die Harmonisierung des geplanten Baus mit dem bestehenden Nationaltheater, ohne jedoch
auf dessen vom Zeitgeschmack überholte Stilmittel zurückzugreifen. Dabei war eine Monumentalisierung des Gebäudes durch
einen hohen Säulenportikus ähnlich dem des Theaters von vornherein ausgeschlossen, "da es nach den Grundsätzen jeder klassischen und gediegenen Architektonik eine Todsünde genannt
werden muß, äußere Säulen durch mehr als ein Stockwerk reichen
zu lassen."[267]
Das zentrale Thema des Klassizismus feudal-absolutistischer
Prägung, die geschoßübergreifende Kolossalordnung, war nicht
mehr tragbar. Diese Weiterführung der das Einzelne vorwiegend
der großen Form unterordnenden Tendenz des Barock wurde nun
durch eine neue, der bürgerlichen Ideologie mehr entsprechenden, rational nachvollziehbaren Architektur abgelöst, in der
die einzelnen Glieder in ihrer Funktion auch am Außenbau in
Erscheinung treten sollten. Dem so definierten "Wahrheitsge-
bot" historisierender Architektur folgen, griff man auf die
Vorbilder vorbarocker Bauwerke zurück und fand das Entsprechende in der italienischen Renaissance.
Mit dem seit 1458 begonnenen Palazzo Pitti, der dem König bereits durch eine Bauaufnahme Fischers aus dem Jahre 1811 vertraut war[268], griff man freilich auf eine relativ untypische
Architektur des Originalstils zurück, zumal er seine, für die
Rezeption zum Zwecke einer Königsresidenz wohl ausschlaggebenden imposanten Ausmaße erst im 17. und 18. Jahrhundert erhal-

ten hatte. Da aber einerseits die beabsichtigte Aussage primär assoziativ und nicht auf der Grundlage wissenschaftlicher Aufarbeitung erzielt wurde und andrerseits auch in formal-stilistischer Hinsicht feste Vorstellungen für eine "Neurenaissance" bestanden, tat dies dem Bewußtsein, im "florentinischen Style"[269] zu bauen, keinen Abbruch. Stilistische Kriterien erkannte man in architektonischen Einzelformen, die nicht unbedingt an einen konkreten Originalbau gebunden waren und vor allem in der aufrißhaften Fassadengliederung:"Das Verhältnis der Fenster- und Thüröffnungen am Äußeren sind hier der wesentlichste Punkt und das eigentlich charakteristische der Bauart."[270]

Diese "Aufrißrezeptionen", in denen die Neurenaissance ihre größte Originaltreue erreichte, ermöglichten erst die gewünschte Weiterverarbeitung zum zeiteigenen Stil, da nur aufgrund dieser Eigenart der wesentlich stilprägende Faktor der Plastizität und Tiefenwirkung einer Architektur an Bedeutung verlor und durch die angestrebte Flächigkeit ersetzt werden konnte.

Dem Prinzip der Aufrißrezeption entsprach auch die Vermengung von Gliederungssystemen verschiedener Bauwerke des Originalstils, wie sie am Königsbau zu beobachten ist. Zu der charakteristischen Umrißlinie des Palazzo Pitti und dessen Fenstergliederung trat "des großen Leo Baptista Albert bei dem Pallaste Rucellai in Florenz angewendete Ordnung, welche das florentinische Bossage- und Rustikasystem mit der Anwendung regelmäßiger Pilasterordnungen in Verbindung bringt."[271]
Vom Palazzo Rucellai wurden ein umlaufendes Sockelband, die durch Pilaster verbundenen Gesimsstreifen und die dem gesamten Bogen der Fensteröffnungen parallel folgende Rahmung übernommen, die für den Münchener Bau im Ganzen gesehen die Funktion eines Fassadenskeletts übernahmen, zwischen dessen einzelnen Gliedern die gesamte Fläche ausgespannt scheint, die selbst schon durch den gleichmäßigen Steinschnitt gegenüber dem Florentiner Vorbild geglättet wurde.

Zu diesen strukturellen Abweichungen vom Renaissancevorbild trat die Freiheit in der Behandlung von Einzelformen, wie die Diamantquaderung des Sockelbandes, die Ausführung der Gesimsstreifen und die Auffassung der Portalzone mit drei gleich-

großen, nebeneinandergestellten Bogenöffnungen.
All dies kennzeichnet den Königsbau - wie schon das Leuchtenberg-Palais - als durchaus selbständige Architektur, der trotz vielfacher historischer Anleihen ein hoher Eigenanteil des 19. Jahrhunderts bleibt.

1.4.4. Das Postgebäude[272]

Noch während der Bauzeit des Königsbaus wurde im Jahre 1833 mit der Planung für einen südlichen Abschluß des Max-Joseph-Platzes begonnen. Dort befanden sich bis dahin kleinere Häuser aus der Barockzeit, die zusammen mit dem Palais des Grafen Törring eine unregelmäßige Baulinie bildeten und so durch ihre "ziemlich schlechten undkleinen Formen"[273] nicht in das Konzept einer repräsentativen Platzanlage des Residenzbezirks paßten.
Aus den Anliegen stilistischer Geschlossenheit des Platzes einerseits und praktischen Erwägungen andrerseits, entstand so das Projekt eines neuen Postgebäudes im florentinischen Stil, dessen östlicher Flügel einem Theaterrequisitenmagazin Raum geben sollte. Da jedoch aus Kostengründen ein völliger Abbruch des alten Bestandes nicht in Frage kam, entschloß man sich, das Törring-Palais anzukaufen und durch eine vorzusetzende Fassade in den Neubau einzubeziehen, während nur die umstehenden kleineren Häuser abgerissen werden sollten. Als Architekt wurde wiederum Klenze beauftragt, der im September 1833 die ersten konkreten Vorschläge anbot.

Abb. 16 Das neue Postgebäude, das die "Stilreinheit" der Platzanlage entscheidend mitprägen sollte, war für München der letzte Bau Klenzes in den Formen der Neurenaissance.[274] Mit seiner offenen Bogenhalle dem Findelhaus Brunelleschis nachempfunden, wurde hier erstmals ein Bau t y p u s der Renaissance in seiner Gesamtheit übernommen - ein Vorgang, der im Schaffen Klenzes einmalig blieb.
Zwar gibt es genügend Beispiele für die Nachahmung antikisierender Tempelarchitekturen, doch lag in ihrer geringen Wandlungsfähigkeit gerade ein wesentlicher Grund für Klenze, für seine Bauten die Vermittlung der Renaissance zu suchen; denn "Religion, Sitte, Staatsverfassung, Klima und bis ins unendli-

che vervielfachtes Bedürfnis zwingen uns, Gebäude und Erfindungen ab, die sich nicht in zwei oder drei Vorbilder, welche uns die Griechen übrig gelassen, zwängen lassen."[275]
So beschränkte sich die Verwendbarkeit klassischer Formen für Klenze vornehmlich auf Memorialbauten, da diesen schon in der Antike die Funktion zukam, "das Andenken an die glorreichsten Epochen zu bewahren."[276] Für alle anderen, weitgefächerten Bauaufgaben der Zeit wollte er seine historisierende Architektur stets als Suche nach einem neuen, zeiteigenen Stil verstanden wissen, wenn er fragte: "Sollte es nicht gelingen, wie seinerzeit sich der Renaissancestil aus dem damals bekannten Stil entwickelte, so auch jetzt eine neue Bauart zu finden?"[277]
Im Sinne eines "Prinzip Renaissance" waren ihm die historischen italienischen Bauformen dazu nur wegweisendes Vehikel, nicht nachzuahmendes Vorbild.
Sicherlich lag in dieser, für die Anfänge der Neurenaissance charakteristischen Auffassung der eigenen Tätigkeit auch einer der Gründe dafür, daß Klenze in diesen Jahren seine führende Stellung in der Gunst des Königs an Gärtner abtreten mußte, der von Anfang an mehr bereit war, einem möglichst "originaltreuen" architektonischen Historismus den Vorzug zu geben. Seine Übernahmen "fertiger" Architekturvorbilder, wie dem der Loggia dei Lanzi für die Feldherrnhalle im Jahre 1841 und des Konstantinbogens für das zwei Jahre später begonnene Siegestor scheinen dies zu bestätigen.[278]

Obgleich sich nun Klenze mit dem Postgebäude außergewöhnlich streng an einem konkreten historischen Bautypus orientierte, sind auch hier die für seine Architektur charakteristischen Umdeutungen festzustellen.
Die das Findelhaus in seiner aufrißhaften wie räumlichen Komposition auszeichnenden, aus der Harmonie von Quadrat und einbeschriebenen Kreis abgeleiteten Proportionsgesetze der Bogenloggia hatten für seine Münchener Adaption keine Bedeutung. Hier wurden, dem Zeitgeschmack entsprechend, architektonische Details belassen, hinzugefügt oder vermieden und es wird zum wiederholten Male deutlich, daß mit der neurenaissancistischen Fassung des Originalbauwerks keine Kopie, sondern eine assoziativ auswertbare Typusübertragung intendiert war, deren Merk-

male nicht aus exakten Kenntnissen über den historischen Baustil abgeleitet wurden[279], sondern der zeiteigenen Sehweise unterworfen waren.
Ein Vergleich beider Fassaden zeigt, daß diese typisierenden Merkmale bereits durch die gemeinsame Grundlage des Aufrißschemas und eklektizistische Übernahmen "stiltragender" Elemente aus dem dekorativen Apparat eindeutig gegeben waren, so daß eine Individualisierung des Münchener Baus durch Abänderungen in den Proportionsverhältnissen und den Gliederungs- und Schmuckformen einzelner Bauteile möglich wurde. Nur eine so verstandene, assoziativ und daher stark subjektiv definierte Neurenaissance stand für Klenze in keinem Widerspruch zum Selbstverständnis vom wohl historisierend, aber dennoch schöpferisch-eigenständig tätigen Architekten.

Klenze übernahm vom Florentiner Vorbild den zweigeschossigen Aufbau der Fassade mit einer Arkadenreihe im Untergeschoß und exakt über den Bogenscheiteln angebrachten Fensteröffnungen im Obergeschoß, ebenso die rahmenden Randachsen zu beiden Seiten der Loggia.
Aber bereits diese Rahmung erhielt am Münchener Bau ein weitaus größeres Gewicht als am Bau Brunelleschis. Dort sind die beiden äußeren Gebäudeachsen im Untergeschoß durch je einen weiten, von zwei Monumentalpilastern gerahmten Portalbogen geöffnet und im Obergeschoß ist die Fensterreihe ohne optischen Einschnitt durchgehend ausgebildet. In München hingegen treten die seitlichen Randachsen risalitartig hervor und werden durch geschoßübergreifende Rustikastreifen in ihrer rahmenden Wirkung noch verstärkt.
Gleichfalls in kontrastierender Absicht zur offenen Bogenhalle bleiben beide Seitenrisalite auch im Untergeschoß nur mit einem Rundbogenfenster durchbrochen.
Durch diese Übertragung der am Florentiner Bau nur auf die Arkadenreihe der Loggia bezogene Rahmung auf beide Geschosse des langgestreckten Mittelbaus bekam auch die Loggia selbst einen anderen Stellenwert. Sie verlor unter deutlicher Reduktion ihrer plastischen und räumlich ausgreifenden Elemente die Prävalenz gegenüber dem Obergeschoß und wurde am Bau Klenzes zum reinen Gliederungselement einer homogen flächigen Front.

Dem auf diese Weise bereits aufgegebenen Eindruck einer die Zweidimensionalität der Fassade aufbrechenden, begehbaren Räumlichkeit - wie er den Bau Brunelleschis beherrscht - entsprach Klenze auch in konstruktiver Hinsicht, indem er auf die für die Begehbarkeit der Loggia erforderliche Treppenanlage des Florentiner Vorbilds verzichtete. Die Arkadensäulen stehen nun auf einem hohen ungegliederten Sockel, der nur in der mittleren Gebäudeachse unterbrochen ist, um den Zugang zu dem zentralen Portal in der Rückwand der Halle zu ermöglichen. Von hier aus wäre nun auch ein Betreten der Loggia denkbar, doch erscheint es aufgrund des einzigen Zu- und Abgangs des Gebäudes wenig attraktiv.

Trotz der Übernahme der spezifisch räumlichen Architekturform der Loggia bleibt die Fassade Klenzes so in Funktion und optischem Eindruck eine primär zweidimensionale Gebäudegrenze, die auch in ihrem plastischen Schmuck gegenüber dem Findelhaus zurücktritt. Das für die Neurenaissance Klenzes charakteristische, schon beim Königsbau der Residenz bestimmende Prinzip der "Aufrißrezeption" verlor auch am Postgebäude nichts von seiner Gültigkeit, trotz der Einbeziehung räumlicher Gliederungelemente der Originalbauten in die historisierende Architektur.

Der bereits hinsichtlich der plastisch-räumlichen Wertigkeit vollzogenen Glättung der Fassade entsprach eine Monotonisierung innerhalb der verwendeten Gliederungsformen. Diese schon beim Leuchtenberg-Palais gegenüber dem historischen Vorbild des Palazzo Farnese beobachtete Tendenz der Neurenaissance zur Vereinheitlichung von gliederungsgebenden Formelementen innerhalb der Fassaden - wie sie dort die Verdachungen der Fenster, hier die Fensteröffnungen selbst darstellten - ist als ein fundamentales Stilmerkmal neurenaissancistischer Architektur anzusprechen, das auch dann nicht aufgegeben wurde, als in der zweiten Jahrhunderthälfte zunehmend dekoratives Beiwerk im Sinne der Spätrenaissance bis hin zum Barock dieses in der nachrevolutionären Architekturtheorie begründete Gliederungsprinzip überlagerte.[280]

So wurden am neuen Postgebäude die von Dreiecksgiebeln bekrönten Rechteckfenster im Obergeschoß des Findelhauses durch den Arkadenbogen in etwa proportionale Rundbogenöffnungen er-

setzt, denen eine schlichte rechteckige Rahmung mit wenig
vorkragender Verdachung umbeschrieben wurde. Auch die unregelmäßigen Fenster- und Türöffnungen in der Rückwand der
Florentiner Loggia wurden durch gleichförmige, denen des
Obergeschosses entsprechende Fenster ersetzt und in regelmäßigem Abstand angebracht. Das rundbogige Mittelportal fügt
sich hier harmonisch ein, so daß die Fassade in ihrer Gesamtheit eine dem Originalbau fremde Purifizierung im Sinne der
"Stilreinheit" des Historismus widerspiegelt.
Für die Architektur der Neurenaissance beinhaltete diese "Stilreinheit" eine weitere Komponente. Durch archäologische Untersuchungen an den historischen Stätten der Antike glaubten sich
die Architekten des 19. Jahrhunderts hinsichtlich exakter
Kenntnisse über die antiken Bauwerke den Baumeistern der Renaissancezeit überlegen und sie waren bestrebt, dieses Wissen
in einer authentischeren "Neu"-Renaissance darzulegen. Diese
Authentizität betraf in erster Linie das Dekorations- und
Farbsystem der Bauwerke, wo die Vorstellung mehrfarbiger Tempelarchitekturen in einer polychromen Fassung der Außenfassaden ihren Niederschlag fand.

Klenze, der auch mit theoretischen Schriften in die bereits
erwähnte, seit dem zweiten Jahrzehnt des Jahrhunderts heftigst
geführte Fachdiskussion um die Polychromie antiker Bauten eingegriffen hatte[281], suchte seine Vorstellungen in München
erstmals am Monopteros im Englischen Garten an einem Außenbau zu verwirklichen. Ein zweiter, weitergehender Versuch betraf die neue Fassade des Postgebäudes, wo "durch zweckmäßige
Färbung der Hauptmassen, und nach Art der altgriechischen Polychromie gehaltene Verzierungen in den Gesimsen und Gliedern"[282] eine "päßliche, vom Königsbau aus vorzüglich anzusehende Zierde"[283] erreicht werden sollte. Eine zeitgenössische Beschreibung schildert das Ergebnis:
"Dem Verputze der Fassadenfelder wurde das Ansehen von grünlichem Sandsteine, den vorspringenden Gesimsen, Fenstereinfassungen und den an beiden Eckpavillons aufrecht stehenden
Quadern die gleiche Farbe gegeben, welche die Säulen und das
Stylobat von Natur aus haben. Das Innere der Halle ist braunroth gehalten, wodurch die Säulen und Arkaden um so größere

Wirkung machen. Das basreliefe Ornament im Friese des Hauptgesimses ist weiß, auf rother Grundfarbe; das Hauptgesims, so wie die andern Gesimse und Fenstereinfassungen sind größtentheils mit enkaustischen Farben, nach der an mehreren altgriechischen Monumenten noch sichtbaren Art, mit Laub und Schnürkeln bunt verziert."[284]
Darüberhinaus wurde der Fresko- und Enkaustikmaler Georg Hiltensperger (1806-1890), der bereits an den Hofgartenarkaden und der Innenausstattung der Residenz mitgewirkt hatte, mit der Ausmalung der Loggiainnenwand beauftragt. Nach eigenem Entwurf fertigte er auf rotem Grund sechs Bildfelder mit Motiven des Rossebändigers in der Tradition des dritten pompejanischen Stils.
Diese farbige Gestaltung der Fassade des neuen Postgebäudes zeigt Klenze erneut als Überwinder der konservativ klassizistischen Tradition. In seiner Vermittlung der Antike durch die eigene Neurenaissance griff er nicht auf das ehemalige Leitbild von der weißen Architektur der Griechen zurück, sondern versuchte, dieses literarisch-theoretisch fundierte Dogma des normativen Klassizismus durch die neue Sicht des historisierenden Architekten zu ersetzen, der auch die Antike als wissenschaftlich erforschbaren Zeitstil begreift.

1.4.5. Die Anlage des Max-Joseph-Platzes als Residenzvorplatz

Die Planungs- und Baugeschichte des Postgebäudes stellt nicht nur ein Beispiel Klenze'scher Neurenaissancearchitektur vor, sondern gibt auch Einblick in die Prinzipien der Platzgestaltung im neuen Stil, die ebenfalls die Überwindung der barockklassizistischen Tradition zum Ziel hatte.
Ein erster Schritt in diese Richtung wurde mit der Einbeziehung des behördlichen Zweckbaus in den unmittelbaren Residenzbezirk getan, und die bislang nur in programmatischen Diskussionen vollzogene Annäherung von bürgerlicher und höfischer Architektur als Abbild der in der konstitutionellen Monarchie vollzogenen Verquickung beider Bereiche wurde erstmals tatsächlich praktiziert. So gruppierten sich am Max-Joseph-Platz um das optische und ideelle Zentrum des Königsmonuments herum das Wohngebäude des derzeitigen Herrschers, das "für die Ent-

faltung der deutschen Musik- und Schauspielbewegung"[285] zusätzlich zum Hoftheater errichtete Nationaltheater und schließlich das Hauptpostgebäude.
Zu Beginn der Planung für das Postgebäude stellte sich die Frage nach der Regelmäßigkeit der gesamten Platzanlage. Obgleich die Forderung nach Achsensymmetrie durch den Einfluß der romantisch "malerischen" Stilrichtungen des Historismus zu diesem Zeitpunkt kein Dogma mehr bedeutete, war sie zumindest innerhalb der höfischen Baupraxis ein noch immer gern gewähltes Mittel, gesellschaftliche Hierarchien allgemein ablesbar werden zu lassen.[286] Im Falle des Max-Joseph-Platzes hätte jedoch die Symmetrie bezüglich der Mittelachse des Nationaltheaters eine sehr starke Beschneidung der Grundfläche des Postgebäudes zur Folge gehabt, so daß Klenze von Anfang an von ihrer Berücksichtigung abriet, um "für den Neubau nach allen Seiten gehöriges Maß"[287] zu gewinnen. Der zu jenem Zeitpunkt noch projektierte vollständige Neubau wurde zwar vom König zugunsten der bereits genannten Ummantelung des alten Törring-Palais verworfen, die vorgeschlagene Verschiebung der nördlichen Baulinie des Postgebäudes und die damit verbundene Aufgabe einer streng symmetrischen Platzanlage jedoch endgültig akzeptiert.
Eine deutlichere Absage an die Tradition vorrevolutionärer Hofarchitektur enthielt daher die Entscheidung, mit dem Postgebäude kein optisches Pendant zum Königsbau anzustreben. Auch hier ging die Initiative von dem an der neuen französischen Architekturtheorie geschulten Klenze aus, der in seinem Planvorschlag schrieb:
"Da es doch nicht möglich ist diese Fassade dem Königsbau in Form und Größe (der Königsbau hat 424 Fuß - dieser Bau nur 292 Fuß Länge) auch nur ungefähr gleich zu machen, so scheint es mir kein Fehler wenn sie diesem gar nicht ähnlich sieht".[288]

Abb. 17
Vergleicht man nun die endgültige, 1836 fertiggestellte Anlage des Max-Joseph-Platzes mit dem Projekt Karl von Fischers aus den Jahren 1809-1811 und weiter mit der Gestaltung der Residenzvorplätze im 18. Jahrhundert, so wird das Wesentliche neurenaissancistischer Platzgestaltung sowohl im künstlerisch-formalen Erscheinungsbild, wie auch hinsichtlich neuer archi-

tekturikonologischer Inhalte ablesbar.
Der barock-klassizistische Residenzvorplatz, zumeist als
Ehrenhof in die Gesamtanlage des Schlosses einbezogen, stand
wie alle Teile der Anlage unter dem zentralisierenden Leitmotiv absolutistischer Hofarchitektur.[289] Meist begrenzten
zwei zur Mittelachse des Haupttraktes streng symmetrische
Flügelbauten seitlich ein dem Residenzbezirk ursprünglich
peripheres Areal und stellten so den unmittelbaren Anschluß
zu den Bauten der Hofhaltung her. Die formal identischen Fassaden erzeugten eine Art Sogwirkung, die den Beschauer auf
schnellstem Wege dem Hauptbau zuführte. Der absolute Machtanspruch des Herrschers fand seinen Ausdruck in einer ebenfalls absoluten Architekturform, deren Benutzbarkeit bereits
in ihren Kompositionsgesetzen angelegt war. Ihre ideologische
Grundlage war die streng auf den Monarchen hin zentralisierte
Herrschaftsform, ihre künstlerischen Gesetze entstammten einer engen normativen Ästhetik, deren Gebote durch Rationalismus und Aufklärung nur kompromißloser wurden.
Erst nach der französischen Revolution wurden der höfischen
Architektur neue Prinzipien gegeben. Der Übergang zu einer
schlichteren Formensprache, die Aufgabe zentralisierter Gebäudekomplexe und ihrer streng symmetrischen Komposition waren die augenfälligsten Merkmale der Bauten im Umkreis der
Höfe in den ersten zwei Jahrzehnten des Jahrhunderts. Das
Projekt Fischers für den Max-Joseph-Platz ist beispielhaft
für diesen Übergangsstil.
Die Gebäude seiner Platzanlage gehörten nicht mehr ausschließlich der engeren Hofhaltung an, wenn neben dem Wohnbau des
Königs ein öffentliches, nicht Hof-Theater, und ein Adelspalais projektiert waren. Der Residenztrakt sollte nicht die
zentrale Lage zwischen rahmenden Flügelbauten einnehmen, sondern wurde selbst zur seitlichen Begrenzung. Gleichzeitig fehlte dem Projekt an sich eine eindeutige Ausrichtung, da man
auf symmetrische, gleichgestaltige Gebäude überhaupt verzichtete.
Elemente des barocken Klassizismus, wie akzenttragende Mittelrisalite wurden mit Elementen der im Erscheinungsbild wenig
differenzierten ersten Versuche einer neuzeitlich-bürgerlichen
Architektur kombiniert, so daß in stilistischer Hinsicht deut-

lichere Anklänge an die vergangene Epoche erhalten blieben.
Erst die Platzanlage Klenzes, die bereits auf den Errungenschaften des Fischer'schen Projektes aufbauen konnte, brachte auch bezüglich der formalen Stilmittel die Konsolidierung der neuen Architektur. Die Entwicklung der Bauszene von der klassizistischen Regelarchitektur zur historisierenden Rezeptionsarchitektur der Neurenaissance hatte inzwischen die Kriterien geschaffen, die es heute erlauben, von ihr als einer eigenständigen Stilprägung des Historismus zu sprechen.

Die in den schematisierten Entwürfen Fischers noch anklingende symmetrische Zuordnung der Gebäude war der Intention einer historisch gewachsenen Gruppierung gewichen, in der blutleere Kompositionsgesetze durch Funktionsbezüge einerseits und subjektive Authentizitätsvorstellungen andrerseits ersetzt wurden. Die Einbeziehung des vorgegebenen Baus des Nationaltheaters war dabei zwar, wie schon dargelegt, eine Beeinträchtigung, doch fand sich auch hierfür im historischen Formenvorrat die legitimierende Parallele:
"Aus Analogie mit dem schönen Platze vor der Kirche dell'Annunziata in Florenz glaube ich schließen zu können, daß die Bögen an der Seite des Törringschen Palais mit denen neben dem Theater durchaus in kein störendes Verhältnis treten werden"[290], schrieb Klenze in einem Brief an Ludwig.
Wie schon beim Königsbau wurde die Verbindung zur italienischen Originalarchitektur ausdrücklich benannt, erstmals hinsichtlich einer größeren städtebaulichen Einheit. Der dort bereits dargelegte ideologisch verankerte Rezeptionsgrund dieser Architektur wurde auf die gesamte Anlage übertragen, die in ihrer Funktion als Residenzvorplatz eine Steigerung der gewünschten Aussage bewirken sollte.
Unter diesem Aspekt ist wohl auch der folgende Satz Klenzes zu sehen, mit dem er dem bekannten Form- und Symbolwert barock-klassizistischer Schloßanlagen die neue, zeitgemäße ikonologische Grundlage höfischer Architektur entgegen stellt:
"Es scheint mir hier eine der seltenen Gelegenheiten, die Großartigkeit und Einfachheit der Florentinischen Gebäude ... ohne Manier, Gewalt und Opfer dessen, was Vernunft und architektonische Konsequenz erheischen, anzuwenden und zu erreichen."[291]

1.5. Die Bedeutung der Neurenaissance für die gleichzeitige städtische Architektur Münchens.

Das Übergewicht der staatlich-höfischen Architektur in der ersten Hälfte des 19. Jahrhunderts in München und das lautstarke Echo, das die baulichen Unternehmungen Ludwigs in der Öffentlichkeit fanden, dürfen nicht über die Zweigleisigkeit des Bauwesens der Stadt hinwegtäuschen, das gleichzeitig die Aufgaben der sogenannten "bürgerlichen Baukunst" umfaßte. Mit der Auflösung des Münchener "Stadtbaukommission" im Jahre 1818[292] wurde eine Trennung der bürgerlich-städtischen Bereiche von den Projekten des höfischen Umkreises vorgenommen. Die Neukonstituierung einer Lokalbaukommission, deren Zuständigkeit sich auf Privathäuser, städtische Gebäude, Nutzbauten und technische Anlagen erstreckte, neben der Obersten Baubehörde (OBB) und der Hofbauintendanz, der alle königlichen Hof- und Staatsgebäude unterstanden, schuf die verwaltungstechnische Grundlage. Eine zeitgenössische Schilderung der Münchener Bauszene zeigt eine klare Trennung der Bereiche nach Funktion und Anspruch;
"Während die genannten Künstler[293] ihre ganze Tätigkeit zumeist auf die Ausführung großartiger öffentlicher Gebäude im königlichen Auftrage richten, wirken andere zur Herstellung von zweckmäßig eingerichteten Privatwohnungen mit äußeren gefälligen Formen und pflegen durch gründlich entworfene Pläne die eigentliche bürgerliche Baukunst. Hier gilt es besonders in einfachen, aber angenehmen und zweckmäßigen Verhältnissen der inneren Eintheilung wohnliche Räume herzustellen, die dem jetzigen häuslichen Leben nach seinen geselligen Anforderungen und dem Hange nach Behaglichkeit entsprechen."[294]

Anhand des folgenden Überblicks über diese "bürgerliche Baukunst" im München des behandelten Zeitraums soll noch einmal auf die Diskrepanz hingewiesen sein, die zwischen königlicher Selbstdarstellung und städtisch-bürgerlicher Wirklichkeit bereits in dieser frühen Zeit vorhanden war und in welchem Maße diese sich fortschrittlich gebende Epoche die Entwicklung des Bürgertums hemmte, indem dessen tatsächliche und lebensnotwendige Bedürfnisse auch im Bereich der Architektur immer noch

hinter den Repräsentationsbestrebungen auch der neuen konstitutionellen Monarchie zurücktreten mußten.
Darüberhinaus war diese Zweigleisigkeit des Bauwesens auch für die stilistische Ausprägung der deutschen Neurenaissance von Bedeutung. Innerhalb der bürgerlichen Baukunst bildete sich parallel zur offiziellen Repräsentationsarchitektur des Staates eine Anwendung der neuen Formensprache heraus, die sich um eine speziell auf die zukünftige bürgerliche Gesellschaft abgestimmte Architektur bemühte.
Ausgehend von der Notwendigkeit eines "besseren Stadtbausystems"[295], mit dem die Verbindung von staatlicher Repräsentation und gewerblicher Nutzbarkeit aufwendiger architektonischer Unternehmungen durch das städtische Bürgertum angestrebt wurde, versuchten ihre Vertreter, im eigenen Sinne auf die Münchener Architekturentwicklung Einfluß zu nehmen.

Die Möglichkeit zu selbständiger Planung bestand vornehmlich im Bereich des privaten Wohnbaus und bei Projekten, die das Staatsinteresse immer noch als zweitrangig erachtete, wie Schulgebäude, Straßen- und Brückenanlagen der städtischen Randgebiete, Friedhofsanlagen und innerhalb des regionalen Landbauwesens. Verbesserungsvorschläge zu den Projekten der OBB und der Hofbauintendanz konnten sich hingegen kaum durchsetzen. Die Ausschaltung der bürgerlichen Architekten erfolgte vorzugsweise dadurch, daß man den Kritikern ausreichende künstlerische Fähigkeiten absprach und sie als bloße "Handwerker"[296] aus dem Kreis der Planer ausschied, so daß ihre Einflußnahme in diesem Bereich zumeist auf öffentliche Stellungnahmen beschränkt blieb.
Die führenden Architekten des städtischen Bauwesens waren Johann Ulrich Himbsel (1787-1860) und Gustav Vorherr (1778-1848), die als Maurersöhne beide selbst dem bürgerlichen Milieu entstammten. Vorherr hatte als Leiter der Baugewerksschule auch die Leitung des seit 1821 erscheinenden Organs der bürgerlichen Baukunst, das "Monatsblatt für Bauwesen und Landesverschönerung"[297] übernommen, wo in deutlichen Worten die Auseinandersetzung mit der offiziellen Münchener Architektur geführt wurde.
Der Kampf galt in erster Linie der Monopolstellung Klenzes

bei der Vergabe wichtiger Bauaufgaben, durch die einerseits
eine allen Bedürfnissen gerecht werdende Architekturentwicklung behindert wurde, andrerseits die beruflichen Möglichkeiten auf dem Bausektor für die eigenen Leute zu sehr eingeschränkt wurden. Mehr oder minder eindeutige Anklagen wurden
im "Monatsblatt" veröffentlicht:
"An geschickten Baumeistern, die hier guthen Rath ertheilen
könnten, fehlt es in Bayern gewiß nicht; aber man müßte eben
diese Männer - nicht nur Einen hören."[298]
Ebenfalls gegen Klenze, aber gleichzeitig gegen die Pseudobürgerfreundlichkeit der Regierung war das Folgende gerichtet:
"Das wahre Talent tritt daher schüchtern bei Anträgen zurück,
an welche sich unbegrenzte Ruhmsucht und verblendende Eigenliebe hinzudrängt, vertrauend auf eine Unverletzlichkeit, welche der Nebeldunst hoher Ämter und schützender Gönner so oft
zum Nachtheil der guten Sache leiht."[299].
Ein Vergleich der Bezüge Klenzes und Vorherrs macht die Verbitterung seitens der großen Masse von Münchener Architekten
gegen diese Praxis der Auftragsverteilung glaubhaft, die aus
den obigen Zeilen spricht. Während Klenze nach nur vierjähriger Zugehörigkeit als Regierungsbeamter mit jährlich 5000 Gulden entlohnt wurde, bezog Vorherr im Jahre 1826, in dem er
seit sechzehn Jahren im Dienst der Regierung stand, lediglich
ein Gehalt von 1700 Gulden.[300]

Die rationale Basis derartiger Auseinandersetzungen ist aber
in der unterschiedlichen Auffassung über Rolle und Funktion
von Architektur zu sehen, die der Hofarchitekt Klenze und -
hier exemplarisch gesetzt als Repräsentant der bürgerlichen
Baukunst - Gustav Vorherr vertraten.
Wie Klenze unter anderem in Berlin und Paris ausgebildet,
wurde auch Vorherr in seinen Studienjahren mit der neuen französischen Architekturtheorie konfrontiert, die sich die Überwindung der barock-klassizistischen Tradition zur Aufgabe gestellt hatte. Ihre grundlegenden Komponenten, wie die Vorbildlichkeit von Bauformen der italienischen Renaissance, die aus
der Ablehnung des Absolutismus heraus entwickelte Tragfähigkeit für die bürgerliche Ideologie und die praxisorientierte
Ausrichtung im Sinne einer Architekturlehre wurden bestimmend

für die Tätigkeit Gustav Vorherrs. Er übernahm das bereits von Durand definierte "Ziel der Architektur"[301] als Leitspruch seiner eigenen Tätigkeit:
"L'utilité publique et particulière, le bonheur et la conservation des individus et de la société; tel est le but de l'architecture."[302] Konkretisierend im Sinne einer eindeutig politischen Aussage fügte er dem als neuen programmatischen Ausspruch hinzu: "Glückliches Bürgertum zu gründen und zu erhalten."[303]
Als theoretische Basis der gewünschten Neuorientierung des öffentlichen Bauwesens an den Bedürfnissen einer bürgerlich kapitalistischen Wirtschaftsordnung betrachtete Vorherr die von ihm für den deutschen Bereich erschlossene "Landesverschönerungskunst"[304].
Diese gesamteuropäische Bewegung war einer der von bürgerlicher Seite unternommenen Versuche, die Konfliktsituation, die sich aus einer vorläufig nur im geistig-intellektuellen Bereich angesiedelten Emanzipationsbewegung des Bürgertums und ihrer politisch wirksamen Gegenströmung auf Seiten der Machthaber ergab, auf außerrevolutionärem systemimmanenten Wege zu lösen. Sie ist im Zusammenhang zu sehen mit den von Industrialisierung und Technisierung hervorgebrachten Restitutionsversuchen eines "natürlichen" Zusammenlebens der Menschen, die aber schließlich aufgrund ihres visionären, politisch kaum auswertbaren Tenors ohne die gewünschte Schlagkraft blieb.
Ihre Grundlage war ein groß angelegtes utopisches Gemälde einer besseren Welt, in dem die Harmonie des Menschen mit der Natur in einen naiven Kausalzusammenhang mit den allgemein gesellschaftpolitischen Thesen bürgerlicher Ideologie gestellt wurde:
"Die Landesverschönerungskunst, an der Spitze aller Künste stehend, umfaßt im Allgemeinen: den großen Gesamtbau der Erde auf höchster Stufe; lehrt, wie die Menschen sich besser und vernünftiger anzusiedeln, von dem Boden n e u Besitz zu nehmen und solchen klüger zu benützen haben; legt das Fundament zu einem verbesserten Kunst- und Gewerbewesen, gründet die e c h t e Bauhütte; trägt wesentlich zur Veredlung der Menschen bei; webt ein hochfreundliches Band, wodurch künftig alle gesitteten Völker zu E i n e r großen Familie verei-

nigt werden, und knüpft durch den Sonnenbau die Erde mehr an
den Himmel. Im Besonderen umfaßt diese Tochter des neunzehnten Jahrhunderts: das gesammte Bauwesen eines Landes, Wasser-,
Brücken-, Straßen- und Hochbau des Hofs und des Staates, der
Communen und Stiftungen, dann die Baupolizei, einschließlich
der Polizei des Feld- und Gartenbaus; lehrt die Hochgebäude
nach den vier Himmelsrichtungen orientiren und die Wohnhäuser,
mit steter Hinsicht auf die Sonne, möglichst vollkommen einrichten; die Städte und Dörfer verschönern und besser anlegen;
die Fluren vernünftiger eintheilen und freundlicher gestalten;
bildet geschicktere Bauleute und strebt, glückliches Bürgerthum zu gründen und zu erhalten, Gemeines zu veredeln und
Niedriges zu erhöhen."[305]
Derartige Entwürfe machen deutlich, daß es auch schon in diesem
Zeitraum in Deutschland einen konsequenten theoretischen Ansatz
für eine bürgerliche Architektur gab. Neben der noch beherrschenden Anwendung der Neurenaissance im höfischen Bereich war hiermit bereits der Grund gelegt für die spätere Konzeption der Neurenaissance als spezifisch bürgerliche Bauform, die dann in den
dreißiger und vierziger Jahren des Jahrhunderts von den fortschrittlich-bürgerlichen Kräften zur Unterstützung inzwischen
konkret gewordener politischer Forderungen verwendet werden
konnte.
Auf dieser programmatischen Basis betrachtete Vorherr speziell
die bürgerliche Baukunst als seinen Wirkungskreis. Dabei zielte er bewußt auf einen architektonischen Neubeginn und sprach
der vorgefundenen Baupraxis ihren universellen Anspruch ab.
Denn "der Architekt für die Paläste der Großen stellt dem Bürger ein theures aber oft unbrauchbares Haus her, oder bauet
elegante Stallungen, worin das Vieh nicht Raum hat, um von
der Tagesarbeit auszuruhen."[306] Dieser Satz Vorherrs macht
sowohl die Distanz ablesbar, die zwischen der offiziellen
Münchener Repräsentationsarchitektur jener Jahre und den
gleichzeitigen bürgerlichen Architekturvorstellungen bestanden hatte, wie auch die anfängliche Skepsis des Bürgertums
gegenüber außerfunktionalen Architekturkriterien, die es als
Relikte des Feudalabsolutismus für seine eigenen Bauten ablehnte.

Abb. 18

Mit den "Andeutungen über den zweckmäßigsten Zug der Hauptstraße vor dem Isarthore zu München"[307] ist ein Projekt Gustav Vorherrs erhalten, in dem er versucht, den Unternehmungen staatlicher Repräsentation im Umkreis des Hofes "eine der Hauptstadt würdige, und besonders eine, dem bürgerlichen Gewerbe vollkommen entsprechende, Bauanlage"[308] entgegenzusetzen.
Obgleich er eine architektonische Akzentuierung des Residenzbezirks durchaus befürwortete, war für ihn die Neugestaltung Münchens im Hinblick auf die Bedürfnisse einer bürgerlichen Gesellschaft von derselben Wichtigkeit, da gerade "die Hauptstadt ... in jedem Betrachte als Centralpunkt dem ganzen Volke (angehört), dessen Stolz und Vorbild sie seyn soll."[309]
Gleichsam als Illustration dieser Auffassung kann eine Zusammenstellung Vorherrs mit "Ansichten von einigen öffentlichen und Privatgebäuden zu München"[310] gelten, in der er unter der Regierung Max I. Joseph im Auftrag des Hofes und des Adels errichtete Bauwerke ebenso aufführte wie Bürgerhäuser und Zweckbauten.
Der 1821 gefertigte Entwurf Vorherrs für eine Neugestaltung im Bereich des Isartores wurde im Zusammenhang mit der Planung einer neuen Brückenanlage über die zwei Flußarme vor dem Isartor vorgelegt, nachdem die ursprüngliche äußere Isarbrücke im September 1813 bei Hochwasser eingestürzt war. Mit der Neuerrichtung war zwar inzwischen begonnen worden, doch wurde dieser Bau nach kurzer Zeit wieder eingestellt, so daß ein hölzernes Provisorium länger als vorgesehen in Benutzung bleiben mußte.
Das Projekt Vorherrs entstand aber nicht nur im Hinblick auf eine neue Flußüberführung, sondern es sollte den gesamten südlichen Ausfallbereich der Stadt gegen die Vorstadt Au neu ordnen. Er plante, die vorhandene "höchst auffallende Bauunregelmäßigkeit"[311] durch eine neue Brückenanlage zu ersetzen, die die rechts der Isar von Rosenheim, Erding und Wasserburg her zusammentreffenden Straßenzüge in einer geradlinigen Schneise der Innenstadt zuführen sollte und gleichzeitig den verkehrsgerechten Ausbau des umliegenden Stadtgebietes.
Ordnungsprinzip dieser geplanten Anlage war ein streng achsiales System breiter Straßen, die sich auf der Stadtseite gegen

den Fluß in einen großräumigen, durch regelmäßige Bebauung ausgegrenzten Platz öffneten, dem sich eine Uferpromenade anschloß.
Mit dieser Gestaltung folgte Vorherr weitestgehend den in Durands Architekturlehre entwicklelten Richtlinien und zum Teil nahezu wörtlich daraus übertragene Passagen in der Planbeschreibung lassen den Schluß zu, daß ihm eben dieses Werk gut bekannt war und als Vorlage diente.
So schrieb Durand: "Wenn die Straßen, um den Weg zu verkürzen, um Unfällen vorzubeugen ... geradlinig und in rechtwinkeligen Kreuzungen angelegt würden, wenn um den Benutzern unangenehmen Schmutz und die Abhängigkeit vom Wetter zu ersparen diese Straßen von Arkadengängen gesäumt würden, ... böte eine solche Stadt einen höchst erfreulichen und effektvollen Anblick."[312]
Eben diese Gedanken aber griff Vorherr auf, wenn er in seiner Planbeschreibung[313] forderte, daß, um Zeitverluste und gegenseitige Behinderung der an- und abfahrenden Fuhrwerke zu verhindern, "als Fortsetzung der Hauptstraße von dem Karlsthore nach dem Isarthore eine neue Straße ... über die beiden Isararme, mit zwei neuen Brücken, bis zu dem Punkte in g e r a - d e r L i n i e geführt würde, wo sich die Rosenheimer Straße von der Wasserburger Straße scheidet." Die angrenzenden Gebäude sollten, ebenso wie die der Platzanlage und der Promenade, in ihrem unteren Teil Arkadengänge aufweisen, um so den dort geplanten Markthallen, Läden, Bade- und Gasthäusern durch überdachte Zu- und Umgänge seitens eines relativ wetterunabhängigen Kundenkreises bessere Umsätze zu garantieren.
Die Bauten selbst waren in einem schlichten Neurenaissancestil mit langen gleichförmigen Fensterreihen in mehreren, wenig unterschiedenen Geschossen ohne zusätzliche architektonische Akzent gehalten, wie ihn Klenze über die ersten Gebäude der Ludwigstraße in die städtische Architektur eingeführt hatte.
Für das im Zuge der Stadterweiterung unter Ludwig dem Bayern errichtete Isartor forderte Vorherr den Abbruch des "geschmack- und zwecklosen Isarthor-Turmes" und plante anstelle der alten Anlage ein dreibogiges Triumphtor nach dem Typus des Konstantinsbogens.
Hier wird einerseits nochmals der Einfluß Durands greifbar,

der für die wichtigen Zugänge einer Stadt eben diese Lösung empfahl[314], andrerseits zeigt sich wiederum die doppelte, das heißt bürgerliche und höfische Rezipierbarkeit jener französischen Architekturtheorie, wenn auch Friedrich von Gärtner zirka zwanzig Jahre später im Auftrag des Königs die Ludwigstraße mit einem demselben römischen Vorbild nachempfundenen Stadttor abschloß.

In seiner Planbeschreibung unternahm es Vorherr schließlich noch, den nach Durand durch eine dergestalte Anlage hervorzurufenden "höchst erfreulichen und effektvollen Anblick"[315] hinsichtlich des Repräsentationswertes seines Projekts für die Stadt München zu konkretisieren.
Dabei erinnerte er zunächst an die auch innerhalb der bürgerlichen Baukunst für den Kostenaufwand ausschlaggebende Unterscheidung nach privaten und öffentlichen Bauaufgaben. Mit den Worten Durands definierte er hierzu die Aufgabe des Architekten:
"Bei öffentlichen Gebäuden den gegebenen Zweck mit möglich geringstem Aufwande v o l l s t ä n d i g s t zu erreichen, und bei Privatgebäuden mit der gegebenen Summe das Bedürfnis möglichst genügend zu befriedigen."[316]
Im Falle der Neugestaltung vor dem Isartor dürfe man deshalb nicht, wie bei einem Privatbau, "bloß die Kosten im Auge haben"[317], sondern müsse bedenken, daß hier ein Projekt "zu öffentlichen Anlagen, die Jahrhunderte bestehen sollen"[318], vorliege. Demgemäß müssten "mit den Forderungen des Bedarfs der Gegenwart auch die Anforderungen der Zukunft in Verbindung"[319] gebracht werden.
Vorherr forderte damit eine Erweiterung des Begriffes staatlicher Repräsentationsarchitektur über den Bereich monarchischer Selbstdarstellung hinaus auf die Sphäre bürgerlichstädtischer Existenz. Die Errichtung von Markthallen und Geschäftshäusern in einer verkehrstechnisch günstig angelegten Umgebung wurde als wesentliche Voraussetzung einer bürgerlichen Wirtschafts- und Gesellschaftsordnung zur öffentlichen Aufgabe einer Regierung deklariert, die trotz Gemeindeverfassung und Ständeparlament in dieser Zeit noch bemüht war, den Residenzbezirk zum bevorzugten architektonischen und ideellen Zentrum

der Hauptstadt zu machen. Bezeichnend für diese Phase bürgerlicher Emanzipation ist in diesem Zusammenhang die ausblickshafte Erwägung Vorherrs am Ende seiner Planbeschreibung, inmitten dieses als städtisches Handelszentrum anzulegenden Bereichs ein "aus freiwilligen Beiträgen dankbarer Bürger des Reichs"[320] bestrittenes Monument für Max I. Joseph zu errichten. Der antike Forumsgedanke, wiederum durch die französische Theorie in die neue Architektur eingeführt[321], fand hierin seine zeitgemäße Idealrezeption: In städtebaulich-räumlicher Einheit sollten die staatstragenden Bereiche des regierenden Monarchen wie des bürgerlichen Gewerbes architektonisch präsent werden in einer Anlage, die zweckorientierte und repräsentative Konzeptionen in sich vereinigt hätte.

Dieses Konzept Vorherrs blieb jedoch, wie die gesamte Anlage, unausgeführt. Man entschloß sich im Oktober des Jahres 1822 lediglich zum Bau einer neuen breiteren Brücke, die den provisorischen Holzsteg entlasten sollte. Sie wurde am 3. Mai 1828 feierlich eröffnet und das zu diesem Anlaß herausgegebene "Gedenkblatt" des Magistrats[322] läßt erkennen, daß die bei Vorherr dargelegten programmatischen und architektonischen Argumente für eine umfassende Neugestaltung des Bereichs um das Isartor für die Verantwortlichen keine Zugkraft besessen hatten. Die Fronten innerhalb der Münchener Baubürokratie waren verhärtet, man wählte wiederum den üblichen Weg. So hatte "der königliche geheime Oberbaurath, Ritter Leo von Klenze ... die Oberaufsicht über diese Bauführung gefälligst übernommen und die Verzierungen desselben vorgezeichnet."[323]

Aus dem Bisherigen wurde hinreichend deutlich, daß sowohl für die höfische Architektur wie auch für die bürgerliche Baukunst Münchens in der ersten Hälfte des 19. Jahrhunderts die Neuartigkeit zeitgenössischer Bauten in der Rezeption der italienischen Renaissancearchitektur begründet war. Dieser eindeutigen Programmatik entsprach jedoch nicht immer eine ebenso konsequente architektonische Realisierung und so ist - wie schon in der höfischen Architektur Klenzes - auch in den Projekten Vorherrs vielfach ein Weiterleben klassizistisch-normativer Gestaltungselemente erkennbar, wie es in dem eben ge-

nannten vor allem in der starken Betonung einer regelmäßigsymmetrischen Komposition zum Ausdruck kam.
Daß diese Affinität Vorherrs zum Klassizismus der Fortschrittlichkeit seines Architekturverständnisses im Sinne einer bürgerlichen Neurenaissance aber nicht entgegengesetzt war, zeigt seine Auseinandersetzung mit der Architektur Karl von Fischers, den er in seinen "Bemerkungen über einige Neubaue in München"[324] als denjenigen nennt, "der in München besseren Baustyl einführte ... und so den wahren Grundstein für die Zukunft legte"[325].
Die von der nachrevolutionären französischen Architekturtheorie wesentlich beeinflußte, spätklassizistische Architektur Fischers kennzeichnete so für Vorherr den Übergang von Spätbarock und Klassizismus, denen im sozialen Spektrum noch die höfische Klassengesellschaft zugeordnet wurde, zur Neurenaissance, die er selbst als Basis der Architektur einer zukünftigen bürgerlichen Gesellschaftsordnung betrachtete.
Die Anwendung klassizistischer Gestaltungsprinzipien in seinen eigenen Entwürfen ist so gesehen nicht als Selbstzweck einer abstrakten Idealvorstellung - wie bei Klenze der des schöpferischen Architektengenius im gesellschaftlichen Freiraum - interpretierbar, sondern erklärt sich aus dem Selbstverständnis eines Vertreters der bürgerlichen Baukunst, der seine Tätigkeit primär als Dienstleistung für eine gesamtgesellschaftliche Neuordnung verstand und für dieses Ziel auf formal-stilistische Pionierleistungen verzichtete. Dies gilt umso mehr, als es sich bei den klassizistischen Relikten Vorherrs mit symmetrisch ausgerichteten Kompositionen um festgefügte, aus langer Tradition nur bedingt wandelbare Schemata handelte, nicht aber um Anklänge an das für den barocken Klassizismus primär bedeutungstragende und daher vorrangig bekämpfte Dekorationssystem.

Neben dem selbständigen Projekt Vorherrs für die städtebauliche Neugestaltung des Isartores sind von ihm auch Stellungnahmen und Verbesserungsvorschläge zu den großen Unternehmungen des Münchener Baugeschehens erhalten, die unter der Regie Ludwigs mit seinen führenden Architekten abliefen.[326]
Sie waren getragen vom Gegensatz zwischen höfischem und bürgerlichem Lager, und ihre Kritik betraf in erster Linie die

Punkte, in denen die Hofkunst Ludwigs die Forderungen einer
bürgerlich ausgerichteten Architekturpraxis nach funktionaler
Bedingtheit des Formenapparats und einer vom tatsächlichen
Bedarf geleiteten Bautätigkeit in vertretbarem finanziellen
Rahmen vernachlässigte.
In diesem Zusammenhang wandte sich Vorherr auch gegen die von
der konservativen Presse getragene, positive Beurteilung dieser offiziellen Repräsentationsarchitektur des Königs und den
daraus gezogenen Schluß, "daß man seit einigen Jahren hier eine
neue Baukunst gründe"[327]. Dieser Behauptung stellte er als konstruktive Kritik seine eigenen Vorstellungen zu dem zentralen
Projekt ludovizianischer Architektur - zur Gestaltung der Ludwigstraße mit Odeonsplatz - entgegen.
Bereits zu Beginn des Unternehmens trat er mit einem "Generalplan über eine neue Bauanlage vor dem Schwabingerthore zu
München"[328] an die Öffentlichkeit. Danach sollten "hauptsächlich die Residenz- und Schwabinger Straße in einer gegen zwei
hundert Fuß breiten, mit vier Baumreihen geschmückten Straße
bis zur Schönfeldstraße in gerader Linie fortgesetzt werden;
... an der Stelle aber, wo sich solche theilt, waren im Mittelpunkt ein große Fontaine und dahinter eine Säulenhalle im
Halbkreis, als Militär-Monument, angedeutet."[329]
Diese spätklassizistische, im Formalen eindeutig zurückstehende Anlage hätte aber dennoch eine echte Alternative zum ausgeführten Projekt Klenzes bedeutet, da sie als funktionale
Erweiterung einer rein städtebaulichen Neugestaltung "die
Herstellung einer passenden Localität für die Dult mit Benutzung der Hofgarten-Arkaden"[330] vorsah. Damit zielte Vorherr
auf eine direkte Widerspiegelung der im Bürgertum jener Zeit
bestehenden Idealvorstellung politisch-gesellschaftlicher
Strukturierung, indem er die Bereiche bürgerlichen Gewerbes
und höfischer Repräsentation unmittelbar verquickt sehen
wollte. Ebenso wie ein zweiter Planversuch aus dem Jahre 1829
über die "Verbesserung der neuen Anlage vor dem Schwabinger
Thore mit Berücksichtigung eines anständigen Dultplatzes"[331]
scheiterte aber bereits dieser erste, allzu konsequente Versuch, der offiziellen Ideologie des Königshauses auf architektonischem Wege zu entsprechen. Leitmotiv für die neue Anlage blieb für Ludwig der Gedanke einer repräsentativen Pracht-

straße des Residenzbezirks, die auch nach der Ablösung des
barocken, gesellschaftliche Hierarchien bewußt abbildenden
Baustils durch die Paläste der Neurenaissance noch den Ansprüchen einer elitären Hofkunst Rechnung tragen sollte.
Daß sich Ludwig dabei im Einverständnis mit seinem Architekten befand, zeigt ein Brief aus dem Jahre 1826, in dem Klenze
diesen davor warnte, in die Fassaden der neuen Häuser der Ludwigstraße "Türen und Boutiquen brechen"[332] zu lassen, wie es
mehrere Eigentümer beantragt hatten. Die Apostrophierung der
auf diese Weise zu erwartenden Veränderung des Straßencharakters als "völlige Mißgestaltung"[333] macht erneut die weite
Kluft zwischen den beiden Lagern des residenzstädtischen Bauwesens deutlich:
Auf der einen Seite stand die höfisch-staatliche Architektur,
repräsentiert durch die führenden Architekten der Zeit, die
ihre Grenzen trotz aller Programmatik im Dienste eine Abgrenzung gegen den vorrevolutionären Feudalabsolutismus immer
noch im Willen des Königs fand[334] und in der Wahrung ideologischen Scheins ihren Selbstzweck erfüllt sah.[335]
Auf der anderen Seite befanden sich die in ihrer künstlerischen Potenz zweifellos zurückstehenden Vertreter einer "bürgerlichen Baukunst", die - freilich nicht ohne naiv-euphorischen Idealismus - ihre Aufgabe darin sahen, im Rahmen ihrer
Möglichkeiten an einer wirklichen gesellschaftlichen Neuordnung im Sinne des Bürgertums mitzuwirken.

II. Die Entwicklung der Neurenaissance von 1830-1850:
Neurenaissance als Ausdruck
einer bürgerlich-demokratischen Gesinnung.

Etwa mit den dreißiger Jahren des Jahrhunderts begann eine
zweite Phase in der Entwicklung der Neurenaissance, die sowohl in veränderten Bauaufgaben, wie in einem neuen Verhältnis zum historischen Vorbild ihren Ausdruck fand. Die von

Anfang an mit der Neurenaissance intendierte Abgrenzung gegen Barock und Klassizismus, und die darin enthaltene Kritik am monarchisch-absolutistischen System wurde nun schärfer formuliert[336] und fand in den zwei Jahrzehnten bis zur Jahrhundertmitte, in denen das Bürgertum nachdrücklich eine seiner neuen ökonomischen Rolle entsprechende politische Neuordnung forderte, ihre gesamtgesellschaftliche Verankerung. Gleichzeitig fiel in diesen Zeitraum nach der vollzogenen Abkehr vom Klassizismus die stilistische Konsolidierung der Neurenaissance, so daß die damals entstandenen, bzw. geplanten Bauwerke in ihrer formalen Präsentation wie in ihrer theoretischen Fundierung als die Beispiele neurenaissancistischer Architektur gelten können, die ihrer ursprünglichen Programmatik als spezifisch bürgerlicher Baustil am besten gerecht wurden.

Hinsichtlich der Bauaufgaben erfolgte eine deutliche Zunahme der bürgerlich-städtischen Projekte. Zwar blieb die höfische Architektur schon aufgrund der monarchischen Herrscherhäuser in den meisten deutschen Einzelstaaten ein wesentlicher Anwendungsbereich, doch konnte sich nun auch hier die Neurenaissance als eigenständiger Zeitstil historisierender Architektur gegenüber der spätbarock-klassizistischen Tradition durchsetzen.
Daneben aber stellten sich vermehrt Bauaufgaben, die aus der neuen politischen und ökonomischen Stellung des Bürgertums erwuchsen. Sie umfaßten mit Administrations- und Regierungsgebäuden, Schulen, Ausbildungsstätten, Banken, Börsenhäusern und Geschäftsbauten, Theatern, Museen, Versorgungs-, Pflege- und Badeanstalten, sowie bürgerlichen Privatbauten alle Bereiche des gesellschaftlichen Lebens. Auch in städtebaulicher Hinsicht fand eine entsprechende Umorientierung statt, der eine stärkere architektonische Akzentuierung der "Bürgerstadt" Rechnung tragen sollte.

1. Zur ökonomischen und politischen Situation Deutschlands von 1830-1850.[337]

Einer Untersuchung der Zusammenhänge von Kapitalisierung und politischer Emanzipation des Bürgertums mit der Ausbildung einer spezifisch bürgerlichen Architektur im Sinne der Neurenaissance muß eine Differenzierung des geographischen Begriffes "Deutschland" voranstehen. Denn die deutschen Einzelstaaten der ersten Jahrhunderthälfte waren weitgehend in sich abgeschlossene Territorien mit individueller wirtschaftlicher und politischer Struktur. Der jeweilige Anteil am gesamtwirtschaftlichen Aufschwung, der ab der Mitte der dreißiger Jahre auch Deutschland an der bürgerlichen Wohlstand begründenden "industriellen Revolution" teilhaben ließ, war deshalb, ebenso wie die dadurch bedingten politischen Aktivitäten des Bürgertums gegen die herrschenden monarchischen Kräfte, sehr unterschiedlich.

An drei, aufgrund ihrer Gegensätzlichkeit in der sozialen und volkswirtschaftlichen Struktur ausgewählten Beispielen, die jeweils völlig verschiedene Anwendungsbereiche der Neurenaissance repräsentieren, sollen deshalb im Folgenden die Ergebnisse erarbeitet werden:
An der sächsischen Residenzstadt D r e s d e n , die mit umfänglichen architektonischen Projekten ihre künstlerische Tradition auch in die Gegenwart des 19. Jahrhunderts fortsetzen wollte;
an dem Stadtstaat H a m b u r g , in dem in der ersten Hälfte des Jahrhunderts künstlerische Aktivitäten eindeutig hinter den ökonomischen Anstrengungen der Handels- und Industriestadt zurückzutreten hatten;
und zuletzt an der erst im Jahre 1818 selbständig gewordenen bayerischen Kleinstadt F ü r t h , die nun versuchte, ihre provinzielle Rückständigkeit sowohl im ökonomischen wie im künstlerischen Bereich rasch aufzuholen.

1.1. Dresden

Als Hauptstadt des seit 1806 von Napoleon zum Königreich erhobenen Sachsen konnte Dresden an eine bedeutende dynastische Tradition anknüpfen. Schon seit dem 15. Jahrhundert als Residenz der mit der Kurwürde ausgezeichneten Wettiner ausgebaut, gewann der sächsische Fürstenhof mit der Krönung Augusts des Starken zum König von Polen im Jahre 1697 sowohl in

politischer wie in dynastisch-repräsentativer Hinsicht verstärkt an Bedeutung. Damit war Dresden bereits im 17. und 18. Jahrhundert zum Zentrum fürstlicher Staatsautorität und zum Inbegriff opulenter Hofhaltung gleichermaßen geworden und auch der erste Monarch des neuen Königreiches Sachsen, Friedrich August I., entsprach dieser Tradition durch ein fortschrittsfeindliches, von einem überalterten Herrschaftsverständnis geprägtes Regiment.
Augenfälliges Zeichen einer derartigen Politik war die positive Einstellung des sächsischen Königshauses zu Napoleon, das sich bis zuletzt der nationalen Befreiungsbewegung entzog. Noch in der Völkerschlacht von Leipzig kämpfte Sachsen auf königlichen Befehl an der Seite Napoleons und wurde so als Verlierer von den Siegermächten im Wiener Kongress zu umfänglichen Gebietsabtretungen verpflichtet. Durch den Verlust seiner nördlichen Reichsteile an Preußen stark verkleinert, blieb Sachsen als politisch unbedeutend gewordener Reststaat zurück, der sich nun mit seinem Beitritt zum Deutschen Bund der monarchischen Reaktion zugesellte.
In diesem politischen Klima blieb auch die gesellschaftliche Entwicklung Sachsens noch ohne die anderswo im Zuge der nationalen Selbstbestimmungsideologie entstandenen zukunftsweisenden Impulse. Friedrich Pecht (1814-1903), der in den dreißiger und vierziger Jahren zu dem bürgerlich-revolutionären Dresdener Kreis um Gutzkow, Röckel, Devrient, Wagner, Semper u.a. gestoßene Frankfurter Graphiker[338], der in seinen späteren Jahren vor allem durch seine Künstlerbiographien des 19. Jahrhunderts hervortrat, beschreibt in seiner Darstellung Gottfried Sempers[339] die Dresdener Gesellschaft in diesen Jahren als eine völlig überalterte "Colonie von Hofräthen"[340], wo "religiöse, politische und ökonomische Beschränktheit und Spießbürgerei"[341] "der ganzen Stadt einen süßlich faden Beigeschmack (gaben), wie das schlechte Theewasser, das man in den zopfigen Tassen der Meissener Fabrik ausschenkte"[342]. In der zeitgenössischen Architektur sah er diese "ganze Misere in Stein gehauen"[343], in "all den stolzen dorischen Tempeln und cyclopischen Thoren"[344].
Die kulturellen Aktivitäten, die Dresden dennoch als eines der Kunstzentren der Romantik erscheinen lassen, spielten sich

in dieser Zeit vor allem im privaten Rahmen ab, da unter
Friedrich August I. für ihre überwiegend der nationalen Befreiungs- und Emanzipationsbewegung zugehörigen Vertreter
keine fruchtbare Arbeit im Dienste des Staates möglich war.
So wurde zum Beispiel Kleists "Der zerbrochene Krug" 1807
in Dresden nicht am Hoftheater uraufgeführt, sondern im Liebhabertheater des österreichischen Gesandten Graf Bual.[345]
Ebenfalls auf privater Ebene entstand der Freundeskreis um
Carl Gustav Carus, dem unter anderen Caspar David Friedrich
und Philipp Otto Runge angehörten und auch Friedrich Schiller,
Ernst Moritz Arndt, Goethe, Novalis, Kleist und die Brüder
Humboldt wurden nicht vom König in die Stadt geholt, sondern
trafen sich im Hause Christian Gottfried Körners, des Vaters
Theodor Körners.[346]

Erst als im Jahre 1827 Friedrich August Anton, genannt Anton
der Gütige, als Nachfolger Friedrich August I. die Regierung
übernahm, bedeutete dies für das Königreich Sachsen das Ende
von gesellschaftlicher Stagnation und politischem Dornröschenschlaf.
Die nach dem Wiener Kongress 1815 an Preußen abgetretenen Gebiete des ehemaligen Kursachsens waren vorwiegend agrarisch
strukturiert, so daß das verbleibende Königreich Sachsen weiterhin die Landesteile in sich vereinigte, die bereits in
vorindustrieller Zeit wegen ihrer Bodenschätze und Manufakturen die meisten gewerblichen Arbeitskräfte besessen hatten.
Auf dieser Basis vollzog sich ein rascher industrieller Ausbau Sachsens.[347] Seit den zwanziger Jahren hatte man vor allem im Maschinenbau und der Textilherstellung mit der fabrikmäßigen Produktion begonnen und die darauf folgende Phase der
Expansion machte Sachsen im 19. Jahrhundert zu einem Industriestaat mit all den bekannten Begleitumständen.
Der rasche Aufschwung Sachsens während dieser Industrialisierungsperiode brachte eine bedeutende Stärkung der bürgerlichen
Unternehmer mit sich, ebenso ein rasches Anwachsen der notwendigen Arbeiter in schlechter wirtschaftlicher und sozialer
Stellung. Ein hoher Vermehrungssatz der Bevölkerung, sowie
der ständige Zuzug auswärtiger Arbeitskräfte machte Sachsen
bis zum Ende des Jahrhunderts zum dichtest besiedelten Land

Deutschlands. Dabei war die Bevölkerungsstruktur eindeutig gewerblich orientiert. Im Jahre 1849 waren mit 25,1 % nur noch weniger als die Hälfte des Bevölkerungsdurchschnitts der deutschen Staaten (56,7 %) in der Landwirtschaft beschäftigt, während der Anteil der gewerblich tätigen Bevölkerung mit 63,9 % den deutschen Mittelwert von 24,5 % bei weitem übertraf.[348]
Dieser Entwicklung im ökonomischen Bereich folgten unter Friedrich August Anton die längst fälligen Eingriffe in das politische System des Königreiches, die den neuen Trägern der Volkswirtschaft ein, wenn auch geringes Maß an politischer Mitverantwortung gewährten.[349]
Nach Aufständen in Dresden, Leipzig, Chemnitz und dem Vogtland erhielt Sachsen am 4. September 1831 eine Verfassung, deren Zweikammersystem neben der vorwiegend hochadelig zusammengesetzten Ersten Kammer in der Zweiten Kammer die Abgeordneten der Stadtbürger und Bauern vereinigte und darüberhinaus als sächsisches Spezifikum auch Vertreter des "Handels- und Fabrikwesens"[350].

Die Entwicklung der Hauptstadt Dresden war in der Folgezeit bestimmt von dem Gegensatz zwischen Residenzstadt und bürgerlich-großstädtischem Ballungsraum.[351] Auch die Bautätigkeit in der Zeit von 1830-1850 wurde von beiden Komponenten bestimmt, so daß am Beispiel Dresden, das mit Gottfried Semper in diesen Jahren zu einer zentralen Stätte neurenaissancistischer Architektur wurde, für diese Arbeit zweierlei deutlich werden soll:
Zum einen ist zu untersuchen, inwieweit spezifisch bürgerliche Inhalte und Formelemente in die höfische Architektur Eingang finden konnten, zum andern stellt die Rezeption repräsentativer Privatbauten der italienischen Renaissance für die frühzeitig in Dresden entstehenden großbürgerlichen Wohnhäuser einen für das gesamte Jahrhundert vorrangig bleibenden Anwendungsbereich in seinen Anfängen dar.

1.2. Hamburg

Die Sonderstellung der Freien und Hansestadt Hamburg im 19. Jahrhundert bis zur Reichsgründung manifestierte sich im politischen wie im wirtschaftlichen Bereich.[352] Waren, abgesehen von den beiden anderen deutschen Hansestädten Lübeck und Bremen, sowie der Freien Stadt Frankfurt, für die deutschen Einzelstaaten das monarchische Prinzip der Regierungsform und ökonomische Rückständigkeit gegenüber den Schrittmachern neuzeitlicher Entwicklung England und Frankreich die bestimmenden Faktoren, so traf für Hamburg beides nicht zu.

Hamburg trat 1815, nach neunjähriger Besetzung durch napoleonische Truppen und zeitweiliger Eingliederung in das französische Kaiserreich, als souveräner Stadtstaat dem Deutschen Bund bei. Seine politische Führung lag bei den verfassungsmäßig eingesetzten Gremien des Senats und der Bürgerschaft, deren Handlungsgrundlage auch nach diesem Neubeginn die alte, 1712 gegebene Verfassung Hamburgs darstellte. Das politische System der Stadt gehört also keineswegs zu den fortschrittlichen innerhalb des frühen deutschen Parlamentarismus und wenn man die politische Mitverantwortung des Bürgers als Maßstab anlegt, blieb es - auch ohne Aristokratie und Patriziat - hinter den landständischen Konstitutionen der Bundesakte von 1815 zurück.[353]

Träger der konservativen Politik des Stadtstaates war in erster Linie die "Bürgerschaft", die überaltert und traditionsbewußt, sowohl jüngere fortschrittliche Kräfte, wie auch die Einwohner der neu herangewachsenen Vorstädte, die zumeist den unteren sozialen Schichten angehörten, von der Mitgliedschaft ausschloß.

Im Gegensatz zu dieser langsamen Anpassung an die bürgerlichen Liberalisierungstendenzen der Zeit stand Hamburg in seiner wirtschaftlichen Entwicklung bereits in der ersten Hälfte des Jahrhunderts an vorderer Stelle. Die industrielle Revolution setzte dort etwa zehn Jahre früher ein als im übrigen Deutschland[354], da Hamburg weit stärker als das Binnenland an der industriellen Entwicklung Englands partizipierte. Unterstützt durch seine geographische Lage und die alten überseeischen Handelsverbindungen wurde Hamburg bis 1845 zur drittgrößten Handelsstadt der Welt.[355]

Diese Konzentration auf den wirtschaftlichen Sektor und das Fehlen herrscherlicher Repräsentationsbestrebungen, die vor

allem in den deutschen Residenzstädten zu umfassenden Eingriffen in die bauliche Struktur geführt hatten, verhinderte für Hamburg lange Zeit im Bereich des Städtebaus und der Architektur eine neuzeitliche Akzentgebung. Zwar hatte man auch dort seit 1804 begonnen, die Stadtbefestigungen niederzulegen, um neuen Wohnraum für die ständig wachsende Bevölkerung zu gewinnen, doch gab es keine Projekte, deren Ziel - wie etwa in München - eine architektonische Angliederung an den alten Stadtkern gewesen wäre.[356]
Erst als am 5. Mai 1842 ein tagelang andauernder Großbrand ausbrach, der ein Drittel des alten Stadtzentrums vernichtete, 1800 Häuser einäscherte und 20 000 Menschen obdachlos machte,[357] wurden durch diese Verluste Wiederaufbauarbeiten erforderlich, innerhalb derer nun auch Aspekte des modernen Städtebaus und der zeitgenössischen Architekturentwicklung Berücksichtigung fanden.
Am Beispiel Hamburgs soll hier aufgezeigt werden, welche Rolle die Neurenaissance im Rahmen dieser Neuplanung spielte. Dabei ist zu untersuchen, inwieweit sich die Rezeptionskriterien des bürgerlichen Stadtstaates von denen der monarchisch regierten deutschen Einzelstaaten unterschieden.

1.3. Fürth

Der entscheidende Wendepunkt in der Geschichte Fürths[358] war die Erhebung zur Stadt Erster Klasse im Rahmen der seit napoleonischer Zeit betriebenen Neuordnung der gemeindlichen Selbstverwaltung. Bereits im Jahre 1818, als einer der ersten Gemeinden Süddeutschlands, wurde Fürth gemäß der preußischen Städteordnung die Selbstverwaltung durch Stadtverordnete und Magistrat übertragen.[359] Vorher stand Fürth bis zum Jahre 1797 unter der "Dreiherrschaft" der Dompropstei Bamberg, der Markgrafen von Ansbach-Bayreuth und der Stadt Nürnberg, ging danach mit der Markgrafschaft Ansbach an Preußen über und im Jahre 1806 nach der Niederlage Preußens an das vom Sieger Napoleon zum Königreich erhobene Bayern.
Im wirtschaftlichen Gefüge Fürths[360] war bereits vor der Stadterhebung ein starkes Übergewicht an Gewerbetreibenden vorhanden - sicherlich unterstützt von der seit dem Mittelalter von

der Gemeinde geübten Liberalität gegenüber jüdischen Mitbürgern, die dort das verbriefte Recht auf Eigentum, freie Religionsausübung und gemeindliche Mitsprache besaßen.
Im 19. Jahrhundert erfolgte jedoch nach einer ersten Phase straffer staatlicher Reglementierung der Wirtschaft in den Aufbaujahren des bayerischen Staates unter Montgelas eine deutliche Expansion in der ökonomischen Entwicklung Fürths. Die Liberalisierung des städtischen Gewerbewesens[361] führte zu einem starken Anstieg der Gewerbetreibenden, der Übergang von der handwerklichen zur industriellen Fertigung brachte beträchtliche Intensitätssteigerungen und gleichzeitig den starken Zuzug lohnabhängiger Arbeitskräfte.[362]
Schließlich eröffnete die Einrichtung der Nürnberg-Fürther Eisenbahn im Jahre 1835 und die rasche Erweiterung des Streckennetzes der Stadt neben der Beschleunigung des Personen- und Warenverkehrs frühzeitig die Ausweitung ihres Absatzmarktes, so daß Fürth bereits im Jahre 1832 in seiner ökonomischen Potenz an die erste Stelle hinter Nürnberg trat und als Zentrum rascher Industrialisierung beispielhaft für andere bayerische Städte gelten sollte.[363]

Am Beispiel des ersten Rathausbaus der Stadt Fürth soll hier in der Untersuchung der langen Planungs- und Baugeschichte und den darin enthaltenen Stilauseinandersetzungen dargelegt werden, inwieweit die architektonische Formensprache der Neurenaissance diesem Symbolbau neuer städtischer Selbständigkeit und bürgerlichen Wohlstandes genügen konnte und somit nochmals auf die spezifisch bürgerlichen Inhalte neurenaissancistischer Architektur hingewiesen werden.

2. Die Widerspiegelung der bürgerlichen Bewegung vor 1850 in der Architektur.

Die politischen Ereignisse der frühen dreißiger Jahre fanden auf allen Gebieten der bildenden Kunst ihren Niederschlag. Am deutlichsten zeigte sich in Malerei und Graphik in dieser Zeit des Vormärz die Tendenz, die aktuellen gesellschaftlichen Widersprüche mittels der Kunstproduktion anzuprangern. Die Zu-

nahme antifeudaler und antiklerikaler Bildmotive, neben Darstellungen, deren Thema die überall zu beobachtende Unmenschlichkeit frühindustrieller Produktionsformen war, ist unverkennbar.[364] Wenngleich der Architektur diese Fähigkeit zur offenen, agressiven Gesellschaftskritik in weit geringerem Maße als Malerei und Plastik eignete, so gibt es doch genügend Anzeichen dafür, wie die fortschrittlichen Kräfte des deutschen Bürgertums in den dreißiger und vierziger Jahren versuchten, auch dieses künstlerische Medium in den Dienst der eigenen Sache zu stellen.
Der architektonische Historismus der Zeit bot dafür die geeignete Grundlage. Mit der Ablehnung der einen und der bevorzugten Verwendung anderer Architekturstile und Bauformen aufgrund der jeweiligen Zuordnung exakt definierter Aussagewerte, hatte sich für die Architektur neben der von der Benutzbarkeit geforderten Konstruktion und Raumaufbringung ein sekundäres formales System herausgebildet, innerhalb dessen die Artikulierung außerkünstlerischer Zeitanliegen möglich wurde.

Diese "doppelte" Rezipierbarkeit von Architektur, die sich "taktisch in der Sphäre des Gebrauchs und optisch in der Sphäre der Wahrnehmung vollzieht"[365], war aller Programmatik der Baukunst des Historismus zugrunde gelegt. Ausgehend von der Trennung in eine "technische" und eine "ideale Seite"[366] der Architektur wurde es als ihre Aufgabe angesehen, neben dem "nützlichen Zweck" auch die "Forderungen einer nazionalen und unserer eigenthümlichsten Empfindungsweise entsprechenden Gestaltung der Bauwerke im höheren Stil"[367] auszudrücken.
Daß hierunter nicht nur die Repräsentation bestehender gesellschaftlicher Zustände verstanden wurde, sondern durchaus die Möglichkeit gesellschaftskritischer, am Geschehen aktiv mitwirkender Architektur impliziert war, ist ebenfalls aus zeitgenössischen Äußerungen zu belegen:
"Denn die Kunst ist nicht allein ein P r o d u k t ihrer Zeit, sondern gehört auch mit zu deren wirksamsten F a k t o r e n ; wie es denn überhaupt in der Entwicklungsgeschichte der Menschheit kein Glied gibt, das nicht in innigster Wechselbeziehung zu allen anderen stünde."[368]

So bot sich für die konkreten Anliegen der bürgerlichen Bewegung die Neurenaissance als die geeignete Formensprache, da sie, in konsequenter Fortführung ihrer Grundlegung in der nachrevolutionären französischen Architekturtheorie, einerseits in der deutlichen Abgrenzung gegen Barock und Klassizismus auch die adeligen Träger jener Architektur bekämpfte und gleichzeitig durch ihre funktionalen, zweckorientierten Gestaltungsprinzipien den utilitaristischen Tendenzen bürgerlicher Ideologie entsprechen konnte.
Für die Darlegung dieser Zusammenhänge ist die Berücksichtigung der Planungs- und Baugeschichte eines Gebäudes unerläßlich, da sich gerade in dieser Phase des Neurenaissance die ursprüngliche Planfassung eines Bauwerkes oftmals in wesentlichen Aussagen von dem ausgeführten Bau unterschied. Die Neurenaissance als architektonische Formensprache der fortschrittlichen, gegen das Bestehende ankämpfenden Kräfte besaß in dieser Zeit vielfach eine eindeutige utopisch-revolutionäre Komponente, deren Realisierbarkeit so zum Maßstab der gesellschaftlichen Wirklichkeit in den deutschen Einzelstaaten wurde.

3. Die Tätigkeit Gottfried Sempers in Dresden

Die Tätigkeit Sempers in Dresden begann am 30. September 1834 mit der Berufung zum "Professor der Baukunst und Vorstand der Bauschule an der Königlichen Kunstakademie"[369] und endete im Jahre 1849 nach aktiver Teilnahme am Dresdener Maiaufstand mit der Flucht Sempers nach Paris.
Die in diesen Jahren von Semper projektierten, begonnenen und ausgeführten Dresdener Bauten sind bis auf zwei Ausnahmen[370] stilistisch alle der Neurenaissance zuzuordnen und begründeten somit schon frühzeitig den Ruf Sempers als führender Architekt der Neurenaissance. Sempers programmatische Renaissancerezeption, innerhalb einer gesellschaftlichen Funktion seiner Architektentätigkeit verstanden, aus diesem Zusammenhang heraus legitimiert und in seltener Konsequenz realisiert, steht hier exemplarisch für die von den fortschrittlichen bürgerlichen Architekten in jenen Jahren versuchte inhaltliche und formale Erneuerungsbewegung in der Architektur, deren erster Merkmalträger - der historisierenden Grundtendenz zeitgenössischen

Bauens entsprechend - der rezipierte Baustil war.
Seine Anwendung geschah nun nicht mehr nach primär formalen,
von spätklassizistischer Normästhetik beeinflußten Rezeptionskriterien, sondern zunehmend unter architekturikonologischem,
aus dem rein kunstimmanenten Bereich in die Sphäre gesamtgesellschaftlicher Kontingenz ausgreifendem Aspekt. So identi-
fizierten sich in dieser Zeit die "liberalen Parteien ... nothwendig mit der Renaissance, wie Alles, was reactionär war, ...
sich mit Vorliebe den mittelalterlichen Formen zuwandte"[371].

Es ist im Folgenden zu überprüfen, inwieweit die Projekte und
Bauten Sempers in dem genannten Zeitabschnitt diese fortschrittliche Konzeption ausdrücken können. Dabei wird auch die Frage
zu berücksichtigen sein, inwieweit die Architektur, anders als
Malerei und Graphik, aufgrund ihrer Abhängigkeit vom geldge-
benden Bauherrn, ihrer primär repräsentativen Funktion und ihrer
zeitraubenden Realisierbarkeit überhaupt geeignet ist, zum
schlagkräftigen Medium einer oppositionellen gesellschaftlichen
Gruppe zu werden.

3.1. Das Verhältnis Sempers zur bürgerlichen Bewegung vor 1849

In der Semperliteratur ist in vielen Fällen eine gewisse Verlegenheit festzustellen, den "Makel" des Revolutionärs mit der
Würdigung eines großen Künstlers in Einklang zu bringen.[372]
Die neben älteren monographischen Darstellungen einzelner
Bauten Sempers vorwiegende Beschäftigung mit seiner ästheti-
schen Theorie auf der Grundlage der in der zweiten Jahrhunderthälfte entstandenen Schriften[373], ermöglichte weitgehend die
Ausklammerung dieser auf die Zeit vor 1849 beschränkten Pro-
blematik und ließ somit die wesentlich politische Komponente
der Architekturtätigkeit Sempers in Vergessenheit geraten.[374]
Die Beteiligung Sempers an den Dresdener Maiaufständen des
Jahres 1849 als augenfälligste Konsequenz der politischen
Grundhaltung Sempers wurde übergangen, heruntergespielt oder
als Folge der Überredungskünste "anerkannter" Revolutionäre
aus dem Semper'schen Freundeskreis - wie zum Beispiel Richard
Wagners und August Röckels - dargestellt.[375] Auf diese Weise

gelang es, die von Semper noch im gesamtgesellschaftlichen
Zusammenhang verstandene künstlerische Tätigkeit aus ihrem
ursprünglichen Funktionsbereich herauszulösen und ihre Ergebnisse einer autonom gesetzten Form- und Stilgeschichte
unterzuordnen.
Der folgende biographische Überblick über den Zeitabschnitt
vor der Revolution soll nicht nur der Einordnung des in jenen
Jahren entstandenen Werks Sempers in den historischen Verlauf
dienen, sondern vor allem die richtungsweisenden Daten und Ereignisse in den Vordergrund treten lassen, die Sempers politischen Standort kennzeichnen, dessen Berücksichtigung grundlegend ist für die Darstellung seines Werks im Zusammenhang dieser Arbeit.

3.1.1. Erfahrungen der Studienjahre

Gottfried Semper wurde am 30. Mai 1803 in Altona geboren.
Nach anfänglich unentschlossener Berufswahl begann er im
Jahre 1825 in München mit dem Architekturstudium. Als Schüler Friedrich Gärtners sah er sich dort mit den vielfältigen
Stiladaptionen des Münchener Historismus konfrontiert, an dessen Bauten er einerseits die Beziehungslosigkeit zur gesellschaftlichen Entwicklung der Gegenwart kritisierte, andrerseits die Abhängigkeit vom Willen des Königs. So formulierte
er später unter Bezugnahme auf die Münchener Architekturszene:[376]
"Der Kunstjünger durchläuft die Welt, stopft sein Herbarium
voll mit wohlaufgeklebten Durchzeichnungen aller Art und geht
getrost nach Hause, in der frohen Erwartung, daß die Bestellung einer Walhalla à la Pathenon, einer Basilika à la Monreale, eines Boudoir à la Pompeji, eines Palastes à la Pitti,
einer byzantinischen Kirche oder gar eines Bazars im türkischen Geschmack nicht lange ausbleiben könne, denn er trägt
Sorge, daß seine Probekarte an den rechten Kenner komme! Was
für Wunder uns aus dieser Erfindung erwachsen! Ihr verdanken
wir's, daß unsere Hauptstädte als wahre extraits de mille
fleurs, als Quintessenz aller Länder und Jahrhunderte emporblühen, so daß wir, in angenehmer Täuschung, am Ende selber
vergessen, welchem Jahrhunderte wir angehören. ... (Die Kunst)
artet aus, wo sie der Laune des Künstlers, mehr noch, wo sie

mächtigen Kunstbeschützern gehorcht."[377]
Mit diesen polemischen Sätzen stellte sich Semper erstmals in bewußte Opposition zu dem Stileklektizismus eines architektonischen Historismus auf der Grundlage einer an den Bauaufgaben und ihrer vermeintlich historisch-exemplarischer Realisierung orientierten Geschichtsaufarbeitung, die er als letztlich formale Rezeptionsebene ablehnte. Gleichzeitig enthält diese Kritik die eindeutige Absage an das ludovizianische Kunstmonopol zugunsten einer bürgerlich-demokratischen Architekturpraxis "auf dem Boden des Bedürfnisses und unter der Sonne der Freiheit"[378].

So verließ Semper bereits im Jahre 1826 Bayern und ging nach Paris. Mit der Wahl seines dortigen Meisterateliers hatte er - bewußt oder zufällig - die Verbindung zu dem Kreis Pariser Architekten gewonnen, die sich als Sachwalter des Erbes Durands verstanden.[379] Sempers Lehrer Franz Gau hatte ebenso wie dessen Mitarbeiter und Freund Jakob Ignaz Hittdorf ab 1811 eine gründliche Ausbildung nach Durands Architekturlehre erfahren und so konnten beide noch eine relativ frühe Kenntnisnahme zur Grundlage ihrer eigenen Lehrtätigkeit machen.[380]
Dennoch waren diese ehemals in deutlicher - auch politischer - Abgrenzung gegen die barocke Hofkunst des Absolutismus aufgestellten Prinzipien einer neuzeitlichen Architektur im Paris der restaurativen Bourbonenherrschaft weitgehend ihres gesellschaftlichen Hintergrunds beraubt worden und konnten so auf Semper nur noch den Eindruck eines kümmerlichen Schnellkurses der Baukunst machen, mit dessen Hilfe "der nagelneue Baukünstler bildet, da ihre Quadrate, auf denen sich, wie von selbst, Reitbahnen, Thermen, Theater, Tanzsalons und Konzertsäle in einem Plan zusammenfügen, den großen akademischen Preis davontragen."[381]
Studienblätter Sempers aus der Pariser Zeit[382] sind ein Zeugnis dafür, daß die Idealentwürfe Durands auch die Basis seiner Ausbildung darstellten. Aus quadratischen und rechteckigen Binnenformen zusammengesetzte, zu Übungszwecken vielfältig abwandelbare, rasterhaft anmutende Grundrisse waren die Grundlage dieser Entwürfe, die in ihren Themenstellungen mit vorwiegend öffentlich-städtischen Bauaufgaben wie Gefängnissen, Lagerhäu-

sern, Börsenbauten, Schulen und Spitälern der von Durand angestrebten Verwendbarkeit für eine neuzeitlich-bürgerliche Architektur Rechnung trugen. Die Aufrisse zeigen neben blockhaft geschlossenen Mauerflächen mit sparsamer, regelmäßiger Durchfensterung lange Säulenkolonnaden und Arkadenreihen, wie sie ebenfalls in den Vorbildern Durands die Formensprache einer funktional ausgerichteten, rational nachvollziehbaren Architektur in Abgrenzung gegen barocke Dekorationssysteme und unüberschaubare Gebäudekomplexe darstellten.
Die Beeinflussung des späteren Schaffens Sempers durch diese Schulung im Sinne Durands ist unverkennbar, obgleich er sich in dem oben genannten Zusammenhang scharf von den "Durand'schen Assignaten, die dieser Schachbrettkanzler für mangelnde Ideen in Kurs setzt"[383] distanzierte. Diese Kritik jedoch betraf nur das inzwischen zur mechanisch-formelhaften Lehrmethode verkümmerte, dreißig Jahre nach dem Erscheinen des "Précis" auch aufgrund noch enthaltener klassizistisch-normativer Züge stilistisch veraltete Werk Durands, das Semper in Paris angewendet fand. In ihren ursprünglichen Intentionen aber traf sich Durands Prinzipienlehre durchaus mit dem Architekturverständnis Sempers:
Semper wie Durand waren Verfechter einer funktional ausgerichteten, in Material und Komposition dem Verwendungszweck entsprechenden Architektur und obgleich für Semper die bei Durand noch vielfach als Bindeglied zwischen Gegenwart und Antikenideal fungierende Renaissancerezeption inzwischen durch den bewußten Rückgriff auf den italienischen Originalstil ersetzt war, finden sich unter seinen Bauten und Entwürfen noch direkt auf die Schule Durands zurückzuführende Kompositionen.
So empfiehlt Semper zum Beispiel in seiner "Lehre von den Gebäuden", die er nach Bauaufgaben gegliedert für seine eigene Dresdener Lehrtätigkeit entworfen hatte,[384] als Idealplan für ein Krankenhaus "einen Grundriß, der ein Kreuz in einem Quadrat darstellt, indem die Kapelle in den Mittelpunkt, die Wohnsäle in die vier Arme des Kreuzes zu verlegen wären, während das äußere Quadrat, das mit dem Kreuz zusammen vier Höfe einschließt, für Arbeitsräume bestimmt sein würde."[385]
Dies ist eine Anlage, die bei Durand vielfach vorgebildet, in einem Idealplan zu einem Museum sogar ihre wörtliche formale

Entsprechung findet.[386] Aber auch noch in einigen frühen ausgeführten Werken Sempers fühlt man sich an die Dispositionsvorschläge Durands erinnert. Das gilt für das erste Theaterprojekt Sempers in Dresden, für die Grundrißeinteilungen der Villa Rosa und des Palais Oppenheim, wie auch für die von Semper bevorzugte städtebauliche Einheit, das Forum.

Bevor Semper im September 1830 von Paris aus eine dreijährige Studienreise nach Frankreich, Italien und Griechenland antrat, erlebte er dort die Julirevolution mit. Ein bereits in dieser Zeit vorhandenes Zugehörigkeitsgefühl Sempers zu den fortschrittlichen Kräften der bürgerlichen Revolution beschreibt Hans Semper in der Biographie seines Vaters:
"Es kam die Juli-Revolution im Jahre 1830, mit der er lebhaft sympathisierte, indem er seiner ganzen Anschauungsweise über den engen Zusammenhang zwischen Kunst und allgemeiner Cultur gemäß, den Hass, den er den verrotteten Zuständen auf dem Gebiete der Kunst entgegenbrachte, nothwendig auch auf die unerquicklichen Zustände des Staates und der Gesellschaft von damals übertragen mußte."[387]
Symptomatisch für diese enge Verbindung von Kunst und Gesellschaft bei Semper ist die Position, die er innerhalb der Polychromiediskussion jener Jahre - mit der er ebenfalls in Paris durch Hittdorf erstmals in Berührung kam - einnahm. Die fachliche Diskussion wurde für Semper gleichzeitig zum Aufhänger persönlicher Kritik an den künstlerischen und politischen Zuständen seiner Zeit, wie die Untersuchung der ersten Schrift Sempers zum Thema der Polychromie hinsichtlich ihres politischen Gehalt deutlich macht.

3.1.2. Der politische Gehalt der ersten Schrift Sempers

Die große Aufmerksamkeit, die Semper mit der Veröffentlichung seiner ersten Schrift "Vorläufige Bemerkungen über bemalte Architektur und Plastik bei den Alten" im Jahre 1834 auf sich zog, war neben ihren archäologischen, kunstgeschichtlichen und kunsttheoretischen Aussagen wohl gleichermaßen in deren Gesamtkonzeption begründet, indem einem vorwiegend fachbezogenen Hauptteil eine Einleitung vorangestellt wurde, in der die Unzufrie-

denheit Sempers mit der aktuellen Entwicklung im kulturellen
und politischen Bereich ihren Ausdruck fand.[388]
Dabei blieben die Thesen der "Vorläufigen Bemerkungen" über
den Zusammenhang von Kunst und Gesellschaft nicht nur auf ein
generelles Postulat vom alles umfassenden "Staatsorganismus"[389]
beschränkt, wie es seit Goethe und Hegel in Staatstheorie und
Kunstliteratur der deutschen Romantik ausgeführt wurde. Das
politische Programm Sempers - wie Pecht den Tenor der Schrift
als erster erkannte[390] - zeichnete sich vielmehr durch direkte
tagespolitische Aktualität aus, indem es das eindeutige Bekenntnis Gottfried Sempers zur bürgerlich-demokratischen Bewegung enthielt.
Dieses Bekenntnis Sempers ist Ausdruck eines noch ungebrochen
optimistischen Verhältnisses zur bürgerlichen Ideologie. Von
der in seinen späteren Schriften, vor allem dem unter unmittelbarem Eindruck der Revolutionsereignisse im Londoner Exil 1851
entstandenen Werk "Wissenschaft, Industrie und Kunst"[391], durchaus vorhandenen Skepsis gegenüber dem kapitalistischen Wirtschaftssystem, dem er Kunstfeindlichkeit und eine willkürliche
Übersteigerung der menschlichen Bedürfnisse vorwirft[392], ist
hier im Jahre 1834 noch nichts zu spüren.
Die "neue Lehre"[393] der französischen Revolution gilt ihm als
Garant des Fortschritts und menschlichen Glücks, indem durch
sie die "alte Willkür vernichtet und der Egoismus beschränkt,
das Interesse am Wohl des Ganzen erweitert wurde"[394]. So treten für Semper in einer bürgerlichen Gesellschaftsordnung
"große allgemeine Interessen"[395] in den Vordergrund; denn "je
größer und reicher das öffentliche Leben zu werden verspricht,
in gleichem Maße beschränkt sich das Privatbedürfnis."[396]

Bei solchen Gedanken über eine ideale, auf den bürgerlichen
Forderungen nach Freiheit, Gleichheit und Brüderlichkeit aufzubauende Gesellschaftsordnung, die Sempers Sympathie für die
demokratische Bewegung seiner Zeit zwar bestätigen, sich aber
gleichzeitig nie soweit konkretisieren, um politische Wirksamkeit erreichen zu können, hatte Semper das subjektiv verklärte Beispiel griechischer Staatsorganismen vor Augen.
Durch ihre "Konzentration zum Volke"[397] wurde die Antike für
ihn auch zum politischen Fundus aller späteren Renaissancen.

Von dem auf der Basis eines neuen "politischen Selbstgefühls"[398] begonnenen griechischen Freiheitskampf führt der Weg für Semper über die Zeit der italienischen Renaissance, "als im Anfang des 15. Jahrhunderts ein neuer Revolutionseifer die Künstler ergriff"[399] in gerader Linie bis zu den "politischen Stürmen, die sich seit dem Ende des verflossenen Jahrhunderts erhoben haben"[400].

"Antike Einfalt" und "bürgerlicher Gemeinsinn"[401] sind die zentralen Begriffe dieser Zukunftsvision, an der die Gegenwart des Jahres 1834 gemessen wird. Hier mischt sich dann auch konkrete tagespolitische Kritik in die ansonsten vorwiegend abstrakt-idealisierende Gedankenführung. Semper muß erkennen, daß "selbst bei dem redlichsten Willen ... des bevormundeten Volkes wahres Bedürfnis nicht immer zuerst getroffen und befriedigt (wird)"[402]. Dabei liegt auch seiner Kritik der Grundwiderspruch der Zeit zwischen Verfassungswirklichkeit und politischer Realität zugrunde, den er, seinem Beruf als Architekt entsprechend, an einer Baupraxis benennt, deren Schwerpunkte immer noch im Bereich herrscherlicher Repräsentation liegen, solange "kostbare Monumente der Eitelkeit und des Eigensinns ... sich an den Stellen (erheben), die dem öffentlichen Nutzen geweiht sein sollten."[403]

In all diesen Äußerungen des Jahres 1834 zeichnet sich eine deutliche Pateinahme Sempers für die bürgerliche Demokratie ab, für deren Verwirklichung er mit seiner eigenen Arbeit eintreten wollte. Seine noch im selben Jahr erfolgte Anstellung an der königlichen Akademie der Bildenden Künste in Dresden nötigte ihm in dieser Hinsicht notwendigerweise zahlreiche Kompromisse ab, wie vor allem am Beispiel des Theaterneubaus darzulegen sein wird. Seinen politischen Standort jedoch behielt Semper auch während der Dresdener Jahre konsequent bei, wie seine Zugehörigkeit zu dem dortigen Kreis der mehr oder minder aktiv für eine bürgerliche Gesellschaftsordnung Kämpfenden bestätigt.

3.1.3. Der Dresdener Kreis[404]

Die Veränderungen im ökonomischen und politischen Bereich, die in Sachsen zu Beginn der dreißiger Jahre durch den ein-

setzenden industriellen Ausbau und die Regierungskonstitution unter Friedrich August Anton markiert wurden, brachten auch für die kulturelle Szene entscheidend neue Impulse. Dresden wurde zum zentralen künstlerischen Sammelpunkt, wo sich eine rasche Ablösung der bisherigen Träger des kulturellen Lebens vollzog.
Auf literarischem Gebiet verdrängten die Anhänger des "Jungen Deutschland" die Vertreter der älteren Romantik, die in Tieck ihren führenden Kopf besaßen, sowie das im Umkreis des sächsischen Hofes zum dichterischen Dilettantismus heruntergekommene Salonwesen.[405] In der Architektur fanden der erstarrte Klassizismus und ein vorwiegend am Mittelalter orientierter Historismus Ablösung durch die Neurenaissance, in der Malerei trat neben akademische Normen und nazarenische Thematik mit Hübner der neuzeitliche Einfluß der Düsseldorfer Schule.[406] Auch das Musiktheater war unter dem Einfluß von Wagner, Röckel und den Gebrüdern Devrient um ein neues Selbstverständnis bemüht, dessen Ziel das zeit- und volksbezogene Musikdrama darstellte.

Das kulturelle Leben Dresdens, besonders des letzten Jahrzehnts vor der Revolution, war somit gekennzeichnet von einer engen Verbindung zwischen künstlerischer Aktivität und gesellschaftlich-politischer Verantwortung. Und obgleich in dieser Zeit von organisierten politischen Parteien im heutigen Sinn noch nicht zu sprechen ist, stellte sich dieser Dresdener Künstler- und Intellektuellenkreis als eine eindeutig oppositionelle Gruppierung in der Residenzstadt dar, aus der später auch die Träger des dortigen revolutionären Geschehens hervorgingen.
In regelmäßigen Zusammenkünften traf man sich in einer "Montagsgesellschaft"[407], auf deren politischen Charakter Pecht als zeitweiliger Teilnehmer[408] hinweist:
"Da wurden denn alle möglichen Kunst- und Zeitfragen erörtert, die gar bald sich auf der Straße in blutige Praxis verwandeln sollten."[409] Im Verlauf dieser Beschreibung wird auch Semper als Mitglied und "entschiedener Republikaner" [410] genannt.

Im Revolutionsjahr 1848 selbst spielte Dresden keine führende Rolle. Die in den Zentren Karlsruhe, Wien und Berlin erkämpften Siege der bürgerlichen Bewegung wurden dort, wie in den

anderen Residenzstädten, auf ihre Anwendbarkeit auf den eigenen Bereich geprüft, um auch hier möglichst schnell in politische Realität umzuschlagen.[411] Erst als seit dem Winter 1848/49 nach zahlreichen Winkelzügen und Pseudozugeständnissen des preußischen Königs deutlich wurde, daß eine einheitliche liberale Reichsverfassung von Seiten der Regierenden nicht mehr zu erwarten stand[412], brachen in fast allen deutschen Städten bürgerkriegsähnliche Kämpfe aus, unter denen der vier Tage und Nächte andauernde Dresdener Aufstand vom 3. Mai 1849 die blutige Führung übernahm.
Die aktive Teilnahme Sempers auf Seiten der Aufständischen ist gesichert, obgleich graduelle und chronologische Unklarheiten seiner Mitwirkung nicht völlig auszuräumen sind:[413]
Als Scharfschütze stand er drei Tage an der Wilsdruffer Barrikade, die nach seinen eigenen Anweisungen fortifikatorische Verbesserungen erhalten hatte. Am letzten Kampftag ließ er eine weitere Barrikade an der Waisenhausgasse errichten, wo er als Kommandant das Ende der Kämpfe erlebte.[414] Nach der Niederschlagung des Aufstandes durch sächsische und preußische Truppen gelang Semper die Flucht über Paris nach England, während er in Sachsen steckbrieflich gesucht wurde.[415]

Diese Beteiligung Sempers am Dresdener Maiaufstand erscheint aufgrund seiner hier skizzierten politischen Entwicklung nur konsequent. Denn sobald die in der kommentierenden Literatur weitgehend vorgenommene Wertung der Aktivitäten Sempers aus der Sicht einer streng zwischen künstlerischer Tätigkeit und ihrer gesamtgesellschaftlichen Verankerung trennenden Kunstgeschichtsschreibung, die selbst eine so eminent politische Handlung wie den Barrikadenbau Sempers lediglich als architektonisch-künstlerische Leistung zu akzeptieren bereit ist, aufgegeben wird zugunsten einer realistischen Beurteilung des künstlerischen Selbstverständnisses in dieser stark politisierten Epoche deutscher Vergangenheit, so muß gerade diese Teilnahme Sempers an den Maikämpfen als schlagender Beweis seiner aktiven Zugehörigkeit zur bürgerlichen Bewegung gelten.
In dem bereits erwähnten Brief Sempers an Quandt vom 17. Juli 1849, in dem er zu Angriffen wegen seiner Teilnahme an den Straßenkämpfen Stellung nahm, liegt überdies noch eines der

wenigen Zeugnisse eines nachträglichen Bekenntnisses zur
Sache der Aufständischen vor, aus dem hier abschließend die
entscheidenden Stellen zitiert werden sollen:[416]
"Ich leugne meinen Antheil an dem Kampfe durchaus nicht. ...
Ich kann und will nicht leugnen, bei dem Aufstande betheiligt
zu seyn. Auf das Mehr oder Minder kommt es moralisch genommen
gar nicht an. Aber da die Gerichte und auch die Menschen nach
der Qualität der Theilnahme rechnen und richten werden, so muß
ich im Interesse der Meinigen und in meinem eigenen gegen falsche Beschuldigungen und Übertreibungen entschieden protestieren...
Weil ich den Ideen für die sich der größte Theil der Deutschen
seit jenem Frühjahr begeistert fühlte, bis zu ihrer äußersten
Konsequenz treu blieb, während andere, geschickter oder weiser, sich diesen Konsequenzen zu entziehen wußten, bin ich ein
Verbrecher in Ihren Augen - in denen anderer ein Opfer. So
pflegt in Zeiten bürgerlicher Kämpfe der Begriff zu wechseln,
nach der Anschauungsweise..."[417]

3.2. Die Dresdener Bauten Sempers[418]

Das umfangreichste öffentliche Bauprojekt Sempers während der
Dresdener Jahre war die Neuanlage des Theaterplatzes. Zum einen besaß dieses Projekt erhebliche städtebauliche Bedeutung,
da das zu gestaltende Areal unmittelbar an den Residenzbezirk
angrenzte und somit eine repräsentative Ensemblewirkung gefordert war, zum andern schloß es mit den Neubauten des Theaters
und des Museums die beiden zentralen Bauaufgaben der Zeit ein.
Für eine Bestimmung der Neurenaissance in ihrer programmatischen Phase vom Beginn der dreißger Jahre bis zur Jahrhundertmitte werden an diesem Projekt alle wesentlichen Komponenten
öffentlicher Monumentalarchitektur ablesbar.

3.2.1. Die Neugestaltung des Theaterplatzes[419]

3.2.1.1. Barocktradition und Neurenaissance

Das Dresdener Stadtbild hatte seine entscheidende architektonische Prägung durch die Bauten des Barock unter August dem

Starken (1694-1733) und dessen Nachfolger August II. (1733-1763) erhalten. Anders als in den deutschen Städten mittelalterlicher Tradition, wo die Wahrung bzw. Restitution des historischen Charakters eine wesentliche Aufgabe rezeptiver Stadtarchitektur im 19. Jahrhundert geworden war, stand somit für Dresden eine städtebauliche "Konformität"[420] während der antibarocken ersten Jahrhunderthälfte nie zur Diskussion. Auch die Versuche, die Neurenaissance – die sich sicher nicht zuletzt aufgrund dieser lokalen Stilprägung unter Semper so rasch und ohne lange Stilkämpfe als bestimmende Form des Dresdener Historismus durchsetzen konnte – als eine Neubelebung der ersten künstlerisch fruchtbaren Epoche der Stadt im 16. Jahrhundert zu sehen, sind nicht auf die Architektur Sempers anwendbar.[421]

Bei Semper selbst finden sich keinerlei Äußerungen, die eine derartige Annahme bestätigen würden, und auch aufgrund der heutigen Kenntnisse über die Stilperioden des Historismus erscheint eine solche These nicht mehr haltbar. Die an den italienischen Vorbildern des 15. und 16. Jahrhunderts direkt orientierte Neurenaissance Sempers und seiner Nachfolger wie Hermann Nicolai (1811-1881) und seiner Schule ist formal wie in ihrer historisch-assoziativen Rezeptionsgrundlage von den Stiladaptionen der späteren "Deutschrenaissance", die dann tatsächlich unter Rückgriffen auf die d e u t s c h e n Vorbilder des 16. Jahrhunderts zustande kam,[422] so grundverschieden, daß diese Restitutionsversuche einer renaissancistischen Lokaltradition für Dresden selbst nur innerhalb der Deutschrenaissancebewegung interpretierbar sind. Dann nämlich wurde mit typischen Erker- und Giebelformen, Türmchen und Arkadenhöfen, sowie einer reichen, stark bewegten Ornamentik bewußt an der "Wiedererweckung" eines "architektonischen Lokal-Charakters"[423] Dresdens gearbeitet, dem vorrangig die Restaurierungsarbeiten des Renaissanceschlosses von 1889-1901 zugute kommen sollten.

In dieser Zeit bedeutete dann auch die zweite, im Stadtbild weitaus bestimmendere Hochphase historischer Entwicklung Dresdens, der Barock, kein Hindernis mehr. In der auf eine Erneuerung der deutschnationalen Traditionen zielenden Grundstimmung der letzten Jahrzehnte des Jahrhunderts erkannte man

auch dessen "Heimatrecht"[424] in der Stadt und es entstanden
zahlreiche Neubauten im neobarocken Stil, zumal für dessen
Anwendung beim gründerzeitlichen Bürgertum auch nicht mehr
die ideologischen Schranken bestanden, die eine derartige
Entwicklung in der antibarocken ersten Jahrhunderthälfte unmöglich gemacht hätten.

Betrachtet man die hier zu untersuchenden Bauten Sempers im
Hinblick auf ihre Einpassung in den bereits vorhandenen Baubestand, so zeigt sich ein unterschiedliches Verhältnis zur
städtebaulichen Tradition Dresdens. Während auf dem Gebiet
des privaten Wohnbaus die bewußte Abkehr von der lokalen Tradition der barocken Bürgerhäuser und des klassizistischen
Glacisvillenstils stattfand, war bei der Neugestaltung des
Theaterplatzes, der nach zwei Seiten von bereits bestehenden
Baudenkmälern begrenzt wurde, die Berücksichtigung denkmalpflegerischer Gesichtspunkte unerläßlich.
Den südwestlichen Abschluß des Areals bildete der Zwinger
Pöppelmanns mit dem nach Aufgabe eines bis an die Elbe reichenden Projekts errichteten provisorischen hölzernen Orangeriebau im Osten; die südöstliche Begrenzung setzte sich aus
dem Osttrakt des kurfürstlichen Schlosses mit der seit 1833
vorgelagerten Altstädter Hauptwache Schinkels und Thürmers
und der 1738-1755 von Chiaveri errichteten katholischen Hofkirche zusammen.
Die Platzfläche selbst war mit kleinteiligen, in willkürlicher
Zuordnung entstandenen Häusern bestellt - dem sogenannten
"italienischen Dörfchen" - die ursprünglich als Unterkünfte
für die Bauleute der Hofkirche entstanden, nun teils als kurfürstliche Wirtschaftsgebäude, teils als Privatwohnungen Verwendung gefunden hatten.[425] Das einzige größere Gebäude war
das 1667 erbaute ehemalige Komödienhaus, das sich etwa an der
Stelle des späteren Semper-Theaters befunden hatte.[426]
Dieser gesamte Baubestand wurde von den meisten als "entstellendes Provisorium"[427] betrachtet und konnte den repräsentativen Ansprüchen an die unmittelbare Nähe des Residenzbezirks
schon lange nicht mehr genügen. Insofern bildete das italienische Dörfchen nie ein echtes Hindernis für eine neue Platzgestaltung, obgleich es erst in den späten vierziger Jahren

endgültig abgerissen wurde.⁴²⁸
Im Gegensatz dazu forderten das Schloß, die Hofkirche und die Zwingeranlage als zentrale Gebäude kursächsischer Tradition von jeder Neuplanung den Einbezug einer denkmalpflegerischen Komponente, dessen Problematik in der zeitgenössischen Mißachtung barocker Architektur begründet lag.
Die Position, die Gottfried Semper gegenüber dem Barock einnahm, insonderheit zu den Dresdener Bauten des 18. Jahrhunderts, war deshalb zwiespältig. Einerseits sah er in dieser Architektur die Monumentalisierung des "frechen Worts: L'état c'est moi"⁴²⁹ und konnte sie so aus gesellschaftspolitischen Gründen für seine eigene Zeit nur ablehnen, andrerseits erkannte er den künstlerischen Rang vor allem des Zwingers als "das kunstvolle, leider unvollendet gebliebene Denkmal, dessen Gleichen sich in Italien selbst nicht findet"⁴³⁰.
So mußte er für seine eigene Arbeit einen Denkmalpflegebegriff definieren, der ihm städtebauliche Kontinuität um des künstlerischen Erbes willen gestattete, nicht aber "Konformität" im Sinne einer bewußten Nachfolge und Wiedererweckung jener Epoche bedeutete, die diese Kunstwerke hervorgebracht hatte. So galt für ihn in diesem Zusammenhang:
"Es läßt sich kein Jahrhundert aus der Weltgeschichte streichen, und soll unsere Kunst den wahren Ausdruck unserer Zeit tragen, ... so muß sie den nothwendigen Zusammenhang der Gegenwart mit allen Jahrhunderten der Vergangenheit, von denen keines, auch nicht das entartete, vorübergegangen ist, ohne einen unvertilgbaren Eindruck auf unsere Zustände zu hinterlassen, zu ahnen geben, und mit Selbstbewußtsein und Unbefangenheit sich ihres reichen Stoffes bemächtigen."⁴³¹
Die Projekte Sempers für die Neugestaltung des Dresdener Theaterplatzes wurden zur konsequenten Anwendung dieser Maxime, indem trotz organischer Einbeziehung des Bestehenden stets die zeiteigenen Bauwerke die bestimmenden Akzente setzen sollten.

3.2.1.2. Städtebauliche Akzente der Platzanlage

Die Baugeschichte des Theaterplatzes umfaßt den gesamten Zeitraum der Tätigkeit Sempers in Dresden. Durch öfters wechselnde

Gesamtkonzeptionen, aus denen einzelne Bauten herausgenommen und ausgetauscht wurden, andere neu hinzukamen, stellt sie sich in ihrem Ablauf komplex und wenig übersichtlich dar, zumal die Planung von Theater und Museum - den einzigen tatsächlich ausgeführten Bauten - auch außerhalb der Platzprojekte vorangetrieben wurde.

Sieht man zunächst von diesen beiden Hauptbauten der Anlage ab, so bleibt das Platzprojekt als vorrangig städtebauliche Aufgabe. Dabei ist festzuhalten, daß weder Semper noch ein anderer Architekt jemals mit einer umfassenden Platzgestaltung beauftragt wurde. Die verschiedenen Vorlagen der Jahre 1835-1846[432] entstanden alle als eigenständige Erweiterungen der Bauaufträge zu Theater und Museum, mit denen Semper in bewußte Konkurrenz zu den Bauten des 18. Jahrhunderts treten wollte.

Dieses sein Anliegen war sowohl künstlerisch wie auch politisch motiviert. Zum einen wollte er "mit allen erlaubten Mitteln, die ihm zu Gebote standen"[433], innerhalb eines "weit umfassenden Projectes, das die Umgebung des Königlichen Schlosses mit der katholischen Kirche, dem nahe liegenden Elbufer und dem unter dem Namen Zwinger bekannten Prachtbau des vorigen Jahrhunderts in sich begriff"[434] mit einer repräsentativen Platzanlage in städtebaulich bevorzugter Lage am Eingang der Altstadt der absolutistischen Hofarchitektur des Schloßplatzes zeiteigene Baudenkmäler gegenüberstellen, die dem Stadtbild Dresdens eine neuzeitliche Prägung geben sollten.

Gleichzeitig aber sah er darin ein gesellschaftspolitisches Programm, indem er mit der neuen Perspektive über die Elbe hinweg verhindern wollte, daß "dem Blick der über die Brücke Kommenden sich ... eine Armut zeigt, die, mit der Größe der gleich daneben befindlichen Monumente früherer Zeiten verglichen, den Fremden zu falschen, unserer an glücklichen Resultaten so reichen Zeit nachteiligen Schlüssen führen muß."[435]

Für die Verwirklichung dieses Anspruchs zielte Semper nicht nur formal-stilistisch, sondern auch hinsichtlich der Zweckbestimmung seines Projekts auf eine deutliche Abgrenzung gegenüber dem Bestehenden.

Der spätere Theaterplatz war bislang in seinem Baubestand wie in seiner Funktion "Rückseite" des für die höfische Repräsentation zentralen Schloßplatzes. Nun sollte er diesem als kulturelles Zentrum außerhalb der Residenz b e i g e o r d n e t werden und somit der in der Verfassungsreform von 1831 festgelegten Loslösung von Hoftheater und Gemäldesammlung aus dem Privatbesitz des Königshauses und ihrer Überführung in staatliches Eigentum[436] Rechnung tragen, als architektonische Manifestation neuer staatsbürgerlicher Verantwortung.

Das erste Platzprojekt Sempers entstand im Jahre 1835, als noch für keinen der späteren Neubauten ein konkreter Bauauftrag vorlag. Im Zusammenhang mit der ihm übertragenen Standortsuche für ein Bronzedenkmal König Friedrich August I. dachte Semper bereits an eine Platzanlage, die Theater, Orangeriegebäude und Gemäldegalerie in räumlicher Nähe vereinigen sollte.[437] Da jedoch zu diesem Zeitpunkt die Neuplanung eines Museums noch nicht einmal in eine vorbereitende Phase getreten war[438], berücksichtigte er in seinem Entwurf vorläufig nur das Theater, die Orangerie und das Königsdenkmal, deren Errichtung schon seit längerem in der öffentlichen Diskussion stand. Daß er dennoch von Anfang an die komplette Anlage vor Augen hatte, zeigt die Tatsache, daß er schon für dieses erste Projekt die zentrumbildende Bauformation des antiken Forums als die für ihn bestimmende Rezeptionsgrundlage nannte.[439]

Die geplante Neugestaltung des Areals hätte zunächst den Abriß des "italienischen Dörfchens" und des alten Komödienhauses erfordert, um so von der nordöstlichen Zwingerseite bis zur Elbe freien Raum zu gewinnen. Auf dieser Fläche, die dann im Westen durch den Zwinger, im Süden durch das Schloß, die katholische Hofkirche und die schräg vorgelagerte Neue Wache und im Osten durch den Flußlauf begrenzt worden wäre, wollte Semper ein "Forum" realisieren, das sowohl im Formal-Gestalterischen, wie auch in seinem Symbolgehalt einen deutlichen Neuanfang gegenüber der bisherigen Architekturtradition Dresdens bedeutet hätte.

Dieser erste Forumsplan Sempers ist nur in einer Fotographie des stark beschädigten Originalplanes erhalten[440], doch reicht sie aus, die wesentlichen Gestaltungsprinzipien zu erkennen.[441] In der Mittelachse des Zwingers, als Pendant zum Kronentor,

sollte am Elbufer, auf hohem Sockel den Niveauunterschied zur
Platzfläche ausgleichend, das Bronzemonument Friedrich Augusts
aufgestellt werden. Schräg gegenüber der Hofkirche, an dem noch
unbebauten Nordwestrand des Geländes sollte das neue Hoftheater
mit dem unmittelbar an den westlichen Seitentrakt anschließenden Orangeriebau die Verbindung zur Wallseite des Zwingers
herstellen und so auf der Gegenseite des Schlosses einen kontinuierlichen architektonischen Abschluß des Platzes bilden.
Die bisherige Vernachlässigung dieses im Stadtbild durch seine
perspektivische Lage am Fluß durchaus hervortretenden Areals
lag nicht zuletzt in der Unregelmäßigkeit seines Grundrisses
begründet, die durch den achsial beziehungslos dastehenden,
in sich jedoch streng symmetrischen Zwingerbau optisch noch
verstärkt wurde.
Dadurch wurde der Platz nicht nur für die lokalen, noch stark
der klassizistischen Tradition verhafteten Baumeister unbrauch-
ber, sondern auch der zu einem Gutachten über einen etwaigen
Theaterumbau aus Berlin herbeigeholte Karl Ferdinand Langhans[442]
bezeichnete es noch im Jahre 1835 - also zum Zeitpunkt der Abfassung des Forumsprojekts I - als "problematisch, wie ein
Prachtgebäude dort gestellt werden sollte", da dieser Platz
"weder gegen die Kirche, noch den Zwinger symmetrisch sei."[443]

Daß diese formalen Unregelmäßigkeiten für Semper kein grund-
sätzliches Hindernis mehr bedeuteten, war sicherlich neben
den stilgeschichtlichen Faktoren, die ihn als Architekt des
Historismus von den im Klassizismus noch unabdingbaren Sym-
metriesystemen architektonischer Zuordnung unabhängiger machten, entscheidend in seinem Platzprogramm begründet, mit dem
er eben nicht, wie seine Vorgänger, das Areal in den angrenzenden Residenzbezirk einbeziehen wollte, sondern bewußt die
Ausgrenzung eines für das Dresdener Bürgertum gleichermaßen
benutzbaren kulturellen Sammelraumes intendiert hatte.
Dieser sekundär geschaffene Binnenraum stand nun als eigent-
licher Platzraum zur Verfügung, den Semper - die gewünschte
repräsentative Weitsicht über den Fluß hinweg berücksichtigend -
in einer achsialen, vornehmlich an dem ohne zentrale höfische
Funktion gebliebenen Zwinger orientierten Grundaufteilung kon-
zipierte.

Die klare Ausrichtung des Platzes wurde nur durch die am südöstlichen Rand gelegene, auf das Schloß bezogene Altstädter Hauptwache Schinkels gestört[444], deren Stellung Semper zu einer keilförmigen Erweiterung der Gartenanlagen zwang.
Die zweite Durchbrechung des achsialen Kompositionssystems hingegen, die das im nordöstlichen Platzwinkel gelegene neue Hoftheater verursachte, ist als bewußtes Stilmittel des Architekten zu werten.
Indem Semper das Hoftheater in seiner markanten, zu diesem Zeitpunkt auch noch unüblichen und neuartigen äußeren Erscheinung[445] in den vorderen Platzbereich in unmittelbare Flußnähe rückte und dort den halbrunden Vorbau bis an die vom Zwinger vorgegebene Mittelachse des Platzraumes vorstoßen ließ, gab er dem ersten Forumsprojekt ein neues Zentrum, hinter dem der barocke Zwinger zurücktreten mußte. Der ideellen Konzeption der Anlage als kultureller Sammelraum außerhalb des alten Residenzbereichs entsprechend, wurde das Theater auch zum architektonischen Mittelpunkt, zu dessen Akzentuierung Semper in Überwindung des klassizistischen Symmetriebedürfnisses die eigenständige Lage des Baues außerhalb des vorgegebenen Achsensystems als bewußtes Kompositionsprinzip eingesetzt hatte.

Durch die erhöhte Position des Königsmonuments am Flußufer und den weit an die Peripherie des Platzes gerückten Theaterbau erhielt das erste Forumsprojekt Sempers einen hohen Repräsentationswert innerhalb des Stadtbildes. Bereits über die Elbe hinweg sollte dem Ankommenden die neue Anlage gut sichtbar sein und damit den bislang von dem Komplex der Brühlschen Terrasse, dem Schloß und der katholischen Hofkirche bestimmten Eindruck durch neuzeitliche Akzente erweitern.[446]
Dieses 1835 entstandene Platzprojekt legte Semper im Jahre 1837 vor, als er mit konkreten Planungsarbeiten für das neue Hoftheater beauftragt wurde. 1838 begann man dann unter verschiedenen Abänderungen[447] mit dem Bau des Theaters, ohne Berücksichtigung - allerdings auch ohne ausdrückliche Ablehnung - einer Gesamtgestaltung des Platzes. So konnte Semper innerhalb der seit 1838 angelaufenen Planung eines neuen Gebäudes für die Gemäldesammlungen im Jahre 1840 eine zweite Fassung des "Forumsprojekts" vorlegen, nun erweitert um den Museumsbau.

Abb. 20 Das zweite Forumsprojekt Sempers stellt den umfassendsten Entwurf für eine Gesamtanlage des Theaterplatzes vor. Der projektierten Orangerie (b)[448] gegenüber sollte nun anschließend an die Ostecke des Zwingers der neue Museumsbau (e) aufgeführt werden und dafür die dort befindliche Hauptwache Schinkels an die Stelle am Flußufer versetzt werden (m), die in der ersten Fassung für das Königsdenkmal vorgesehen war.[449] Durch diese Anordnung erfuhr die bereits im Projekt des Jahres 1835 aus dem gesamten Platzraum ausgegrenzte symmetrische Binnenanlage eine wesentliche Betonung, indem nun die durch den Zwingerbau vorgegebene Breite zu beiden Seiten eine deutliche architektonische Begrenzung erhalten hätte. Zusätzlich sollte eine nicht genau rekonstruierbare, rechtwinklig umlaufende Balustrade[450] diese Platzform bis an den Fluß optisch weiterführen, durchbrochen lediglich durch einen zwischen viktorientragenden Säulen geplanten elbseitigen Zugang zum "Forum".[451]

Abb. 21 Dieses Forumsprojekt des Jahres 1840 wurde in der Literatur mehrfach als verspätete Weiterführung der Intentionen Pöppelmanns bezeichnet, der ja ebenfalls im Anschluß an den ausgeführten Zwingerbau eine Fortsetzung der Anlage bis zur Elbe plante.[452] Vergleicht man aber die beiden Projekte, so wird deutlich, wie sehr Semper mit diesem Entwurf den spezifischen Bedürfnissen und Anliegen seiner Zeit gerecht werden wollte und wie er mit diesem Projekt versuchte, innerhalb der Residenzstadt und trotz der Abhängigkeit seiner Position eine Architektur zu realisieren, die nicht mehr allein der Selbstdarstellung des Hofes zu dienen hatte, sondern gleichzeitig in hohem Maße das neue Selbstverständnis des Bürgertums widerspiegeln sollte.

Pöppelmann wie Semper benannten das römische Forum als Vorbild für ihre eigenen, in der äußeren Gestalt wie in ihrem ikonologischen Gehalt so völlig unterschiedlichen Projekte. Dazu bot jedoch nur die große Spannweite, die der antike Forumsgedanke vom Marktplatz der Frühzeit zur Repräsentationsstätte imperialer Macht in der späten Kaiserzeit erhalten hatte[453], die relativ breite Rezeptionsgrundlage, während die jeweiligen Übernahmekriterien durchaus geeignet sind, die bereits angesprochenen Unterschiede beider Entwürfe auch aus

rezeptionstheoretischer Sicht zu bestätigen.
In seiner Schilderung der vorbildlich gesetzten römischen
Anlagen[454] legte Pöppelmann das Gewicht eindeutig auf die
Aufzählung der Elemente, die in den späten Kaiserforen hinzukamen, Personenkult und staatliche Machtdemonstration in
einer Form zu gewährleisten, die der praktizierten Vergöttlichung des Herrschers entsprechen sollte. Hier aber traf sich
die Antike mit der barocken Architekturikonologie, die sich
mythologischer Helden- und Göttergestalten bediente, um ihre
Kaiser und Könige in weitgreifenden Allegorien zu feiern.
So waren es die "Staats-, Pracht- und Lustgebäude", die "Rennbahnen, Fecht-, Ring-, Jagd- und Kampfplätze, Schaubühnen, Vorhöfe, öffentlich Tanz- und Gesellschaftssäle, Lustbäder, Speisegemächer, Kunstkammern, Büchersäle, Lustgerüste, Prachtbogen,
... darinnen man zu öffentlichen Sieges-, Lust- und Prachtaufzügen ... die vollste Bequemlichkeit hatte"[455], die Pöppelmann August dem Starken neu schaffen wollte, zu "Gepränge und
anderer Lustbarkeit des Hofes"[456].
In dieser Gesamtkomposition wäre der ausgeführte Zwinger dann
an der Ost- und Westseite in zwei gegenüberliegenden Gebäuden
auf den Fluß zu erweitert worden, die "im Stil der Tuilerien"[457]
ausgeführt werden sollten. Als elbseitiger Abschluß war ein
Mittelpavillon geplant, der von zwei konkaven Architekturen
gerahmt auf eine zum Fluß abfallende Freitreppe führen sollte.
Formale Anregungen zu diesem Entwurf entnahm Pöppelmann der
weitläufigen und prächtig ausgestatteten römischen Anlage des
Trajanforums, dessen konkave Exedren der längsseitigen Säulenhallen und der quergelagerten Basilica Ulpia in das Zwingerprojekt ebenso eingegangen sind wie der geschwungene architektonische Abschluß der Platzfläche.

Diese kompositorischen Zitate und die allgemeinst als machtinszenatorisch zu fassende ikonologische Komponente des Trajanforums sind die Grundlagen der Antikenrezeption Pöppelmanns. Alle weiteren gestalterischen, architektonischen und
dekorativen Elemente der Dresdener Anlage, ebenso wie ihre
differenzierte Zweckbestimmung sind dagegen hinreichend aus
dem barocken Architekturverständnis bzw. seiner Spätphase
des Rokoko erklärbar, das in seinem Verhältnis zur Antike

noch frei war von klassizistischer Normierung der ästhetischen
Praxis, wie auch von dem Authentizitätsanspruch des Historismus.
Konzentrierte sich das Interesse des Barock auf die imperialen
Machtstrukturen des späten Rom, so geschah die Rezeption der
römischen Antike seit ihrer Indienstnahme durch die französische
Revolution vorwiegend unter bürgerlich-republikanischem
Vorzeichen. Diese Sicht der Geschichte wurde dann in die bürgerliche
Ideologie der ersten Hälfte des 19. Jahrhunderts mit
dem Anspruch auf historische Objektivität übernommen und so
waren es auch für Gottfried Semper als Vertreter des republikanischen
Bürgertums die bereits genannten Kriterien "antike
Einfalt und bürgerlicher Gemeinsinn"[458] und eine alles umfassende
"Konzentration im Maßstabe zum Volke"[459], die ihm eine
Vorbildlichkeit der Antike rechtfertigten.

Vor diesem Hintergrund geschah nun die neuerliche architektonische
Aneignung des römischen Forumsgedanken, als Semper im
Jahre 1840 sein Theaterplatzprojekt entwarf als eine "marktähnliche
Anlage, die der leitenden Idee nach gewissermaßen dem
hallenumgebenen, von Tempeln und Staatsgebäuden überragten,
mit Monumente, Brunnen und Statuen gezierten Forum der Alten
entsprechen sollte."[460]
Damit war an die Stelle klassizistischer Normvorstellungen
ein Rezeptionsprinzip getreten, das seine assoziative Rückwendung
aus einer primär formalen in die politisch-gesellschaftliche
Ebene verlegt hatte und somit in seine architektonischen
Äußerungen nicht mehr allein auf einen antikisierenden
Formenkanon fixiert war. Es genügte, die Antike als "leitende
Idee" zu definieren und auf diese Weise historische Kontinuität
sichtbar zu machen, während man für die konkreten Neubauten
eigene Formvorstellungen realisieren konnte.
Da diese Formvorstellungen - wie der Blick auf eine italienische
"Ideale Stadtlandschaft" aus der zweiten Hälfte des 15.
Jahrhunderts zeigt[461] - bei Semper auch hinsichtlich der Rezeption
antiker Forumsanlagen an den Bauten der italienischen
Renaissance als erste "Wiedergeburt" der Antike orientiert
waren, wurde die Neurenaissance zur tragenden Formensprache
dieser Programmatik.

Neben diesen rezeptionstheoretischen Aspekten und den zeitbedingt stilistischen Eigenheiten beider Zwingererweiterungsprojekte gibt es grundlegende Unterschiede auch in den jeweils intendierten Funktionen der Anlagen.

Die barocke Anlage wäre völlig in den Residenzbereich einbezogen und allein höfischen Funktionen zugedacht gewesen, wie Pöppelmann in seinem Kupferstichwerk ausführte. Der Zwinger selbst als Festplatz der Hofgesellschaft blieb der Bevölkerung Dresdens ebenso verschlossen wie die als Bildergalerie und Aufbewahrungsort weiterer Sammlungen geplanten Längsbauten des Entwurfes zu diesem Zeitpunkt noch nicht öffentlich zugänglich gewesen wären.[462]

Das zweite Forumsprojekt Sempers hingegen zielte auf eine Ausgrenzung des Platzraumes aus dem unmittelbaren Residenzbezirk und die Schaffung einer selbständigen, beigeordneten Anlage. Ihre Aufgabe sollte es gerade sein, "neue Communicationen"[463] zu eröffnen, das heißt öffentliche Zugänglichkeit und Benutzbarkeit zu gewährleisten, um so der Entprivatisierung der Gemäldesammlungen durch den Verfassungsbeschluß und der Öffnung der Theater für ein breiteres Publikum Rechnung zu tragen.

Für das richtige Verständnis dieser Anlage erhält somit die Beschreibung Sempers als "Marktplatz, von großartigen öffentlichen Monumenten umgeben"[464], eine Schlüsselfunktion, die übersehen wird, wenn man den Dresdener Theaterplatz allein aus dem Vorhandensein eines Theaters und eines Museums heraus als besonderen, aus dem täglichen Verkehr ausgesonderten Kunstbezirk begreift, wie Manteuffel dies in seiner Arbeit fordert.[465] Denn der römische Forumsgedanke wird so gesehen bei Semper nicht "ästhetisch verabsolutiert", wie Manteuffel weiter folgert, sondern vielmehr in bewußten Gegensatz zur barocken Rezeption gestellt[466], indem er durch die neue Funktion der platzgestaltenden Bauwerke einen neuen Inhalt gewinnt: Das Forum als Stätte "zur Beförderung des Gemeinsinns und des öffentlichen Wohls"[467], als repräsentative Zone einer bürgerlichen Architektur gegenüber den höfischen Anlagen von Schloß und Zwinger.

3.2.2. Das Alte Hoftheater (1838-1841)[468]

Das erste Dresdener Hoftheater Sempers hatte für den Theaterbau prototypische Funktion, indem es nach der Auflösung barocker Formtraditionen und den darauf folgenden klassizistischen Experimenten mit griechischen und römischen Vorbildern ein neues funktionsspezifisches Bauschema langwirkend in die Theaterarchitektur einführte: Das rechteckig geradlinige Bühnenhaus mit dem vorgelagerten, Auditorium, Zugänge und Treppenhäuser umschließenden Zylindersegment.[469]
Diese von Semper zwar ebenfalls übernommene[470], doch erstmals auf eine gültige tradierbare Lösung gebrachte Architekturform fand dann als leicht modifizierbares Bauschema vielfache Adaption, jedoch blieb die inhaltlich-ikonologische Aussage des ersten Dresdener Sempertheaters auf diesen konkreten Bau beschränkt. Er markiert eine Zwischenstellung zwischen dem vorrevolutionären Hoftheater und seinen drei, im Laufe des 19. Jahrhunderts herausgebildeten Nachfolgetypen, die Ausdruck der neuen bürgerlichen Klassengesellschaft geworden waren: Dem "Hoftheater" der Residenzstadt, das sich mit fortschreitenden Jahren ehemaligem Prunk und hierarchischer Akzentuierung wieder annäherte[471], dem "Stadttheater" als Repräsentativsymbol aufstrebender Bürgerlichkeit und verfügbaren Wohlstands[472] und dem "Volkstheater" der Vororte, das gedacht war für ein "Massenpublikum, wie es die vorzugsweise den Arbeiterkreisen angehörige Bevölkerung des betreffenden Stadttheils zu liefern verspricht"[473].
Das Dresdener Theater der Jahre 1838-1841 war hingegen der einzige Versuch geblieben, vor 1848 die spezifischen Bedürfnisse eines bürgerlichen Publikums innerhalb eines H o f -theaters zu berücksichtigen und es darf deshalb als eines der wenigen Beispiele fortschrittlicher Architektur in jener Zeit gelten, wenngleich die Realisierung des Semper'schen Projekts nicht ohne Kompromisse möglich war.

3.2.2.1. Möglichkeiten und Aufgaben des zeitgenössischen Theaterbaus[474]

Die Geschichte des Theaterbaus im 19. Jahrhundert, die ihren Anstoß bereits im späten 18. Jahrhundert durch die Wiederent-

deckung antiker Bauformen für den eigenen Gebrauch erhalten
hatte, wurde in den zwei Jahrzehnten vor der 48er Revolution
zunehmend eine politische.[475] Die Abgrenzung gegen das barocke,
aristokratische Hoftheater war endgültig vollzogen und das
Bürgertum schickte sich an, die zunächst im Formalen begründete, architekturikonologisch weitgehend wertfreie Übernahme
griechischer und römischer Theatertradition nun in einer zweiten Rezeptionsphase als Träger eigener ideologischer Aussagen
zu vereinnahmen.

Ein Zentrum dieser Bewegung war Dresden, das mit der Überführung des königlichen Hoftheaters in Staatsgut im Jahre 1831
frühzeitig die verfassungsmäßigen Voraussetzungen ständischer
Einflußnahme auf die dortigen Theaterbauten geschaffen hatte.
Darüberhinaus wurde Dresden in dieser Zeit zum Treffpunkt
jener fortschrittlichen Kreise, die dem kulturellen Sektor
innerhalb einer durchgreifenden politischen Neuordnung eine
führende Rolle zumaßen und somit das Theater als wichtiges
politisches Instrument zur Schaffung einer bürgerlichen Gesellschaftsordnung betrachteten.[476]

Neben Richard Wagner und Eduard Devrient, die als führende
Vertreter dieser theoretischen Neubestimmung des Theaterwesens gelten können, werden in diesem Zusammenhang auch Gutzkow, Laube und Gottfried Semper genannt.[477] Höhepunkt der
Entwicklung war das Jahr 1848, als man im kurzzeitigen Siegesglauben verstärkt daran ging, konkrete Reformvorschläge
auszuarbeiten. Wagner lieferte einen "Entwurf zur Organisation eines deutschen Nationaltheaters für das Königreich
Sachsen" und Eduard Devrient beantwortete den Plan des preußischen Kultusministers von Ladenberg zur "Organisation des
Einflusses der Künste auf das Volksleben" mit seiner Schrift
"Das Nationaltheater des neuen Deutschland", in der er neben
einer demokratischen Organisation der Theaterleitung auch
soziale Versorgungseinrichtungen für die Bühnenmitglieder
forderte.

Das Alte Hoftheater in Dresden stand am Anfang dieser Entwicklung und wurde - zumal nach der geforderten Überarbeitung des
ersten Entwurfs Sempers aus dem Jahre 1835 - sicherlich kein
Programmbau der Reformbewegung, wenngleich, wie noch zu zeigen sein wird, durchaus grundlegende Ansätze zur architekto-

nischen Realisierung der neuen, dem Theater zugedachten Rolle
vorhanden waren. Daß die Möglichkeiten zu einer umfassenden
Realisierung in der sächsischen Residenzstadt jedoch nicht
gegeben waren, da trotz verfassungsmäßig zugesicherter Einflußnahme des Bürgertums über die zweite Kammer der König
zusammen mit der ersten Kammer immernoch rücksichtslos und
dreist die eigenen Vorstellungen durchsetzen konnte, zeigen
deutlich die außerkünstlerischen Faktoren des Baues, die an
den Unterlagen über die Finanzierungs- und Genehmigungspraxis
des neuen Theaters ablesbar werden.[478]

Am 23. März 1838 wurden dem König die auf Anweisung umgearbeiteten Pläne Sempers zum Theaterbau vorgelegt, die dieser
im Einverständnis mit seinen Staatsministern am 26. April,
also bereits einen Monat später, zur Ausführung genehmigte.
Diese ebenso rasche wie eigenmächtige Entscheidung, durch die
verhindert werden sollte, "daß dann seitens der Stände eine
Einmischung und Diskussion"[479] ins Haus stand, war möglich geworden durch ein Darlehen aus dem Privatvermögen der Prinzessinnen Augusta und Amalia, mit dem die Baukosten vorläufig
gedeckt werden konnten.
Freilich wurde hierbei die spätere Bewilligung durch die zweite Kammer vorausgesetzt, ebenso wie ihre grundsätzliche Zustimmung zu dem Neubau, da das nächste planmäßige Zusammentreten des Landtags erst im Herbst 1839 vorgesehen war und
blieb. Zu diesem Zeitpunkt aber war der Bau, der nach genannter königlicher Entscheidung sofort begonnen wurde, bereits
unter Dach, wodurch sämtliche, nun im Nachhinein satzungsgemäß ausgeführten parlamentarischen Schritte zur bedeutungslosen Farce heruntergewürdigt wurden.
So erging am 10. November 1839 ein königliches Dekret an die
Stände, aus dem die Abgeordneten entnehmen konnten, daß sie,
nachdem man ihnen das verfassungsmäßige Recht der Mitsprache
verweigert hatte, nun die verfassungsmäßige Pflicht hätten,
für die Kosten des zum "Staatsgut" gehörigen Theaterneubaus
von 250 000 Talern aufzukommen. Diese Erklärung wurde zusammen mit einem zur Bewilligung ratenden Schriftsatz einer Deputation der zweiten Kammer zur Beratung vorgelegt, wo beides
verständlicherweise heftige Diskussionen hervorrief.

Positive Reaktionen kamen aus den Reihen des gemäßigten liberalen Bürgertums, für dessen Vertreter die repräsentative Funktion des Semperbaus, die "der Ehre des Volkes, der Bildungsstufe auf welcher sich dasselbe befindet und der dramatischen Kunst, der er gewidmet ist, entspreche"[480], eine Entscheidung beeinflussen sollte und nicht der "Formfehler"[481] des Genehmigungsverfahrens.
In hartem Gegensatz dazu standen die Stimmen der Abgeordneten, die nicht so schnell bereit waren, den "Verpflichtungen der Dankbarkeit gegen des Königs Majestät"[482] nachzukommen, zumal ihnen gerade anhand des vorliegenden Falles deutlich gemacht worden war, um welche Art von Geschenken es sich auch bei der Verfassung des Jahres 1831 gehandelt hatte. In konsequenter Reaktion auf das Vorgehen des Königs und der aus dem Adel besetzten ersten Kammer verweigerten sie dem Theatergebäude die Anerkennung als Staatsgut und forderten die Besinnung auf wichtigere Bedürfnisse des Volkes wie Schulen und Volksbildungsstätten.[483]
Diese ablehnende Haltung gegenüber dem Bau eines Theater darf nicht verwundern, solange bürgerliche Reformvorschläge für das Bühnenwesen nur auf dem Papier bestanden, bzw. in Abendgesellschaften intellektueller Kreise diskutiert wurden, während die Häuser selbst weiterhin dem Adel und dem Großbürgertum vorbehalten blieben. So wurde schließlich die Bausumme mit 45:24 Stimmen von der zweiten Kammer bewilligt und als sich auch die erste Kammer erwartungsgemäß einstimmig dieser Entscheidung anschloß, geriet dieser eklatante Verstoß gegen die jungen parlamentarischen Regeln bald über dem bereits ein Jahr später in Betrieb genommenen Theaterneubau in Vergessenheit.

3.2.2.2. Der erste Theaterentwurf Sempers als Beispiel einer bürgerlich-fortschrittlichen Architekturkonzeption.

Das 1838-1841 ausgeführte Alte Hoftheater entsprach in wesentlichen Teilen nicht der ursprünglichen Intention Sempers für diesen Bau.[484] Die Veränderungen, die Semper an seinem ersten Entwurf von 1835 bis zum Ausführungsprojekt des Jahres 1838 auftragsgemäß und gegen seinen Willen vornehmen mußte, betrafen

bis auf wenige technisch bedingte Modifizierungen in erster
Linie die Bauteile, die Semper als spezifische Elemente einer
aristokratischen Theatertradition weitgehend eliminieren wollte.
Sie wurden so zum Maßstab der geschichtlichen Möglichkeiten
einer fortschrittlichen Theaterkonzeption, die erstmals innerhalb einer deutschen Residenzstadt der neu proklamierten Teilhabe des Bürgertums an diesem bisher vorwiegend der Aristokratie verfügbaren Bereich des kulturellen Lebens Rechnung tragen sollte.
Die baulichen Neuerungen, mit denen Semper das zur Stätte gesellschaftlicher Ereignisse degenerierte Hoftheater wieder
seiner ursprünglichen Zweckbestimmung näher bringen wollte,

Abb. 22 bezogen sich in erster Linie auf die innere Disposition des
Gebäudes. Er knüpfte damit an die seit dem 18. Jahrhundert
durch den Rückgriff auf antike Theatervorbilder angestrebte
künstlerische Purifizierung des Theaterwesens und dessen Befreiung aus den von der Indienstnahme durch die höfische Gesellschaft bedingten Zugeständnisse einer klassenspezifischen
Benutzbarkeit an.[485]
Das Anliegen Sempers war es, mit dem ersten Dresdener Entwurf,
den er auch nach der Vollendung des abgeändert ausgeführten
Baues noch als "die zweckmäßigste Anlage eines Theaters"[486]
bezeichnete, ein Theater zu schaffen, in dem das Publikum optimale Bedingungen vorgefunden hätte, das Geschehen auf der
Bühne zu verfolgen.
Diese Forderung betraf zunächst die Zuordnung von Sitzplätzen
und Bühne, die sowohl in dem barocken, wie auch noch in dem
klassizistischen Hoftheater von einem verfeinerten hierachi-
schen Gesellschaftssystem bestimmt wurde, innerhalb dessen die
Einsehbarkeit des Bühnengeschehens zum Privileg Weniger geworden war. So verzichtete Semper weitgehend auf eine über-
kommene Einteilung in gute und schlechte Plätze, um "allen den
unverdeckten Blick auf die Bühne"[487] zu ermöglichen.
Das halbkreisförmige Auditorium, in dem bereits durch diese
Grundform die nebeneinander, mit parallel zur Bühne führender
Blickrichtung liegenden Rangplätze eines Rechteckraumes oder
gestelzten Kreissegments vermieden wurden, war nur in Parkett
und Ranglogen eingeteilt. Die Parkettreihen waren nach hinten
leicht überhöht, um Sichtbehinderungen möglichst gering zu

halten, und auch die Logentrennwände waren aus diesem Grund in unregelmäßiger Stellung untereinander so angeordnet, daß sie den Blick zur Bühne so wenig wie möglich einschränkten. Die Königsloge in der Mitte des ersten Ranges bot in diesem Auditorium zwar durch ihre größere Breite und den günstigen Blickwinkel zur Bühne bevorzugte Sitzplätze, doch fügte sie sich nahtlos in den architektonischen Verbund des Gesamtraumes. Sempers Grundidee eines von Adel und Bürgertum gleichermaßen benutzbaren Hauses ist vielleicht hier in der dezenter kaum vorstellbaren Einfügung des wichtigsten und unverzichtbaren Attributs eines Hoftheater, der königlichen Loge, am prägnantesten ausgedrückt.

Die Einrichtung der Bühne, mit der Semper klassizistisches Reformgut aufgriff[488], entsprach ebenfalls der intendierten Rückführung des Theaterraumes auf seine ursprüngliche Funktion der Betrachtung szenischer Darbietungen. So versuchte er, dem "tief im Publikum wurzelnden irrigen Begriff von Illusion"[489] entgegenzuwirken, indem er die mit perspektivischen Effekten und räumlichen Kulissenarrangements arbeitende barocke Guckkastenbühne aufteilte in ein wenig tiefes, breit gelagertes Proscenium, das links und rechts von schräg in den eigentlichen Bühnenraum eingreifenden und ihn so nach hinten verengenden Prosceniumsmauern abgeschlossen wurde,[490] und ein dahinterliegendes Postscenium, das zwischen den beiden Mauerflächen als weiterer Handlungsraum zugänglich war.
Diese Anordnung des Bühnenraumes hatte den Wegfall der Prosceniumslogen zur Folge, den Semper nicht zuletzt deshalb als verschmerzbar erachtete, da man von ihnen aus die Schauspieler ohnedies vornehmlich von hinten sah.[491] Daß er mit dieser Erwägung einen wesentlichen Faktor höfischen Theatererlebens, nämlich den unmittelbaren Kontakt zu den Schauspielern von diesen Logen aus[492], vernachlässigt hatte, zeigte die Kritik dieses ersten Entwurfes, die das Fehlen eben dieser Bühnenlogen als zentralen Punkt enthielt.
Das Proscenium war bei der genannten Anordnung als Ort der "Haupthandlungen des Stückes"[493] gedacht, während der rückwärtige Teil der Bühne nur Ausblicke gewähren sollte, um "den Ort der Handlung näher zu bezeichnen"[494]. Das Proscenium war

zusätzlich durch einen in der Maueröffnung herabsenkbaren
Vorhang nach rückwärts abschließbar, konnte durch zwei seitliche in den Begrenzungswänden angebrachte Türöffnungen be-
gangen werden und war gegen das Publikum durch eine hinter
der Rampe versenkbare "Spanische Wand"[495] abzuteilen.
So entstand eine eigenständige "Vorbühne"[496], mit deren Konzeption Semper eindeutig auf die vorbarocke Tradition der flachen, von kulissenartiger Architektur rückwärtig begrenzten
Renaissancebühnen zurückgriff.
Die Beschreibung der projektierten Prosceniumsmauern durch
Semper als "reich mit dreifach übereinander gestellten Säulenordnungen und Statuen verziert"[497] - wie er sie später
auch in dem Entwurf zum Münchener Festspielhaus aufgriff[498] -
verdichten noch die Assoziation zu dem augenfälligsten Typus
des Renaissancetheaters, dem Teatro Olimpico Palladios in
Vicenza.
Trotz mehrfacher Hinweise auf die Vorbildlichkeit antiker Büh-
neneinrichtungen[499] bekannte sich Semper auch selbst ausdrücklich zur Nachfolge renaissancezeitlicher Theaterentwürfe, wenn
er das Jahrhundert Shakespeares, in dem die "Grundsätze antiker Baukunst ziemlich freie und willkürliche Anwendung fanden"[500]
als die historische Quelle seines Projektes nannte.

Ein weiterer, von Semper selbst als "wesentlich"[501] bezeichneter Gehalt des ersten Dresdener Entwurfs war die Projektierung
eines Theatergebäudes, das außer Bühnenraum, Auditorium und
Foyer keine zusätzlichen Festsäle enthielt. In der vom schloß-
internen Opern- oder Komödiensaal herkommenden Tradition des
Hoftheaters war der Raum für die Theateraufführungen meist ein
Festsaal unter anderen, wie die Aufführung selbst ein höfisches
Fest unter vielen war. Semper hingegen wollte mit seineęm Theaterneubau die dortigen Aufführungen bewußt auf das "wahre Interesse der Kunst"[502] zurückführen, das heißt ein Gebäude nun
ausschließlich zum Zweck musik - oder sprechtheaterlicher Darbietungen zu errichten, wie es der neuen bürgerlichen Definition der Bauaufgabe Theater entsprach.
Weitere Festräume unter demselben Dach schienen ihm aufgrund
der den Charakter einer Aufführung zur Lustbarkeit nivellie-
renden Wirkung nicht mehr "zeitgemäß"[503], und mit deutlichem

Hinweis auf die politische Kontrastierung bezeichnete er sie als "nur bei palastähnlichen Bauwerken motiviert"[504].

Abb. 23

Die höfische Kritik dieses ersten Entwurfs Sempers, die schließlich zu erheblichen Umarbeitungen des Ausführungsplanes führte, setzte nun bei eben den hier skizzierten architektonischen Eigenarten des Projekts an, die allesamt als spezifische Neuerungen eines als Hof- und Bürgertheaters gleichermaßen typisierten Hauses gelten konnten.
So mußte für die Gestaltung des Auditoriums wieder auf die alte, differenzierte, von den Spielregeln einer überholten Gesellschaftsordnung geschaffenen Platzeinteilung zurückgegriffen werden. Bereits die auf Bühnenniveau liegenden Sitzreihen wurden in Parkett- und Parterreplätze mit jeweils gesonderten Zugängen als subtilste Form der Besucherklassifizierung unterschieden. Die Ranglogen, die nun durch die Stelzung des Zuschauerraumes teilweise wieder in der denkbar ungünstigsten Lage zur Bühne angeordnet waren, erhielten zudem die traditionellen senkrechten Trennwände, was zumindest die hinteren Plätze für eine Beobachtung der Vorgänge auf der Bühne unbrauchbar machte. Noch in der offiziellen Präsentation des ersten Dresdener Hoftheaters in dem Kupferstichwerk des Architekten[505] wandte sich Semper entschieden gegen "das separatistische Abschließen der einzelnen Logen (als) eine Folge unserer aristokratischen Einrichtungen"[506].
Weitere entscheidende Abstriche betrafen die ursprüngliche Bühnenkonzeption Sempers. Resignierend kommentierte dieser die erneute Anwendung der traditionellen, tiefen Bühne nach einer "Art von Guckkastenloch"[507] dahingehend, daß auf diesem Gebiet schrittmachend zu wirken "nicht Sache des Architekten (ist), der sich der immer noch herrschenden Bühnenpraxis zu fügen hat"[508].
Die Prosceniumslösung, mit der Semper im Dienst einer besseren, gleichwertigen Vermittlung des Bühnengeschehens an das gesamte Publikum erreichen wollte, "daß die Handlung sozusagen mitten im Saale vor sich geht"[509], wurde mit der neuen alten Bühnengestaltung ebenfalls verworfen, wobei die Entscheidung sicherlich nicht primär auf bühnentechnisch-dramaturgischer Ebene gefällt wurde, wenn man in Rechnung zieht, daß bei dem ersten

Planvorschlag die Einrichtung der dem Hochadel vorbehaltenen
Prosceniumslogen unmöglich gewesen wäre.
Naheliegend interpretierte auch Semper dieses Vorgehen als Reminiszenz an die Adelsgesellschaft, wenn er die Ursache dieser
baulichen Veränderung darin vermutete, daß "der seltsame Gebrauch, dass die Logen der Fürsten und hohen Herrschaften durchaus am Rand des Prosceniums sich befinden müssen, wo man durch
Instrumente betäubt wird und die Schauspieler hinter den Coulissen besser sieht als auf der Bühne"[510], auch hier eingehalten werden sollte.
Was nun noch die Einführung eines weiteren Festsaales in den
Ausführungsplan des Hoftheaters betrifft, um dadurch die Gelegenheit zu "grösseren Hoffesten und Maskenbällen"[511] zu schaffen, so wird in dieser Abänderung des ursprünglichen Entwurfs
die von Semper beklagte Mißachtung des "Zeitgemäßen"[512] am
augenfälligsten.
Der Festsaal hätte in Höhe des zweiten Ranges hinter der Bühne
eingerichtet werden sollen und somit deren Verkürzung zur Folge gehabt, da eine generelle Vergrößerung des Gesamtbaues aus
finanziellen Gründen nicht zur Diskussion stand. Diese Beschneidung der Bühnenfläche wurde zum Gegenstand heftiger Kritik an Semper, ebenso wie die enge räumliche Zuordnung von Theater und Festsaal, die eine simultane Benutzung unmöglich gemacht hätte. Diese Vorwürfe aber waren Ausdruck der Unfähigkeit der höfischen Kreise Dresdens, ihre veralteten Ansprüche
der Repräsentation und privater Vergnügungen den veränderten
Umständen der aktuellen gesellschaftlichen und politischen Situation anzupassen. Mit letzter Anstrengung wurde, wo auch
immer sich die Gelegenheit bot, ihre Realisierung versucht -
in diesem konkreten Fall freilich ohne Erfolg. Der Festsaal
wurde zwar in den endgültigen Bauplan aufgenommen, wurde auch
aufgeführt, jedoch mußte er schließlich "wegen Erschöpfung der
Geldmittel"[513] unausgebaut bleiben und diente dann als Theatermagazin und Kulissendepot.

Auch nach der Fertigstellung und Neueröffnung des Theaters im
Jahre 1841 verhehlte Semper nicht seine Kritik an den zahlreichen "Abweichungen von der ursprünglichen Idee"[514]. Schon die
Tatsache, daß er in seinem Kupferstichwerk über den ausgeführ-

ten Bau von zehn kommentierenden Textseiten allein sechs
den nicht zur Anwendung gekommenen Planstufen widmete[515],
zeigt die für ihn gültige Verteilung der Prioritäten. Daß
dieses ungewöhnliche Vorgehen aber nicht allein als Zeugnis
eines verletzten Künstlerstolzes zu werten ist, sondern durchaus als Anzeichen dafür interpretierbar wird, daß Semper die
Ursachen der Einspruchnahme richtig als gesellschaftliche erkannte und diese politische Beschränkung der Realisierbarkeit
seines fortschrittlichen Projekts beklagte und auch benennen
wollte, wird deutlich in seiner eigenen Stellungnahme:
"Wenn schon die optischen Bedingungen für ein gut eingerichtetes Theater, wegen der weit bekannteren und einfacheren Gesetze des Sehens, scheinbar leicht zu erfüllen sind, so stellen
sich doch gerade in dieser Beziehung, auf Grund des seltsamen
Widerspruchs, in welchem Herkommen und Sitte gebieterisch dem
Zweckmäßigen bei der Bühnen- und Saaleinrichtung entgegensteht,
für den Architekten die meisten Schwierigkeiten heraus, weshalb auch wohl keines von allen modernen Theatern in dieser
Beziehung ganz befriedigen wird."[516]

Im Gegensatz zur inneren Disposition des Dresdener Hauses
wurden die Vorschläge Sempers zur formal-stilistischen Realisierung des Baues und seiner Innenausstattung nahezu kritiklos angenommen. Die einzige Veränderung, die der ausgeführte Bau gegenüber dem ersten Entwurf erfahren hatte, war die
Aufstockung des Bühnenhauses, um der Theatermaschinerie ausreichend Platz zu geben. Diese technische bedingte Abwandlung[517]
zwang Semper zur Einführung eines den gesamten Bau zwischen dem
dritten Geschoß und dem Dach umlaufenden Mezzanin, das sich
nach dem Vorbild des Attikageschosses im französischen Schloßbau für derartige Fälle als Lösung anbot.

Abb. 3.2.2.3. Der ausgeführte Bau
24

In der Stilwahl - so scheint es - hatte man Semper freie Hand
gelassen und sich von Seiten der Auftraggeber darauf beschränkt,
auf die Notwendigkeit eines repräsentativen Neubaus hinzuweisen, der keinesfalls in einem "kärglichen Style"[518] errichtet
werden sollte. Versucht man nun eine formal-stilistische Ana-

lyse des ersten Dresdener Theaterbaus, so zeigt sich auch
hier das Bemühen Sempers, der angestrebten Synthese von Hof-
und Bürgertheater Rechnung zu tragen, indem er den Typus des
nachrevolutionären französischen Idealtheaters mit Elementen
und Dekorationsformen höfischer Tradition zu einer architektonischen Einheit verband. Die geeignete Formensprache dazu bot
sich Semper in der Neurenaissance, die hier, begünstigt durch
das Fehlen einer rezipierbaren eigenständigen Theaterarchitektur,als hochgradig originärer Baustil in Erscheinung trat.

Abb. 4

Man darf als sicher annehmen, daß Semper das in Durands "Précis des leçons d'architecture" vorgestellte Idealtheater, mit
dem die Antikenrezeption der nachbarocken, antifeudalen Theaterarchitektur auf eine real greifbare Form gebracht wurde,
aus seinen Pariser Lehrjahren gut kannte. Von ihm übernahm er
- zwar in abgewandelter Form, doch rückführbar - den halbkreis-
förmigen Zuschauerraum des ersten Entwurfes, den sich rasch
verjüngenden Bühnenraum, sowie die gesmte Disposition des Baukörpers in seiner direkten Entsprechung von innerer Aufteilung
und äußerer Erscheinung. Der beschreibende Text Durands[519] war
darüberhinaus geeignet, den dort gezeigten Entwurf als Grundlage der neu zulösenden Aufgabe des Bürgertheaters heranzuziehen.

Seine Kriterien waren - um sie nochmals zusammenzufassen -
die Schaffung von Sitzplätzen, von denen aus jeder gleich gut
sehen und hören konnte, die Einrichtung eines großen, gut einsehbaren Prosceniums, die Anlage ausreichender Zugänge und
Treppenläufe, um einer großen Zuschauerzahl eine möglichst rei-
bungslose Benutzbarkeit zu gewährleisten und schließlich die
Ausführung des Gebäudes in Stein und Marmor, um die Brandge-
fahr zu verringern.[520]

Wie bereits dargelegt bedeutete eine Berücksichtigung dieser
Faktoren in wesentlichen Teilen den Verzicht auf jene Elemente,
die im Laufe einer höfischen Theatergeschichte zu stereotypen
Bestandteilen der Bauaufgabe Theater geworden waren, wie zum
Beispiel die Logeneinteilung der Ränge, den tiefen, nur par-
tiell einsehbaren Bühnenraum, Sonderlogen, die primär der Ab-
sonderung vom übrigen Publikum dienten und nicht zuletzt die
Absage an eine hierarchisierende innere und äußere Dekoration

des Gebäudes. Der Vergleich des ersten Entwurfs Sempers mit
dem in diesem Sinne konventionelleren Ausführungsprojekt hat
bereits gezeigt, daß all diese Neuerungen in der sächsischen
Residenzstadt nur bedingt realisierbar gewesen waren.
Betrachtet man dagegen das Mainzer Stadttheater von Georg Moller (1748-1852) als einen weiteren zeitgenössischen Theaterneubau[521], so zeigt sich, daß diesem ausschließlich für ein
bürgerliches Publikum errichteten Haus[522] das Vorbild Durands
weitaus unverfälschter zugrunde gelegt werden konnte.[523]
Hier konnte man auf Logentrennwände und Galalogen generell verzichten, ebenso auf die Einfügung festlicher Nebenräume und
auch das Halbrund des Zuschauerraumes blieb erhalten. Auch in
der Dekoration folgte Moller weitgehend den schlichten antikisierenden Schmuckformen Durands, während Semper auch in der
Ausstattung des Dresdener Theaterraumes die Standesunterschiede seiner Besucher ablesbar machen mußte.

Dazu diente in erster Linie die architektonische und dekorative Akzentuierung der königlichen Galalogen, die in dem Entwurf Durands ebenfalls fehlten. Für das neue Dresdener Haus
waren sie hingegen selbstverständlich und wurden so mit der
gewohnten Pracht zum ausstatterischen Mittelpunkt des Theaters.

Abb. 25 Bestehend aus drei voneinander abgegrenzten Logenräumen (i),
dem dahinterliegenden Salon (h), sowie zwei kleineren "Kabinetten" (k), boten sie der königlichen Familie eine repräsentative Raumfolge, deren Ausstattung mit Wandverkleidungen
aus Damast, Arabesken auf Goldgrund im Plafond und einer reichhaltigen, aus "Emblemen der königlichen Würde und Gewalt"[524]
erstellten Ikonographie das unveränderte Beharren auf selbstbezogener Prachtentfaltung des Hofes dokumentierte und gleichzeitig im deutlichen Gegensatz zur Aussage des Gesamtbaues
stand.
Die Ausstattung der übrigen Räumlichkeiten des Theaters war
ganz auf die funktional-künstlerische Bestimmung des Gebäudes
abgestimmt. In dezenter Farbigkeit wurde hier ein Programm ausgeführt, das in symbolisch-grundsätzlichen wie konkret-aktualisierenden Darstellungen auf die Zweckbestimmung der Räume Bezug nahm. Auf der Decke des Zuschauersaales waren in renais-

sancehafter Soffittenkonzeption die Personifikationen von Musik, Tragödie, Komödie und bildender Kunst neben Gruppenszenen theaterspielender Putti angeordnet,und dazwischen befanden sich als deutlicher Hinweis auf die Gegenwart die vier Brustportraits Goethes, Schillers, Webers und Mozarts.
Im Foyer waren die Arkadenwände mit den Büsten und Namenstafeln berühmter Dichter und Komponisten zwischen antikisierenden Säulen und ornamentierten Friesbändern figürlich ausgestattet, und im Plafond wurden Deckenfelder mit mythologisierenden Darstellungen von schmalen Zwischenstreifen getrennt, unter denen die Namen bekannter Schauspieler und Sänger zu lesen waren.
Diese reiche und schmuckfreudige Ausstattung scheint den bekannten Prinzipien der Semper'schen Architekturtheorie zu widersprechen. Aber das Abgehen von der "gewiß sonst sehr heiligen Strenge des Styls"[525] war hier - wie er selbst sagte - durchaus beabsichtigt und so leitete Semper "ein gewisses Spielen mit den Formen" aus der Zweckbestimmung eines Theaters ab, "welches eine so chamäleontische Färbung hat, in welchem bald gelacht, bald geweint, aber immer gespielt wird."[526]
Bereits Christian Ludwig Stieglitz schrieb in seiner"Encyklopädie der bürgerlichen Baukunst"[527] über das Theater: "Ein solches Gebäude darf weder das ehrwürdige Ansehen einer Kirche, noch das ernsthafte Ansehen eines Pallasts erhalten, sondern es muß mehr Schmuck als diese beyden Arten von Gebäuden zeigen, um einen eigenthümlichen Charakter zu bekommen und deutlich auszudrücken."[528] Für die Bauaufgabe Theater galt somit analog zu anderen Bereichen der Architektur die Forderung der Zeit nach Einheit von Zweckbestimmung und Baugestalt. In dem Bestreben nach Charakterisierung und Typisierung der verschiedenen Bauaufgaben bekam die Erfüllung dieser Forderung gemäß einer objektiv gesetzten subjektiven Vorstellungswelt also auch hier stilbildende Funktion.
Vor diesem Hintergrund wird die selbstinszenatorische Prachtentfaltung der königlichen Logen im Dresdener Theater auch unter kunsttheoretischem Aspekt als unzeitgemäßes Relikt einer nach anderen Gesetzen funktionierenden Architektur deutlich, das gleichsam als vorgefertigte, tradierte Einheit in diesen Bau eingebracht wurde und seinen aktuellen architektonischen

Prinzipien fremd gegenüberstand.

Untersucht man nun das Äußere des Dresdener Hoftheaters hinsichtlich der Merkmale eines traditionell höfisch-aristokratischen Gehalts und denen eines "Bürgertheaters", so kommen hier die reformerischen Ansätze Sempers weit deutlicher zum Tragen als im Innern. Zwar zeigt auch hier der Vergleich mit dem Idealentwurf Durands - anders wiederum als in Mainz - für den Dresdener Bau die formal reichere Gestaltung, doch daraus die Folgerung formal reicher = höfischer zu ziehen, wäre zu schlicht.
Zum einen ist die Formensprache eines Gebäudes einem weit rascherem Wechsel unterworfen als dessen innere Disposition und deshalb der Faktor "Stilwandel" in der Gegenüberstellung der beiden dreißig Jahre auseinanderliegenden Entwürfe nicht zu vernachlässigen; zum andern erscheint die Außenansicht des Durandentwurfs weitgehend schematisiert, um offensichtlich für die Entscheidung der heiklen Stilfrage bei der Übertragung des Vorbilds aus der Theorie in die Praxis möglichst geringe Angriffspunkte zu bieten.
Das grundsätzliche Gestaltungsprinzip des Lehrentwurfs, die unmittelbare Verkleidung des halbrunden Auditoriums im Außenbau durch die etagenweise Verblendung mit römisch-antikisierenden Bogenreihen, deren Öffnungen von Halbsäulen gerahmt sind, wurde von Semper für den Dresdener Bau nahezu kompromißlos übernommen. Veränderungen wie Rustikasockel, Freitreppen, Balustraden, das zurückspringende dritte Obergeschoß mit dem nachträglich hinzugefügten Mezzanin, sowie der loggienartige Zusammenschluß der mittleren drei Achsen des Halbrunds und einzelne Detailformen sind zwar vorhanden, doch bedeuten sie gegenüber dem Entwurf Durands nur eine künstlerische Individualisierung, bzw. stilistische Typisierung des weitgehend dekorationsneutralen Lehrbeispiels.
Der entscheidende ikonologische Gehalt des Durand'schen Idealtheaters wurde von diesen Vorgängen nicht berührt. Er bestand in der Ablösung der traditionellen, aus der hierarchisierenden Hofarchitektur hervorgegangenen Theaterbauten durch die Schaffung eines neuen funktionsspezifischen Bautyps, der nicht mehr an bestimmte Benutzerschichten gebunden war. Bühne und

Zuschauerraum als die zentralen Teile des Theaters sollten
nach außen hin klar in Erscheinung treten und den Bau als solchen kennzeichnen.

Diese inhaltliche Grundaussage wurde entscheidend für die Übernahme dieses Bautypus durch Semper, der ja auf dem Dresdener
Theaterplatz einen allgemein zugänglichen Kulturbezirk schaffen wollte, ein dem Schloß beigeordnetes öffentliches Forum.
Innerhalb dieses übergreifenden Programms mußte er eine Architektur wählen, die ihren Klassencharakter weitgehend verloren
hatte und primär funktionsgebunden typisiert war.
So erklärt sich auch der am Außenbau fast vollständig geleistete Verzicht auf höfisch-repräsentative Attribute, die dem
Bau eine zu einseitige Akzentuierung in Richtung Hoftheater
gegeben hätten. Die Königslogen des Innenraums traten nach
außen kaum in Erscheinung, was nur als bewußter Bruch mit dem
sonst beherrschenden Grundprinzip der Entsprechung von innerer
Einteilung und äußerer Form zu werten sein kann. Die mittleren
drei Achsen des Rundbaus, denen im Innern die drei königlichen
Logen entsprachen, wurden nur von einer wenig hervortretenden,
dem Sockel des ersten Obergeschosses in der Höhe gleichen Balustrade zusammengefaßt und der so entstehende schmale, segmentförmige Balkon ruhte im Erdgeschoß auf vier in geringem
Abstand zur Wand freistehenden Säulen auf, die den Eingangsportikus der mittleren Freitreppe bildeten. Auf diese Weise
wurde das einheitliche Halbrund optisch nicht gestört, die
Risalitwirkung der Mittelachsen trat in der Aufsicht kaum in
Erscheinung.

Ganz im Gegensatz dazu stand dann der zweite Theaterbau Sempers für Dresden aus dem Jahre 1871, bei dem den Königslogen
des Inneren ein stark betonter, quadrigabekrönter Mittelrisalit entsprach, in den eine weite, reich ausgestattete Exedra
eingeschnitten war. Diese war von innen her durch eine mit
königlicher Wappenkartusche auf kräftig profiliertem Giebel
geschmückte Tür begehbar und diente der herrscherlichen Repräsentation vor dem Volk.[529]
Dieser Bau aber gehörte bereits dem letzten Jahrhundertdrittel
an und somit einer Zeit, in der breite Schichten auch des Bür-

gertums die einst verpönten Repräsentationsformen einer aristokratischen Architektur als prestigewertige Attribute der gründerzeitlichen Selbstdarstellung übernommen hatten. Und auch Semper selbst bemühte sich nun, der veränderten politischen Situation angepaßt, um eine aktive Teilhabe an den großen Bauaufträgen jener Zeit, nachdem er - immer noch als Folge seiner Beteiligung an den Dresdner Maiaufständen[530] - bislang lediglich in der Schweiz, abseits der großen architektonischen Zentren, ein Tätigkeitsfeld gefunden hatte.
So bewarb er sich zunächst in einem Schreiben an Ludwig Förster[531], den Architekten des Wiener Ringstraßenprojekts, um Mitwirkung an der geplanten Neugestaltung des dortigen Residenzbezirks, zu der er im Jahre 1869 sein die Hofburg, die Hofmuseen und das neue Hoftheater umfassendes Projekt zum Wiener Kaiserforum[532] vorlegte. Ebenfalls im Dienste einer neuen, nun unverbrämt höfisch-repräsentativen Hofkunst der jüngsten Kaiserzeit entwarf er dann jenen Neubau des 1869 abgebrannten Dresdner Hoftheater von 1838, der unter seinem Sohn Manfred von 1871 bis 1878 zur Ausführung gelangte.[533]
Um nicht - wie er es selbst formulierte - "glanzlos, im Trüben und unbeachtet zu verlöschen"[534], hatte so auch Semper mit der ehemals bekämpften Reaktion seinen Frieden gemacht und er nahm im Oktober 1871 freudig den Ruf des Kaisers nach Wien an, wo er die letzten zwei Jahre seines Lebens als Hofarchitekt arbeitete.
Vor diesem Hintergrund werden die zwei Jahrzehnte vor dem Scheitern der 48er Revolution nochmals als der einzige kurze Zeitabschnitt deutlich, in dem das deutsche Bürgertum konsequent um eine gesellschaftliche und politische Erneuerung kämpfte und diesem Bemühen auch in einer eigenständigen Architektur Ausdruck zu geben suchte.

Die künstlerische Wertung des ersten Dresdener Sempertheaters als eines der führenden Bauwerke neurenaissancistischer Architektur in Deutschland erfolgt einstimmig. Tatsächlich trafen bei diesem Bau einige Komponenten zusammen, die gerade ihn zum Musterbeispiel einer Neurenaissance machten, das sowohl künstlerische wie programmatische Faktoren dieser Stilform in seltener Unverfälschtheit widerspiegelte.

Dies war zunächst das Fehlen klassischer Renaissancebeispiele für den Theaterbau, wie sie etwa für den Stadtpalast oder die Villa die Rezeption des 19. Jahrhunderts direkt beeinflußten. Aus diesem Grund konnte man von "Originalbeispielen" weitgehend unbeeinflußt zeiteigene Vorstellungen des historischen Stilvorbilds zu einer Neurenaissance verarbeiten, die nun tatsächlich den Prozeß der Antikenrezeption der italienischen Renaissance zu wiederholen schien und nicht deren Ergebnisse.

So nannte auch Semper als Vorbild für das Dresdener Theater kein konkretes Bauwerk, sondern die Renaissance als "das Jahrhundert ... in welchem die Grundsätze antiker Baukunst ziemlich freie und willkürliche Anwendung fanden"[535] und betonte damit die angestrebte Eigenständigkeit seiner historisierenden Architektur für diesen Bau. Die Renaissancetypisierung geschah dann freilich durch diejenigen Form- und Bauelemente, die man in jener Zeit als Kennzeichen der Renaissance begriff, aus denen als kompositorische Leistung die zeiteigene Formensprache der Neurenaissance entstand.

Dazu gehörten für das Dresdener Theater ein das gesamte Gebäude umziehender Rustikasockel, der an den Zugängen durch Freitreppen zu überwinden war und auf dem erst die Arkadengeschosse aufbauten. Die zwei folgenden Geschosse stellten eine Verschmelzung von römischem Theatermotiv und italienischer Loggia dar, indem jeweils dem eigentlichen Baukörper ein begehbarer überdachter Arkadengang vorgeblendet wurde, der als solcher bereits ebenfalls ein zentraler Bestandteil neurenaissancistischer Architektur geworden war. Links und rechts der nochmals zu einer inneren Loggia zusammengefaßten drei mittleren Achsen waren, wie am darunterliegenden Portikus des Hauptzugangs, rundbogige Figurennischen angebracht, die eine Übertragung von im Renaissancetheater ausgebildeten Gliederungsformen der Prosceniumswand der Bühne an den Außenbau bedeuteten.

Die eingestellten Statuen - unten Goethe und Schiller, oben Gluck und Mozart - ordneten sich der bereits für den Innenraum aufgezeigten bautypusspezifischen Ikonographie des Theater unter. Die historische Theatertradition repräsentierten darüberhinaus am Außenbau die Statuen Molières, Aristophanes',

Shakespeares und Sophokles', die jeweils paarweise am beidseitigen Anschluß des Rundbaus an die Treppenhäuser aufgestellt waren, während sich in den Giebelfeldern der seitlichen Zugangsfronten weiterer figürlicher Schmuck aus mythologischen und allegorischen Darstellungen der antiken Theaterwelt zusammensetzte, wie Faun, Satyr, Tänzerinnen, einem Bacchuszug, Szenen aus der klassischen Tragödie und Personifikationen der Musik. Wesentlich in unserem Zusammenhang ist die Tatsache, daß auch im figürlichen Schmuck des Außenbaus keinerlei höfische oder dynastische Embleme das "Hoftheater" markierten, wie dann später am zweiten Bau, sondern durch die verwendeten Dekorationen allein die Bauaufgabe Theater in ihrer funktionalen Dimension repräsentiert sein sollte.

Eine weitere, für die Architektur der Zeit neue Renaissancetypisierung des Dresdener Theaters leistete Semper mit den Sgraffitodekorationen der hinter den Arkadenumgängen der zwei unteren Geschossen zurückspringenden Außenwand des oberen Zuschauerraumes. Semper berief sich dabei ausdrücklich auf die erstmalige Einführung dieses authentischen Bauschmucks des vorbildlichen Originalstils seit der Renaissance[536], der dann für die Folgezeit zu einer zentralen Dekorationsform der Neurenaissance wurde.
Die Außenwand des dritten Obergeschosses wurde in gleichgroße rechteckige Felder aufgeteilt, die von schmalen Rahmen getrennt, mit verschiedenartigen in der Sgraffitotechnik ausgeführten Arabesken geschmückt waren. Darüber schloß dann auf einem vorkragenden Kranzgesims das Attikageschoß den Bau ab. Dieses war, achsengleich mit den darunterliegenden Geschossen, ebenfalls in Einzelfelder eingeteilt, deren trennende Pilaster von palmettenartigen Aufsätzen abgeschlossen wurden, die frei vor dem Satteldach aufragend, den gesamten Bau umzogen, rechts und links nur von den beiden Giebelfeldern der seitlichen Zugangshallen durchschnitten.

Der auf diese Weise durch einen sicheren Umgang mit einem charakteristischen Formeninstrumentarium als wichtiges Beispiel der Neurenaissancearchitektur typisierte erste Theaterbau Sempers für Dresden entstand noch innerhalb der Forums-

konzeption von 1835 und muß deshalb in ihrem Zusammenhang interpretiert werden. Nur so wird es verständlich, daß Semper hier bei einem durchwegs als "Hoftheater" apostrophierten Bau so völlig auf eine äußere Kennzeichnung dieses Attributs verzichten konnte, da die höfische Tradition im Umkreis des Theaters bereits übergewichtig durch Zwinger, Hofkirche und Schloßgebäude repräsentiert war.
Als Gegengewicht hierzu aber bot sich dem Bürgertum im kulturellen Bereich nun die Möglichkeit, auf dem Gebiet der repräsentativen Monumentalarchitektur eigene Zeichen zu setzen, wie es Semper mit der geplanten Platzgestaltung anstrebte. So präsentierte sich dieser Bau als Beispiel einer Architektur, deren programmatischer Ansatz untrennbar mit den gesellschaftlichen und politischen Erwartungen des Bürgertums verbunden war. Ihr optimistischer und selbstbewußter Grundcharakter zeigte sich darin, daß sie einerseits frei von allzu plakativen Zugeständnissen an die höfischen Kreise realisierbar war, andrerseits noch ohne die opulenten Dekorationsformen der Neurenaissance in der zweiten Jahrhunderthälfte auskam, in deren Verwendung bereits die spätere Annäherung der Klassen zur Zeit der Reichsgründung angelegt war, zu der die im ideologischen Bereich resignative Haltung des Bürgertums nach dem Scheitern der Revolution Voraussetzung wurde.

3.2.3. Die Gemäldegalerie

Die 1847-1854 nach dem Entwurf Sempers am Dresdener Theaterplatz errichtete Gemäldegalerie gehört in die Reihe fürstlicher Museumsneubauten, die zwischen dem Ende der Befreiungskriege und der Jahrhundertmitte in zahlreichen deutschen Residenzstädten errichtet wurden.[537] Umfangreiche Neuerwerbungen seit dem 18. Jahrhundert und neue Maßstäbe für die Organisation musealer Ausstellungsräume hatten auch für Dresden die Ablösung der bisherigen Galerie im Stallhofgebäude der Residenz notwendig gemacht.
Über die fast zehnjährige Planungs- und Baugeschichte dieses Museumsneubaus ist bereits in der Veröffentlichung Volker Plagemanns "Das deutsche Kunstmuseum 1790-1870" eine neuere wissenschaftliche Aufarbeitung gegeben[538], die sowohl einen

detaillierten Überblick über die chronologischen Abläufe
bietet, wie auch die sechs Vorprojekte und die Vorstufen zum
Ausführungsplan des Jahres 1847 abbildet und beschreibt, so
daß im Folgenden die Beschränkung auf einige im Zusammenhang
dieser Arbeit wesentliche Aspekte möglich ist.

3.2.3.1. Zeitgenössische Stellungnahmen zum Museumsneubau

Die Initiative zum Neubau eines Museums ging - wie zum Theater - von König Friedrich August II. aus, der im Jahre 1837
eine Galeriekommission einsetzte, die mit den Vorbereitungen
beauftragt wurde und diese bis zur erstmaligen Vorlage des
Projekts an die Ständeversammlung gleichsam als königlichen
Privatauftrag betrieb.[539] Zwar hatte Semper nach eigenen Angaben[540] bereits bei der ersten Fassung des Forumsprojekts
(1835) einen Museumsbau mit einkalkuliert, doch gibt es keine konkreten Hinweise dafür, daß dies zu jenem Zeitpunkt mehr
als eine städtebauliche Vision einer Platzanlage gewesen wäre.
Als im Jahre 1840 dem Landtag erstmals ein königliches Dekret
zum Museumsneubau zur Beratung vorgelegt wurde, zeigte es sich,
daß die Bereitwilligkeit zu einem zweiten kulturellen Repräsentationsbau weitaus geringer war als bei dem noch in Bau
befindlichen Hoftheater - zumal nun das ständische Genehmigungsverfahren eingehalten zu werden versprach.
So war auch in Dresden der Neubau einer Gemäldegalerie "fürstlicher Wille, den es gegen das Unverständnis der Ständeversammlung durchzusetzen galt"[541], da das Bürgertum zu diesem
Zeitpunkt noch keine eigenen Gedanken zum Museumsbau entwickelt hatte und die traditionelle Funktion fürstlicher
Schatzkammern ablehnen mußte.[542] Die Kunstsammlungen waren
zwar in Sachsen seit 1768 der Öffentlichkeit zugänglich, ihre
Einflußnahme auf Organisation und Bestände jedoch noch ohne
Bedeutung. Noch war der Gemäldebesitz Zeichen fürstlichen
Kunstmäzenatentums; öffentliche Spendenaufrufe zum Ankauf
neuer Bilder, die dann gleichsam als Allgemeingut angesehen
wurden, wie sie später von den bürgerlichen Kunstvereinen ergingen, gab es noch nicht und eben diese Organisationsstrukturen fanden ihren Ausdruck in der Ablehnung der Stände, mit
öffentlichen Mitteln kostspielige Museumsneubauten zu finanzieren.

So wurde noch im Jahre 1840 von der ersten und zweiten Kammer des sächsischen Landtags der Neubau eines Museums abgelehnt, obgleich man "die Verwahrung der Kunstschätze vor Zerstörung für notwendig, die bessere Aufstellung für wünschenswert"[543] hielt.
Als daraufhin eine Neuprüfung des Projekts angeordnet wurde, in deren Verlauf die verschiedenen Bauplätze und Entwürfe gegeneinander abgewogen wurden und im Jahre 1845 das Ergebnis, - die Einigung auf das Forumsprojekt Sempers von 1840 - dem Landtag erneut vorgelegt wurde, sahen die Abgeordneten zwar ausführliche Urteile "über die Ursachen des Verderbnisses der Gemälde, über den zu wählenden Bauplatz und über die erforderlichen Kosten"[544], doch keine ausreichende Berücksichtigung der für sie allein ausschlaggebenden Frage nach dem optimalen Verhältnis von gesicherter Gemäldekonservierung und Baukosten. So kritisierten sie eine zu erwartende starke Staubentwicklung vor dem Museum durch zu enge Passagen, mangelnde Feuersicherheit, eine ungünstige Stellung zur Hauptwindrichtung und die damit verbundenen Rußeinwirkungen und verweigerten erneut die Zustimmung.
In einem eigenen Gegenvorschlag, der alle künstlerisch-ästhetischen Erwägungen, die die Regierung zur Befürwortung des repräsentativen Forumsprojekts bewogen hatten, hinter den Forderungen nach Zweckmäßigkeit und Rentabilität zurückstellte, gab die zweite Kammer nun unmißverständlich kund, daß sie nur bei Berücksichtigung ihrer eigenen Kriterien einem Neubau zustimmen würde. Die Kammer wollte dazu auch den Bauplatz bestimmen und war somit allein bereit, das Museum als nördlichen Abschlußbau der offenen Zwingerseite zu akzeptieren.
Aufgrund dieser Entwicklung bestätigte die Galeriekommission im März 1846, daß Plan I (Forumsprojekt II, 1840) in ästhetischer Hinsicht, Plan II (nördliches Zwingerabschlußprojekt) aber "in Bezug auf Conservation der Bilder der empfehlenswertere ist"[545]. Nach einem zusätzlichen Gutachten Sempers, in welchem dieser ebenfalls für den Zwingerabschlußbau plädieren mußte, wollte er nicht Gefahr laufen, das Museumsprojekt endgültig zu gefährden, gab auch der König mit der Regierung die Zustimmung zu dem ständischen Vorschlag, so daß nun der Auftrag an Semper zur Anfertigung der Ausführungspläne ergehen

konnte. Am 7. Januar 1847 erfolgte die endgültige Baugenehmigung. Dieser Abschnitt der Baugeschichte des Dresdener Museums macht die unterschiedliche Interessenlage von Staatsregierung und Ständevertretung ablesbar und zeigt gleichzeitig die Problematik der Position Sempers, der als Architekt darauf bedacht war, einen großen Auftrag zu behalten. Zwar scheint es, als wollte der Landtag nach der Erfahrung mit dem autoritären Durchsetzungsverfahren des Theaterneubaus seitens des Königs hier ein Exempel statuieren und nachdrücklichst auf seine Mitspracherechte verweisen, doch wird gleichzeitig deutlich, daß die öffentlich-staatliche Bautätigkeit in jenen Jahren keine fürstliche Privatangelegenheit mehr war. Bürgervertreter konnten durch ständische Einflußnahme ein Projekt des Königs völlig verändern und waren dazu auch willens, wenn der allgemeine Nutzen für die Bevölkerung nicht unumstritten anerkannt war, wie es für die Bauaufgabe Museum in dieser Zeit noch der Fall war.

Wenn der Dresdener Landtag auch nicht in der Lage war, sich den königlichen Wünschen völlig zu versperren, so ist es ihm doch hier gelungen, an einem öffentlichen Staatsgebäude die Kriterien höfischer Architektur durch die Forderungen einer bürgerlichen Baukunst zu ersetzen, indem das ganz auf eine repräsentative Gesamtwirkung ausgerichtete Regierungsprojekt durch den aus utilitaristischen und ökonomischen Erwägungen der Bürgervertreter hervorgegangenen Gegenvorschlag zu Fall gebracht wurde.

3.2.3.2. Museumsneubau und Denkmalpflege

Die mit dem barocken Baubestand des unmittelbar an den Theaterplatz angrenzenden Dresdener Residenzbezirks gegebene Problematik einer städtebaulichen Stilkontinuität wurde bereits angesprochen. Die Plangeschichte des Museums, für das Semper neben zwei Vorentwürfen an der Stallwiese[546] fünf Alternativprojekte im direkten räumlichen Verbund mit der Zwingeranlage anfertigte, ist geeignet, nochmals an konkreten Beispielen die Sonderstellung dieser ersten Phase der Dresdener Neurenaissancearchitektur darzustellen, die sie, gemessen an ihrem Verhältnis

Abb. 26

zur architektonischen Lokaltradition gegenüber den konservierenden Grundtendenzen einnahm, mit denen in dieser Zeit die Auseinandersetzung mit den überkommenen mittelalterlichen Baubeständen verlief.

Der Dresdener Zwinger wurde von Semper als "leider unvollendet"[547] gebliebenes Baudenkmal aus vergangener Zeit begriffen, so daß seine unmittelbar an die vorhandenen Bauteile anschließenden Museumsprojekte in gewissem Sinn alle als Vollendungsbauten eines historischen Baufragments gelten können. Während jedoch bei gleichartigen Unternehmungen an unvollendet gebliebenen Bauwerken des Mittelalters stets der denkmalpflegerische Aspekt durch eine stilpurifizierende, zumindest aber stilkonforme Restaurierungspraxis im Vordergrund stand, überrascht hier der sorglose Umgang mit dem historischen Baubestand, der zeitweilig sogar ein Aufstocken und Umbauen der Zwingeranlage als Museum in die Überlegungen einbeziehen ließ.[548]
Die Ursachen dieser selektiven Denkmalpflege waren bereits in den theoretischen Anfängen der Bewegung begründet, die mit Goethes Schrift über das Straßburger Münster[549] und Gillys Werk über die Marienburg[550] markiert waren und auf deren Grundlage dann auch in der Praxis die Konzentration auf mittelalterliche Baudenkmäler als vorrangig erhaltenswertes kulturelles Erbe erfolgte. Da eine eindeutige Definition des Denkmalbegriffs noch fehlte[551], war - wie in der Baupraxis - auch hier das subjektiv-assoziative Prinzip beherrschend, das es erlaubte, die verfügbar gewordene Geschichte nach zeiteigenen Vorstellungen zu korrigieren.
Dies bedeutete auf dem Hintergrund des primär mittelalterlich orientierten nationalen Traditionsbewußtseins die Restaurierung und Purifizierung der großen Dome, wie zum Beispiel Speyer, Regensburg und Bamberg und die Erklärung der Vollendung des Kölner Doms zum nationalen Anliegen, während barocke und spätbarocke Bauwerke wie in Dresden, deren künstlerischer Rang wohlgemerkt unumstritten war, außerhalb solcher gesellschaftlich-politischer Rückkoppelungsinteressen lagen.[552]
So stand eine stilkonforme Erweiterung der Zwingeranlagen zu musealen Zwecken nie zur Diskussion und Semper konnte von Anfang an auf eine neuzeitliche Akzentuierung des Areals abzielen.

a. Westliches Zwingeranbauprojekt (Mai 1839)[553]
Als ersten Entwurf für den Museumsneubau am Theaterplatz stellte Semper einen dreiflügeligen Baukomplex vor, mit dem er den westlichen Wallpavillon des Zwingers hufeisenförmig ummanteln wollte. Als eine Art Erweiterungsbau sollte er so eine funktionale Einheit mit den "von Sammlungen angefüllten Hallen des Zwingers"[554] bilden, während auf architektonisch-stilistischem Gebiet mit dieser Lösung keinerlei Kontinuität angestrebt war. Vielmehr wäre durch den dreiseitigen Umbau der formal reichste Teil der Anlage, der Wallpavillon mit dem Nymphenbad von außen her den Blicken entzogen worden und nur noch als zwingerseitiger Zugang zum Museum in Erscheinung getreten.
Das dekorative wie inhaltliche Zentrum der barocken Anlage[555] wäre so durch die schlichten Neurenaissancefassaden verdeckt worden, die Semper zweigeschossig mit flachen Mittel- und Eckrisaliten entworfen hatte.[556] Auf einen flachen Rustikastreifen folgte das von schmalen Rundbogenfenstern durchbrochene Sockelgeschoß, darüber das achsengleich durchfensterte Obergeschoß, das im Sinne des Palladiomotivs eine zusätzliche dekorative Ausgestaltung erhalten hätte. Eine niedere Balustrade schloß den Bau geradlinig nach oben ab, der hinter den Fassaden Oberlichtsäle mit nach außen verdeckten Lichtquellen besitzen sollte, denen im Westen und Norden Kabinette für die Gemäldepräsentation vorgelagert waren, im Süden eine Loggia als "Galerie für Frescogemälde"[557]. An den Wallpavillon schloß sich ein Treppenaufgang an, der durch einen überkuppelten Achtecksaal in das Vestibül führte, vor dem ein Säulenportikus den zweiten Zugang von der Stallstraße her markierte.
Unter denkmalpflegerischem Aspekt betrachtet, hätte dieses erste Museumsprojekt unter allen nachfolgenden den barocken Bestand am meisten mißachtet. Ohne Rücksicht auf die symmetrische Gesamtwirkung der Zwingeranlage wurde im Westen der übergewichtige Museumsneubau geplant, der in dieser Form ein eindeutiger Beweis für die antibarocken Architekturtendenzen der Zeit gewesen wäre.
Möglicherweise war diese Rigorosität gegenüber einem zentralen Denkmal höfischer Tradition in Dresden ein Grund dafür, daß dieser Entwurf in keiner der zahlreichen nachfolgenden Plandiskussionen um das Museum nähere Beachtung fand, so daß er

von Anfang an nie eine Realisierungschance hatte.

b. Südliches Zwingeranbauprojekt (Mai 1839)[558]
Gleichzeitig mit dem Wallseitenprojekt reichte Semper einen zweiten Museumsentwurf ein, in dem er als Bauplatz die Südseite der Zwingeranlage an der Ostraallee vorschlug.[559] Danach sollte der südliche Eingangspavillon des Zwingers, das Kronentor, abgtragen und auf die gegenüberliegende Nordseite versetzt werden. An dessen früherem Standort war dann der tiefe Mittelbau des Museums geplant, der zu beiden Seiten parallel zu den Zwingerarkaden durch Längstrakte fortgesetzt werden sollte, an deren Ende jeweils ein kurzer Querflügel die Verbindung zu der südwestlichen bzw. südöstlichen Ecke der Anlage herstellen sollte.
Der so entstehende tiefe Gebäudeblock in der Länge der barocken Anlage zwischen den Pavillonschmalseiten war als dominierender Südabschluß des Zwingers gedacht, dem sich die Arkadengänge und Gartenanlagen des 18. Jahrhunderts vorplatzartig unterordnen sollten. Das Kronentor im Norden sollte durch dekorative Gitter mit den beiden Nordenden der Zwingerarkaden verbunden werden und somit gleichsam den neu entstehenden "Museumspark" gegen den Theaterplatz abschließen.
Mit dieser Anordnung wäre durch die Translozierung des Kronentors und die beherrschende Überbauung der Südseite zwar ebenfalls entscheidend in die ursprüngliche Zwingerdisposition eingegriffen worden, jedoch nun ohne die städtebauliche Gesamtwirkung der Anlage zu zerstören. In seinem zweiten Museumsentwurf zeigte Semper in der Unterordnung des barocken Bestands gegenüber dem Zeitgenössischen einen weit sensibleren Umgang mit der Tradition, durch den dieses Projekt gegenüber der ersten Lösung ein großes Maß an Selbstsicherheit gewann, ohne die angestrebte, eindeutig neuzeitliche Akzentsetzung abzuschwächen.

c. Der Museumsplan des Forumsprojekts II (1840)[560]
Mit seinem dritten Museumsentwurf am Zwinger vervollständigte Semper den 1835 erstellten Forumsplan für den Theaterplatz, indem er gegenüber dem geplanten Theatermagazin, das das bereits in Bau befindliche neue Theater mit dem Zwinger verbin-

den sollte, den Museumsbau einsetzte. Seine Aufgabe war es, als repräsentatives Bindeglied zwischen dem westlich anschließenden Theaterplatz und dem östlich angrenzenden Schloßkomplex zu vermitteln, mit dem das Museum durch eine Brücke verbunden werden sollte. Dieses Projekt war die von Semper eindeutig favorisierte Lösung[561], obgleich es in der umfassenden, die gesamte Platzfläche vom Zwinger bis zur Elbe einbeziehenden Neugestaltung nie eine konkrete Realisierungschance hatte.

Das Museumsgebäude war als längs gelagerter Baukomplex geplant, der durch kräftig ausgebildete Mittel- und Eckrisalite deutliche architektonische Akzente erhalten hätte. Wie bereits bei den vorhergehenden Entwürfen setzte sich die innere Aufteilung aus einem zentralen Mittelsaal und seitlichen, kleinteilig gegliederten Ausstellungsräumlichkeiten zusammen, die auch hier im Erdgeschoß durch seitliche Fenster, im Obergeschoß durch Oberlichte die notwendige Helligkeit erhalten sollten. Das erhaltene Quellenmaterial zeigt, daß für diesen Standort mindestens zwei Alternativprojekte Sempers existierten, von denen das eine mit quadratischer Treppenanlage und rechteckigem Saal nur im Grundriß überkommen ist[562], während das andere sowohl als Grundriß innerhalb des Planes Sempers für das gesamte Forum auftaucht, wie auch als Außenansicht in einer perspektivischen Handzeichnung des projektierten Forums[563].

Abb. 20 27

Diese zweite Variante ist einem ersten Entwurf Sempers für ein Museum auf der Stallwiese, also außerhalb des Zwingergeländes und des geplanten Forums auf der anderen Elbseite gegenüber der Brühlschen Terrasse sehr verwandt.[564] Diesen aufgrund seiner hohen Kosten bald aufgegebenen Museumsentwurf, dessen massiger, breit ausladender Baukörper die aufwendigste und repräsentativste Museumslösung Sempers darstellte, übernahm dieser nun mit einigen Veränderungen für das in seiner städtebaulichen Wertigkeit führende Forumsprojekt.

Das Zentrum des Längstraktes nahm ein großer achteckiger Kuppelsaal ein, dessen vorderes Segment winklig die übrige Baulinie durchbrach. Ein zusätzlich vorgelagerter, tiefer Giebelportikus verstärkte diese die Fassade aufbrechende Wirkung, so daß hier, im Gegensatz zu den meisten anderen Entwürfen, wo der Kuppelsaal durch eine geradlinige Fassade verblendet

war, das ideelle Zentrum der Museumstribuna auch nach außen
hin klar in Erscheinung trat.
Auf der Rückseite des Achtecksaals befand sich das geräumige
Treppenhaus, das auf der Schloßseite des Museums als breiter
Mittelrisalit die Fassadenlinie durchschnitt. Die weitere
Innenaufteilung war mit der gewohnten Verteilung von Fenster-
und Oberlichtsälen die übliche.
Bemerkenswert an diesem Museumsentwurf für das Forumsprojekt
ist die Verlegung der Schaufront auf die nördliche, der Elbe
zugewandte Schmalseite des Gebäudes, die ganz im Sinne der
bereits genannten, von Semper angestrebten perspektivischen
Fernwirkung des Platzes über den Fluß hinweg geschah. Die Ecktürme des Stallwiesenprojekts wurden nun zu einseitigen Risa-
liten modifiziert, die nur noch an der Schmalseite hervor-
traten. Das Erdgeschoß wurde fast vollständig von einer vorgelagerten zweiflügeligen Freitreppe verdeckt, die zu einem
Gebäudezugang im Obergeschoß führte.
Die gewinkelten Treppenläufe umschlossen eine Brunnenanlage,
deren Mittelfigur einer rundbogigen, mit Pilastern geschmückten Nische eingestellt war, die die gesamte Höhe des Erdgeschosses überfaßte. Die frei bleibenden Teile des Erdgeschosses waren dann, ebenso wie das Obergeschoß und die halbge-
schossigen Eckblöcke mit flachen Pilasterkolonnaden überzogen,
die durch profilierte Gesimsstreifen voneinander getrennt waren. Die zurücktretenden drei Achsen des Mittelbaus waren von
hohen Rundbogen durchfenstert und nahmen auf diese Weise das
Dekorationsmotiv des Theaters wieder auf. Wie dort war auch
das Museum nach oben hin durch vasen- und figurengeschmückte
Balustraden abgeschlossen, die hier der abgetreppten First-
linie folgten. Die beiden Ecktürme selbst, die bei dieser
Schaufront an die Architektur Vicentiner Landhäuser der Renaissance denken lassen, waren im ersten Obergeschoß jeweils
von einer breiten Öffnung nach Art des Palladiomotivs durchschnitten. Im zweiten Obergeschoß gliederte ein dreiteiliges
Loggienmotiv mit beidseitigen Figurennischen die Fläche.

In seinem Idealprospekt des Dresdener Forums aus dem Jahre
1842 zeigte Semper die beabsichtigte Wirkung des Platzes,
der zweifellos durch das bereits fertiggestellte Theater und

den eben beschriebenen Museumsentwurf seine Hauptakzente erhalten sollte. Die zwei mächtigen Gebäudeblöcke des Theaters und des Museums sollten zumindest gleichwertig neben den von kurfürstlicher Residenz und Hofkirche markierten Schloßbezirk treten, um als Monumente der eigenen Zeit das Bild der Dresdener Altstadt entscheidend mitzubestimmen.[565] Die barocke Zwingeranlage mit ihren Arkadengängen und den "Japanischen Pavillons"[566] der Saalbauten, die man nun als untragbare architektonische Form empfand und so vom ästhetischen Standpunkt aus bereits am liebsten abgerissen hätte[567], sollte auch in ihrer Funktion als Bedeutungsträger des höfischen Zeitalters bewußt in den Hintergrund gedrängt werden, wo sie in der Zeichnung Sempers auch optisch - übertrieben perspektivisch verkleinert - erschien.

d. Das Museumsprojekt in den Zwingeranlagen (1842)[568]
Der letzte der Alternativentwürfe eines Museums vor dem Ausführungsprojekt an der Nordseite des Zwingers war ein alleinstehender Zentralbau in den westlichen Zwingeranlagen vor dem Wall. Über quadratischem Grundriß, der in Anlehnung an den Idealentwurf Durands für ein Museum[569] um eine Raumfolge in Form des griechischen Kreuzes herum entworfen war und so zwischen den Kreuzarmen Oberlichtsäle entstehen ließ, erhob sich ein zweigeschossiger Baukubus, der den Kreuzarmen folgend, von vier mächtigen korinthischen Giebelportiken durchschnitten wurde. Im Schnittpunkt der Arme war ein durch profilierte Pfeiler gegliederter Zentralraum für den Treppenaufgang vorgesehen, der nach außen durch einen runden, als pilaster- und figurengeschmückte Attika ausgeführten Tambour markiert war, auf dem sich über schlanken Säulen eine massive Halbkuppel erhob.
Dieser letzte Entwurf fiel sowohl durch seine von stereotypen klassizistischen Architekturelementen geprägte äußere Gestalt, wie auch durch die Eigenart, daß Semper selbst in einem Gutachten von der Realisierung abriet[570], aus dem Rahmen der übrigen Vorschläge. Seine innere Ausstattung, wie auch die Verwendbarkeit als Museum wurden ebenfalls nicht näher erläutert,[571] so daß die Vorstellung dieses Projekts, das weder auf den vorhandenen Baubestand Bezug nahm, noch in eines der neuen Platz-

konzepte integrierbar erscheint, vielleicht nur als resignative Handlung Sempers innerhalb der langen, zu diesem Zeitpunkt noch wenig konkrete Realisierungsansätze zeigenden Planungsgeschichte der neuen Dresdener Gemäldegalerie zu werten ist.
Die folgenden vier Jahre vergingen erneut über Standortdiskussionen und erst am 17. Mai 1846 erging nach der definitiven Festlegung des Bauplatzes an der noch offenen Zwingernordseite der nochmalige Auftrag an Semper, einen Entwurf für das neue Museum anzufertigen. Aus sieben wenig unterschiedenen Alternativplänen wurde dann das Ausführungsprojekt zusammengestellt, nach welchem im Herbst 1848 mit dem Bau begonnen werden konnte.

Abb. 3.2.3.3. Das ausgeführte Museum
28
29
30 Die bisher aufgezeigte eindeutige Prävalenz der zeiteigenen Architektur gegenüber der barocken Tradition galt auch für das endgültige Museumsprojekt, das ja ebenfalls im direkten räumlichen Verbund mit den Zwingergebäuden errichtet werden sollte. So stellte sich für Semper auch hier weder die Frage eines restaurierenden Abschlußgebäudes der vorhandenen Anlage, noch war eine gleichgewichtige Verteilung von Altem und Neuem geplant. Die Aufgabe des Zwingers sollte es vielmehr sein, "als der prachtvolle innere Hof eines weiten, den öffentlichen Sammlungen gewidmeten Gebäudes"[572] zu fungieren, dem "die Arkaden und Pavillons des Zwingers ... zur Einrahmung dienen und zu der besseren Wirkung ... wesentlich beitragen"[573].
Im gleichen Sinne urteilte die Galeriekommission: "Nach dem gedachten Modell stellt sich das Museum als das Hauptgebäude des Zwingers nicht nur durch seine die Umgebung überwiegende Masse, sondern auch den höheren Ernst des Stiles dar. Die Arkaden und Pavillons umher erscheinen nur wie zum festlichen und heiteren Schmuck für den edlen Kunstpalast ausgeführt."[574]
Daß diese unterordnende Sicht der ehemals zentralen und exklusiven Hofarchitektur unter ein für die Öffentlichkeit bestimmtes Gebäude aber noch keineswegs Allgemeingut geworden war, zeigt in diesem Zusammenhang eine Beurteilung des Bauprojekts durch die erste Kammer des sächsischen Landtags, aus deren Umkehrung des Semper'schen Blickpunktes immer noch die tradi-

tionelle hierarchische Sehweise ihrer adeligen Mitglieder
spricht. Für sie blieben die Gebäude des höfischen Zeitalters
die wesentlichen, während das neue Museum primär als "Hintergrund von Theater, Hofkirche und Schloß wohl zur Geltung kommen (sollte), während die Rückseite aber den Zwinger wirkungsvoll abschließen könnte."[575]
Im übrigen aber muß in der ausgeführten Dresdener Gemäldegalerie eines der ersten Beispiele öffentlicher Monumentalarchitektur gesehen werden, bei dessen Realisierung die an Nützlichkeitserwägungen und an den finanziellen Möglichkeiten orientierte Einspruchnahme der zweiten bürgerlichen Kammer die Pläne der königlichen Regierung entscheidnd beeinflußt hatte, die bis zuletzt die repräsentativere Lösung des Semper'schen Forumsplanes favorisiert hatte. Gleichzeitig wird an dieser Konstellation die zwiespältige, nicht widerspruchsfreie Rolle des Architekten ablesbar, dessen Anliegen es zwar gewesen ist, ein Projekt im Sinne auch der bürgerlichen Öffentlichkeit zu entwerfen, der jedoch diese Planung an den konkret gegebenen Realisierungsbedingungen vorbei betrieb; denn auch Semper ließ nie einen Zweifel daran, daß er die Forumskonzeption für die beste aller Möglichkeiten gehalten hatte.

Als Vorbild für den geschlossenen, über rechteckigem Grundriß errichteten Baukörper der Dresdener Gemäldegalerie, in dem für Ausstellungszwecke in mehreren Geschossen durch Seitenfenster und Oberlichter beleuchtete Räume abwechselten, darf die 1836 in München fertiggestellte Alte Pinakothek Klenzes gelten.[576] Trotz einiger wesentlicher Abweichungen in der inneren Aufteilung beider Gebäude, die zum Beispiel die Anordnung der Treppenhäuser, die Raumfolgen, die Grundrisse der einzelnen Säle und das Verhältnis von innerer und äußerer Baustruktur betreffen, ist eine Orientierung Sempers an dem Münchener Bau unverkennbar, der in jener Zeit als richtungsweisend für die innere Organisation von Museumsneubauten galt.
Vergleicht man die Fassaden der zwei Museen, deren Architekten beide die bis dahin für diese Bauaufgabe richtungsweisende Formensprache eines antikisierenden Klassizismus[577] zugunsten der Neurenaissance aufgegeben haben, so werden die Merkmale deutlich, die die Münchener und die Dresdener Richtung, die

beiden führenden Schulen dieses Architekturstils in der ersten Jahrhunderthälfte, unterscheiden. Sowohl für den Münchener wie auch für den Dresdener Bau fehlen konkrete Einlassungen seitens der Architekten über Stilwahl und eventuelle historische Bauvorbilder. Allgemein-theoretische Äußerungen über die Überlegenheit der italienischen Renaissancearchitektur gegenüber den antiken Beispielen für neuzeitliche Bauaufgaben müssen hier als authentisches programmatisches Beiwerk genügen, die verwendeten Stilformen zu rechtfertigen, womit gleichzeitig eine Betonung der architektonischen Eigenständigkeit beider Lösungen beabsichtigt gewesen sein könnte. Ein Vergleich der Museumsneubauten muß deshalb vom tatsächlichen historischen Bestand ausgehen, von der jeweiligen städtebaulichen Situation, von den verwendeten Architekturformen und den ikonographischen Programmen.

In der unterschiedlichen Lage beider Museen zum Stadtganzen liegt bereits eine erste Ursache ihrer formalen wie städtebaulichen Besonderheiten. Der Bauplatz der Pinakothek lag in der noch weitgehend unbebauten Max-Vorstadt außerhalb des historischen Kerns, wie auch der zentralen Neuplanungsgebiete Münchens.[578] Dieses Fehlen einer unmittelbaren städtischen Umgebung, auf die in stilistischer Hinsicht Rücksicht zu nehmen, bzw. der durch architektonische Repräsentation zu entsprechen gewesen wäre, erlaubte Klenze die nahezu ausschließliche Konzentration auf die inhaltliche Seite der Bauaufgabe Museum, auf die bestmögliche Präsentation des Ausstellungsgutes.
In Dresden hingegen hatte man den Bauplatz in unmittelbarer Nähe des Residenzbezirks gewählt und gleichzeitig innerhalb des Bereiches, für den das derzeit größte städtebauliche Projekt der Umgestaltung des Theaterplatzes anstand. Diese Lage bedingte eine doppelte Repräsentationsaufgabe des Neubaus, deren Maßstab einerseits durch die höfischen Gebäude des 18. Jahrhunderts, die man in ihrer Aussagekraft zumindest erreichen wollte, festgesetzt wurde, andrerseits durch die Zugehörigkeit des Museums zu dem zentralen öffentlichen Bauvorhaben der Theaterplatzgestaltung.
Die Lage des Dresdener Museums zwischen den westlichen und östlichen Zwingersaalbauten hatte aber auch konkret ablesbare

funktionale Baumaßnahmen zur Folge, wie zum Beispiel die
Schaffung einer Durchfahrt unter dem Gebäude, um dem Zwingergarten auch von der Nordseite her einen Zugang zu erhalten. Der dadurch im Erdgeschoß eingetretene Verlust an Innenraum bedingte im westlichen Flügel der Galerie eine Drängung
der Räumlichkeiten von Ausstellungssälen und Vestibül, die
auf Kosten der in der Pinakothek durchwegs gleichmäßigen,
sachlich-modern anmutenden Bauorganisation ging. Im übrigen
ist die Anordnung der Innenräume bei beiden Gebäuden durchaus vergleichbar mit jeweils geradlinigen Fluchten mittlerer
Ausstellungssäle, von denen seitlich kleinere Kabinette abgingen. Da das Erdgeschoß in Dresden nicht für die Gemäldepräsentation bestimmt war, sondern im westlichen Teil die
Kupferstichsammlung untergebracht werden sollte und im östlichen Flügel die Mengs'schen Gipsabgüsse aufgestellt werden,
wurden hier weitere Abänderungen der Räumlichkeiten notwendig,
die sich jedoch dem Vergleich mit dem Münchener Beispiel entziehen.
So bleibt als wesentlicher Unterschied in der inneren Einteilung beider Gebäude der Mittelbau der Dresdener Galerie, der
sich über der Durchfahrt erhob und die gleichmäßige Raumfolge
im Gegensatz zur Pinakothek unterbrach. Neben dem Treppenhaus befanden sich in Dresden der zentrale, beide Geschosse
einnehmende überkuppelte Oktogonalraum, daneben im ersten
Obergeschoß drei den Risalitvorsprung der Nordseite füllende
Gemäldekabinette und ein "Entréesaal", im zweiten Obergeschoß
ein weiterer vor dem Achtecksaal liegender, durchgehender Ausstellungsraum.
Semper ging in seinen Galerieentwürfen nie näher auf die spätere Gemäldepräsentation ein. Auch für den ausgeführten Bau
wurde sie erst nachträglich von der Galeriekommission unter
der Leitung Schnorrs von Carolsfeld festgesetzt[579] - zu einem
Zeitpunkt, als sich Semper bereits im politischen Asyl befand.
So ist auch über eine von ihm geplante Verwendung des Kuppelsaales nichts bekannt, wenngleich mit Sicherheit hierin ein
Aufgreifen des Tribuna-Gedankens der Uffizien zu sehen war,
als die Ausgrenzung eines bevorzugten Ausstellungsraumes.
Die Oktogonalform des Raumes selbst, sowie seine "Durchgangslage" zwischen den Gemäldesälen legen bereits vom Formalen her

diese Deutung nahe, die durch die Kenntnis der Bedeutung der
italienischen Renaissance für das Werk Sempers nur bestätigt
werden kann.
Damit wäre der Dresdener Mittelsaal die Übertragung der zentralen Rotunde des Klassizismus, wie sie Schinkel seinem Berliner Museum als ideelle Mitte des Gebäudes einbeschrieb, in
eine neue renaissancistische Wertigkeit.[580]
Die Rotunde Schinkels war nicht primär Ausstellungsraum. Sie
war "Heiligtum", das durch den "Anblick eines schönen und erhabenen Raumes empfänglich machen (sollte) und eine Stimmung
geben für den Genuß und die Erkenntnis dessen, was das Gebäude
überhaupt bewahrt."[581] Auch das Dresdener Oktogon sollte eine
Inschrift tragen: "Willkommen im Heiligthume des Kunst"[582],
doch der ideelle Gehalt dieser Benennung bei Schinkel war nun
weitgehend einer funktionsorientierten Interpretation gewichen.
Als man noch plante, dort die Sixtinische Madonna Raffaels
aufzustellen[583], wäre diese sein konkret benennbares Zentrum
geworden, hinter dem der Raum selbst - anders als bei Schinkel - stimmungsneutral zurückzutreten gehabt hätte. Darüberhinaus wäre so durch die Präsentation eines Gemäldes Raffaels,
der für die Zeit mit seiner Person die italienische Kunst
symbolisierte wie dies Dürer für die deutsche tat, die Assoziation zu dem italienischen Renaissancemuseum perfekt hergestellt worden und die Dresdener Galerie wäre zum vollkommenen
Beispiel einer "Neu"-Renaissance geworden.

Die Wertung des Dresdener Kuppelsaales als Rückschritt gegenüber dem deutlich funktionsorientierten, von historisierenden
Zutaten freien Grundriß der Münchener Pinakothek[584] erscheint
so gesehen nicht gerechtfertigt, da hierbei der Bedeutungswandel übersehen wird, den die "Tribuna" Sempers seit der
"Rotunde" Schinkels durchgemacht hat.
Semper griff ja nicht das ideelle, emotionswertige architektonische Zentrum Schinkels erneut auf, sondern er rezipierte
mit seinem Entwurf lediglich auch für die innere Raumorganisation eine historische Architekturform, entsprechend den
renaissancistischen Formelementen des Außenbaus. Die "Tribuna"
erhielt ihren neuen Stellenwert allein aus dem historisierenden Architekturverständnis Sempers und wurde so zu einem der

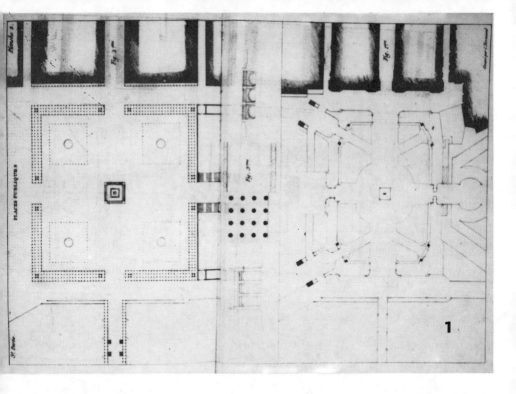

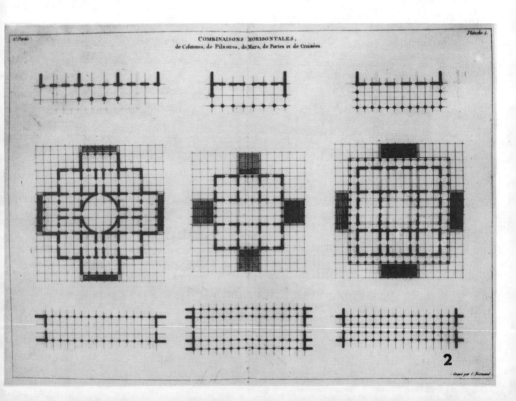

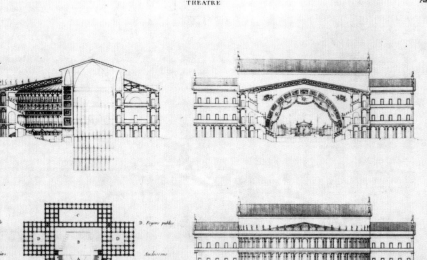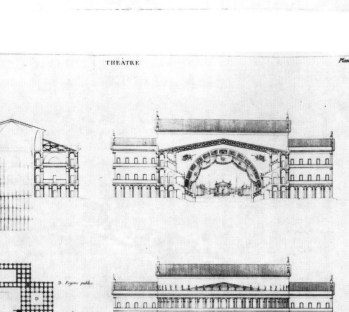

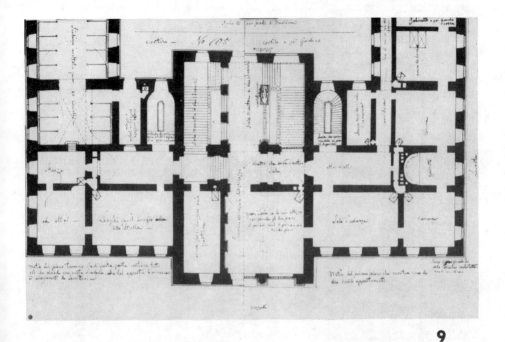

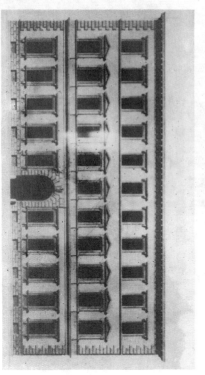

12

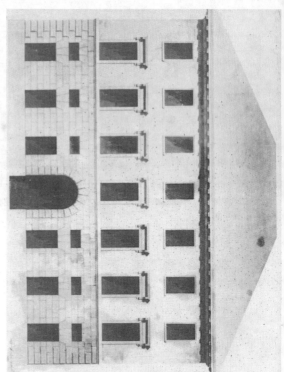

11

NATIONALTHEATER

TÖRRING-PALAIS

RESIDENZ

14

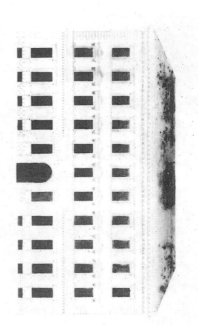

13

15

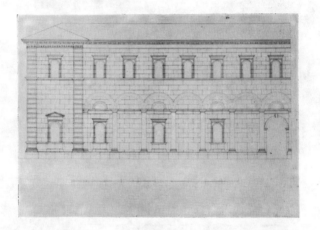

16

17

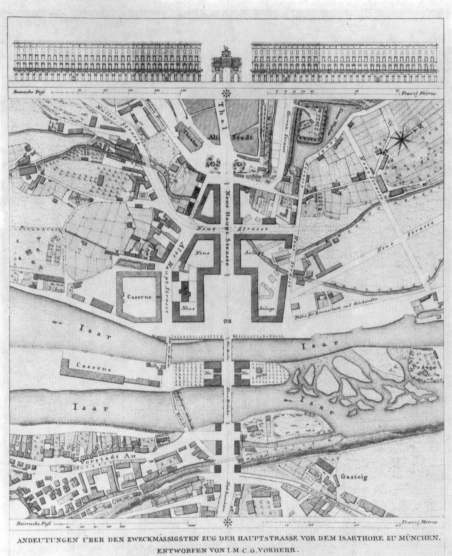

ANDEUTUNGEN ÜBER DEN ZWECKMÄSSIGSTEN ZUG DER HAUPTSTRASSE VOR DEM ISARTHORE ZU MÜNCHEN.
ENTWORFEN VON I. M. C. G. VORRERR.

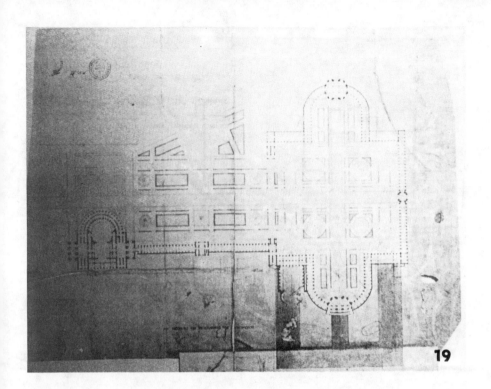

19

21

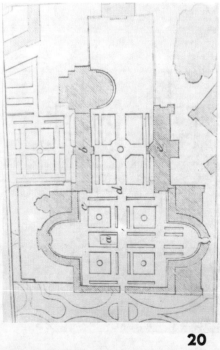

20

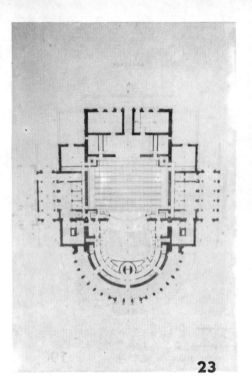

23

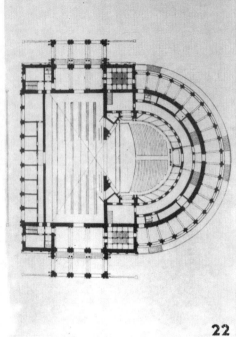

22

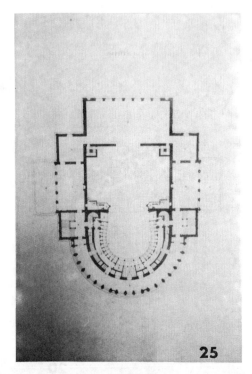

25

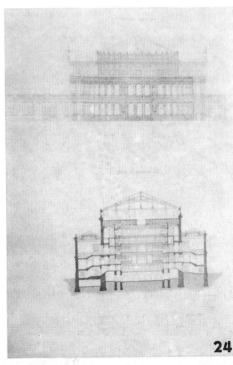

24

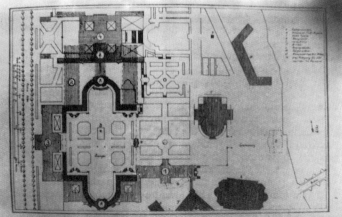

Fig. 27. Bauplätze für die Gemäldegalerie in Verbindung mit dem Zwinger.
1. Formprojekt vom Jahre 1837 (vgl. Fig. 30). 2. Projekt vom 3. Mai 1839 (vgl. Fig. 24 u. 25).
3. Projekt vom 3. Mai 1839 (vgl. Fig. 26). 4. Projekt vom 23. Februar 1842 (vgl. Fig. 28 u. 29).

29

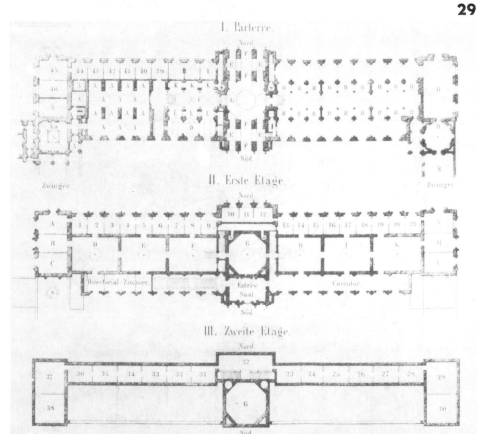

30

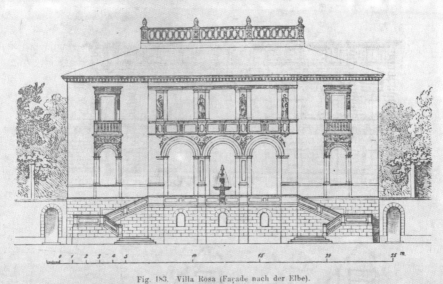

Fig. 183. Villa Rosa (Façade nach der Elbe).
(Architekt Professor Gottfried Semper.)

a. Vorhof.
b. Vestibul.
c. Salon.
d. Gartensalon.
e. Speisezimmer.
f. Büffet.
g. Zimmer des Herrn.
h. Zimmer der Frau.
i. Passagen.
k. Garderoben.
l. Terrasse.
m. Fontaine.
n. Terrassentreppen.
o. Veranda.
p. Küchenhof.

Fig. 184. Parterregrundplan der Villa Rosa.

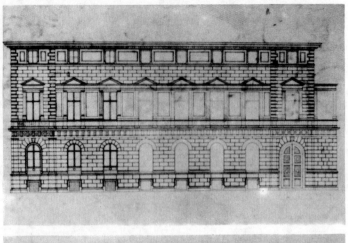

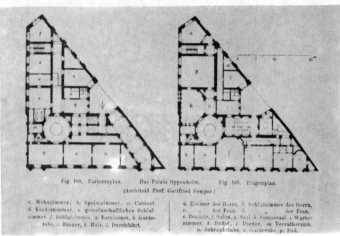

Fig. 168. Parterreplan.   Das Palais Oppenheim.   Fig. 169. Etagenplan.
(Architekt Prof. Gottfried Semper.)

a. Wohnzimmer, b. Speisezimmer, c. Cabinet, d. Kinderzimmer, e. gemeinschaftliches Schlafzimmer, f. Schlafzimmer, g. Vorzimmer, h. Garderobe, i. Diener, k. Holz, l. Durchfahrt.

a. Zimmer des Herrn, b. Schlafzimmer des Herrn, c. ,, der Frau, d. ,, der Frau, e. Boudoir, f. Salon, g. Saal, h. Speisesaal, i. Wartezimmer, k. Buffet, l. Diener, m. Vorrathsraum, n. Schrankstube, o. Garderobe, p. Bad.

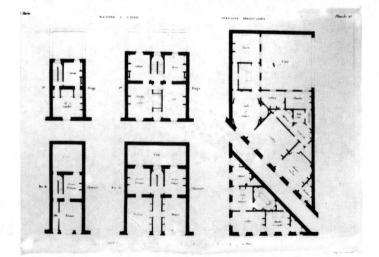

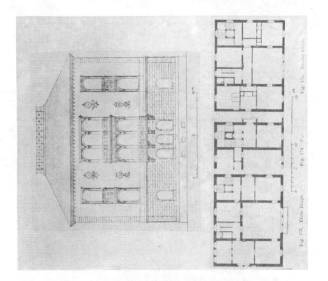

35

36

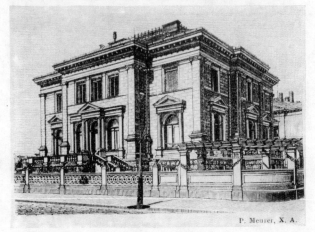

37

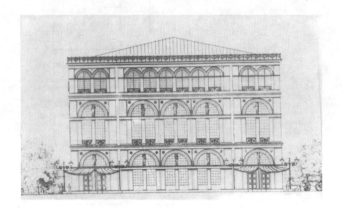

38

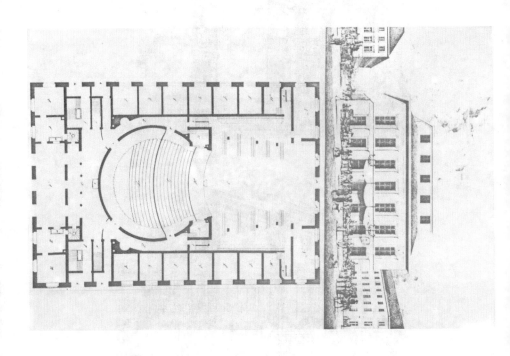

39

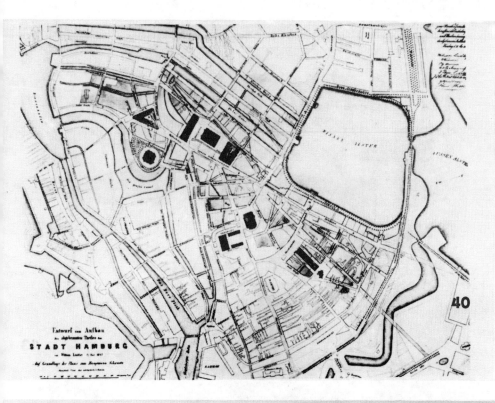

40

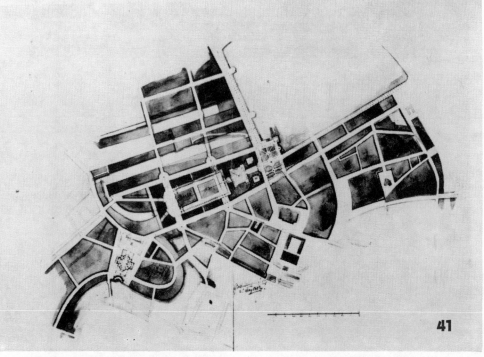

41

42

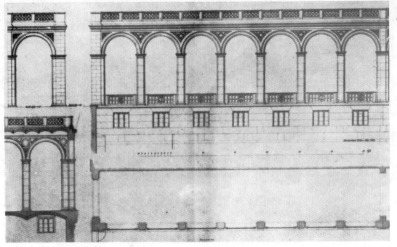

43

44

45

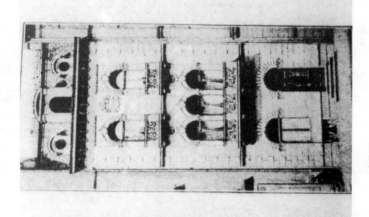

46

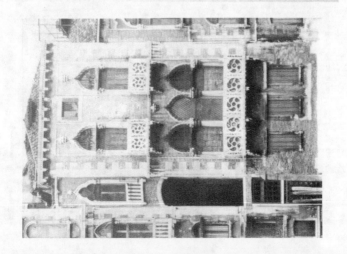

47

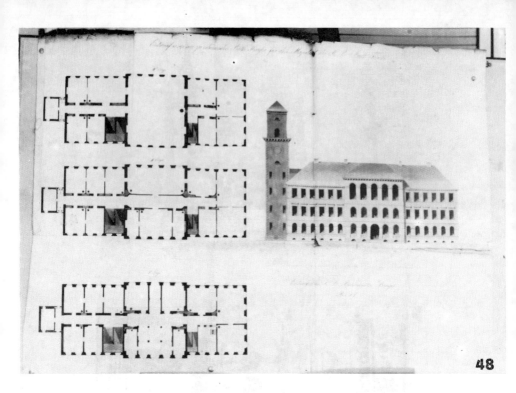

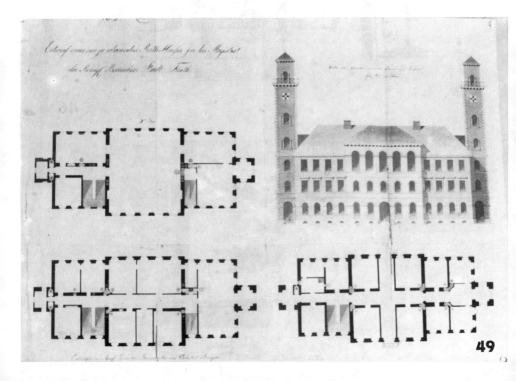

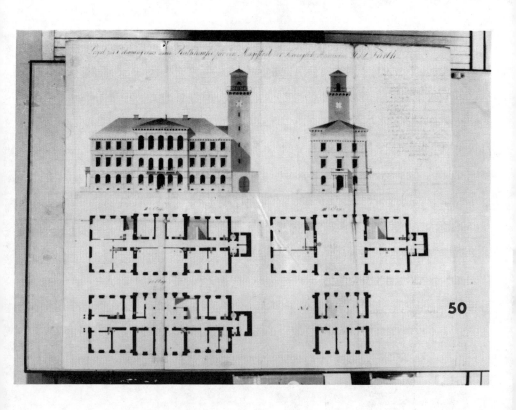

50

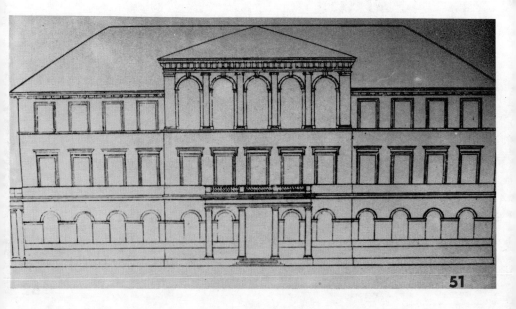

51

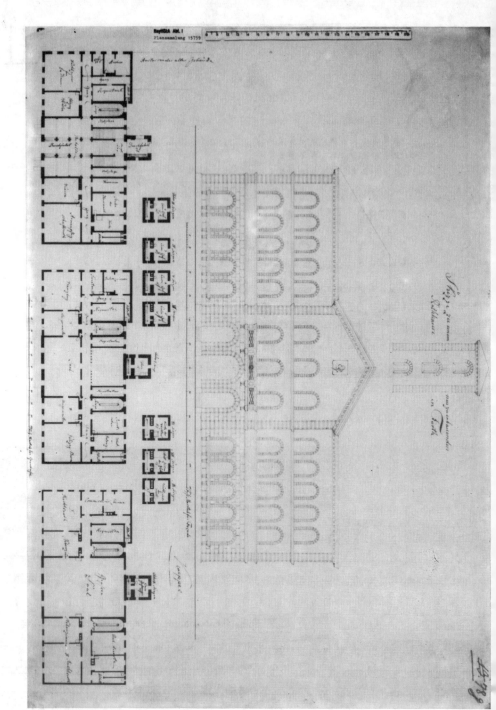

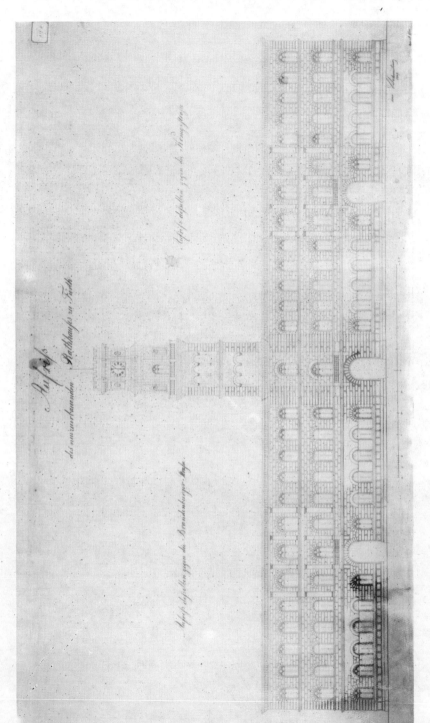

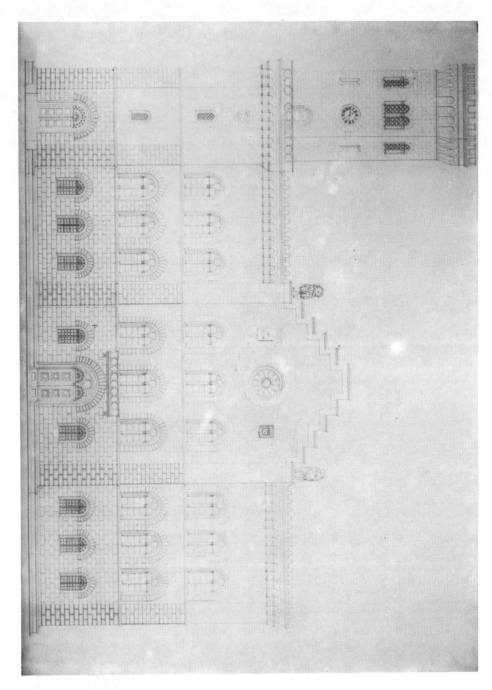

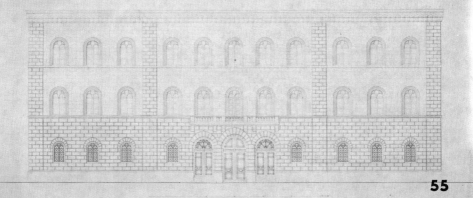

Haupt Ansicht des Rathhauses.

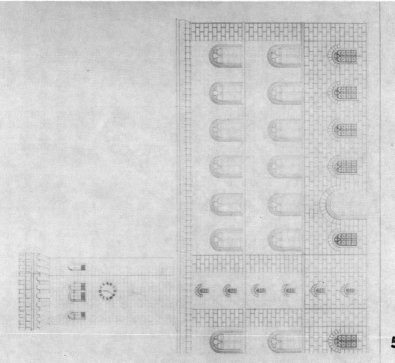

Seiten Ansicht des Rathhauses.

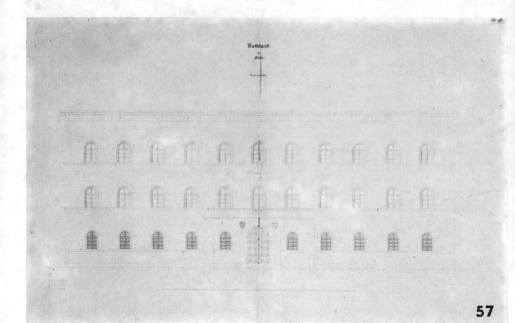

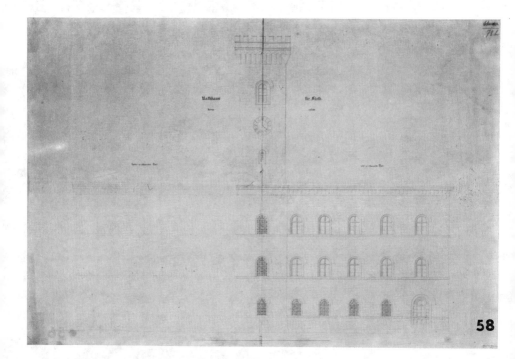

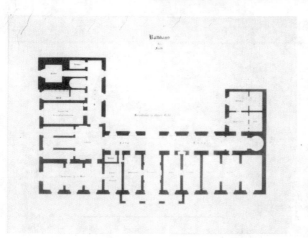

59

60

DAS RATHHAUS IN FÜRTH.

61

63

62

Façade.

M⁰ = 1:100.

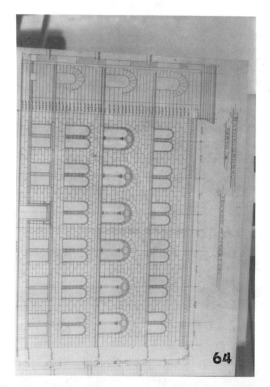

64

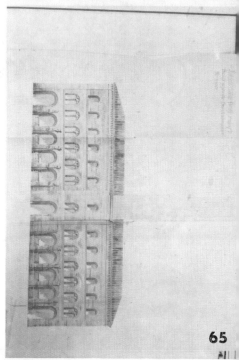

65

verschiedenen Assoziationspunkte der eigenen Neurenaissance.
Mit dieser "ganzheitlichen" Rezeption Sempers ist bereits ein
wesentliches Merkmal der Dresdener Neurenaissance gegenüber
der gleichzeitigen Münchener Richtung angesprochen, die sich,
eben aufgrund des Fehlens einer derartig organisch-körperhaften Historismusarchitektur nie ganz von dem Vorwurf des Fassadeneklektizismus freimachen konnte. Ein Vergleich des Außenbaus von Gemäldegalerie und Pinakothek kann diese Strukturdifferenz bestätigen.[585]
Der mittlere Längstrakt der Pinakothek wurde zu beiden Seiten
von deutlichen, gleichmäßig überstehenden Querflügeln begrenzt,
denen jeweils ein flacher Mittelrisalit in Breite des Längsgebäudes vorgelegt war. Über dem zweigeschossigen Hauptbau
erhob sich über den Querflügeln und zurückgesetzt über dem
Längstrakt ein weiteres Halbgeschoß, das nach oben von einem
Walmdach abgeschlossen wurde, dem über den mittleren Gemäldesälen die Oberlichtkonstruktionen sichtbar aufgesetzt waren.
Diesem Baukörper, der sich freistehend in einer symmetrischen
Gartenanlage befand, war an der Südseite ein Eingangsportikus
aus freistehenden ionischen Säulen vorgelagert, der in Höhe
des geschoßtrennenden Gesimsstreifen einen Freibalkon trug.
Für die Pinakothek galt in ihrem Verhältnis von Baukörper und
architektonischem Dekor dasselbe Verhältnis wie für andere
bereits besprochene Bauten Klenzes.
Dem mehrgeschossigen, gleichmäßig durchfensterten Gebäudeblock waren schmückende Architekturelemente vorgeblendet, die
kaum in der Lage waren, der Fassade eine in die Tiefe wirksame Struktur zu geben. Ihr Aufbau geschah schichtenweise,
indem der klar sichtbar und beherrschend bleibende Baukörper
von einem dekorativen System ummantelt schien.
An der Nordfassade blieb dieses System durch flache Pilaster
fast völlig in der Fläche, während an den freistehenden
Schmalseiten und der südlichen Hauptfassade durch Halbsäulen
eine etwas raumgreifendere Gliederung gewählt wurde. Das Gebäude insgesamt wurde von einem niedrigen doppelten Rustikastreifen umzogen, auf dem im Erdgeschoß rechtwinklig gerahmte
Rundbogenfenster aufsaßen, deren unter einer kräftig vorkragenden Verdachung entstandene Eckzwickel mit flachen Stuckornamenten ausgefüllt waren.

Das darüberliegende, durch einen glatten Gesimsstreifen abgetrennte Obergeschoß war an der Südseite als Loggia ausgebildet, die als freskengeschmückter, begehbarer Korridor die Zugänge zu den einzelnen Gemäldesälen enthielt. Die äußere Wand war in fünfundzwanzig hohen Rundbogenfenstern geöffnet, die gleichmäßig von einer Halbsäulenkolonnade übergriffen wurden. Über den Säulenachsen waren auf einer den Hauptbau abschließenden Balustrade vierundzwanzig Malerstatuen aufgestellt.
Diese Gliederung, die deutlich an die Hofseite des Festsaalbaus der Münchener Residenz erinnert, gab der Hauptfassade der Pinakothek eine kräftige Profilierung, ohne daß jedoch der Eindruck einer mit dem Baukörper zusammenwirkenden organischen Struktur entstanden wäre. Die Seitenansichten und die Rückfront boten demgegenüber keine neuen Gliederungselemente, sondern erschienen nach demselben System durchgebildet, lediglich in einer geringeren plastisch-räumlichen Wertigkeit.

Der Dresdener Bau besaß im Gegensatz dazu zwei selbständige, nach unterschiedlichen Systemen gegliederte Fassaden, die in ihrer jeweiligen Ausformung an den beiden Funktionen als "Gartenseite" (Südseite) und "Stadtseite"(Nordseite) orientiert waren.
Der Baukörper selbst war weniger deutlich gegliedert als in München. Der Mittelrisalit überragte zu beiden Seiten die Gebäudelinie nur wenig und auch die seitlichen Querflügel waren von dem Längstrakt kaum sichtbar abgesetzt. Diese am Außenbau nicht klar in Erscheinung tretende Zuordnung der einzelnen Gebäudeteile, die sich durch eine vielfältig abgestufte architektonischen Dekoration zusätzlich ineinander verschränkten, vermittelte im Gegensatz zum Bau Klenzes den Eindruck eines einheitlich durchgebildeten Baukörpers, an dem sich die Gesamtform mit den Gliederungselementen organisch verband.
Die dem Zwingergelände zugewandte Südfassade erhielt- wohl als Zugeständnis an dessen üppige Barockornamentik - die kleinteiligere und reichere Gliederung. Das Erdgeschoß war durchwegs als Sockelzone rustiziert, deren unterer Teil durch eine stärkere Bossierung nochmals hervorgehoben wurde. Zu bei-

den Seiten des Mittelrisalits lagen acht große, zurückgesetzt
in die Mauer eingeschnittene Rundbogenfenster, denen auf gleicher Ebene dicht über dem Boden je eine kleinere rechtwinklige Souterrainöffnung beigeordnet war. Die dazwischen verbleibenden Mauerflächen traten deutlich hervor und verstärkten
so den Eindruck einer soliden Sockelzone nach dem Muster italienischer Renaissancepaläste.
Das darüberliegende erste Obergeschoß zeigt im Groben das
gleiche Gliederungsschema wie der Münchener Bau – hohe, von
einer Säulenkolonnade übergriffene Rundbogenfenster – doch
veränderten hier zusätzliche Detailformen dessen Wirkung für
die Fassade entscheidend. Dem Gewände der Rundbogen waren
nach dem Schema des Palladiomotivs links und rechts je zwei
Säulen hintereinander frei eingestellt, wodurch die Fensterzone eine zusätzliche Staffelung und dadurch beträchtlich an
Plastizität gewann. Auch im geschoßtrennenden Gesimsstreifen
waren neben den Hauptsäulen zwischen den Arkaden diese Fenstersäulen – entsprechend flacher – verkröpft, so daß auch hier eine
weitere Abstufung erzielt wurde.
Oberhalb dieser Zone verlief auf einem schmalen Gebälkstreifen eine achsengemäß unterteilte Balustrade, hinter der sich
mezzaninartig ein glatter ungegliederter Mauerstreifen erhob,
hinter dem die in München offen sichtbaren Oberlichtkonstruktionen verborgen waren. Darüber schloß eine weitere, etwas
höhere, aber sonst identische Balustrade den Bau beiderseits
der Mittelkuppel nach oben ab. Die Eckrisalite der Südseite
wurden durch die im Erdgeschoß direkt anschließenden Zwingersaalbauten weitgehend verdeckt.
Die Regelmäßigkeit dieser Fassadengliederung wurde durch den
als selbständige Einheit ausgebildeten Mittelrisalit unterbrochen, der das innere architektonische Zentrum des Kuppelsaales am Außenbau markierte. Sein unterer Teil wurde durch
die dreibogige, dem römischen Triumphbogentypus folgende
Durchfahrt eingenommen, deren architektonischer Schmuck mit
den vier verkröpft vorgestellten Säulen, den Friesbändern,
Medaillons und figürlichen Zwickelreliefs ebenfalls an antike
Portalanlagen erinnern sollte. In der Zone des Achtecksaals
wiederholte sich über dem auch im Mittelbau übernommenen geschoßtrennenden Gesims schematisch diese Gliederung, doch

wurde nun der höhere mittlere Bogen von einem den übrigen Fenstern des Geschosses identischen Fenster eingenommen, während den Seitendurchgängen verkleinert Figurennischen entsprachen. Die untere Balustrade der seitlichen Trakte war am Risalit ausgesetzt, so daß hier der Zusammenhang von Hauptgeschoß und Mezzanin stärker hervortrat und somit unter der Dachkuppel eine Art Tambourwirkung erzielt wurde. Die Kuppel selbst wurde nicht nach den Plänen Sempers ausgeführt, der ja bereits im Mai 1849 aus Dresden fliehen mußte und danach die Bauleitung an einen anderen Architekten überging.

Der ausgeführte flache, achteckige Kuppelentwurf stammte von dem Dresdener Architekten Krüger und wurde von Semper, dessen Entwurf steilere Proportionen vorgesehen hatte, aus dem Exil heftig kritisiert.[586] Er wies auf bereits ausgeführte eigene Kuppelzeichnungen hin[587], nach denen die nun geschlossen errichtete Kuppel "durch vier, den unteren Arkaden des Baues entsprechende, reichgegliederte und mit Skulpturen verzierte Bogenfenster erleuchtet worden wäre"[588] und darüberhinaus als Bekrönung "statt eines Oberlichtes, eine hohe Gruppe von getriebenem Metall"[589] erhalten sollte.

Abb. 28 Diese dem Zwinger zugewandte Südfassade der Gemäldegalerie war in ihren Architekturformen auf das beherrschende Gliederungsschema der Zwingerbauten abgestimmt, den von Säulen- bzw. Pilasterkolonnaden übergriffenen Rundbogen. An dem langgestreckten Mitteltrakt fehlten Dreiecksformen wie an der Nordfassade und auch die Horizontalwirkung der geschoßübergreifenden Kolonnaden trat hinter einer deutlichen Vertikalbetonung zurück, die durch die achsengleichen Rundbogenöffnungen und die übereinandergestellten Säulen des Mittelbaus erreicht wurde.

Für den gesamten Bau übernahm diese Fassade die Funktion einer rückwärtigen Gartenseite, die sich gegenüber der äußeren Schaufront im Norden nicht durch eine einfachere Ausführung der dort verwendeten Schmuckformen abhob, sondern mit ihrer reicheren Formenbehandlung und ihrer leichteren, einheitlicheren Gesamtwirkung bewußt eine andere Wertigkeit darstellen sollte.

Abb. 29 Die Nordfassade der Gemäldegalerie galt durch ihre freie Stellung auf dem Theaterplatz als die äußere Stadtseite des Gebäu-

des. Dieser Funktion trug Semper durch eine eigenständige
Fassadengestaltung Rechnung, die nüchterner und strenger
durchgebildet war als die Zwingerseite. In der Kontrastierung
beider Fassaden orientierte sich Semper offensichtlich ebenfalls an den italienischen Stadtpalästen der Renaissance, deren Hofseiten sich gegenüber der geschlossenen Trutzigkeit
der Straßenfronten meist durch eine offenere und leichtere
Bauweise und größeren Formenreichtum abhoben.

Das Erdgeschoß der Nordfassade wurde durch eine kräftige Rustizierung als Sockelzone ausgebildet, deren Eindruck bodenständiger Schwere durch den keilsteinartigen Steinschnitt über
den Rundbogen der Fensteröffnungen noch verstärkt wurde. Das
darüberliegende Geschoß ist, wie bereits an der Hofseite, achsengleich mit Rundbogenfenstern geöffnet, doch ist nun die
gleichförmige Reihung durch gegiebelte Ädikulen unterbrochen,
von denen jedes zweite Fenster gerahmt wird. Ihre dreieckigen
Verdachungen befinden sich oberhalb des durchlaufenden Gesimsstreifens des ersten Obergeschosses und bilden so einen die
Geschoßtrennung verschleiernden Übergang zu dem darüberliegenden Mezzanin, was der Fassade insgesamt den Eindruck eines
zweiteiligen Aufrisses gibt.
Damit legte Semper der Platzfassade seines Museums das in der
profanen Monumentalarchitektur der Renaissance führende Schema des Sockelhauses zugrunde und traf damit in historisierendassoziativer Hinsicht eine weit prägnantere Aussage als mit
der rückwärtigen Zwingerseite.
Hatte er dort noch formale Zugeständnisse an den historischen
Bestand gemacht und auf eine eindeutig-neuzeitliche Stilwirkung zugunsten eines harmonischen Gesamteindrucks verzichtet,
so kennzeichnete er die städtebaulich bestimmende, frequentiertere und eindruckgebende Platzfront des Museums klar im
Sinne der zeiteigenen Neurenaissance. Renaissancetypische Gestaltungselemente wie der deutlich abgehobene Rustikasockel,
die geradlinige Verdachung der Fenster, Schmuckformen wie ein
Rosettenfries zwischen den Geschossen, flachreliefierte Pilaster, die an die Grotesken des Originalstils erinnern sollten und ein deutlich hervortretendes Kranzgesims unter der
abschließenden Balustrade prägten die Nordfassade des Museums,

bei der insgesamt die Vertikalgliederung der Südseite einer
deutlichen Breitenwirkung gewichen war.
Auch der Mittelbau der Platzseite bekam nun ein neues Gewicht. Das dreibogige Torschema blieb auf das Erdgeschoß beschränkt und behielt so klarer als auf der Südseite seinen
eigenständigen Portalcharakter. Im Obergeschoß des Risalits
wurde die Fenstergliederung der übrigen Fassade wieder aufgenommen, jedoch waren die Pilaster nun durch vier Freisäulen
ersetzt, die ein zweites kräftiges Gebälk trugen, auf dem vier
Freiplastiken aufgestellt waren. Der gesamte Risalitvorbau war
deutlicher als auf der Südseite aus der Fassade ausgegrenzt
und erreichte so ein stärkeres Eigengewicht im Sinne einer
das antike Triumphbogenmotiv rezipierenden Portalarchitektur,
die in ihrem Charakter der platzbezogenen Fassadenwirkung der
Galerie entsprechen sollte.

Stellt man nun den Münchener und den Dresdener Museumsbau
gegeneinander, die ja beide innerhalb der an dem Auftreten
architektonischer Einzelformen und deren Einreihbarkeit in
historische "Originalstile" vorgenommenen Historismusklassifikationen der Neurenaissance zuzuordnen sind, so werden die
unterschiedlichen Rezeptionspraktiken deutlich:
Klenze stattete seinen Bau mit einem Formeninstrumentarium
aus, das wohl Zitate enthielt und somit für eine Neurenaissance durchaus assoziationswertig war, doch erhielt es bei
ihm eine vorwiegend auf den optischen Reiz ausgerichtete Bekleidungsfunktion. Die architektonischen Schmuckformen der
Pinakothek scheinen ablösbar, universell verwendbar und für
den Bau selbst willkürlich gewählt und austauschbar.
Natürlich wäre auch für Dresden an Stelle der Sempergalerie
ein anderer Bau denkbar; doch eine Austauschbarkeit bezöge
sich hier auf das gesamte Gebäude, von dem Einzelformen nicht
ablösbar erscheinen. Hier wurde der Baukörper als Ganzes im
Sinne einer Renaissancearchitektur durchgebildet, deren stilistische Akzentgebung nicht als sekundäres Dekorationssystem
erscheint, sondern als Versuch einer ganzheitlichen, zeiteigenen Wiedererweckung der vorbildlich gesetzten Architekturepoche, wie es dem in den frühen Schriften Sempers dargelegten
Historismusbegriff entsprach, dessen Grundlage eine umfassende,

gesamtgesellschaftlich verankerte Renaissancevorbildlichkeit war.

Betrachtet man nun die Dresdener Gemäldegalerie hinsichtlich ihres "bürgerlichen" Gehalts, wie er ja sowohl aus der gesamtgesellschaftlichen Definition der Neurenaissance Sempers abzuleiten wäre und wie er auch der Programmtik des Dresdener Theaterplatzes entspräche, so zeigen sich hier - wiederum im Vergleich mit der Pinakothek Klenzes - wesentliche Merkmale, die eine Entwicklung des fürstlichen Museumsbaus in der ersten Jahrhunderthälfte kennzeichnen, die deutlich von der Tradition höfischer Sammlungen weg in Richtung bürgerliches Museum führte.
Die entscheidende Mitwirkung der zweiten Kammer an der Realisierung des Galerieprojekts wurde bereits dargelegt. Die verwendeten Architekturformen und Bauelemente waren sämtlich aus einer historisierenden Stilrezeption erklärbar und zeigten keine bestimmten traditionell-höfischen Reminiszenzen. Die Ikonographie des Baues kann nun noch eine Lösung der Bauaufgabe Museum bestätigen, die wohl eindeutige Aussagen über den Verwendungszweck des Gebäudes traf, auf Attribute höfischdynastischer Wertigkeit, wie sie am Münchener Bau durch bayerische Löwen, dynastische Genealogien und die Einbeziehung Ludwigs in die kunstgeschichtliche Symbolik allenthalben auftraten, aber weitgehend verzichtete.
Das Bildprogramm der Dresdener Galerie war ganz auf kunsthistorische Aussagewerte abgestimmt, an denen Genese und Bedeutung der neuzeitlichen Kunst aus Antike und Renaissance ablesbar werden sollte. Mythologische Darstellungen standen für die Kunstübungen der Antike, Statuen italienischer und altdeutscher Maler und Dichter verbanden sich mit christlichen Motiven zu einer reichen Symbolik romantischer Sehweise.[590]
Der einzige Hinweis auf die Bedeutung der fürstlichen Kunstsammlungen für den neuen Museumsbau war eine Inschrifttafel an der Attika der Südseite des Mittelrisalits, die König Johann als Sammler und Stifter der hier ausgestellten Werke nannte. An der Platzfassade befanden sich dagegen keinerlei Zeichen dynastischer Repräsentation, die ein persönliches Verdienst des Herrscherhauses um diesen Bau hervorgehoben hätten.

Eine Darstellung der Saxonia im Innern des Gebäudes stand für
das neue, optimistische Programm, das mit diesem Museumsbau
für eine zukünftige demokratische Gesellschaft verwirklicht
werden sollte:
"Saxonia, indem sie auf Grund der Constitution ihren Schutz
und ihre Pflege in gleicher Weise der Kunst wie der Wissenschaft und Industrie zu Theil werden läßt."[591]

3.2.4. Private Wohnbauten

Wie in fast allen größeren Städten wurden auch in Dresden zu
Beginn des Jahrhunderts die Festungswerke niedergelegt und an
deren Stelle neue weiträumige Straßenzüge angelegt.[592] Mit dieser Vergrößerung des Stadtgebiets verband sich seit dem zweiten
Drittel des Jahrhunderts ein starkes Anwachsen der privaten Bautätigkeit, entsprechend der zunehmenden Einflußsphäre bürgerlicher Schichten in der Stadt.
Die Dresdener Jahre Sempers standen am Anfang dieser Entwicklung und so wurden seine Arbeiten auch in diesem Bereich der
Architektur wegbereitend. Der größte private Auftraggeber Sempers war der wohlhabende Dresdener Bankier Oppenheim, für den
er 1839 auf der Neustädter Seite die Villa Rosa als Sommerwohnsitz der Familie errichtete und sechs Jahre später, von 1845-
1848 ein weiteres Wohnhaus vor den eingeebneten Wällen der Altstadt, das Palais Oppenheim an der Bürgerwiese.

3.2.4.1. Sozialgeschichtlicher Standort der Wohnbauten Sempers

Die Höhepunkte bürgerlichen Wohnbaus im 19. Jahrhundert gehören zweifellos der zweiten Jahrhunderthälfte an, als zwischen
Mietshaus und Gründerzeitvilla eine umfangreiche Bautätigkeit
einsetzte. Die zwei hier zu untersuchenden Beispiele entstammen beide der ersten Hälfte des Jahrhunderts und nehmen so eine Zwischenstellung ein, die sie kunst- wie sozialgeschichtlich nicht mehr der spätbarock-klassizistischen Tradition angehören läßt, aber auch noch nicht vorbehaltlos dem großbürgerlichen Wohnbau der folgenden Jahre unterordnet. Bei beiden Aufträgen handelte es sich um repräsentative Wohnhäuser für eine

wohlhabende bürgerliche Familie, eine Bauaufgabe also, für
die zu dieser Zeit noch kein gültiger Typus existierte.

Die Villa Rosa[593] als "herrschaftliches Wohnhaus in freistehender Bauweise"[594] ist als direkter Vorläufer des späteren
großbürgerlichen Villenbaus anzusehen, der in landschaftlich
ansprechender Umgebung angesiedelt, durch großzügige Wohnanlagen abseits der innerstädtischen Massenquartiere und industriellen Ballungsräume zum Symbol gründerzeitlichen Wohlstands
wurde. Diese neue Architekturgattung unterschied sich in erster
Linie in den Größenverhältnissen von ihren typusmäßigen Vorgängerbauten, den Landschlösschen des Adels. Das kleinere Haus
war nur noch auf den Wohnbedarf einer Familie zugeschnitten,
Wirtschafts- und Bedienstetenräume waren meist in einem unteren
Geschoß eingerichtet. Auch der umgebende Garten hatte nicht
mehr die Ausmaße früherer Parkanlagen.[595]
In ihrer Entstehungszeit war die als Sommersitz errichtete
Villa Rosa jedoch ein Einzelfall, da nur wenige Bürger in der
Lage waren, derart nahtlos den aufwendigen Lebensstil des Adels
zu übernehmen. Die vergleichbaren Neubauten in den nach und
nach bebauten Glaciszonen waren meist als Hauptwohnsitz ihrer
Besitzer gedacht. Erst gegen Ende des Jahrhunderts entstand infolge zunehmender Industrialisierung der Städte das Bedürfnis,
und infolge zunehmenden Wohlstands beim Großbürgertum auch die
Möglichkeit, repräsentative Zweithäuser in den Villenbezirken
der Vororte zu errichten.
Das sechs Jahre nach der Villa Rosa von der Familie Oppenheim
als Stadtwohnung an Semper in Auftrag gegebene Palais an der
Bürgerwiese[596] stand im Gegensatz zu jener am Ende einer Entwicklung. Es war eines der letzten "herrschaftlichen Wohnhäuser in geschlossener Bauweise"[597], wie sie in Dresden mit dem
barocken Stadtpalast eine umfangreiche Tradition hatten.[598]
Diese wurde aber seit der Mitte der vierziger Jahre im innerstädtischen Bereich durch das neu entstehende Mietshaus abgelöst, in dem sich die Besitzer selbst ein Stockwerk als komfortable Wohnung einrichteten, wenn sie nicht den Bau einer
freistehenden Villa an der Peripherie vorzogen.
Den unzeitgemäßen, luxuriösen Charakter des Palais Oppenheim
als architektursoziologische Erscheinung können einige Zahlen

verdeutlichen: Das 1845-1848 errichtete Palais hatte eine
Frontlänge von 35m und eine Höhe von 16m. Eines der ersten
Dresdener Mietshäuser entstand 1846/47 ebenfalls an der Bürgerwiese. Es war fünfstöckig und übertraf deshalb wohl mit
einer Firsthöhe von zirka 22m das Palais Oppenheim, blieb jedoch mit einer Frontlänge von etwa 25m erheblich hinter diesem
zurück.[599]
Es ist also verständlich, daß mit dem steigenden Wohnungsbedarf der rasch anwachsenden Dresdener Bevölkerung eine derart
minimale Ausnutzung des städtischen Wohnraums, wie sie mit dem
für eine Familie errichteten Palais Oppenheim geschah, nicht
mehr tragbar war, wenn gleichzeitig auf denselben Bauplätzen
Häuser entstehen konnten, die ein vielfaches an Bewohnern aufgenommen hätten.
So wurde im Jahre 1848 in Dresden eine aus Bausachverständigen,
Ratsmitgliedern und Gemeindevertretern zusammengesetzte "Baupolizei"[600] eingesetzt, deren Aufgabenbereich vor allem die
Planung der Stadterweiterungen war. In der Folgezeit entstand
im innerstädtischen Gebiet vorwiegend der bereits genannte
Mietshaustypus, während das Einfamilienhaus als Vorstadtvilla
weiterlebte.

3.2.4.2. Kunstgeschichtlicher Standort der Wohnbauten
        Sempers

Stilgeschichtlich wurde das spätbarocke Stadtpalais und Bürgerhaus Dresdens, das in gleichförmigen geschoßübergreifenden
Lisenen, flachen Rokokokartuschen, Fassadenerkern und Mansarddächern seine charakteristischen architektonischen Merkmale besaß, im ersten Drittel des 19. Jahrhunderts von den meist dekorlosen, klar gegliederten Hausformen abgelöst, die der klassizistische Wohnbau aus der Revolutionsarchitektur übernommen
hatte.[601]
Dieser einheitliche, in fast allen deutschen Städten anzutreffende Architekturstil[602], der aus der Negation einer Bautradition entstanden war, ohne selbst bereits tragfähig zu sein
für die in dieser Zeit an den Wohnbau gestellten repräsentativen und individualistischen Ansprüche, wurde etwa mit dem Beginn der dreißiger Jahre von der neuen historisierenden Formen-

sprache verdrängt, die in ihrer vielfältig assoziationswertigen Aussagekraft auch den Bedürfnissen der privaten Bauherren entgegenkam. Eine Orientierung erfolgte dabei meist an den auf regionaler Ebene ausgeprägten lokalspezifischen Historismen, obgleich renaissancistische Stiltendenzen im Bereich der Privatarchitektur entsprechend ihrer prototypischen Definition für den bürgerlichen Wohnbau das Übergewicht gewannen. Für Dresden trafen beide Rezeptionskriterien zusammen, so daß sich hier die Neurenaissance für den privaten Wohnbau langfristig durchsetzen konnte. Die Anfänge werden markiert durch die beiden genannten Wohnhäuser Sempers für die Familie Oppenheim, mit denen die zwei zentralen Haustypen der italienischen Renaissance, die freistehende Villa mit umgebenden Gartenanlagen und der innerstädtische Straßenpalazzo in die Privatarchitektur des 19. Jahrhunderts Eingang fanden.

Abb. 31

3.2.4.3. Die Villa Rosa[603]

Der Typus der neurenaissancistischen Villa wird repräsentiert durch die 1839 entstandene Villa Rosa, deren Vorbild rasch die bis dahin gängigen klassizistischen Lösungen der freistehenden Glacisbauten ersetzte. Der Vergleich mit zwei - einige Jahre früher ebenfalls im Bereich der niedergelegten Festungswerke entstandenen - Privathäusern, dem nach 1825 erbauten Wohnhaus Antonstraße 8[604] und dem 1830 von einem der führenden Vertreter des Dresdener Klassizismus Thürmer errichteten Palais Lüttichau an der Langen Gasse[605], zeigt die wesentlichen formalen Unterschiede.
Die beiden älteren Häuser folgten eng dem Formenkanon, der in Opposition zu den abgeflachten Barockschemata des späten 18. Jahrhunderts um die Jahrhundertwende aufgestellt wurde, der in seiner klaren Formführung, verbunden mit einer sparsamen antikisierenden Ornamentik vielleicht unter dem Begriff des Revolutionsklassizismus zu fassen wäre.
Ihre Schauseiten waren durch rechteckige, schmucklose Fenstereinschnitte klar gegliedert, die Geschosse wurden nur von einem schmalen Profilstreifen optisch voneinander abgesetzt und flache geradlinige Putzgravuren, die einen Steinschnitt andeu-

ten sollten, waren neben einem stuckierten Mäanderfries unter der Dachlinie die einzigen Zierformen dieser rein flächig wirkenden Fassaden. Die klaren, kubisch bis quaderförmigen Baukörper waren von leicht überschaubaren Dimensionen, denen sich die überkragenden, flachen Walmdächer problemlos einordneten.
Eine Betonung der Mittelachse durch die dem Wohnhaus Antonstraße vorgelagerte Treppe und den gegiebelten, geometrisch klar gegliederten, ebenfalls ganz in der Fläche wirkenden Mittelrisalit des Palais Lüttichau unterstützte die symmetrische Gesamtkomposition dieser Bauten, die noch keinerlei Assoziationen an historische Zeitstile weckten, sondern ihre Charakterisierung noch aus einem normativen Formenkanon bezogen. Ihre Leistung war es, den spätbarocken Klassizismus zu überwinden und somit die bei Durand gegebenen Anweisungen für eine neue bürgerliche Wohnarchitektur für die Praxis verbindlich zu konkretisieren. Dadurch wurde eine Basis geschaffen, auf der dann die Neurenaissance unter Beibehaltung der den Revolutionsklassizismus bestimmenden Prinzipien von Klarheit und Überschaubarkeit der architektonischen Gestaltung und Größe des Gebäudes, der "Angemessenheit" und Bequemlichkeit für die Bewohner und der Rücksichtnahme auf die finanziellen Möglichkeiten privater Auftraggeber, ihre Formensprache im Sinne der angestrebten Historisierung ausbauen konnte.

Mit der Villa Rosa Sempers geschah diese Historisierung über das bekannteste Beispiel der italienischen Renaissancevillen, die Rotonda Palladios bei Vicenza. Im Gegensatz zu den Bauten des Palladianismus in England und den klassizistischen Adaptionen dieses in der Architekturgeschichte bereits vielfach verarbeiteten Vorbilds orientierte sich die Rezeption Sempers nicht mehr an den für jene Stilrichtungen zentralen Motive der Bauten Palladios, wie tempelartige Portiken, Kuppelaufsätze und Freitreppenanlagen.
Wie bereits im Zusammenhang ihrer Aufnahme in die Architekturlehre Durands dargelegt, bot dieser architektonische Idealcharakter, unter dem insonderheit die Rotonda Palladios für ihre früheren Adepten vorbildlich geworden war, und mit dem sie sich mühelos den antikisierenden Normvorstellungen des Klassi-

zismus einordnen ließ, auch für die Villa Rosa nicht mehr den zentralen Berührungspunkt mit dem historischen Bau. Hier erfolgte in erster Linie die dem Historismus des 19. Jahrhunderts eigene, typusgebundene Rezeption, die ein historisches Architekturvorbild nicht mehr allein unter ästhetischem Blickwinkel in seiner phänomenologischen Dimension nachahmte, sondern in ihm vor allem die beispielgebende Lösung einer gestellten Bauaufgabe suchte.

Obgleich Zitate des Originalbaus auch hier vorhanden waren, lag dem Entwurf Sempers kein imitatorisches Nachempfinden der Rotonda zugrunde. Die konkreten, an den einen Bau gebundenen Architekturelemente wurden vielmehr durch ein historisierendes Formeninstrumetarium ersetzt, das frei aus einer Vielzahl von Originalbeispielen ausgewählt worden war und nun als "Neurenaissance" die zeiteigene Villenarchitektur in die Nachfolge der italienischen Vorbilder setzen sollte. Es entstand eine eklektische Durchdringung von Formelementen, die wohl geeignet war, auch konkret benennbare Assoziationen zu Originalbauten zu vermitteln, im Gegensatz zur Rezeptionspraxis des Palladianismus aber auf einer zweiten Reflexionsebene erfolgte, auf der das historische Stilvorbild durch eigene subjektive Stilvorstellungen korrigiert wurde.

Abb. 2 Der Grundriß, über dem Semper die Villa Rosa errichtete, war weitgehend in dem Musterbuch Durands vorgebildet, wo bereits damals ausgehend von dem Idealtypus einer Villa, also dem Grundriß der Rotonda, zeiteigene Variationen vorgestellt wurden.[606] Semper verzichtete zwar auf die symmetrische, vierseitige Treppenanlage zugunsten einer eindeutigen Fassadenausrichtung in Straßen- und Gartenfront und ersetzte auch die großzügige Zimmereinteilung durch eine individueller benutzbare, kleinteiligere Disposition, doch blieb seine Anleihe bei den ersten Grundtypen einer neuen bürgerlichen Architektur unverkennbar.

Die Mitte der quadratischen Anlage wurde von einem achteckigen Salon eingenommen, der durch beide Geschosse des Gebäudes reichte und mit einer von oben belichteten Innenkuppel abgeschlossen war. Er stellte das architektonische und gesellschaftliche Zentrum der Villa dar, von dem aus alle weiteren

Zimmer trotz zusätzlicher Verbindungen untereinander erreichbar blieben. Die rein repräsentative Innenaufteilung der Rotonda, mit der die bereits am Außenbau gegebene Vorstellung einer idealen Architektur ohne Zugeständnisse an eine individuelle Benutzbarkeit beibehalten wurde, wurde so durch Semper im Sinne des bürgerlichen Wohngefühls modifiziert.
Im Außenbau entfernte sich Semper jedoch rigoros von dem Vicentiner Vorbild, das mit seinen beherrschenden graecisierenden Portiken für eine Neurenaissance, die in der Schaffung neuer Architekturlösungen die längst geforderte Überwindung des Klassizismus für sich in Anspruch nahm, nicht mehr verwendbar war.
Der fast würfelförmige Baukörper war durch eine reicher dekorierte Fassade im Süden auf die nahegelegene Elbe ausgerichtet, während die restlichen drei Seiten mit einer klaren Gliederung ohne auffällige Schmuckformen ausgestattet waren. Die Hauptfassade erhob sich über einer erhöht vorgelagerten Terrasse, die - beidseitig durch abgewinkelte Treppenläufe erreichbar - durch eine Verblendung mit gequadertem Mauerwerk eine Art Sockelzone markierte. Ihr Grundschema war, ebenso wie an der West- und Ostseite, venezianischen Palastfassaden nachempfunden, wo den zusammengefaßten Öffnungen der mittleren Achsen zu beiden Seiten geschlossene Wandflächen gegenübergestellt waren, die nur von schmalen, übereinanderliegenden Fenstern durchbrochen waren. Die drei mittleren Achsen der Villa Rosa wurden von einem Risalit übergriffen, das sich loggienartig im Erdgeschoß in drei Arkadenbögen öffnete und im Obergeschoß - entsprechend den dahinterliegenden Fensterformen - drei rechteckige Einschnitte besaß. Die unteren Bogenzwickel waren mit flachen Stuckornamenten ausgefüllt, während darüber, auf den Verkröpfungen einer geschoßtrennenden Attikazone stehende Frauengestalten die Öffnungen einrahmten.
Die seitlichen Mauerflächen waren ebenfalls zweigeschossig durchfenstert, wobei der untere Rundbogen und das darüberliegende Rechteckfenster von kräftigen Verdachungen über volutenartigen Konsolen im Erdgeschoß und figürlichen Trägern im Obergeschoß streng axial zusammengeschlossen wurden. Eine flache Balkonbrüstung im Obergeschoß ersetzte die Attikazone der Mittelloggia.

Die übrige Fassade war glatt geputzt und ohne zusätzliche
Gliederungselemente. Der gesamte Bau wurde über einem wenig
vorkragenden Kranzgesims durch ein flaches Walmdach abgeschlossen, das noch von einem mächtigen, die Oberlichtkonstruktion des Kuppelsaales verbergenden Balustradengeviert
mit pinienzapfenartigen Aufsätzen überragt wurde.
All diese Schmuckformen standen in einem gewissen Gegensatz
zu den bisherigen städtischen Projekten Sempers, für die er
stets geschlossenere, weniger verspielte Architekturformen
wählte. Die hier verwendete Formensprache sollte dem Bau einen
heiteren, ländlichen Charakter verleihen, um so dem geforderten Freizeitwert des Hauses architektonisch zu entsprechen.
Bezeichnend in diesem Zusammenhang ist auch der Wechsel des
historischen Vorbilds von dem florentinischen Stadtpalast der
gleichzeitigen Museumsentwürfe zu dem hier zugrunde gelegten
venezianischen Typus. Mit diesem Bau, der zusätzlich durch
auf der Terrassenbrüstung und in den Öffnungen der Loggien
aufgestellte gußeiserne Brunnenschalen in den Bereich der
Gartenarchitektur gerückt wurde, hatte Semper die formalen
Grundlagen geschaffen für die zukünftige bürgerliche Villenarchitektur der Neurenaissance.

Abb. 3.2.4.4. Das Palais Oppenheim[607]
32

Ein zweiter Typus des bürgerlichen Wohnhauses wurde durch das
Palais Oppenheim repräsentiert, das Semper von 1845-1848 wiederum für den Bauherrn der Villa Rosa an der Bürgerwiese 5-7
errichtete. Dort bot sich mit einer vorgegebenen Grundfläche,
die weder durch Landankauf[608], noch durch den Spielraum eines
umgebenden Gartens verändert werden konnte, eine von der groß-
zügigen Villenplanung des obigen Baus unterschiedene Ausgangs-
situation.
Die Bürgerwiese war als alter Ratsbesitz städtisches Gelände,
das ab 1843 im Rahmen einer gartenarchitektonischen Initiative
zur städtebaulich wirksamen Grünanlage ausgestaltet wurde[609],
deren umgebende Straßenzüge in den folgenden Jahren rasch zu
bevorzugten Bauplätzen für die neu entstehenden Mietshäuser
wurden, von denen das erste bereits gleichzeitig mit dem Bau
Sempers ausgeführt wurde. Das Palais Oppenheim als großzügiges,

herrschaftliches Wohngebäude stellte also eine Ausnahme in
diesem Bebauungsgebiet dar, das, wie das vergebliche Bemühen
Oppenheims um Grundzukauf bestätigt, im Gegensatz zu den Villenvierteln der Vororte offensichtlich als Wohngebiet für die
weniger wohlhabenden Dresdener Bürger ausgebaut werden sollte.

Für Semper stellte sich hier die Aufgabe, über dem vorgegebenen,
in seiner Dreiecksform ungewöhnlichen Bauplatz das geforderte
Abb. Wohnhaus zu entwerfen. Auch hierfür konnte er auf Anregungen
33 Durands zurückgreifen, der in seiner Architekturlehre auf derartige Gegebenheiten durch aneinandergrenzende Privatgrundstücke innerhalb eines städtischen Wohngebiets schon hingewiesen hatte.[610] Dort waren auch bereits die Schwierigkeiten ange-
Abb.
34 sprochen, die Semper mit dem Dresdener Bau zu überwinden hatte.
Es galt zum einen, zumindest mit der Straßenfassade dem widrigen Eindruck der Unregelmäßigkeit entgegenzuwirken, zum andern sollten im Innenausbau Unbequemlichkeiten durch spitzwinklige Räume weitgehend vermieden werden.[611] Auch die von
Durand vorgeschlagenen Lösungen lassen sich in dem Entwurf
Sempers nachweisen:
Die Einpassung möglichst vieler regelmäßiger, das heißt rechtwinkliger Zimmer, wie die ungewohnte Kleinteiligkeit der Etagenpläne zeigt; die Abtrennung der spitzwinkligen Räume von
dem repräsentativen Wohnbereich, die sich in der Verwendung
als zusätzliches Schlafzimmer oder Cabinet im Erdgeschoß und
als Schrankstube und gleichsam toter Raum neben dem Boudoir
im Obergeschoß bestätigt; schließlich die Einfügung von Zentralräumen, der Semper mit einem Oktogon entsprach, das hier
- und darin erweist es sich als primär konstruktiv bedingt -
nicht als zentraler Salon verwendet wurde, sondern lediglich
als Durchgangsraum zu den anliegenden Zimmern und Gängen.[612]
Mit seiner Fassade nach der Bürgerwiese erweckte Semper ganz
den Anschein eines regelmäßig-rechteckigen Baukörpers, um so
die architektonische Notlösung eines dreieckigen Hauses zu
kaschieren.
Die zweieinhalbgeschossige Front des Palais erhielt zu beiden
Seiten eine risalitartige Betonung durch Halbsäulen im Erdgeschoß und Rustikastreifen im Obergeschoß, was optisch den Eindruck strenger Symmetrie noch verstärkte. Dazwischen lag der

sechsachsige Mitteltrakt, der regelmäßig durchfenstert nun
wiederum nach dem strengen Schema florentinischer Stadtpaläste ausgebildet war. Im Erdgeschoß markierte eine gröbere Quaderung als an der darüberliegenden Mauerfläche die Sockelzone, in die die schlichten Rundbogenfenster schmucklos eingeschnitten waren, während
die oberen Bauteile differenzierter durchgebildet und mit zusätzlichem architektonischen Dekor versehen wurden. Als untere
Geschoßtrennung diente ein antikisierender Gebälkstreifen, dem
über deutlichen Verkröpfungen die profilierten Halbsäulen der
Dreiecksädikulen aufstanden, mit denen die rechteckigen Fenster des Obergeschosses gerahmt waren. Zwischen diesem und
dem kräftig vorkragenden Kranzgesims befand sich ein Mezzaningeschoß, das als breiter Metopenfries ausgebildet war, bei dem
den Triglyphen die Fensteröffnungen entsprachen und die Bildfelder figürliche Stuckreliefs trugen.

Insgesamt gesehen wendete Semper hier die gleiche rezeptive
Methode an, nach der bereits die Übertragung des führenden
Typus der italienischen Renaissancevilla in die Formensprache
der Neurenaissance erfolgt war. Selektive Detailübernahmen
italienischer Originalbauten, wie zum Beispiel des Palazzo
Pandolfini in Florenz, ließen eine historisierende Architektur
entstehen, die in keiner Weise kopistisch, wohl aber assoziativ wirken wollte. Die bekannten, für das 19. Jahrhundert
renaissancewertigen Formelemente wurden so auch am Palais Oppenheim zu einem Palastschema zusammengefügt, das einerseits
deutlich genug die gewünschte künstlerische Nachfolge betonte
und andrerseits durch seinen freien Umgang mit historischen
Einzelbeispielen die Möglichkeit vielfältiger Modifikationen
in sich trug.
Dennoch fand der mit dem Palais Oppenheim gesetzte Typus des
Stadtpalasts in der Folgezeit innerhalb der bürgerlichen
Wohnarchitektur Dresdens weit geringere Verbreitung als die
durch die Villa Rosa vertretene Lösung. Die Ursache dafür lag
wohl in der Verlagerung des privaten Wohnbaus in die Randbezirke, wo die freistehende Villa zum gängigen Typus wurde,
während in "geschlossener Bauweise" das Mietshaus die Oberhand gewann, das jedoch aufgrund seiner Größenverhältnisse

und der geringen finanziellen Investitionsbereitschaft seiner
Bauherrn die hier gegebene Gliederung nur in äußerster formaler Reduzierung übernehmen konnte.

3.2.4.5. Die Wirkung der privaten Wohnarchitektur Sempers auf die Dresdener Bautätigkeit

Die für den privaten Wohnbau wegweisende Funktion der Villa
Rosa Sempers ist in der Ablösung des klassizistischen Villenschemas durch eine neue historisierende Architektur zu sehen,
die sich nicht nur programmatisch in ihrem assoziativ verwendeten Formeninstrumentarium von jenem unterschied, sondern
auch in architektonisch-künstlerischer Hinsicht eine veränderte Auffassung des Baukörpers mit sich brachte. Inwieweit diese
für die Folgezeit bestimmend wurde, wird deutlich in der Gegenüberstellung des Baus Sempers mit einem gleichzeitigen
Dresdener Villenneubau, den Georg Hermann Nicolai[613] als Wohnhaus für die Familie von Seebach an der Bürgerwiese 16 errichtete.[614]

Abb. 35

Beide Häuser folgten in ihrem Fassadenaufriß dem venezianischen
Palastschema mit Rustikasockel, Mittelloggia und beidseitig je
einer schmalen Fensterachse. Sie waren zweigeschossig und trugen über einem deutlichen Kranzgesims ein Walmdach mit der die
Oberlichtkonstruktion kaschierenden Balustradenführung.
Auch der verwendete architektonische Schmuck war bei beiden
Beispielen der italienischen Renaissance nachempfunden, so daß
sie in ihrer historisierenden Assoziationswertigkeit durchaus
vergleichbar erscheinen mußten. Dennoch stellte der Bau Nicolais die eindeutig konservativere architektonische Lösung dar,
die in ihrer Gesamtwirkung noch weitgehend dem revolutionsklassizistischen Villentypus entsprach.
In seinem Verhältnis von Fassadenlänge und Höhe blieb der Bau
dem traditionellen Kubus angenähert, seine Grundfläche war
streng geometrisch, ohne vorspringende Mauerteile, bzw. vorgelagerte architektonische Anlagen, wie sie bei dem differenzierteren Baukörper der Villa Rosa mit Mittelrisalit und Terrassenanlage als neue Elemente der Individualisierung des
nachrevolutionären privaten Wohnbaus erstmals angewendet wurden. Erst in den beiden Obergeschossen war eine flache Loggien-

architektur über einem freitragenden Balkon den mittleren
drei Achsen der Hauptfassade vorgelegt und somit die blockhafte Geschlossenheit der klassizistischen Vorgängerbauten
zumindest teilweise aufgegeben.
Im Gegensatz zur Villa Rosa aber blieb der gesamte Fassadenschmuck noch deutlich in der Fläche, wirkte den geputzten
Mauerflächen nachträglich rein dekorativ aufgesetzt und griff
noch in keiner Weise in die Fassadenstruktur ein. Das Seebachsche Wohnhaus stellte somit wohl einen Versuch zeitgemäßer
Historisierung von Architektur dar, doch folgte Nicolai damit
noch ganz dem architektonischen Prinzip der Wohnbauten der
ersten Jahrhunderthälfte, nach dem einem einförmigen, undifferenzierten Baukörper dekorative Elemente vorgesetzt wurden, die
nun formal freilich einer neuen Mode entstammten.
Mit der Villa Rosa Sempers hingegen griff die neue Formensprache erstmals in die architektonische Struktur der Wohnbauten
ein und ersetzte so die sterile Flächigkeit der nach ästhetisch-normativen Regeln erstellten Bauten des Klassizismus
durch ein neues Architekturverständnis, dem die Orientierung
an historischen Originalbauten lange vernachlässigte architektonische Eigenschaften wie organischer Aufbau und Körperhaftigkeit eines Gebäudes erneut zu kompositorischen Faktoren
werden ließ.

In der Nachfolge Sempers setzte sich der neue Villentypus
rasch durch, wobei der quadratische bis leicht rechteckige
Grundriß mit einem betonten zentralen Raum, vorspringende
Gebäudeteile und vorgelagerte Terrassen mit Freitreppenanlagen zu stereotypen Bestandteilen der meisten Neubauten
wurden. Auch das venezianische Palastschema als Grundgliederung einer Fassade war nahezu durchgängig vorhanden, während
im Bereich des architektonischen Schmuckes die ungeheure
Vielzahl des rezipierten Renaissancedekors ausreichende Individualisierungsmöglichkeiten schuf.[614a]
Ein frühes Beispiel ist die von Hermann Nicolai innerhalb
weitläufiger Gartenanlagen errichtete Villa Struve[615], bei
der nun als kompositorische Elemente die quadratische Grundfläche, die Risalitfassaden, die erhöhte Terrasse der Gartenseite und die Oberlichtkonstruktion des Daches erschienen.

Die Fassadengliederung und der architektonische Schmuck dagegen waren insgesamt eigenständiger behandelt und lassen noch deutlich die Herkunft Nicolais aus dem Revolutionsklassizismus erkennen.
Auffällig folgte nur der Aufriß der Gartenseite dem dreiteiligen Schema der Villa Rosa mit dem rhythmischen Wechsel von Fensteröffnungen und Mauerflächen. Darin zeigte sich bereits frühzeitig ein Rezeptionsverfahren seitens der Dresdener Architekten, das kennzeichnend wurde für den bürgerlichen Wohnbau nach Semper:
Aus dem architektonischen Gliederungssystem der Villa Rosa wurde die Elbfassade als ein alle wesentlichen Neuerungen enthaltendes Versatzstück herausgenommen und als Merkmalträger der neuen Architektur den eigenen Entwürfen eingepaßt. Dekorationsformen wie Gesimsstreifen, Fensterädikulen und Eckrustizierungen, die Semper bei seiner Gartenvilla bewußt vermieden hatte und die eher der Formensprache des Palais Oppenheim entstammten, lassen erkennen, daß die einzelnen Schmuckmotive weitgehend losgelöst von der typusmäßigen Bindung bei Semper als universell verwendbares Instrumentarium neurenaissancistischer Architektur Anwendung fanden.

Abb. 36 Mit fortschreitenden Jahren änderten sich im wesentlichen nur die architektonischen Schmuckformen der Villen, wie die 1866/67 entstandene Villa Häbler des Architekten Karl Eberhard in der Baustraße 2 zeigt.[616] Grundrißdisposition und venezianisches Palastschema blieben auch unter der üppiger werdenden Renaissancedekoration der Fassaden noch deutlich erkennbar. Die Straßenfront der Villa Häbler ist ein Beispiel dafür, wie sehr das Gliederungssystem der Villa Rosa inzwischen zum Schema einer Neurenaissance erstarrt war, die den konstruktiv-organischen Charakter der Architektur Sempers weitgehend verloren hatte und wie jede stilistische Spätphase mit einem reichhaltigen, gesicherten Formenreservoir spielerisch-willkürlich verfuhr. So wurden hier die beiden Geschosse der Villa Rosa in umgekehrter Reihenfolge aufgebaut, wobei deren Gliederung nahezu wörtlich beibehalten wurde und lediglich dekorative Detailformen wie Säulenstellungen, ein kleiner Freibalkon und eine üppigere Ornamentik der fortgeschritteneren Stilentwicklung

Rechnung trugen.

Abb. 37

Das fast gleichzeitig 1869/70 von Otto Grahl an der Parkstraße 2 errichtete Wohnhaus[617] ist ein weiteres Beispiel für die Loslösung architektonischer Schmuckformen aus einer ursprünglich typusspezifischen Bindung und deren primär am individuellen Geschmack orientierte Verwendung. Grundriß und Baukörper folgten auch hier dem Vorbild der Villa Rosa, während die gegiebelten Ädikulen des Erdgeschosses detailgenau dem Palais Oppenheim nachempfunden waren, dessen Dekor bei Semper noch unter dem Aspekt der Kontrastierung von Stadtpalast und Villa gewählt wurde. Der Ersatz der Rustikastreifen des Palais Oppenheim durch Risalitvorsprünge und rahmende Kolossalpilaster bei Grahl ist darüberhinaus ein Zeichen dafür, daß die Neurenaissance inzwischen auch ihren programmatischen Gehalt der Frühzeit weitgehend verloren hatte und in ihre Formensprache erneut architektonische Elemente aufnahm, die gerade durch die Bauten Sempers als barocke, bzw. klassizistische Relikte aus der Dresdener Architekturlandschaft eliminiert worden waren.

Das in den Jahren 1864/65 von Bernhard Hempel an der Schillerstraße 54 errichtete Wohnhaus[618] zeigt ebenfalls, daß seit den sechziger Jahren zunehmend lokalspezifische Architekturelemente der eigenen städtischen Vergangenheit wie Erker, Segmentgiebel und Balusteraufsätze in die bürgerliche Wohnarchitektur Dresdens Eingang fanden. Es entstand ein Mischstil aus den alten Gliederungsformen der italienischen Renaissance und den neu verwendeten Elementen der deutschen Architektur des 16. Jahrhunderts, der in den folgenden Jahren im Zuge einer Rückbesinnung auf die nationale Stiltradition die italienische Formensprache der Bauten Sempers zunehmend aufgab und in die "Deutschrenaissance" überleitete, die dann auch in Dresden die Wohnbauten der Gründerzeit bestimmte.[619]

4. Hamburg als Beispiel eines republikanisch verfaßten deutschen
Stadtstaates: Neurenaissance und bürgerlich-utilitaristisches
Architekturverständnis.[620]

Die Sonderstellung, die Hamburg auf wirtschaftlichem und politischem Gebiet gegenüber den monarchisch regierten deutschen Einzelstaaten einnahm, galt bedingt auch für den architektonisch-künstlerischen Bereich. Dabei bietet das formale Erscheinungsbild der dort im Untersuchungszeitraum entstandenen Neubauten allein keine ausreichende Erkenntnisgrundlage, da sich die stilistische Ausprägung der Hamburger Bauten der ersten Jahrhunderthälfte durchaus den zeitspezifischen nationalen Architekturtendenzen einordnen läßt.[621] Grundsätzliche Eigenarten werden jedoch deutlich, wenn unter rezeptionsästhetischem Aspekt die Einbeziehung historischer Fakten aus dem gesellschaftlichen, politischen und ökonomischen Bereich die Betrachtungsweise unterstützen und somit das Verhältnis des Stadtstaates zu architektonisch-künstlerischen Aktivitäten an sich berührt wird.

Hamburg war das erste Beispiel eines deutschen Einzelstaates, der seine neuzeitliche Akzentsetzung nicht primär durch baukünstlerische Unternehmungen zu betreiben suchte, da - wie bei den bisher behandelten architektonischen Schauplätzen - auf anderen Gebieten Manifestierbares noch fehlte. Die frühzeitige Konzentration auf wirtschaftliche Prosperität, die Hamburg vor allen anderen deutschen Staaten einen vorderen Platz im europäischen Raum einnehmen ließ, bedingte für den Stadtstaat eine Umverteilung der Gewichte, als deren Folge das Interesse an der eigenen ökonomischen Entwicklung politische und künstlerische Erneuerung gleichermaßen zurückdrängte.

So besaß auch die Hamburger Bautätigkeit einen weit weniger autonomen Charakter als beispielsweise in den deutschen Residenzstädten, deren städtebauliche Aktivitäten vorwiegend außerhalb der gesamtgesellschaftlichen Problematik lagen und letztendlich als "Hofkunst" auch innerhalb der beginnenden bürgerlichen Ordnung bestehen blieben.[622] In Hamburg hingegen war in dieser Zeit eine so gesehen isolierte Kunstpraxis nicht vorhanden, da ökonomische und gesellschaftspolitische Erwägungen durchwegs die architektonischen und städtebaulichen

Projekte mitbestimmten. Eine Folge dieser grundsätzlichen
Sonderstellung der Hamburger Bautätigkeit war es, daß ihr
seitens der zeitgenössischen Kritik vielfach die künstlerische Komponente abgesprochen wurde und die entstehenden Neubauten aus dem Blickwinkel eben jener Autonomiesetzung als
rein "technische" Ingenieurentwürfe abgewertet wurden.

4.1. Zur Hamburger Architektur in der ersten Hälfte des 19. Jahrhunderts

Die Bauaufgaben Hamburgs unterschieden sich zunächst insofern
von denen anderer deutscher Hauptstädte, als dort der gesamte
Bereich fürstlicher Repräsentationsarchitektur entfiel und
auch diejenigen Projekte, die im unmittelbaren Zusammenhang
standen mit der angestrebten Selbstdarstellung der Monarchen
als Kunstförderer und Mäzene, wie Theater und Gemäldegalerien,
in der Hansestadt weit bescheideneren Raum einnahmen, bzw. mit
großem zeitlichen Rückstand errichtet wurden.[623]
Im Vordergrund standen hier die Symbolbauten des bürgerlichen
Gemeinwesens wie Rathaus, Justizgebäude und Börse. Aber auch
Schulgebäude, Krankenhäuser und andere Versorgungsbauten, bürgerliche Wohnhäuser und technisch-industrielle Anlagen, deren
Berechtigung und Notwendigkeit in den deutschen Residenzstädten nur zögernd und widerwillig eingesehen wurde, galten
stets als vorrangige Bauaufgaben.[624] So konzentrierte sich
die architektonische Diskussion in der ersten Jahrhunderthälfte vorwiegend auf die Koordinierung von wirtschaftlichen
Interessen und künstlerischem Anspruch, in deren zeitlichem
Verlauf die anfängliche Kunstfeindlichkeit erst mit zunehmender ökonomischer Konsolidierung von dem Wunsch nach architektonischer Repräsentation verdrängt wurde.

4.1.1. Wirtschaftliche Interessen und künstlerischer Anspruch

Daß die Schaffung einer "Kunststadt" Hamburg nicht im Vordergrund des Interesses stand - und hierin wird der Gegensatz
zu den deutschen Residenzstädten wie München, Berlin und Dresden am deutlichsten - zeigte sich bereits an der Organisation
des dortigen Bauwesens, dem der Motor fürstlicher Repräsenta-

tion fehlte und das somit länger als anderswo die Strukturen einer rein bürokratischen Instanz beibehielt. Daß sie als solche zudem noch einen relativ geringen Stellenwert in der Hierarchie der staatlichen Istitutionen besaß, macht die Haltung deutlich, die Hamburg bei der Neubesetzung der Stadtbaumeisterstelle einnahm, nachdem der alte Amtsinhaber bereits 1815 gestorben war und erst im Jahre 1841 mit Carl Ludwig Wimmel ein Nachfolger bestimmt wurde.[625]
In der Zwischenzeit stellten die bisherigen Gehilfen des Stadtbaumeisters, die sogenannten Stadtbaumeister-Adjunkten, die oberste fachliche Instanz in Fragen des Bauwesens dar, denen weitere niedere Beamte als Kondukteure zugeordnet waren.[626] Seitens der städtischen Baudeputation wurde diese Lösung als völlig ausreichend empfunden und es wirft erneut ein Licht auf das architektonische Selbstverstädnis Hamburgs, wenn in der Begründung zu diesem Schritt die ausdrückliche Überzeugung ausgesprochen wurde, "daß diese Deputation in größter Verlegenheit seyn würde, dem Stadtbaumeister anständige Beschäftigungen anzuweisen, ... indem die beiden Stadtbaumeister-Adjuncten in Stande sind, die Bauten und Reparaturen, welche diese Deputation für die Stadt zu leisten hat, zweckmäßig anzuordnen."[627]
Neben diesem Zurücktreten des künstlerisch-repräsentativen Anspruchs gegenüber der "Zweckmäßigkeit" von Architektur, was natürlich auch die Bautätigkeit erheblich reduzierte, waren es finanzielle Gründe, die Hamburg auf einen Stadtbaumeister verzichten ließen.
Da man vermutete, daß dieser, wenn er fähig sei, "wohl das Dreifache des verfassungsmäßigen Gehalts erwarten würde"[428], und in der Stadtrepublik einerseits die finanziellen Freiräume einer königlichen Zivilliste fehlten, die auch die willkürliche Honorierung eines Klenze erst ermöglichten, und andrerseits niemand bereit war, der künstlerischen Arbeit einen Sonderstatus einzuräumen, blieb es bei der genannten verwaltungsmäßigen Erfassung des Bauwesens, die freilich nicht zuletzt von den ortsansässigen Architekten beklagt wurde.
So kritisierte Alexis de Chateauneuf (1799-1853)[629], einer der meistbeschäftigten Baumeister im Hamburg der dreißiger und vierziger Jahre, eine zu starke Reglementierung der städtischen Architekturtätigkeit, vor allem "ein sehr geringes Eingehen in

den höheren Standpunkt des Faches"[630], indem man stets dem mindestfordernden Bauunternehmer "unbekümmert um dessen Fähigkeiten den Zuschlag erteile."[631]

Dieses Utilitätsdenken der Hamburger Bürgerschaft, das im deutlichen Gegensatz stand zu den von den deutschen Residenzstädten ausgehenden Architekturtendenzen einer Freisetzung der künstlerischen Arbeit aus dem gesamtgesellschaftlichen Zusammenhang, bestimmte auch den Neubau des Hamburger Stadttheaters, das in den Jahren 1826/27 als eines der wenigen Beispiele kultureller Repräsentationsarchitektur der ersten Jahrhunderthälfte errichtet wurde.[632]
Bereits in der Planung unterschied sich das Projekt wesentlich von den zeitgenössischen Hoftheatern anderer Hauptstädte, für die der fürstliche Bauherr die Hauptkosten trug, bzw. erfolgreich den widerstrebenden verfassungsmäßigen Gremien abverlangte, und deren Höhe durch eine aufwendige Architektur fast immer den ursprünglich veranschlagten Betrag beträchtlich überstieg. Für den Hamburger Neubau hingegen wurde im Jahre 1822 ein Aktienverein als Bauträger gegründet, der die Finanzierung des Projekts von der Befolgung eines selbst erstellten Bauprogramms abhängig machte.
Dieses enthielt neben den üblichen Anweisungen für Einrichtung und Ausstattung des Baus, die keine grundsätzlichen Besonderheiten aufwiesen, einen Punkt, mit dessen Aufnahme auch das neue Stadttheater den Rentabilitätsmechanismen des bürgerlichen Warenmarktes untergeordnet wurde:
Die Aktionäre bestimmten, daß "in dem Gebäude, und zwar an den beiden langen Seiten, zehn Boutiquen angelegt werden, deren Mieths-Ertrag zum Vortheil der Unternehmer und der Anstalt benutzt werden kann."[633]
Für die künstlerische Realisierung des Baus wandte man sich, nachdem ein erster klassizistischer Entwurf des Hamburger Architekten Christian Friedrich Lange (1768-1833)[634] keine Zustimmung fand, mit einem Planauftrag an Schinkel, dessen Entwurf 1826 der Stadt vorlag.[635] Schinkel hielt sich dabei eng an die festgelegten Programmpunkte und entwarf über der vorgegebenen kleinen Grundfläche von 200x135 Fuß ein fünfgeschossiges Gebäude mit sparsamem architektonischem Dekor, dem

Abb. 38

er nach außen durch übergreifende Rundbogenkonstruktionen den Eindruck eines nur dreigeschossigen Aufrisses gab, um dem Theater kein "casernenartiges Aussehen"[636] zu geben und es als "öffentliches Gebäude"[637] zu charakterisieren.

Abb. 39

Vergleicht man nun diesen Entwurf Schinkels mit dem tatsächlich durch den Hamburger Architekten und späteren Stadtbaumeister Carl Ludwig Wimmel (1786-1845)[638] ausgeführten Bau, so scheint es nicht unmöglich, daß der Plan Schinkels von vornherein nur als anregungsgebende Grobform angefordert wurde, die dann von dem eigenen städtischen Architekten vereinfachend und kostensparend modifiziert zur Ausführung kommen sollte.

So wurde zwar die übergreifende Dreigeschossigkeit des Aufrisses beibehalten, die Rundbogenkostruktion der Schinkelschen Fenster, denen durch Quer- und Längsstreben, die in durchlaufenden Gesimsstreifen und Lisenen in der Fassadengliederung wieder aufgegriffen wurden, eine zusätzliche, die großen Öffnungen kaschierende Unterteilung eingesetzt war, jedoch durch schlichte rechteckige Einschnitte ersetzt, deren einziger Schmuck eine profilierte Rahmung war. Der rhythmische Wechsel von geschlossenen Mauerflächen und Fensterzonen bei Schinkel wurde nun von einer gleichmäßigen Reihung der Öffnungen abgelöst, wie sie dem konventionellen Schema des klassizistischen Wohnbaus entsprach.

Damit wurde mit der differenzierteren Gliederung auch die von Schinkel angestrebte "Charakterisierung"[639] des Gebäudes aufgegeben, die in der allein nach funktionellen Gesichtspunkten und Kriterien der Wirtschaftlichkeit erstellten Programmatik des Hamburger Theaterprojekts keinen Platz hatte. Die bei Schinkel bereits sparsam verwendeten Schmuckformen, wie Rosetten in den Bogenzwickeln, vergoldete Ziergitter zwischen den Fensterstreben der oberen Geschosse, eine teilweise figürliche Lünettendekoration und das palmettenartig ornamentierte Kranzgesims fehlten dem Bau Wimmels vollständig, für den nur eine laternengestützte Dachkonstruktion über dem Eingang als Regenschutz für die Gäste übernommen wurde.

Auch die innere Einteilung des Gebäudes wurde durch Wimmel grundlegend vereinfacht, indem er die differenzierte Abstufung

der Raumfolge bei Schinkel zu regelmäßigen Einheiten zusammenfaßte, um somit ebenfalls eine wirtschaftlicher Ausführbarkeit zu gewährleisten.
Das Ergebnis dieser Überarbeitung war ein schlichter quaderförmiger Baukörper mit zurückspringendem Obergeschoß, dessen gleichmäßig durchfensterte Fassaden außer flach profilierten Gesimsstreifen und der Fensterrahmung keinerlei architektonischen Schmuck besaßen. Der Bau fiel als Theaterarchitektur aus dem Rahmen sowohl der klassizistischen Tempelformen Karl von Fischers und Klenzes in München und Schinkels in Berlin, wie auch der neurenaissancistischen Lösungen mit zylindersegmentförmigem Vorbau in der Nachfolge Durands.
Die Hamburger hatten mit ihrem neuen Stadttheater nicht nur auf die künstlerische Individualität des Schinkel-Entwurfs verzichtet, sondern auch auf dessen Grundlage, die typenspezifische Charakterisierung des Baus als Theater. Daß dieser Schritt aber ein fundamentales Abweichen von den Normen historisierenden Bauens darstellte, der die architektonische Außenseiterrolle Hamburgs in dieser Zeit mit aller Deutlichkeit manifestierte, lassen die in ihrer Ablehnung einmütigen zeitgenössischen Beurteilungen des Theaterneubaus erkennen.[640]
Dabei wurde in dem eben genannten Sinne Kritik geübt an der Schlichtheit des Baues, der "kein äußerliches Abzeichen der Kunst und seiner Bestimmung"[641] trage, aber auch bewußt ein Zusammmenhang hergestellt zwischen den wirtschaftlichen und künstlerischen Interessen der Stadt, um ein Mißverhältnis zulasten der Kunst als Hauptursache des Mißlingens anzuführen:
"Solide wie ein Beefsteak ... sieht er wie ein Fabrikgebäude aus, da die Kunst, insbesondere die lieben Theatermusen, in unserer Zeit fabrikmäßig betrieben werden. Die Hamburger hätten nur als Inschrift auf das Gebäude setzen sollen: 'Hier wird Genuss fabriciert.'"[642]
Im gleichen Sinne fortfahrend, wurden als "Seele des Ganzen"[643] die zwei Theaterkassen bezeichnet, während die einliegenden Verkaufsräume als "eine Schnur echter Krämerladen-Perlen"[644] ironisierend mit dem fehlenden architektonischen Dekor aufgerechnet wurden.
Diese polemisierenden Äußerungen machen deutlich, daß es in

erster Linie die Übertragung bürgerlich-kapitalistischer
Marktmechanismen seitens der Hamburger auch auf den architektonisch-künstlerischen Bereich war, die die Kritik einer
Zeit hervorrief, die durch die Konstruktion unterschiedlicher
architektonischer Idealbilder bemüht war, den kunstfeindlichen
Tendenzen einer bürgerlichen Ordnung entgegenzuwirken. Die
Loslösung einer "höheren Baukunst" aus dem gesamtgesellschaftlichen Zusammenhang, mit deren Hilfe Freiräume für bürgerliche
Selbsttäuschung und Illusionen erst geschaffen wurden, erschien für Hamburg zu diesem frühen Zeitpunkt noch nicht notwendig, da es in seiner republikanischen Tradition das neue
bürgerlich-kapitalistische Wirtschaftssystem als kontinuierliche Weiterentwicklung betrachtete und sich auch offen und
ohne monarchistische Winkelzüge dazu bekannte. Konsequenterweise wurden so Prioritäten eindeutig im ökonomischen Bereich
gesetzt, dessen Mechanismen wie selbstverständlich auch die
architektonischen Aktivitäten der Stadt untergeordnet wurden.

4.1.2. Stiltendenzen zwischen Tradition und Fortschritt

Dem Utilitätsdenken, das die öffentliche Hamburger Bautätigkeit der ersten Jahrhunderthälfte bestimmte, entsprach unter
den stilistischen Möglichkeiten historisierender Architektur
in programmatischer Hinsicht natürlich in erster Linie die
Neurenaissance, die seit ihrer Grundlegung in der nachrevolutionären französischen Architekturtheorie mit den postulierten Grundprinzipien "convenance" und "économie"[645] auch zwei
zentrale Inhalte bürgerlicher Ideologie benannte. Als eine
Architekturform, die es erlaubte, sowohl auf überflüssig erachtete wie kostspielige Dekorationselemente zu verzichten,
die aber auch assoziativ den anstehenden bürgerlichen Bauaufgaben mehr entgegenkam als die mittelalterlichen Stilrezeptionen, konnte sich die Neurenaissance etwa mit dem Beginn der
dreißiger Jahre in Hamburg vor allem bei den öffentlichen
Bauprojekten rasch durchsetzen. Das Johanneum[646] und die Börse[647] markieren die beiden wichtigsten Beispiele vor dem
Stadtbrand, nach dessen Zerstörungen im Zuge der Wiederaufbauarbeiten die Hamburger Bautätigkeit ihren ersten merklichen
Aufschwung nahm.

Der private Wohnbau hingegen wurde nicht so eindeutig von der Neurenaissance bestimmt, da hier eine aufgrund der starken Bindungen des Hamburger Großbürgertums an England entstandene parallel laufende Rezeption gotisierender Architekturformen die Stilwahl beeinflußte.
Als Synthese dieser beiden Strömungen kann eine den Hamburger Villenstil kennzeichnende starke Affinität zu Venezianischen Vorbildern gelten, die unter den Beispielen der italienischen Renaissancearchitektur gotische Formelemente selbst am längsten konservierten. Auch konnten sich in der Privatarchitektur als Folge des individuellen Bedürfnisses, steigenden Wohlstand ablesbar zu machen, repräsentative architektonische Schmuckformen weitaus rascher durchsetzen als im Bereich der öffentlichen Bauvorhaben, wo erst im letzten Drittel des Jahrhunderts eine Betonung formaler Wertigkeiten festzustellen ist.[648]

Die öffentliche Bautätigkeit konzentrierte sich in den vierziger Jahren in erster Linie auf den Wiederaufbau des zerstörten Stadtkerns, wobei - wie noch zu zeigen sein wird - erneut der Übereinstimmung wirtschaftlicher und künstlerischer Interessen eine zentrale Bedeutung zukam. Stilgeschichtlich war diese Zeit durch das Nebeneinander zweckhaft schlichter Neurenaissanceprojekte und der zunehmenden Bedeutung nordischgotisierender Entwürfe gekennzeichnet, da mit der Zerstörung des alten Stadtkerns verstärkt traditionalistische Tendenzen zum Tragen kamen, die den erlittenen Verlust in der Restitution einer Art Heimatstil auszugleichen suchten. So wurde bezeichnenderweise der Neubau eines Hauses für die "Patriotische Gesellschaft", das 1846/47 von Theodor Bülau errichtete "Patriotische Gebäude" als Backsteinbau in gotisierenden Formen ausgeführt.[649]
Gleichzeitig erfolgte eine zunehmende Abkehr von den reinen Putzbauten der italienischen Neurenaissance, indem zunächst noch italienische Formelemente mit dem ortstypischen Backsteinbau verbunden wurden. Hier war das alte Postverwaltungsgebäude ein wegweisendes Beispiel, das 1845/47 von Alexis de Chateauneuf im Stil florentinischer Stadtpaläste des Quattrocento erbaut wurde,[650] in der Mauerbehandlung aber konsequent

als Backsteinbau ausgeführt wurde. Erst im weiteren Verlauf
des Jahrhunderts, als nationalistisches Gedankengut auch im
Hamburger Stadtstaat verstärkt an Bedeutung gewann, erfolgte
dann die eigentliche Wende zur Deutschrenaissance, die bewußt
italienische Stilformen vermied und ihre Vorbilder in der
nordeuropäischen Architektur des 16. und 17. Jahrhunderts
suchte. Als sowohl vom städtischen Symbolgehalt, wie auch von
der künstlerischen Realisierung her zentrales Architekturbei-
spiel ist hier das Hamburger Rathaus zu nennen, das als Projekt zwar schon in die erste Planungsphase zum neuen Hamburger Stadtzentrum von 1842-1845 einbezogen wurde, das aber
erst ab 1886 nach mehreren Konkurrenzausschreibungen zur Ausführung kam.[651]

4.2. Der Wiederaufbau des zerstörten Stadtzenturms nach dem Brand von 1842[652]

Vom 5. bis zum 8. Mai 1842 zerstörte ein anhaltender Großbrand über eine Fläche von 310 Hektar zu weiten Teilen den
sich an die Binnenalster anschließenden alten Stadtkern Hamburgs. Ihm fielen neben den Pfarrkirchen St. Petri und St. Nicolai unter zahlreichen anderen öffentlichen Gebäuden das Rathaus, das Stadtarchiv, die Bank und die alte Börse zum Opfer,
außerdem die meisten der dort befindlichen, zum größten Teil
in Holzkonstruktionen errichteten Wohnhäuser, deren Verlust
rund 20 000 Menschen obdachlos werden ließ.[653]
Unmittelbar nach dem Ereignis begann man mit den Wiederaufbauarbeiten, deren erste, vorwiegend planerische Phase, sich
bis gegen Ende des Jahres 1845 hinzog. Sie umfaßten neben der
Restitution des zerstörten Baubestands eine umfangreiche Sa-
nierung der verkehrs- und versorgungstechnischen Einrichtungen der betroffenen Stadtteile, so daß auch hier neben Fragen
der architektonischen Neugestaltung stets der außerkünstlerische Aspekt die zur Diskussion stehenden Projekte entscheidend
mitbestimmte.

4.2.1. Planungsziele

Der Wiederaufbau der zerstörten Stadtteile Hamburgs war kein
einheitliches architektonisch-künstlerisches Projekt im Sinne

etwa der Neugestaltung des Münchener Residenzbezirks, sondern stellte sich in erster Linie als städteplanerische Aufgabe, mit deren Lösung die Gelegenheit ergriffen wurde, die veralteten städtebaulichen Strukturen durch eine planmäßige Neuanlage zu ersetzen, die der neuzeitlichen Entwicklung der Stadt Rechnung tragen sollte.
So waren es zunächst wirtschaftliche Gesichtspunkte, die das Wiederaufbauprogramm leiteten, dessen erste Forderung die "Verbesserung der Mittel zur Beförderung der Erwerbstätigkeit, zur besseren Ausübung der Staatsgewalt und zur Belebung des Handels dieser Stadt"[654] war. Größere Leistungsfähigkeit der Verkehrswege, bessere Versorgungseinrichtungen, wie eine zentrale städtische Wasserversorgung, eine neue Schwemmkanalisation und eine Straßenbeleuchtung durch Gaslaternen und die planmäßige Bebauung der von der Zerstörung betroffenen Gebiete waren die zentralen Zielsetzungen, hinter denen architektonische Stilfragen zunächst zurückzutreten hatten.[655]
Höchstes entscheidendes Gremium für den Wiederaufbauplan war die noch im Mai 1842 einberufene "Technische Kommission", die in ihrer Zusammensetzung aus städtischen Architekten und technischen Beamten jeglicher Überbewertung künstlerischer Interessen entgegenwirkte.[656] In 121 Sitzungen bis zum Dezember 1845[657] entstand dort aus den verschiedenen eingereichten Entwürfen das endgültige Ausführungsprojekt für den zentralen Bereich zwischen Binnenalster und Börse, das sowohl den wirtschaftspolitischen Prioritäten der Hamburger Bürgerschaft, wie auch dem Wunsch nach einer städtebaulich wirksamen Lösung zu genügen hatte.

Die beiden Pole der Planungsarbeiten wurden markiert durch den bereits zwei Tage nach dem Brand vom Senat angeforderten Entwurf des englischen Ingenieurs William Lindley und ein ebenfalls noch im Mai von Gottfried Semper aus eigener Initiative an den Senat eingesandtes Projekt, zu dessen Vorstellung er vom 21. bis 27. Mai 1842 in fünf Sitzungen der Technischen Kommission als Gastmitglied angehörte.
Der Plan Lindleys[658] beschränkte sich im wesentlichen auf eine verkehrstechnische Neuordnung der zerstörten Gebiete, während Semper in seinem Vorschlag von den ästhetischen For-

Abb. 40
Abb. 41

derungen an ein städtebauliches Ensemble ausgehend, einen
Sanierungsplan entwarf.[659]
Mit dem Plan Lindleys ging auch ein Vorschlag des Hamburger
Architekten Friedrich Stammann (1807-1880) an die Technische
Kommission ein, der zwar auf den weiteren Planungsverlauf keinen Einfluß nahm, der jedoch als Repräsentant konservativer
Kreise die dortigen Vorstellungen vom Wiederaufbau kennzeichnete, die weder auf eine Forcierung der wirtschaftlichen, noch
der künstlerischen Entwicklung Hamburgs abzielten.[660]
Hier wurde vielmehr mit einem weitgehend restaurierenden Wiederaufbau gefordert, "das Bestehende so viel wie möglich zu
erhalten, als durch großartige Anlagen das zu zerstören, was
noch übrig ist."[661] In dieser Programmatik offenbarte sich
eine fortschrittsfeindliche Strömung innerhalb der Hamburger
Bürgerschaft, die aus der eigenen gesicherten Position haraus
jeglichem Wandel ablehnend gegenüberstand. Galt dies bereits
für den ökonomischen Sektor, wo eine Teilhabe weiterer Kreise
am bürgerlichen Wohlstand gleichzeitig eine Schwächung der
eigenen elitären Position bedeutete, so besonders für die
Beurteilung künstlerischer Aktivitäten, die als unnütz, ja
schädlich abgetan wurden, wie an anderer Stelle die Beurteilung eines der wenigen öffentlichen Neubauten der dreißiger
Jahre, des Johanneums, zeigt:
"Wir, die wir an den Pforten der Vorzeit uns jetzt noch satt
saugen, warum sollten wir uns etwas ganz Fremdartiges, die
Kunst, erst anzueignen trachten? Hamburg hat so lange geblüht,
ohne der Kunst nachzulaufen, daß es sogar ein schlimmes Zeichen sein würde, wenn diese Neuerungslust bei uns Fuß faßte."[662]
Mit dieser Haltung aber konnten sich die Vertreter eines reaktionären "Heimatschutzes"[663], die sich auch gegen die Beteiligung des Engländers Lindley an der Wiederaufbauplanung wand-
ten, nicht durchsetzen, da sie weder denen ins Konzept paßte,
die durch großzügige Sanierungsmaßnahmen vor allem die wirtschaftliche Entwicklung Hamburgs fördern wollten, noch denen,
die die Stadt mit neuen architektonischen Konzeptionen endlich
in den "Kreis der Kunstwelt"[664] einführen wollten.
Vielmehr entschloß sich die Technische Kommission nach knapp
einmonatiger Beratung in einem ersten Schritt, den Plan Lindleys als "Darstellung der allgemeinen Umrisse und als Grund-

lage der definitive Beliebung vorbereitenden Verhandlungen"[665] anzunehmen, um auf dieser Basis die Vorstellungen für die architektonisch-städtebauliche Realisierung auszuarbeiten.[666]

4.2.2. Zur Stilfrage

Wie der Hamburger Wiederaufbauplan von vornherein kein primär baukünstlerisches Projekt darstellte, nahm auch in den mehrjährigen Verhandlungen um die architektonische Gestaltung der zerstörten Flächen die sonst beherrschende Stilfrage nur bescheidenen Raum ein. Hinweise auf eine Stildiskussion im engeren Sinne, innerhalb der verschiedene historisierende Bauformen gegeneinander abgewogen worden wären, fehlen völlig. Auch hier konzentrierte man sich auf die Berücksichtigung wirtschaftlicher Faktoren, wenn bei den zukünftigen Straßenführungen in erster Linie der "geldliche Vorteil neuer Bauplatz-Fronten"[667] erreicht werden sollte und bei der Einbeziehung der Wasserläufe die Schaffung "wertvoller Bauplätze am Kanal"[668] vorrangig war, während künstlerische Gesichtspunkte der Neuanlage nur in pauschalen Aussagen über eine der "Bestimmung und dem Charakter"[669] angemessene Gestaltung erwähnt wurden. Reglementierungen hinsichtlich der Bebauung innerhalb einer konkreten architektonischen Planung betrafen jedoch nur die städtebauliche Einheit zwischen Binnenalster, Rathaus und Börse, wo als "künftiger Mittelpunkt des ganzen bürgerlichen und kaufmännischen öffentlichen Leben und Treiben des Staates wenigstens ein öffentlicher Platz (geschaffen werden sollte), der sich denen anderer Städte würdig an die Seite stellt"[670], sowie später die Projektierung der beiden großen Pfarrkirchen St. Petri und St. Nicolai, wohingegen Vorschriften für die neu zu errichtenden Privat- und Geschäftshäuser von der Erbgesessenen Bürgerschaft als "unökonomische"[671] Baupraxis'abgelehnt wurden, so daß sie in dem offiziellen Wiederaufbauplan nicht berücksichtigt werden konnten.[672]
Die Angst, private Bauherrn durch Stil- oder Formvorschriften von ihren geplanten Häusern abzuhalten, bzw. durch aufwendige Bauausführungen unnötig zu belasten und damit womöglich finanzkräftige Investoren dem wirtschaftlichen Ausbau der Stadt zu entziehen, war also größer als das Bedürfnis nach archi-

tektonischer Determinierbarkeit der Neubaugebiete. Stellt man dieser Haltung vergleichbare Vorgänge in anderen Städten gegenüber, wie etwa die bis ins kleinste Detail zwischen Ludwig und Klenze architektonisch festgelegte Anlage der Ludwigstraße in München, die ja auch zu weiten Teilen bürgerliche Wohnbauten enthielt, so zeigt sich erneut der völlig unterschiedliche Stellenwert, den architektonisch-künstlerische Kriterien in der bayerischen Residenzstadt gegenüber dem republikanischen Stadtstaat einnahmen.

Eine stilistische Beeinflussung des um die Börse herum entwickelten neuen städtischen Zentrums ging in erster Linie von den beim Brand weitgehend unversehrt gebliebenen, erst wenige Jahre zuvor von Wimmel und Forsmann errichteten Bauten des Johanneums und der Börse aus, die beide in der öffentlich-städtischen Architektur Hamburgs erstmals die Neurenaissance auch bauprogrammatisch repräsentierten.[672a]
Die Börse als funktional wie symbolhaft wesentlicher Bau der Stadtrepublik sollte in ihrer architektonischen Form "weder einer Kirche, einem Exercierhause, Concert-Halle, oder sonstigen Festsaale gleichen. Die Architektur des Äußeren wie des Inneren vom Gebäude, darf weder ärmlich, noch prunkend, noch mit Verzierungen überladen sein."[673] Diesem Programm konnte nach Ansicht der Architekten das klassizistische Formeninstrumentarium nicht mehr genügen, da es wohl möglich war, hinter "Portiquen und Colonnaden ... Architektur zu verstekken"[674], nicht aber ein Gebäude zu errichten, das in der gewünschten Weise bereits in seinem Äußeren "ganz dem Zwecke entsprechen(d)"[675] als spezifisch bürgerliche Bauaufgabe gekennzeichnet war.
Man wandte sich also bewußt von dem durch eine langjährige und universelle Anwendung unbrauchbar gewordenen Klassizismus ab und fand in der Neurenaissance eine Architektursprache, die zum einen auf formale Überladung und "Verzierungen" verzichten ließ, aber auch in ikonologischer Hinsicht als "mehr bürgerlicher Styl"[676] die gesellschaftliche Rückkoppelung des Börsengebäudes deutlich machen konnte.
Beim Johanneum, dem als Schul- und Bibliotheksbau eine geringere staatliche Repräsentationsfunktion zukam als der neuen

Börse, orientierte man sich in erster Linie an zeitgenössischen exemplarischen Lösungen dieser Bauaufgabe. Dabei beriefen sich die Architekten Wimmel und Forsmann ausdrücklich auf die Staatsbibliothek Gärtners und entwarfen einen Gebäudekomplex, der sich sowohl in der geschlossenen Blockhaftigkeit seiner geputzten, durch quaderförmigen Steinschnitt belebten Mauerflächen, wie auch in den schmalen gekuppelten Rundbogenfestern dem Münchener Vorbild eng verwandt zeigte. Der hufeisenförmige Gebäudeblock war darüberhinaus an seiner offenen Seite durch einen Arkadengang verbunden, bei dem mit den Bogenstellungen der zu diesem Zeitpunkt noch im Bau befindlichen Münchener Ludwigskirche ebenfalls ein Motiv Gärtners verarbeitet worden war, so daß die Vorbildhaftigkeit der italienischen Frührenaissance auch hier deutlich zum Ausdruck kam, nun aber primär als die Übernahme einer typusgebundenen zeitgenössischen Architekturform.

In beiden Bauwerken waren die Arkadenreihen und die schlichten, gleichmäßig durchfensterten Fassaden, die die Entwürfe der ersten Planungsphase des Hamburger Wiederaufbaus bestimmten, jedoch bereits vorgebildet, so daß, zusammen mit den im März 1843 erlassenen Bauvorschriften für diesen Bereich, die eine Höhenbeschränkung von 60 Fuß und eine Dachschrägung von maximal 30° vorsahen und gleichzeitig "die Errichtung von mehr oder minder spitzen Giebeln oder Erkern über den Hauptgesimsen"[677], sowie das Mansard-Dach verboten, eine eindeutige Weichenstellung zugunsten der Neurenaissance erfolgte.

Ein Beispiel neurenaissancistischer Elemente innerhalb des Wiederaufbauplanes, die über die reine Zweckausrichtung der Gebäude auf eine stilistische Akzentuierung abzielten, waren die Entwürfe Chateauneufs für die Fußgängerarkaden am Alsterbecken, die über einem flachen Sockel das untere Geschoß einer mehrstöckigen, langgezogenen Häuserreihe an der Nordwestseite des Bassins zu einer loggienartigen Wandelhalle gestalteten, von der aus erst die dahinterliegenden Geschäftsräume betreten werden konnten. Zwar gab es auch hier Kritiker, die die Arkaden samt dem vorgelagerten, die Verbindung zum Rathausplatz herstellenden Quai zugunsten der größeren Leistungsfähigkeit einer geplanten Schleuse und tieferer, also wertvollerer Bau-

plätze ablehnten[678], doch konnte sich diesmal eine Argumentation durchsetzen, die auch ästhetische Faktoren mit einschloß.
So wurde nicht nur auf die Notwendigkeit von "würdiger Umgebung und Zugang"[679] für den Börsen- und Rathausbereich hingewiesen, sondern ausdrücklich neben einem "großartigen Durchblick auf die neu zu schaffenden Anlagen"[680] in Aussicht gestellt, "wie schön sich diese Arkaden am Wasserspiegel, sowohl bei Tage, als bei abendlicher Beleuchtung von dem Innern der Stadt aus präsentieren würden."[681]

Abb. 42

In seinem endgültigen Arkadenplan hielt sich Chateauneuf, wie auch schon Wimmel bei den Johanneum-Arkaden, an das Schema der italienischen Frührenaissance und ließ auf relativ schlanken, gemauerten Säulen über einer deutlichen Kämpferzone halbkreisförmige, profilierte Arkadenbögen aufsitzen, deren Zwickel von medaillonartigen Stuckornamenten ausgefüllt waren. Die Säulenstellungen wurden im unteren Bereich durch Gitter verbunden, deren regelmäßige Quadrierung lediglich durch ein zentrales Rautenmotiv unterbrochen wurde. Diese schlichte Architekturform fügte sich der mehrgeschossigen Häuserzeile, deren gleichmäßig mit rechteckigen Öffnungen durchfensterte Einzelfassaden eine deutliche, wenn auch sparsam ausgestaltete, Betonung der jeweils zentralen Achsen trugen, harmonisch ein, so daß insgesamt eine von konkreten Zitaten eines historischen Bauwerks zwar freie, in ihrer historisierend-assoziativen Wertigkeit jedoch eindeutig neurenaissancistische Architektur entstand.

Von zentraler Bedeutung innerhalb des Wiederaufbauplanes war die Gestaltung der Umgebung der Börse, deren beherrschende Funktion für das Hamburger Wirtschaftsleben auch durch eine besondere architektonische Konzeption hervorgehoben werden sollte. Bereits Lindley machte in seinem Grundplan den Börsenbau aus den Jahren 1837-1841 zum Zentrum der städtebaulichen Neuordnung und auch die von der Technischen Kommission ausgearbeiteten Bauvorschriften betrafen zunächst nur die unmittelbar an die Börse angrenzenden Neubaugebiete.

Abb. 43

Der früheste erhaltene architektonische Entwurf für die Börsenumgebung wurde im Januar 1843 von Chateauneuf angefertigt.[682] Eine ungewohnte Monumentalität der projektierten Neubauten hob

ihn deutlich von der sonst geübten formalen Zurückhaltung ab,
während stilistisch das Börsengebäude hier in besonderem Maße
durch seine eindeutig neurenaissancistische Formgebung die architektonische Gestaltung beeinflußte.
Der durch Risalitvorsprünge unterschiedlicher Tiefe mehrfach
abgestufte, rechteckige Baukörper der Börse, dessen architektonisches Vorbild nach Aussage seiner Architekten Wimmel und
Forsmann[683] die Münchener Pinakothek Klenzes war, war in zwei
Geschossen von hohen, durch Pilaster und Halbsäulen getrennten
Rundbogenöffnungen umzogen, über denen in Höhe der Pilaster-
kapitelle ein durchgehener Figurenfries verlief. Rundum zurückgesetzt erhob sich hinter einer als Attikazone ausgebildeten
Balustrade ein weiteres Geschoß, über dem der Bau mit einem
flachen Walmdach abgeschlossen war.
Dem hallenförmigen Basilikaschema des Grundrisses entsprach
am Außenbau eine deutliche Betonung der platzseitigen Eingangs-
fassade, an der die an den Rück- und Seitenfronten in gleich-
mäßiger Reihung angebrachten Fenster zu einer rhythmischen Abfolge durchbrochener und geschlossener Mauerflächen zusammengefaßt waren. Die mittleren fünf Bogenöffnungen des Erdgeschosses bildeten die Portalzone, die im Obergeschoß achsengleich
die dortigen Rundbogenfenster zugeordnet waren. Rechts und links
daran anschließend folgten zwei turmartige, dem Mittelrisalit
nochmals vorgesetzte, geschlossene Mauerblöcke, neben denen zu
beiden Seiten im Obergeschoß der noch verbleibenden Fassaden-
fläche je ein weiteres Rundbogenfenster eingeschnitten war.
Diese Fassadengliederung, die eine doppelte Rezeption venezianischer Renaissancemotive aufwies, indem sie das Säulen-Bo-
genmotiv der Staatsbauten Sansovinos[684] mit dem ortstypischen,
durch den rhythmischen Wechsel von geöffneten und geschlossenen Wandflächen charakterisierten Palastschema verband, kann
als Beweis einer frühzeitigen Ausrichtung auf die Vorbilder
der italienischen Handelsrepublik gelten, die als Spezifikum
der Hamburger Neurenaissance noch anzusprechen sein wird.
In einem Bildprogramm, das sich aus den, den beiden Mauerblök-
ken aufsitzenden Figurengruppen und den Darstellungen der im
Erd- und im Obergeschoß umlaufenden Friese zusammensetzte, wurde nochmals deutlich auf die symbolische Wertigkeit des Börsengebäudes für den Stadtstaat hingewiesen. Die Personifikationen

des Reichtums, der Kunst und der Wissenschaft auf der linken
Seite und die Darstellung der Hammonia zwischen den Vertretern
der theoretischen und praktischen Schiffsbaukunst auf der rechten Seite, bildeten zusammen mit dem Greifenfries, dem als Kennzeichen des Schutzgottes der Kaufleute, Hermes, das Kerykeion
eingefügt war, eine eindeutige Aussage, die der Stadt in der
Phase des wirtschaftlichen Ausbaus Denkmal und Ansporn zugleich
sein sollte.

Unter Verwendung des an der Börse vorgegebenen Rundbogen-Pilaster-Motivs entwarf nun Chateauneuf in symmetrischer Komposition rechts und links des Hauptbaus die längsrechteckigen Gebäude der sogenannten Börsenarkaden, die - ebenfalls zweigeschossig - im Untergeschoß offene Bogenstellungen umzogen, während das Obergeschoß dazu achsengleich Rundbogenfester erhielt.
Die Mauerflächen wurden durch diese gleichmäßigen, übereinandergestellten Bogenreihen weitgehend aufgelöst, was den Gebäuden eine primär in der Vertikalen wirkende Gesamtgliederung
gab, zu der weder die geschoßtrennenden schmalen Gesimse der
Arkaden, noch die abschließende Attikazone ein Gegengewicht
herstellen konnten.
Hiermit aber traf Chateauneuf trotz der Übernahme des beherrschen Gliederungsmotivs der Börse nicht deren stilistische Wertigkeit, die sich durch die ornamentalen Horizontalfriese, eine
höhere, breitenwirksame Attika und nicht zuletzt durch die stehengebliebenen glatten Mauerflächen an der Hauptfassade als
eine eindeutige Horizontalbetonung im Sinne renaissancistischer
Architektur ausdrückte.
Dieser Bruch zwischen dem Hauptbau und den flankierenden Arkadenhallen muß auch von den Kommissionsmitgliedern empfunden
worden sein, als sie das Projekt Chateauneufs ablehnten und
im Juni 1844 einen Plan der Börsenarchitekten Wimmel und Forsmann zur Ausführung genehmigten, dessen Fassadenentwürfe die
Formensprache des vorhandenen Baus genauer trafen. Durch teilweise Verdoppelung der bogentrennenden Pilaster, durch eine
stärkere Betonung der Zwischengesimse und der Attikazone, wurde die vertikale Linienführung des Entwurfs Chateauneufs unterbrochen und trotz der gleichbleibenden übereinandergestellten
Bogenöffnungen die eindeutige Dominanz der Horizontalen er-

reicht, die von der Neurenaissance in Abgrenzung zu allen
mittelalterlichen Stilrezeptionen als wesentliches Merkmal
des historischen Originalstils übernommen wurde.[684a]
Obgleich insgesamt nur wenige architektonische Aufrißzeichnungen aus dieser ersten Planungsphase erhalten sind, läßt
sich bereits anhand der Lösungen der hier genannten Bauaufgaben eine starke Tendenz zur Neurenaissance feststellen, die
zu dieser Zeit für die öffentliche Bautätigkeit Hamburgs sowohl lokalspezifische gotisierende Stilformen und die traditionellen in Fachwerkkonstruktion ausgeführten Backsteinbauten,
wie auch die spätbarock-klassizistischen Architekturschemata
mit ihren schmucklosen rechteckigen Fensteröffnungen und den
hohen Mansard- oder Walmdächern verdrängen konnte.

4.2.3. Die städtebauliche Konzeption

Abb. 40 Bereits der Grundlagenplan Lindleys sah für den innerstädtischen Bereich zwischen Binnenalster und Börse eine von der
Börse als Mittelpunkt ausgehende, zentrumsbildende Neugestaltung vor, auf deren konkrete architektonische Projektierung
jedoch zugunsten der Bestimmung verkehrtechnischer Leitlinien
noch verzichtet wurde. Der zwischen Börse und Alsterbecken
entstandene trapezförmige Platzraum, der erstmals mit Sempers
Entwurf vom 26. Mai 1842 als städtebauliche Einheit der Neuplanung einbezogen wurde, stellte durch die für dort vorgesehene Konzentration öffentlicher Bauwerke das architektonische
Kernstück des Wiederaufbauplanes dar, an dessen Entwicklung
aufgezeigt werden kann, wie auch hinsichtlich der künstlerischen Raumgestaltung neurenaissancistische Stiltendenzen bestimmend wurden.

Als Grund für das Eingreifen in die Wiederaufbauplanung seiner Geburtsstadt nannte Semper "die Furcht vor einem modernen
Systeme, wonach den Straßen und Quartieren der Städte jede
Abwechslung geraubt wird, und alles gleich und gerade gemacht
Abb. 41 wird."[685] Mit einer architektonisch-künstlerischen Konzeption
für das neue Stadtzentrum wollte er so zu der primär unter
verkehrstechnischen Kriterien begonnenen Planung der Technischen Kommission "nach Kräften das Seinige beitragen"[686] und

damit - seine baukünstlerische Autorität bewußt einsetzend - der städtebaulichen Neuordnung die für ihn zentrale ästhetische Dimension garantieren.
Zwar erkannte er auch die Notwendigkeit von Sanierungsmaßnahmen und verkehrstechnischen Veränderungen[687], doch erschienen sie ihm "nur dann motiviert, wenn dadurch ... eine Verschönerung der Stadt erreicht wird."[688] Dies galt im Besonderen für die Neugestaltung des zerstörten Stadtkerns, dessen öffentliche Bauten er durch eine repräsentative städtebauliche Anlage ihrer staatlichen und wirtschaftlichen Funktion gemäß auch zu einem architektonischen Zentrum zusammenfassen wollte.

Zu diesem Ziel griff er erneut den Forumsgedanken auf, den er nun in dem bürgerlich regierten Stadtstaat ohne die Hindernisse einer vorhandenen Hofarchitektur in seiner ursprünglichen, dem republikanischen Rom entsprechenden Bedeutung zu aktualisieren suchte. So forderte er zwischen den neuen Straßenachsen des Alten Wall und der Großen Johannisstraße, die vom Alsterbecken ausgehend bis zur Börse am Adolphsplatz ein trapezförmiges Areal ausgrenzten, die Anlage zweier öffentlicher Plätze, einen "Markt für das tägliche Bedürfnis" und ein "forum für das höhere staatsbürgerliche und merkantile Treiben der Bürger."[689] Während er sich für den alsterseitigen Marktplatz auf die Angabe einer notwendigen Geräumigkeit beschränkte, forderte er für den anschließenden Platzraum eine mehr "architektonische" Wirkung[690], zu deren Erklärung er seine bereits anläßlich der Planung für den Dresdener Theaterplatz entworfene Forumsidee in Erinnerung brachte:
Der Platz "sei umgeben von allen Gebäuden der Regierung, der Verwaltung und der Gerichte. Er befinde sich in der Nähe der Börse, die als ein bedeckter, mit Obdach gegen die Witterung versehener Teil des forum zu betrachten ist. Dieser Platz sei möglichst gesichert gegen das Drängen und Treiben der Menge und besonders der Wagen und Pferde. Er stehe mittelst bedeckter Passagen und Hallen mit den ihn umgebenden Hauptstraßen in Verbindung. Er bilde das Herz und den Zentralpunkt der Stadt."[691]
In zusätzlichen Anweisungen für eine architektonische Realisierung ging er dann auf die spezifischen Verhältnisse Hamburgs

ein und lieferte so ein Modellbeispiel für die Verquickung
neurenaissancistischer Platzgestaltung mit den Bedürfnissen
einer bürgerlichen Gesellschaftsordnung. Danach sollten Börse
und Rathaus als Hauptgebäude die Schmalseiten des Platzraumes
abschließen, während an den Längsseiten durch Arkaden geöffnete Hallen mit Läden, Kaffeehäusern, Makler- und Geldwechslerbüros im Erdgeschoß, Gerichtsräumen, Verwaltungssälen und Bankbüros im Obergeschoß geplant waren.[692]
Das Projekt Sempers wurde zunächst von der Technischen Kommission mit aller Zurückhaltung aufgenommen, da dieser Idealplan
für das Zentrum einer bürgerlichen Hauptstadt wohl den ikonologisch assoziierenden Vorstellungen eines Architekten des
Historismus entsprach, den kalkulierenden Gedankengängen der
dort Verantwortlichen sich aber nicht mit der erwarteten Selbstverständlichkeit einfügte. Die Begutachtung durch die Kommissionsmitglieder fiel daher hinsichtlich der künstlerischen
Tragweite des Semperprojekts völlig indifferent aus, "indem
für jeden der Vorschläge sich manches Gewichtige anführen läßt,
sowie auch bei jedem derselben Bedenken erhoben werden können."[693]
Aus ökonomischer Sicht zeichnete sich jedoch bereits eine Ablehnung des Projekts ab, da man wüßte, "daß solche Änderungen[694]
Konsequenzen nach sich zu ziehen pflegen, welche das bei ihrer
Proponierung gedachte Maß weit überschreiten"[695].
So reiste Semper ohne eine definitive Stellungnahme zu seinem
Entwurf seitens der Technischen Kommission am 28. Mai 1842
nach Dresden zurück. In dem folgenden Zeitraum wurden bis zur
Annahme des endgültigen Ausführungsprojekts im August desselben
Jahres noch vier weitere Pläne einzelner Kommissionsmitglieder
zur Beratung vorgelegt[696], die zwar alle auf der von Semper
eingebrachten Vorstellung eines zentralen Platzraumes mit Verwaltungs- und Wirtschaftsgebäuden basierten, von denen aber
keiner mehr den Forumsgedanken in seiner umfassenden architektonischen und ikonologischen Dimension aufnahm.

Abb. 44 Der genehmigte Plan der Technischen Kommission für die städtebauliche Neugestaltung zwischen Börse und Alsterbecken, dem ein Entwurf Chateauneufs vom 12. August 1842 zugrunde lag, bedeutete die Reduzierung des Forumsprojekts Sempers auf die Anlage einer Platzfläche innerhalb des Neubaugebiets, die zwar

mit den gleichen Hauptgebäuden ausgestattet werden sollte, die jedoch den historisierend assoziativen Gehalt jener städtebaulichen Idealvorstellung der Neurenaissance verloren hatte.
Es war dies ein für das Architekturverständnis der verantwortlichen Stellen Hamburgs symptomatischer Schritt, indem der kunstideologische Überbau einer baulichen Konzeption abgelehnt wurde, während ihr konkreter Gegenstand, die räumliche Zuordnung von Rathaus und Börse einem nüchternen, zweckgerichteten städteplanerischen Vorgang einverleibt wurde. So sollte - auch die Wortwahl der Planbeschreibung durch die Technische Kommission läßt den Wandel erkennen - auf einem "angemessen großen freien Platz"[697] das Rathaus entstehen, hinter dem dann, durch eine kleinere, zwischen den seitlichen Flügelbauten des projektierten Regierungsgebäudes entstehende Platzfläche von diesem getrennt, die bereits vorhandene Börse folgte, flankiert von den Längsbauten der neu zu errichtenden Börsenarkaden. Der Platz zwischen dem Rathaus und der Börse sollte für den Verkehr gesperrt bleiben, die Hauptzufahrten zu dem neuen Stadtzentrum waren an den beiden Schmalseiten über die in der Mittelachse auftreffenden breiten Straßenzüge des Mönkedamms und der Fortsetzung des Alsterquais geplant, wodurch gleichzeitig "auch von der Hauptpromenade der Stadt ein großartiger Durchblick auf die neu zu schaffenden Anlagen gewonnen"[698] werden sollte. Durch diese Perspektive wurde zwar die in dem Plan der Technischen Kommission geschaffene Eingrenzung der neuen Platzfläche durch umliegende Häuserblöcke und Straßenzüge wieder abgeschwächt, die in der Staffelung der Binnenräume des Forums, des Marktplatzes und der Alsteranlagen bei Semper angestrebte städtebauliche Gesamtwirkung wurde jedoch nicht mehr erreicht.

Nachdem noch im August 1842 die genehmigten Ausführungspläne von der Technischen Kommission an Semper zur Kenntnisnahme abgeschickt worden waren[699], übersandte dieser einen weiteren Planvorschlag, in dem er die nun festgesetzte Reihenfolge von Börse und Rathaus übernahm, aber gleichzeitig erneut versuchte, die Anlage der alten Forumsidee gemäß bis an das Alsterbecken vorzuziehen. Da jedoch inzwischen mit der Annahme des Projekts der Technischen Kommission durch Rat- und Bürgerschluß die erste Planungsphase mit dem Ziel einer verbindlichen Grundrißdisposition endgültig abgeschlossen war, konnte dieser Entwurf keinen Einfluß mehr nehmen, ebenso wie die dem Grundplan beigegebene perspektivische Zeichnung der von Semper projektierten Gebäude, die, in der Sicht über das Alsterbecken hinweg, nochmals den Gedanken des Forums - nun auch mit den obligaten Säulen, Standbildern und Balustraden - illustrieren sollten.

Abb. 45

Diese Zeichnung, die bei flüchtiger Betrachtung für eine Skizze der Piazzetta in Venedig gehalten werden könnte, stellt die Verbindung her zu einem zentralen Aspekt der Hamburger Neurenaissance, der Assoziation zu Venedig, die im Folgenden als rezeptionstheoretisches Phänomen dargestellt werden soll.

4.3. Hamburg - Venedig: Assoziierender Historismus und bürgerliches Selbstverständnis.

Der genannte Entwurf Sempers hatte einen Assoziationsgrad an die italienische Lagunenstadt erreicht, der durch die für Hamburg undenkbare Schmuckfreudigkeit, wie auch durch die nahezu kopistische Aufnahme architektonischer Details der Piazzetta auch zu einem früheren Zeitpunkt wohl von vornherein eine Realisierung ausgeschlossen hätte. Er war die äußerste Konsequenz eines Historismus, für den mit der vermeintlichen Übereinstimmung sowohl politischer und ökonomischer, wie auch landschaftlich-geographischer Gegebenheiten des vorbildlichen Stilträgers mit dem Ort der Aktualisierung zwei wesentliche, zu architektonischen Adaptionen legitimierende Faktoren zusammentrafen, die Semper hier zu einem wohl beispiellosen Nachvollzug historischer Architektur verleiteten.
Am Rand des Alsterbeckens begann die Anlage mit zwei, dem meerseitigen Ausgang der Piazzetta nachempfundenen Säulen, die ebenfalls stadtsymbolische Standbilder - möglicherweise Hermes und Hammonia - trugen. Dahinter folgte eine nahezu quadratische, in das Wasserbecken hineinragende Platzfläche, die von Balustraden umgrenzt als Erweiterung der Quaipromenade gedacht war, die sich dann unmittelbar in der im rechten Winkel dazu weitergeführten Rathausterrasse fortsetzte und damit eindeutig

die Platzfolge des Venezianischen Vorbildes aufgriff. Den nordwestlichen Abschluß der Anlage bildete ein als "Verwaltungshaus und Richthaus"[700] bezeichneter, längsrechteckiger Baukörper, über dem sich an der dem Alsterbecken zugewandten Schmalseite ein hoch aufragender Turm erhob, der zum Teil bis in seine Gliederungsdetails dem Campanile von San Marco entlehnt war.
Davor stellte Semper eine etwas niedriger als das Hauptgebäude gehaltene "Wache", die sowohl in ihrer Lage am Fuß des Turmes, wie auch in ihrer architektonischen Form mit hohen Rundbogenarkaden, denen gekuppelte Säulen vorgelagert waren und einer abschließenden Attikazone, der Loggetta Sansovinos entsprechen sollte.
Etwa der Mitte dieses Verwaltungstraktes war, um 90° gedreht, das Rathaus vorgesetzt, so daß es mit seiner Schmalseite dessen Hauptfassade gegenüberstand. Dort waren zwei Übergänge vorgesehen, die nach Art der Seufzerbrücke des Dogenpalasts beide Gebäude verbinden sollten. Das Rathaus selbst war als rechteckiger, zwei Innenhöfe einschließender Baukomplex angelegt, dessen Platzfassade wiederum in engem Bezug zu dem venezianischen Regierungsgebäude stand. Wie dort wählte Semper einen dreigeschossigen Aufriß, dessen untere zwei Etagen von Arkadenstellungen geöffnet waren, während das Obergeschoß mit wenigen Bogen- und Kreisfenstern nur sparsam belichtet wurde. Den Abschluß der Fassade bildete ein hoher Zinnenkranz, der, zusammen mit der rautenförmigen Flächenbehandlung der Außenmauern des Obergeschosses die Nähe zum Dogenpalast vervollständigte, wenngleich ein zentral der Platzfront des Gebäudes vorgesetzter Turm und die symmetrische Verdoppelung des am italienischen Vorbild nur einmal verwendeten giebelbekrönten Freibalkons zeiteigene Modifikationen darstellten.
Insgesamt gesehen war dieser zweite Forumsplan eine einzige Aneinanderfügung von kompositorisch wie im architektonischen Detail dem Markusplatz entnommenen Versatzstücken, die hier in neuer Zuordnung die bei Semper bereits frühzeitig nachweisbare Vision Hamburgs als ein "nordisches Venedig"[701] architektonisch konkretisierte. Das reiche bürgerliche Handelsleben der Stadtrepublik, sowie der von Kanälen und Wasserstraßen bestimmte "Charakter Hamburgs"[702] waren für ihn dazu

Anlaß und Legitimation zugleich.
Daß er sich damit aber in eine künstlerische Scheinwelt verrannt hatte, die mit der Wirklichkeit auch des von architektonischer Assoziationsfähigkeit beherrschten 19. Jahrhunderts nichts mehr zu tun hatte, zeigt die fast hilflos konsternierte Reaktion der Technischen Kommission auf diesen Entwurf Sempers, als sie sich mit wenigen Worten davon distanzierte, in Hamburg ein zweites Venedig neu entstehen zu lassen:
"Was endlich die begleitenden flüchtigen Skizzen wegen der architektonischen Anordnung der Gebäude in diesem Winkel des Alster-Bassins anbetrifft, so konnte sich die Ansicht der Kommission der Natur der Sache nach nur im allgemeinen dahin aussprechen, daß eine derartige Anpassung des Markusplatzes in Venedig an die ganz heterogenen Verhältnisse und Bedürfnisse Hamburgs gelinde ausgedrückt sehr bedenklich schienen."[703]

Wenngleich dieser Entwurf Sempers aus dem Jahre 1842 für Hamburg den äußersten Höhepunkt venezianisierender Architekturprojekte darstellte, so muß er doch innerhalb einer durchaus vorhandenen lokalspezifischen Ausprägung der neurenaissancistischen Formensprache gewertet werden, der das Vorbild Venedigs immer wieder charakteristische Akzente gegeben hatte. Bereits die Neurenaissance der Wimmel'schen Börse zeigte deutlich die Aufnahme in Venedig ausgebildeter Gliederungsmotive und auch die bei den genannten architektonischen Entwürfen immer wieder aufgetauchten Arkadenreihen können als typisch venezianische Architekturform gelten, mit der sich die Bauten der Lagunenstadt grundsätzlich von der wehrhaft-geschlossenen Renaissancearchitektur anderer italienischer Städte unterschieden.[704]
Daß ein derart assoziierender Historismus dem Selbstverständnis des Hamburger Großbürgertums, dem in dieser Phase des wirtschaftlichen Aufbaus die Wahlverwandtschaft mit der reichen italienischen Handelsrepublik Gelegenheit bot, die eigene nationale Führungsposition selbstbewußt zu manifestieren, durchaus entgegenkam, zeigt auch der Einfluß des venezianischen Palastschemas auf die Privatarchitektur der vierziger Jahre.[705] Er drückt sich in seiner reduziertesten Ausprägung in der Akzentuierung zentraler Fassadenachsen aus, wie sie

auch an den von Chateauneuf entworfenen Geschäftshäusern am Alsterquai zu beobachten war, verband sich mit den von England übernommenen gotisierenden Formelementen zu dem zwischen Mittelalter und Neuzeit angesiedelten Rezeptionsstil, wie er - ebenfalls eine charakteristische Erscheinung venezianischer Architektur aktualisierend - zum Beispiel bei den repräsentativen Bürgerhäusern des am Alsterglacis neu entstehenden Wohnviertels Anwendung fand[706] und erreichte einen Höhepunkt in der nahezu detailtreuen Übernahme venezianischer Palastfassaden, wie sie ein 1842 an der Ferdinandstraße errichtetes Wohnhaus verglichen etwa mit dem als angebliche Stätte des Mordes Othellos an Desdemona volkstümlich gewordenen Palazzo Contarini-Fasan (um 1475) wiedergibt.[707]

Abb. 46
Abb. 47

Aber auch innerhalb der von Hamburger Bürgern nach dem Stadtbrand gemachten Vorschlägen zum Wiederaufbau zeigt ein unter dem Titel "Patriotische Phantasie" von dem Syndikus Karl Sieveking an die Baudeputation eingegangener Brief, daß der Rückgriff auf Venedig mit dem Entwurf Sempers nicht zum ersten Mal zum staatlichen Programm erhoben werden sollte.
So forderte er "ein nur für Fußgänger durch Passagen zugängliches Forum nach der Art des Markusplatzes. Rund um dasselbe sämtliche öffentliche Gebäude, das Rathaus, die Gerichte mit dem Inbegriff der Prätu021, die Patriotische Gesellschaft mit den verschiedenen Vereinen, Arkaden wie unter den Prokuratien in Venedig. Börse und Bank würden eine Seite dieses Forums einnehmen, für welches der Johannisplatz sich eignet."[708]
Diese Stellungnahme eines einflußreichen Mannes des Hamburger Wirtschaftslebens macht deutlich, daß die Affinität des Hamburger Bürgertums zu dem Vorbild Venedig nicht nur eine modische Laune des architektonischen Zeitgeschmacks darstellte, sondern umgekehrt als Manifestation einer im außerkünstlerischen Bereich angestrebten gesamtgesellschaftlichen Verankerung heraus erst in der Architektur ihren Niederschlag fand.

5. Das Rathaus in Fürth: Stilfragen zum ersten Rathausbau der bayerischen Stadt.

Der Rathausbau in Fürth spiegelt in seiner extrem langen, in zwei Etappen zerfallenden Planungs- und Bauzeit (1823-1825/ 1832-1850) das vom Widerstreit theoretischer Vorstellungen und tatsächlicher Realisierbarkeit geprägte Bemühen der jungen Provinzstadt wieder, ihrer im Jahre 1818 im Zuge des bayerischen Gemeindeedikts übertragenen Selbstverwaltung durch den Bau eines repräsentativen Rathauses Rechnung zu tragen. Da es sich dabei um den ersten Rathausbau in Fürth überhaupt handelte, war die frühzeitige Projektierung wohl von dem Bedürfnis nach Räumlichkeiten für die neu eingesetzten städtischen Verwaltungsgremien von Magistrat und Gemeindebevollmächtigten mitbedingt, doch wird hier gleichzeitig die gerade für die Bauaufgabe Rathaus als ein Gebäude, "in dem das Gemeinwesen sich gleichsam verkörperte"[709], determinante Verknüpfung von politisch-gesellschaftlichem Symbolwert und architektonischer Realisierung an einem konkreten Beispiel für die erste Hälfte des Jahrhunderts ablesbar.[710]

Die Stadt Fürth, die bis 1797 der "Dreiherrschaft" der Dompropstei Bamberg, des Markgrafen von Ansbach und der Stadt Nürnberg unterstand, und in der sich so unter dem Bemühen dreiseitiger machtpolitischer Akzentsetzung bis zu dem hier zu behandelnden Zeitraum keine eindeutige, durchsetzungsstarke Bautradition ausbilden konnte, war in der Stilwahl dieses ersten Baues bürgerlicher Selbstdarstellung im Gegensatz zu anderen Städten frei vom Zwang historischer Formreminiszenzen. Hinsichtlich der Stilrezeption des zu errichtenden Rathauses konnte also direkt auf die politisch symbolkräftigsten Prototypen der italienischen Stadtrepubliken zurückgegriffen werden, um so die gewünschte Assoziation allgemein nachvollziehbar werden zu lassen:
Wie die italienischen Städte seit dem Verfall der mittelalterlichen Feudalordnung in bürgerlicher Selbstverwaltung erstarkten, so sollte auch für das am Anfang seiner städtischen Entwicklung stehende Fürth durch die neuen politischen Verhältnisse

der allgemeine Aufschwung begründet sein.[711]
Die formalen Vorbilder der Fürther Rathausentwürfe wurden so die italienischen Stadtpaläste der Frührenaissance, deren schmucklose Fassaden mit ihren gleichförmigen Fensterreihen über einem rustizierten Sockelgeschoß schon bei Durand zum Inbegriff bürgerlicher Ökonomie und Angemessenheit[712] geworden waren.
Gleichzeitig wird an der langen Vorbereitungszeit für den Neubau des Fürther Rathauses deutlich, wie auch in der bürgerlichen Architektur im Laufe des 19. Jahrhunderts die Stilentwicklung verlief vom nur zweitrangig ästhetischen Kriterien unterzogenen Utilitätsentwurf der ersten Planungsphase, in der eine an kunstgeschichtlichen Epochenbegriffen festzumachende Stilfrage expressis verbis gar nicht aufgeworfen wurde, zu den am historischen Vorbild auch formal stärker orientierten Arbeiten späterer Jahre, deren architektonische Formensprache als zeiteigene stilistische Einheit im Mittelpunkt des Interesses stand. Die verschiedenen Entwürfe für ein Rathaus in Fürth reichen so von der noch ungelenken Einfügung neurenaissancistischer Formelemente in eine klassizistisch anmutende Gesamtkomposition bei den ersten Planzeichnungen Brügers, über die sichere Anwendung der Neurenaissance in den Entwürfen Friedrich Gärtners und Friedrich Bürkleins für den ausgeführten Bau, bis zu der reichen ornamentalen Formbehandlung des späten Jahrhunderts, die in den Erweiterungsprojekten des Rathauses von Friedrich Thiersch zum Tragen kam.

5.1. Die erste Planungsperiode von 1823-1825 und die Zeit der Bauaussetzung bis 1832[713]

Die Planung eines Rathauses begann für die Stadt Fürth mit ihrer Erhebung zur Stadt Erster Klasse im Jahre 1818 und den damit verbundenen Veränderungen in der städtischen Verwaltung.[714] So wurde noch im gleichen Jahr ein Fond von 40 000 Talern für den zukünftigen Rathausbau bereitgestellt[715], doch die konkrete, auch aktenmäßig belegbare Projektierung setzte erst im Jahre 1823 ein.[716]
In den folgenden zwei Jahren wurde die Planung konsequent betrieben, so daß bereits 1825 mit einem gebilligten Ausführungs-

entwurf die schnelle Realisierung des Gebäudes absehbar schien,
als ein unerwarteter, acht Jahre andauernder Rechtsstreit um
den beabsichtigten Bauplatz diese ersten Vorarbeiten wertlos
werden ließ.
Wenngleich nun diese erste Planungsperiode noch nicht zur Errichtung des beabsichtigten Baues führte, macht sie doch die
Bestrebungen der jungen Stadt deutlich, die neuen politischen
Verhältnisse "von des Königs Gnade"[717] von Anfang an zur Begründung einer eigenen städtischen Selbständigkeit zu nutzen,
der gerade mit diesem Rathausprojekt Ausdruck gegeben werden
sollte.

Die ersten Initiativen zum Rathausbau seitens der Stadtverwaltung und der Kreisregierung waren gleichermaßen von dem
Wunsch geprägt, der beengten, provisorischen Unterbringung
von Magistrat und Gemeindebevollmächtigten ein Ende zu setzen.
Doch während die Regierung des Rezatkreises, der Fürth unterstellt war, die städtischen Verantwortlichen wissen ließ, daß
die Pläne "unter dem Prinzip der Sparsamkeit, unter sorgfältiger Bemessung des wahren Bedürfnisses für den Dienst der
Commune"[718] zu fertigen seien, hatte für den Magistrat – hier
in einer Äußerung des Ersten Bürgermeisters vertreten – der
ökonomische Aspekt hinter dem symbolhaften Anspruch des Baues
zurückzutreten:
"So dringend der (Unterzeichnete) sich ausspricht, daß bei
Ausführung dieses großen Werkes auf Ersparung Rücksicht genommen werden möge, so fühlbar wird jedem patriotischen Bürger Fürths die Notwendigkeit sich darstellen, daß das Ersparnis nicht ins Kleinliche sich erstrecken dürfe, sondern daß
vielmehr ein Gebäude aufgeführt werden müsse, würdig dem politischen Verhältnis einer Stadt welche des Königs Gnade den
Städten I. Klasse anreihte. Denn nicht für kurze Zeitläufe
berechnet, sondern für Jahrhunderte geschaffen, soll dieser
Bau den Nachkommen beurkunden, was die Zeitgenossen waren,
was sie mit redlichem Streben zu leisten vermochten. Wer diese Rücksichten im patriotischen Sinne erfaßt, wird keinen Augenblick zweifeln, daß der Aufwand von einigen tausend Gulden
mehr nicht in Betrachtung kommen dürfe, wenn es sich davon
spricht, etwas Großes auszuführen."[719]

Abb. 48 49

An diesen beiden Äußerungen werden die Maßstäbe deutlich, mit denen der im August 1823 in Auftrag gegebene, im Dezember desselben Jahres vorgelegte erste Rathausentwurf[720] des Bauinspektors Brüger von der Kreisbauinspektion Nürnberg gemessen wurde. In der Ausführung des Planes war Brüger durch einen programmatischen Entwurf des für das Bauwesen verantwortlichen zweiten Bürgermeisters Schönwald[721] weitgehend gebunden, wenn sich auch die Vorschriften hauptsächlich auf die Inneneinteilung erstreckten.

Für das Äußere waren mit der Höhe von drei Geschossen über einem erhöhten Sockel, einem in der Hauptfassade flacheren, in der Rückseite tieferen Risalit, dessen Breite der zentrale Sitzungssaal einnehmen sollte und einem "mit dem ganzen Gebäude in Ebenmaß stehenden"[722] Dach die wesentlichen, den zeitüblichen Monumentalbauten entlehnten Merkmale genannt, wenn auch mit den für die geringe Fühlungnahme Fürths mit den neuesten Formtendenzen charakteristischen Relikten spätbarockklassizistischer Tradition.[723] Eine gewisse Unsicherheit in der künstlerischen Gestaltungsfrage drückte auch die das Programm abschließende Forderung aus, daß "dieses Gebäude der Würde seines Zweckes angemessen, ein gefälliges und ausgezeichnetes Äußeres durch geeignete Verzierungen"[724] erhalten müsse, darüberhinaus aber keinerlei formale Determinierung erfolgte.

Die Konkretisierung dieser vagen Angaben durch den Architekten erfolgte nun in mehreren Planfassungen, die jedesmal durch Korrekturanweisungen seitens der Kreisregierung in Ansbach notwendig wurden. Wenn dabei - sicherlich mit allen Vorbehalten, die die insgesamt noch weitgehend klassizistischer Tradition folgenden Entwürfe gegenüber der Klassifizierung im Sinne einer programmatischen Neurenaissance auferlegen - eine Abwägung der städtischen Vorschläge[725] und ihrer staatlichen Korrekturen hinsichtlich des Anteils eines "höfischen" Klassizismus und einer "bürgerlichen" Neurenaissance unternommen wird, so zeigt es sich, daß die Beanstandungen der königlichen Kreisregierung in erster Linie die Gegebenheiten der Projekte Brügers betrafen, mit denen er unter Vernachlässigung traditioneller Formelemente versuchte, den Prinzipien einer spezifisch bürgerlich-zweckorientierten Architekturtheorie zu entsprechen.

Abb. 50

In einer erneuten Planfassung mußte so die ursprünglich asymmetrische, den räumlichen Erfordernissen angepaßte Treppenführung[726] durch eine zentrale repräsentative Anlage ersetzt werden, obgleich dadurch, wie Brüger zu bedenken gab, "beide schönen Zimmer im zweiten Gaden verloren"[727] gingen. Außerdem sollte von den zwei Türmen der vorhergehenden Planfassung zumindest einer einem noch immer unverzichtbar scheinenden "anständigen Säulenportal"[728] an der Seitenfassade Platz machen, während für das schmucklose Hauptportal der Eingangsfront ein "Vorhaus mit Kolonnade"[729] gefordert wurde.

Da die vorgenommenen Änderungen Brügers in dem im Juni 1824 erneut in Ansbach vorgelegten Entwurf aber nicht auszureichen schienen, entschloß sich die Kreisregierung zu einem weiteren Schritt, die Planung für das Rathaus in Fürth voranzutreiben, mit dem aber nun die städtische Bauplanung weitestgehend ausgeschaltet wurde. In einem Schreiben vom September desselben Jahres[730] wurden der Stadt Fürth im Auftrag des bayerischen Innenministeriums nicht nur die oben genannten Forderungen nochmals als "unumgängliche Erfordernisse"[731] bekräftigt, sondern mit diesem Schreiben gleichzeitig ein in diesem Sinne von

Abb. 51

Klenze angefertigter Fassadenentwurf übersandt, der nun dem Plan Brügers einbezogen werden sollte.

Dieser Entwurf folgte ganz jener Ausprägung der Münchener Neurenaissance, die an den bisher im Auftrag des Hofes entstandenen Bauten Klenzes mit der Einfügung traditionell höfischer Repräsentationselemente in die klare, dekorationsneutrale Formensprache der Frühzeit zu beobachten war.
Die durch schmucklose, gleichförmige Fensterreihen gegliederte Fassade Brügers, der in der Portalzone nur eine schlichte Rundbogenöffnung eingeschnitten war, erfuhr nun durch die Hinzufügung eines Säulenportikus, der den Freibalkon vor dem Magistratsaal im ersten Obergeschoß aufnahm, jene "gewisse architektonische Pracht"[732], die bereits neun Jahre zuvor beim Bau des Leuchtenberg-Palais auf dieselbe Weise dem als zu blockhaft und schlicht empfundenen Baukörper des ursprünglichen Entwurfs nachträglich vermittelt wurde.
Der Entwurf Klenzes für das Fürther Rathaus bedeutete aber gleichzeitig die Anpassung des geplanten Neubaus an die aktu-

elle Architekturentwicklung, in der inzwischen die nüchterne Formensprache des Revolutionsklassizismus, die noch das Projekt Brügers kennzeichnete, weitgehend aufgegeben wurde zugunsten einer reicheren, auch auf die italienischen Vorbilder deutlicher hinweisenden Formbehandlung.

Abb. 6
Ein Vergleich der Fürther Fassade Klenzes von 1824 mit dem 1814 entstandenen ersten Entwurf Karl von Fischers zum Leuchtenberg-Palais, der für die Münchener Bauten jenen späten Klassizismus repräsentierte, läßt trotz der großen Ähnlichkeiten in der Gesamtkomposition wie in den verwendeten Einzelformen diesen stilistischen Unterschied deutlich erkennen. Bei beiden Fassadenentwürfen geschah die Hervorhebung eines zentralen Saalraumes durch reichere architektonische Gestaltung des Außenbaus, beide Male durch die Verbindung einer rundbogigen Fensterreihe und einer Säulenkolonnade mit Eckpilastern. Während aber bei Fischer auf den Säulen ein breiter, schrifttragender Architrav lastete, und so in Verbindung mit dem Giebelfeld des Mittelrisalits der Eindruck einer vorgeblendeten Tempelfront im Sinne des Klassizismus entstand, wurde das Bogen-Säulen-Motiv von Klenze in völlig anderer Absicht angewendet.

Die durch höhere Bogenöffnungen und bekrönende Konsolen in gleiche Höhe mit den rahmenden Säulen gebrachten Fenster wurden zusammen mit diesen zum einheitlichen, horizontalen Schmuckmotiv der Fassade umgedeutet, das die Eigenständigkeit der Fischer'schen "Tempelfront" verloren hatte. Folgerichtig wurde auch der dortige Architrav bei Klenze durch ein schmales Kranzgesims ersetzt, das ebenfalls primär auf die Gesamtfassade Bezug nahm. Gleichzeitig wurde die horizontale Einteilung der Fassade auch im Mittelteil aufgenommen, so daß diese insgesamt dem Vorbild des italienischen Stadtpalasts durch ihre monotonisierte Gliederung weit näher stand als das ältere Beispiel. Zwar nahm auch Fischer mit Sockelgesims, Eckrustika und der Anordnung der Fenster Elemente der italienischen Renaissancearchitektur in seinen Entwurf auf, doch blieb dieser als Ganzes noch ambivalent, während sich bei Klenze in der entschiedeneren Aufnahme renaissancistischer Formen die gewollte Annäherung an das historische Vorbild ausdrückte.

Die ungeachtet ihrer kostspieligeren Realisierung[733] diskus-

sionslose Annahme der Klenze-Fassade durch den Fürther Stadtmagistrat kann jedoch nicht allein als Zeichen für den engen Freiraum gewertet werden, den die neue Städteordnung den Gemeinden tatsächlich gab, sondern läßt gleichzeitig den vorderen Stellenwert erkennen, den der repräsentative Faktor in der Planung des zukünftigen Rathauses der Stadt einnahm.
So wurde der Plan des namhaften Architekten der Hauptstadt gleichsam zur Garantie eines "ausgezeichneten ... selten schönen Rathausgebäudes"[734], wie er durch die Möglichkeit, mit diesem Bau den Namen eben dieses Architekten an die eigene Stadt zu binden geeignet schien, das historische Defizit auf künstlerischem Gebiet durch eine möglichst enge Partizipierung am maßgeblichen zeitgenössischen Kunstleben wett zu machen.
Daß dieser Wunsch der aufstrebenden Stadt nach einem architektonischen Neubeginn, der die fehlende Tradition ausgleichen sollte, für Fürth auch noch in einer Zeit charakteristisch blieb, in der andere Städte im Zeichen des fortgeschrittenen Historismus verstärkt darauf hinarbeiteten, ihre lokalen künstlerischen Traditionen zu erneuern[735], zeigt eine vom Stolz auf die zeiteigenen städtebaulichen Leistungen geprägte Beschreibung der Stadt aus den siebziger Jahren des Jahrhunderts:
"Vergeblich sucht das Auge nach ergrauten Steingebilden, dem Treibhause einer eng geschlossenen Erbaristokratie des mittleren Bürgertums entsprossen, aber genug andere Produkte der Religiosität und des beharrenden menschlichen Fleißes, Fortschrittes, Bürgersinns und Gemein-Geistes begegnen ihm, ausgeprägt in stattlichen Kirchen, Gemeinde- und Wohngebäuden, dann Fabriken mit ihren dampfenden Schlöten; schön geformte Brücken beherrschen die Übergänge der durch ihre Wasserkräfte tributpflichtig gemachten Rednitz- und Pegnitzflüsschen, und jeder Pfiff der vorbeifahrenden Lokomotive ruft Deutschland frohlockend zu: dort seht ihr des größern Vaterlandes erste Eisenbahn."[736]

Die Bauaufgabe "Rathaus" in ihrer politisch-gesellschaftlichen Funktion beinhaltete für die Stadt Fürth aber auch die Frage der städtebaulichen Akzentsetzung. Ein geeigneter Bauplatz mußte sich also nicht nur durch eine in verkehrstechnischer Hinsicht günstige Lage auszeichnen, sondern wurde von Anfang

an unter ästhetisch-repräsentativem Aspekt betrachtet.
Da der alte Marktplatz und das mittelalterliche Zentrum um die
Michaelskirche bereits seit den barocken Stadterweiterungen im
18. Jahrhundert an den westlichen Stadtrand gerückt waren, mußte nun eine andere Stelle innerhalb des Stadtgebiets gefunden
werden, die geeignet war, die Funktion eines kommunalen Stadtzentrums zu übernehmen.
Unter den drei zur Diskussion stehenden Grundstücken[737] schied
der Dreikönigsplatz als "irreguläres Viereck ... für jeden Bau
von irgend einer Bedeutung und Höhe besonders wegen der diesen
überdem beengten und ungleichen Platz von drei Seiten ... umgebenden Wohngebäuden höchst ungeeignet"[738] von vornherein aus.
Von den beiden anderen Vorschlägen, dem Holzmarkt und dem königlichen Mautgarten, zeigt vor allem der letztgenannte, in
welch hohem Maße diese erste Planungsphase des Rathauses von
den optimistischen Vorstellungen der ersten Stunde geprägt
war.
So beruhten die Überlegungen, diesen, ebenfalls am Stadtrand,
doch im Osten nach Nürnberg zu gelegenen "von allen Seiten
mit großen und schönen Gebäuden (umgebenen) und auf vier Seiten frei (stehenden)"[739] Platz von der katholischen Gemeinde
Fürths[740] gegen Bereitstellung eines anderen Grundstückes für
den geplanten Kirchenbau zu erwerben, auf der Hoffnung, daß
"die Stadt sich ohnehin in jedem Jahr in der Richtung gegen
Nürnberg hin vergrößert, und sohin die Stelle, welche jetzt
den Eingang der Stadt bezeichnet, in 30-40 Jahren gar füglich
die Mitte abgeben kann."[741]
Erst die Weigerung der Katholiken, den Platz zur Verfügung
zu stellen und das Bemühen der Gemeindebevollmächtigten, die
idealistischen Argumente des Stadtmagistrats durch eine realistischere Schau zu ersetzen[742], führte dazu, die Möglichkeit
dieses Bauplatzes nicht weiter zu verfolgen, so daß schließlich nur noch der von seiner städtebaulichen Situation her
prädestiniert scheinende und auch von der Kreisregierung befürwortete Holzmarkt im jüdischen Wohn- und Geschäftsviertel der
Stadt übrig blieb.
Der eigentliche Bauplatz sollte im wesentlichen die Fläche des
abzureißenden Realschulgebäudes einnehmen, doch hätte der Rathausbau wegen seiner Größe die Überbauung von vier angrenzenden,

bebauten Grundstücken jüdischer Anlieger notwendig gemacht.[743]
Der aus dieser Sachlage resultierende achtjährige Rechtsstreit
zwischen den jüdischen Einwohnern Fürths und der Stadtverwaltung, der letztlich dazu führte, daß auf Einspruch der Fürther
Judenschaft[744] der geplante Bau trotz seines anerkannt "ausgezeichnet schönen Planes"[745] und trotz der bereits in Auftrag
gegebenen Gedenkmünzen für die Grundsteinlegung[746] vorläufig
nicht zustande kam, soll hier nur insofern erwähnt werden, wie
er den dem Rathausbau verstärkt zugrunde liegenden bürgerlichen
Symbolwert in seiner zeit- und klassenbedingten Problematik
darstellt.

Obwohl die Juden in Fürth seit dem 15. Jahrhundert einen relativ gesicherten Freiraum vorfanden, der ihnen durch verschiedene Erlässe immer wieder bestätigt wurde, zeigte sich gerade
am Maßstab des bürgerlichen Egalitätsanspruches, wie er im
Sinne des "Gemeinwohls" im Zusammenhang mit dem Fürther Rathausprojekt immer wieder bemüht wurde, die diskriminierende
Mißachtung dieser, für die ökonomisch-politische Stellung der
Stadt unentbehrlichen Randgruppe.[747]
Ein im Jahre 1766 erlassener "Vergleichsrezess zwischen der
Christengemeinde und der Judenschaft zu Fürth" brachte den
Juden die Sicherung ihres Wohn- und Geschäftsbereiches, indem
er dieses Gebiet der Stadt der gemeindlichen Verfügung entzog.[748]
Die völlige Ignorierung dieser, auch durch die neue Gemeindeverfassung nicht aufgehobenen Garantie von Seiten der Stadtverwaltung durch den gewählten Bauplatz für das neue Rathaus,
forderte die Betroffenen heraus, sich betont unnachgiebig auf
ihre Recht zu berufen; denn "auf diese Weise würde bei der
Herstellung eines Baues, welcher zur Beratung über das Wohl
aller Gemeindeglieder bestimmt ist, mit der Vernichtung des
Wohlstandes von einzelnen Gemeindegliedern begonnen, was' allen
Grundsätzen des Rechts und der Billigkeit widerspricht."[749]
Diesem zentralen Angriff auf die eigene Ideologie wußte die
Stadtverwaltung nur durch massive Polemik[750] entgegenzutreten,
und da eine eindeutige Rechtslage nicht bestand[751], konnten
die hieraus entstehenden, vor Gericht ausgetragenen Streitigkeiten erst nach acht Jahren aufgrund beidseitiger Kompromißbereitschaft beigelegt werden. Die jüdischen Einwohner Fürths

verzichteten endgültig auf ihre mit jenem Rezess von 1766
zugesicherten Rechte[752], die Stadtverwaltung hingegen sicherte zu, "daß die Grenzlinien des gegenwärtigen Realschulgebäudes für den Neubau gegen den Holzmarktplatz in keinem Fall
überschritten ... werden sollen."[753]

5.2. Die zweite Planungsperiode von 1832-1840 und die Zeit
     der Bauausführung von 1840-1850[754]

Als zu Beginn der dreißiger Jahre des Jahrhunderts die zunehmende Industrialisierung und die durch die Eröffnung der Ludwigseisenbahn erfolgte Eingliederung Fürths in ein leistungsfähiges Verkehrssystem zu den Ursachen einer Steigerung der
ökonomischen Potenz der Stadt wurden, die nun hinter Nürnberg
den zweiten Platz einnahm[755], trat das Rathausprojekt erneut
nachdrücklich in das Licht des allgemeinen Interesses.
So erging von seiten der Kreisregierung in Ansbach in einem
Schreiben vom 7. Januar 1832 die Aufforderung, "die unentschiedene Frage über den Bau eines neuen Rathauses endlich zur Entscheidung zu bringen"[756], aber auch die Stadt Fürth selbst war
um eine rasche Realisierung des Bauvorhabens bemüht - nicht
zuletzt, um mit einem eigenen Rathaus nach außen hin der immer
wieder gefährdeten Selbständigkeit Fürths gegenüber den Integrationsbestrebungen Nürnbergs Nachdruck zu geben.[757] Es blieb
also auch für die zweite Planungsphase des Fürther Rathauses
eine starke Betonung des repräsentativen Elements erhalten,
die schließlich auch für den ausgeführten Bau bestimmend wurde.
Mit der genannten ökonomischen und politischen Situation der
Stadt Fürth stand die Stilwahl des zu erbauenden Rathauses im
direkten Zusammenhang. Die klare Entscheidung für die Neurenaissance wurde zum unverkennbaren Ausdruck einer kommunalen
Selbstdarstellung, deren Grundlinien gleichermaßen bestimmt
waren von der neuen ökonomischen Situation des städtischen
Bürgertums und den Separationsbestrebungen gegenüber der traditionsreichen, mächtigen Nachbarstadt.
So zeigt einerseits die enge Anlehnung der meisten Entwurfszeichnungen für das Fürther Rathaus an den italienischen Stadtpalast und der deutliche Hinweis des ausgeführten Baues auf das

Vorbild der in der bürgerlich-städtischen Entwicklung führenden Stadt Italiens, den Palazzo Vecchio in Florenz, zeigt den hohen Anspruch des Projekts, dessen Aufgabe es war, im Medium der Architektur der neuen wirtschaftlichen Potenz und dem daraus erwachsenden politischen Anspruch der jungen Stadt assoziativ eine historische Dimension zu verleihen, die im Selbstverständnis der Zeit über das rein Plakative hinaus, legitimierende Funktion übernehmen sollte.
Andrerseits ist das während der langen Planungszeit zum Fürther Rathaus durchgängige Vermeiden jeglicher gotisierenden Architekturformen zweifellos unter dem Aspekt der Abgrenzung gegenüber der Nachbarstadt Nürnberg zu sehen, die gerade in dieser Zeit bemüht war, ihre eigene mittelalterliche Tradition neu aufleben zu lassen. Eine derartige Wertung der ausschließlichen Anwendung renaissancistischer Formelemente scheint umsomehr gerechtfertigt, als rein historisierende Rezeptionskriterien die Übernahme mittelalterlicher Formen für einen Rathausbau mit dem Blick auf nordische Stadttraditionen durchaus nahegelegt hätten.[758]

Der hohe politisch-gesellschaftliche Symbolwert, den das Fürther Rathausprojekt auch außerhalb des rein städtischen Interessenbereichs besaß,[759] darf letztlich als Grund dafür angesehen werden, daß sich, trotz größter finanzieller Belastung der Stadtverwaltung, kostensparendede Planänderungen nie durchsetzen konnten, sobald sie die Monumentalität des Baues in Frage stellten.
So wurde auch der vorübergehend gefaßte Plan wieder aufgegeben, im Interesse einer Senkung der Baukosten auf einen Neubau zu verzichten[760] und das ehemals ansbachische Administrationsbebäude, das mittlerweile als Gasthof "Zum Brandenburgischen Haus" genutzt wurde, vorwiegend durch innere Umbauten den neuen städtischen Bedürfnissen anzugleichen. Mit dem Hinweis auf die Unvereinbarkeit dieses 1692-1697 entstandenen barocken Baues mit dem zeiteigenen Anliegen wurde im April 1836 seitens der Kreisregierung dieser Plan abgelehnt: "Die Umgestaltung desselben in ein solides Rathaus bleibt ... unerreichbar. Von einem würdevollen Äußeren als Rathaus kann ... gar nicht die Rede sein, es ist und bleibt in dieser Beziehung ein wohnliches

Privathaus. ... Sein Äußeres würde in keinem Fall den nötigen
Charakter eines Rathauses erhalten."[761]
Dieser eindeutigen Stellungnahme der Kreisregierung, die auch
Ausdruck des starken staatlichen Interesses an leistungsfähigen Städten im eigenen Einflußbereich war,[762] schlossen sich
im darauffolgenden Jahr auch die, zunächst aus finanziellen
Erwägungen heraus noch zögernden städtischen Verantwortlichen
an.[763] Sie beschlossen einstimmig, "daß die vorder fronte des
Mößner'schen Hauses[764] eingelegt und auf derselben ein neues
Rathaus mit einem massiven zur Wächterswohnung bestimmten Turm
versehen werden soll."[765]
Mit diesem Beschluß, vom Februar 1837, der gleichzeitig die
Frage nach dem geeigneten Bauplatz endgültig beantwortete, war
vierzehn Jahre nach dem ersten konkreten Schritt zum Rathausneubau die Phase innerhalb der Planungsgeschichte erreicht,
die als unmittelbare Vorstufe zu dem drei Jahre später begonnenen Bau bezeichnet werden kann.
Sie setzte ein mit der Vergabe von Aufträgen zu einem "neuen,
dem Lokalverhältnisse mehr entsprechenden Bauplane"[766], der
den inzwischen veralteten Ausführungsplan Brüger/Klenze aus
dem Jahre 1825 ablösen sollte. Daß dabei zunächst die Wahl
auf den Nürnberger Architekten Leonhard Schmidtner fiel[767],
mag wohl einen Grund darin haben, daß dieser sich der Stadt
durch den 1830 errichteten Neubau des Burgfarrnbacher Schlosses bei Fürth als "vorzüglicher Architekt"[768] empfahl; stimmig
im Sinne der oben dargelegten Separationsbestrebungen Fürths
wäre sicherlich auch die Überlegung, daß man sich mit Schmidtner, einem Schüler Karl von Fischers, nicht ohne Absicht an
den führenden "Klassizisten" unter den Nürnberger Baumeistern
wandte, der in seiner eigenen Stadt ständig in Konfrontation
mit den Vertretern der mittelalterlich-gotisierenden Richtung
stand.
Ein weiterer Planauftrag erging mehr oder minder mittelbar an
den Architekten und Baupraktikanten Köppel in Nürnberg, von
vornherein unter der Bedingung, "sich hierwegen mit dem bestehenden Vereine von Baukünstlern in Benehmen (zu) setzen"[769],
der unter der Leitung Friedrich von Gärtners in dem Münchener
Architektenverein entstanden war. Dort sollte zudem ein Wettbewerb ausgeschrieben werden mit dem Ziele, weitere Entwürfe

für den Rathausneubau zu erhalten. Wie in der ersten Planungsperiode mit dem Fassadenplan Klenzes erfolgte so erneut eine Einflußnahme auf das Fürther Projekt von seiten der Münchener Baubehörde; doch während es sich damals um eine Maßnahme der übergeordneten Stelle gehandelt hatte, deren Absicht es war, den auf künstlerischem Gebiet indifferenten Stadtverantwortlichen Richtlinien zu geben, die dann von dieser Seite aus der eigenen Unsicherheit heraus auch bedingungslos akzeptiert wurden, war das Vorgehen der Stadt Fürth im Jahre 1837 Zeichen eines neuen Selbstverständnisses, aus dem die Rolle der Kunst als Vehikel bürgerlicher Emanzipation im 19. Jahrhundert nicht mehr wegzudenken ist.
Denn die Auflage, das zu erbauende Rathaus zum Gegenstand eines Wettbewerbs im Architektenverein einer der maßgeblichen Kunstmetropolen der Zeit zu machen, zeugt von einer neuen, bewußten Einbeziehung der Kunst in die städtische Selbstdarstellung[770], indem die architektonische Realisierung des "ersten aller öffentlichen Gebäude"[771] auf diese Weise direkt an den aktuellen Kunsttendenzen orientiert werden sollte.[772]
Gleichzeitig gewann nun auch der städtebauliche Aspekt des Neubaus in dieser zweiten Planungsphase an Bedeutung, wobei es in erster Linie das Anliegen der Stadtverwaltung war, durch eine geschickte architektonische Akzentsetzung das Gesamtbild der Stadt zu ästhetisieren.[773]
Für den Rathausbau selbst wurde von der Baukommission unter dem Titel "Wesentlichste Erfordernisse des zu erbauenden Rathauses für die Stadt Fürth, bei dem Entwurfe des Bauplans zu berücksichtigen"[774] ein Programm entworfen, das neben einer Aufstellung der räumlichen Bedürfnisse der Stadtverwaltung auch eine Vorstellung von der gewünschten architektonischen Realisierung des Neubaus geben sollte.
Ohne jedoch direkt auf die architektonisch-künstlerische Gestaltung einzugehen, die "dem Ermessen des Baumeisters anheimgestellt"[775] bleiben sollte, forderte man lediglich die Aufführung des Baus in drei Geschossen, deren unterstes deutlich als Sockelzone auszugrenzen war und zusätzlich die Errichtung eines Rathausturmes. Im Hauptbau sollte die Sicherheit und Wehrhaftigkeit ausdrückende Sockelzone die Archiv-, Wach- und Kassenräume des auch als Stadtarchiv, Polizeiwache und Gefäng-

nis zu nutzenden Rathauses beherbergen, während der im ersten
Obergeschoß gelegene Magistratssaal an der Außenfassade durch
einen vorgelagerten Balkon betont werden sollte. Im Rathausturm waren neben der Wohnung des Türmers auch die Arresträume
vorgesehen.
Diese Aufstellung zeigt die Stilwahl für das Fürther Rathaus
eindeutig von inhaltlich-funktionalen Kriterien bestimmt. Der
Rückgriff auf das klar gegliederte, auf auffällige Schmuckformen verzichtende Architektursystem der italienischen Frührenaissance sollte ohne großen formalen Aufwand die innere
Bestimmung des Gebäudes nach außen sichtbar werden lassen und
somit den Fürther Neubau an den seit Durand formulierten Grundprinzipien bürgerlicher Architekturtheorie ausgerichtet, als
ein zweckorientiertes, auf kostspieliges Dekor verzichtendes
Gebäude kennzeichnen.

Abb. 52
Der erste in der zweiten Planungsphase ausgearbeitete Rathausentwurf wurde am 20. April 1837 von Köppel der Baukommission
vorgelegt. Mit dem Hinweis, "daß sowohl die Tiefe des Gebäudes, als auch die innere Einteilung der Zimmer ... den Erwartungen nicht vollkommen genügen"[776], wurde er jedoch sofort
zurückgestellt, wofür sicherlich nicht zuletzt auch die eintönige, von provinziell-klassizistischen Zügen geprägte Fassade ausschlaggebend gewesen sein dürfte. Dieses Kriterium
erscheint auch deshalb naheliegend, weil der wenige Tage spä-

Abb. 53
ter eingereichte Plan des Nürnberger Architekten Schmidtner
ausdrücklich aufgrund seiner "vollkommen entsprechenden äußeren Fassade"[777] dem ersteren vorgezogen wurde.
Dieser Rathausentwurf Schmidtners unterschied sich grundlegend
von den vorangegangenen Plänen Brügers, Klenzes und Köppels,
indem hier erstmals die in allen bisherigen Vorlagen beibehaltene traditionelle Lösung profaner Monumentalbauten des Klassizismus, das durch gleichförmige Fensterachsen klar gegliederte Risalithaus, aufgegeben wurde und durch eine einheitliche historisierende Gesamtkomposition ersetzt, die sich eindeutig am italienischen Vorbild der Renaissance orientierte.
Das Rathaus bestand aus zwei rechtwinklig zueinanderstehenden
Gebäudetrakten entlang den das Baugrundstück begrenzenden
Straßenzügen der Brandenburger- und der Frankfurter (heute:

Königs-) Straße, über deren Schnittpunkt sich der von Anfang an seitens der Auftraggeber als "absolut notwendig"[778] geforderte Turm erhob. Die beiden Straßenfassaden, deren drei Geschosse durch kräftige horizontale Gesimsstreifen voneinander getrennt waren, zeigten in ihren Gliederungselementen eine direkte Orientierung am toskanischen Stadtpalast des 15. Jahrhunderts. Die gleichmäßigen Reihen zweigeteilter Fenster mit übergreifenden, von rundbogigem Maßwerk durchbrochenen Tympana, wie sie von Albertis Palazzo Rucellai her bekannt waren, wurden jeweils zu beiden Seiten von einer den Steinschnitt der Wandflächen an Plastizität übertreffenden Eckrustika gerahmt. Die drei zentralen Achsen beider Fassaden wurden darüberhinaus im ersten und zweiten Obergeschoß durch flache Wandpilaster hervorgehoben, mit denen Schmidtner ebenfalls dem Florentiner Vorbild folgte. In den Portalzonen hingegen löste er sich vom historischen Bestand, indem er auch hier rundbogige Öffnungen verwendete. In ihren klaren, durch eine keilsteinförmige Verdachung betonten Bogenführungen besaßen sie aber dennoch gegenüber den Säulenportiken der ersten Planungsphase eine eindeutig neurenaissancistische Wertigkeit.
Auch in der Behandlung des Rathausturmes unterschied sich der Entwurf Schmidtners von seinen Vorgängern. Während dieser in der Planzeit Brüger noch als primär funktional bedingte Zutat dem Hauptgebäude zwar "ohne Störung der Symmetrie desselben"[779] zugeordnet sein sollte, doch "rücksichtlich seiner Bauart vom Stile des Hauses sichtbar (unterschieden) und dieses nur als Anlehnungspunkt (berührend)"[780] gefordert wurde und auch beim Entwurf Köppels vom Architekten zunächst als lästige, störende Zutat empfunden wurde[781], war er nun durch seine Lage über dem Schnittpunkt der beiden Gebäudetrakte bereits kompositorisch völlig in die Gesamtanlage integriert. Aber auch in seiner künstlerischen Gestaltung nahm er die in den Fassaden vorgegebenen Elemente wie Rundbogen, Eckrustika, Kranzgesims und Balustraden ebenso auf wie die Behandlung der Wandflächen durch den gequaderten Steinschnitt, so daß der von Schmidtner vollzogene Schritt zu einer geschlossenen Gesamtkonzeption im Sinne der Neurenaissance hier besonders deutlich wurde.
Vergleicht man nun aber den Rathausentwurf Schmidtners mit sei-

nem historischen Vorbild, dem Palazzo Rucellai in Florenz,
so zeigt es sich, daß es dem Architekten mit diesem neurenaissancistischen Projekt auch hier in keiner Weise um das
Kopieren eines vorhandenen Originalbaus zu tun war. Vielmehr
sollte, im Rückgriff auf die Architektur der vorbildhaft gesetzten Zeit, ein eigenständiges Bauwerk geschaffen werden,
für das historische Zitate primär wegen des ihnen unterlegten
Symbolwerts verarbeitet wurden, nicht aber zum Ausgleich fehlender schöpferischer Fähigkeiten des Architekten. Das Fürther
Rathausprojekt Schmidtners erhielt so durch die Assoziation
eines florentiner Stadtpalasts des 15. Jahrhunderts eine eindeutige ikonologische Assage im Sinne bürgerlich-neurenaissancistischer Architekturtheorie.
In der künstlerischen Realisierung dieser Programmatik bewegte
sich Schmidtner auf einer stilistischen Stufe, auf der die
klassizistische Tradition zwar noch nicht völlig überwunden
war, auf der sie jedoch bereits eindeutig hinter der angestrebten historisierenden Wertigkeit zurücktrat.
So wurde die Wahl des Palazzo Rucellai als architektonisches
Vorbild sicherlich nicht zuletzt von dem dort vorgegebenen,
nur in der Draufsicht gegliederten Steinschnitt und den plastisch kaum hervortretenden Wandpilastern bestimmt, da eine
derart flächige Wandstruktur dem Formempfinden des Klassizismus näher stand als die kräftig hervortretende, unregelmäßige
Rustizierung etwa des Palazzo Medici. Um dennoch den geforderten wehrhaften Charakter des Sockelbaus zu evozieren, verzichtete Schmidtner im Erdgeschoß, das die Wach- und Archivräume
enthalten sollte, auf eine Gliederung durch Wandpilaster, wie
sie der florentiner Bau auch dort zeigt. Daß eine Anwendung
dieser zusätzlichen Schmuckform dem Architekten der frühen
Neurenaissance darüberhinaus nur dort gerechtfertigt erschien,
wo es galt, einen von seiner Bestimmung her ausgezeichneten
Bauteil des Inneren am Außenbau sichtbar werden zu lassen,
zeigt die Beschränkung der Pilastergliederung auf die drei
Mittelachsen vor den zentralen Ratsälen, wo sie gleichsam als
Übertragung des Mittelrisalits früherer Entwürfe in das neue
Architektursystem angesehen werden kann.
Als auffälliges Relikt aus der Formensprache repräsentativer
Profanbauten der unmittelbaren Vergangenheit blieb lediglich

der im Bauprogramm der Auftraggeber geforderte Balkon vor
den Sälen im Obergeschoß bestehen, der sich der gleichförmig-
geschlossenen Fassadenwirkung dieser frühen neurenaissancistischen Architektur nur schwer einfügte. Die dennoch erreichte
Einheitlichkeit der historisierenden Gesamtkomposition ver-
dankte der Entwurf Schmidtners letztlich der über das Renaissancevorbild hinausgehenden Übertragung der Einzelform des
Rundbogens auf alle Tür- und Fensteröffnungen, mit der Schmidtner dem typischen Bestreben des historisierenden Architekten
folgte, das stilistische Vorbild der Vergangenheit purifizie-
rend zu vervollkommnen.

Dieser Entwurf, der nach künstlerisch-ästhetischen Kriterien
den Bauherren voll entsprochen hätte, wurde jedoch aus wirtschaftlichen Erwägungen heraus weiteren Diskussionen unterzogen, da der erforderliche finanzielle Aufwand vielen zu groß
erschien "für eine Gemeinde, welche sich durch den Bau eines
Hospitals, eines Schulgebäudes, einer Brücke, einer Kirche
eine schwere Schuldenlast aufgebürdet hat"[782].

Inzwischen waren aber in Fürth auch die drei als "preiswürdig"
erkannten Entwürfe des im Münchener Architektenverein unter
der Leitung Friedrich von Gärtners veranstalteten Rathauskon-
kurrenz eingetroffen.[783] Diese aus achtzehn eingereichten Arbeiten ausgezeichneten Entwürfe der Architekten Friedrich[784]
Bürklein, Wilhelm Waser und Carl Tappe sind in ihrer Formensprache alle der von Gärtner und seiner Schule ausgebildeten
Münchener Ausprägung der Neurenaissance zuzuordnen, wenngleich
ihr qualitativer Rang den geringen Anreiz zu bestätigen scheint,
den das Projekt eines Provinzrathauses für die hauptstädtische
Architektenschaft ausgeübt haben mag.

Diese stilistische Einheitlichkeit, die zum Teil sicherlich
auf die Forderungen des städtischen Bauprogramms nach Dreigeschossigkeit, einer deutlich gekennzeichneten Sockelzone,
dem Freibalkon und einem Rathausturm zurückzuführen ist, zeigt
aber auch, daß die Neurenaissance zu dieser Zeit unter den historisierenden Stilformen bereits eindeutig bürgerlichen Bauaufgaben zugeordnet wurde. Das Fürther Rathaus kann somit als
typisches Beispiel jener zweiten Phase neurenaissancistischer
Architektur gelten, in der der architektonische Rezeptions-

vorgang deutlich vom gesamtgesellschaftlichen Stellenwert des zu errichtenden Gebäudes bestimmt wurde.

Abb. 54

Unter den drei vorgelegten Arbeiten zeigte der drittplazierte Entwurf Carl Tappes[785] neben einer recht unbeholfen anmutenden ornamentalen Ausgestaltung der Fassade auch die geringste Sicherheit in der stilistischen Charakterisierung des Gebäudes. In der Gesamtanlage des Rathauses folgte Tappe - wie schon Schmidtner - den angrenzenden Straßenzügen, und auch der Turm war wiederum über dem Schnittpunkt der beiden rechtwinklig aufeinandertreffenden Flügel konzipiert. Mit seinem abschließenden zinnenbekrönten Kranzgesims und einer weiteren in Dachhöhe der Seitentrakte umlaufenden Galerie stellte er zwar den Rathausentwurf eindeutig in die Tradition der Bürgerstolz und städtische Repräsentation prototypisch verkörpernden italienischen Stadtpaläste des 14. Jahrhunderts, doch die insgesamt verwendeten architektonischen Einzelformen und eine starke Betonung vertikaler Gliederungselemente zeigen noch wenig Selbständigkeit in der Behandlung der neurenaissancistischen Formensprache.
So wurden die mittleren drei Achsen des Seitentraktes durch einen flachen, mit abgetrepptem Spitzgiebel abgeschlossenen Risalit betont, der zudem mit einer Rosette im Giebelfeld und einer Vierpaß-Balustrade am Balkon vor dem Magistratssaal wesentlich von neumittelalterlichen Architekturelementen bestimmt wurde. Auch die kräftige horizontale Fassadengliederung durch das rustizierte Sockelgeschoß, die trennenden Gesimsstreifen der beiden Obergeschosse und das schwere abschließende Kranzgesims wurde von den vertikalen, den Risalit begrenzenden Mauerstreifen durchzogen, bzw. überlagert, wodurch die Gesamtkomposition ebenfalls an stilistischer Eindeutigkeit verlor. Der Entwurf Tappes erhielt somit seine neurenaissancistische Wertigkeit vornehmlich aus einer eklektischen Anwendung typisierender Einzelformen, deren eigenständige Übertragung aus der historischen Formensprache in den neuzeitlichen Entwurf aber noch nicht erfolgt war.

Abb. 55 56

Mit dem zweiten Preis ausgezeichnet wurde ein Entwurf des Architekten Wilhelm Waser (1811-1866).[786] Auch hier stießen

zwei rechteckige Gebäudeflügel winklig aneinander, doch der
Turm befand sich erstmals, wie beim später ausgeführten Bau,
über der Mitte des Traktes an der Brandenburger Straße. In
den über die vorgeschriebenen Gestaltungselemente hinaus verwendeten architektonischen Einzelformen der mit Renaissance-
maßwerk versehenen Rundbogenfenster, der rundbogigen, von
keilsteinförmig angeordneten Quadern übergriffenen Portale
und der drei Fassadenkompartimente ausgrenzenden vertikalen
Rustikastreifen unterschied sich dieser Entwurf Wasers wenig
von dem seines Mitbewerbers Tappe, doch zeigten die Fassaden-
risse insgesamt bereits eine weit größere Sicherheit in der
Anwendung neurenaissancistischer Architekturprinzipien.
Die der Frankfurter Straße zugewandte Hauptansicht des Rathauses bot einen klar gegliederten, in sich geschlossenen Baukörper, bei dem trotz der geschoßübergreifenden Rustikastreifen
die Horizontalen mit einer streng auf das Erdgeschoß beschränkten, durch gröberen Steinschnitt hervorgehobenen Sockelzone und
deutlich akzentuierenden Gesimsstreifen überwogen. Zudem verzichtete Waser völlig auf gotisierende Einzelformen, wie sie
als Zinnenkranz und Maßwerkdurchbrüche in den Entwurf Tappes
aufgenommen worden waren, so daß lediglich ein flacher fünf-
achsiger Mittelrisalit an der Hauptfassade und ein hohes Walmdach noch als konservative Gestaltungsmittel eine eindeutig
neurenaissancistische Gesamtwirkung beeinträchtigten.

Abb. Erst in dem Siegerentwurf Friedrich Bürkleins (1813-1872)[787]
57 wurde auch auf diese letzten aus dem Klassizismus übernommenen
58
59 Architekturelemente verzichtet und so die unter den Münchener
Entwürfen bislang weitestgehende Realisierung der Prinzipien
einer bürgerlichen Neurenaissance erreicht. Auch in den verwendeten Einzelformen der Fenster, der Gesimse und des Freibalkons wurde jetzt die bislang vorhandene dekorative, zum
Teil an konkrete Bauvorbilder erinnernde Ausgestaltung durch
Maßwerk oder ornamentale Profilierungen aufgegeben und durch
eine den spezifisch bürgerlichen Gehalt der neurenaissancistischen Formensprache betonende, rein funktionale Typisierung
der Stilmittel ersetzt.
Es entstand so das Bild eines anonymen Stadtpalasts, der -
wie seine Prämierung zeigt - eben aufgrund seiner Anonymität

einerseits und seiner Typisierung andrerseits, die beiden
Hauptforderungen neurenaissancistischer Architektur in der
ersten Hälfte des 19. Jahrhunderts bestmöglich erfüllte.
Der Verzicht auf direkte Übernahmen konkreter historischer
Einzelformen verhinderte den Vorwurf willkürlicher Nachahmung
und Entwurzelung regionaler Eigenarten, während die stilistische Eindeutigkeit der Gesamtkonzeption, die nun durch eine
sichere zeiteigene Typisierung erreicht wurde, dennoch die im
historisch-gesellschaftlichen Bereich verankerten Rezeptionskriterien manifestierte.

Der Stadtverwaltung lagen nunmehr zusammen mit den Plänen
Schmidtners und Köppels fünf Alternativentwürfe zur Entscheidung vor.[788] Zwischen den beiden Gremien des Stadtmagistrats
und der Gemeindebevollmächtigten konnte jedoch keine Einigung
erzielt werden, da die Gemeindebevollmächtigten in ihrer Funktion als die dem Magistrat für bestimmte Fälle beigeordnete
Bürgervertreter[789] jedem der fünf Projekte ihre Zustimmung
verweigerten mit der Begründung, sie seien zu kostspielig.
Sie forderten den Verzicht auf die symbolhafte Monumentalität
des Baues[790] zugunsten eines weniger aufwendigen und deshalb
ohne weitere Verzögerung realisierbaren Rathausplanes, während
der Magistrat neben der Zweckorientierung weiterhin die politische Repräsentativfunktion des Gebäudes gewahrt wissen wollte:
"In einer Stadt, wo die Baulust der Einwohner so schöne Resultate zu Tage fördert, wo alle Jahre so viele Neubauten in der
geschmackvollsten Form ins Leben treten, wird doch wohl das
Rathaus - das erste aller öffentlichen Gebäude _ nicht anderen
Privatbauten nachstehen sollen und mithin wären - spräche es
sich nur von äußerer Verschönerung und nicht von einem wahren
Bedürfnisse - gewiß kein haltbarer Grund des Rücktritts vorhanden."[791]
Im September 1837 entschloß sich so die Stadtverwaltung Fürth
aufgrund dieser Unstimmigkeiten, die Entscheidung über den
Ausführungsplan zunächst an das königliche Ministerial-Baubüro
in München weiterzugeben[792], wodurch sich die endgültige Festsetzung des Ausführungsprojekts noch bis zum Frühjahr des folgenden Jahres hinzog.

Während dieser Zeit aber scheint noch ein weiterer Rathausentwurf in Fürth zur Vorlage gekommen sein, der als Planzeichnung zwar nicht mehr faßbar ist, als dessen Urheber jedoch aufgrund des Aktenmaterials Friedrich von Gärtner selbst angenommen werden muß.
Diese These ergibt sich sowohl aus den Aufzeichnungen über den Ablauf der Geschehnisse im Mai 1838, wie sie auch von künstlerisch-stilistischer Seite nicht widersprüchlich erscheint.
Eine Niederschrift des zweiten Bürgermeisters der Stadt Fürth, Schönwald, vom 8. Mai 1838 berichtet von einer an diesem Tag zwischen ihm und dem auf der Durchreise nach Bad Kissingen befindlichen Friedrich von Gärtner erfolgten Übergabe eines w e i t e r e n Bauplanes für das zu errichtende Rathaus. Die entscheidenden Zeilen lauten:
"Aus besonderem freundschaftlichem Verhältnisse ist es geschehen, daß der königliche Oberbaurat Herr Ritter von Gärtner, sich unserer Rathausangelegenheit auf das wirksamste angenommen und in dieser Folge mir heute Nachmittag bei seiner Durchreise nach Kissingen die beifolgenden Rathauspläne mit der Eröffnung behändigt hat, daß weder die diesseitigen noch der von dem königlichen Civil Bauinspektor Ziebland gefertigte Bauplan die Genehmigung Sr. Majestät des Königs erhalten, dagegen der von ihm, Friedrich von Gärtner, aus Allerhöchstem Auftrag gefertigte, schwarz lithogaphierte Plan, den Beifall Sr. Majestät unter der allerhöchsten Meinung gefunden habe, diesen Plan dem Stadtmagistrat Fürth mitzuteilen, dessen Erinnerungen darüber zu erholen und diese demnächst Sr. Majestät vorzulegen."[793]
Abb. 60 61
Trotz der großen Ähnlichkeiten, die dieser dann in kürzester Zeit vom Stadtmagistrat, den Gemeindebevollmächtigten und der Kreisregierung in Ansbach gebilligte Plan - wie der später ausgeführte Bau zeigt[794] - mit dem preisgekrönten Entwurf Bürkleins aufzuweisen schien, läßt diese Aktennotiz erkennen, daß nun ein weiterer Planvorschlag in Fürth vorgelegen haben muß. Denn zum einen war er - wie Gärtner ausdrücklich erwähnte - auf eine erneute königliche Anordnung hin entstanden und zum andern wurde seine eben erst erfolgte Übergabe betont, wohingegen die Pläne des Wettbewerbs ja bereits im Juni 1837 bei

der Stadtverwaltung eingetroffen waren. Man darf daher annehmen, daß es sich bei dem ersten Entwurf zum Ausführungsplan des Fürther Rathauses um eine geringfügig modifizierte Überarbeitung des preisgekrönten Entwurfs Friedrich Bürkleins durch Gärtner handelte, die von Ludwig I. selbst in Auftrag gegeben wurde, um so den städtischen Bauherrn ein letztes Projekt vorzustellen, dem sie kraft der Autorität des Auftraggebers, wie der künstlerischen Urheberschaft durch Gärtner die Zustimmung nicht versagen konnten.

Seit dem Frühjahr 1838 ging dann die Bauplanung und -ausführung nach der "beifälligen Annahme durch die Stadtgemeinde Fürth"[795] an Friedrich Bürklein, den ersten Sekretär des Münchener Architektenvereins und engen Mitarbeiter Gärtners über,[796] so daß dieser mit allen folgenden Planänderungen, Kostenvoranschlägen und der Anfertigung von Baumodellen beauftragt wurde[797] und auch seit dem Baubeginn 1840 die Bauleitung übernahm.[798]

Die aus dieser Bauphase in den Rathausakten zahlreichen Zeugnisse einer Zusammenarbeit der Stadt Fürth mit dem ausführenden Architekten Bürklein konnten also den fälschlichen Eindruck erwecken, in diesem den alleinverantwortlichen Baumeister des ausgeführten Rathausbaus zu sehen.

Mit den Mitteln der Stilkritik ist die Frage der Zuschreibung des Entwurfs nur bedingt zu beantworten, da in dem Architektenkreis um Friedrich von Gärtner ein starker Schulzusammenhang bestimmend wurde, wie schon die drei ausgezeichneten Wettbewerbsarbeiten zeigten. Vergleicht man die drei Entwürfe, denen allen die Orientierung am italienischen Sockelhaus mit deutlicher horizontaler Gesimsgliederung, Streifenrustizierung und rundbogigen Fensteröffnungen gemeinsam ist, so wird von vornherein die große Ähnlichkeit mit den Bauten Gärtners augenfällig, insonderheit mit dem 1831 entstandenen Plan für die Staatsbibliothek in München, die sich zur Zeit der Fürther Planvorlage noch in Bau (1832-1843) befand.

Sieht man von den verkleinerten Ausmaßen des Fürther Rathausprojekts ab, so wird sowohl in den Einzelformen der rundbogigen, im Tympanonfeld von flachen, leicht überhöhten Keilsteinbögen umfaßten Fenster, wie im Gesamteindruck der Fassade mit

ihren drei gleichmäßig durchfensterten Geschossen, von denen
nur die Sockelzone durch drei zentrale Türbögen eine zusätzliche Gliederung erhielt, eindeutig auf Elemente des im Gärtnerbau vorgezeigten Typus des öffentlichen profanen Monumentalbaus zurückgegriffen. Der zur Ausführung bestimmte Plan für
das Rathaus zeigt so zwar den "von Herrn Oberbaurat von Gärtner (basiert auf das Studium der Antike) ins Leben gerufen(en)
von Sr. Majestät dem erlauchtesten Kunstkenner protegierten
Baustyl"[799], ohne daß damit eindeutig bestimmt wäre, ob der
Entwurf von Gärtner selbst oder von einem seiner Schüler
stammt.
Stellt man jedoch dem Rathausentwurf Bürkleins von 1837 und
der Münchener Staatsbibliothek von 1831 den nach dem Plan von
1838 ausgeführten Fürther Bau gegenüber, so wird es durchaus
glaubhaft, daß dem endgültigen Plan eine Bearbeitung durch
Gärtner selbst vorausging, indem die Übernahme wörtlicher Zitate vom Münchener Bau ein und denselben Architekten ausweisen könnten. Wie bei der Staatsbibliothek wird die Fassade
nun von zwei, in flachem Quaderwerk abgesetzten Eckstreifen
begrenzt, die die geschoßtrennenden Gesimse bis auf das die
Sockelzone abschließende überschneiden. Der dreibogige, balkontragende Portalvorbau erhielt durch den Verzicht auf die
breiten, geschlossenen Arkadenpfeiler des Bürkleinentwurfs
zugunsten einer säulenartigen Gewändearchitektur gestrecktere
Proportionen, die ebenfalls der Münchener Lösung näher kamen.
Durch diese Veränderungen wurde auch am Fürther Bau eine stärkere Betonung des Untergeschosses erreicht, das sich nicht,
wie in München, bereits durch die Steinbehandlung von der Gesamtfassade abhebt und somit der vorbildliche Typus des italienischen Sockelhauses im Gärtner'schen Sinne akzentuiert.

Nach einigen weiteren Planänderungen, die "ohne der Ästhetik
des Äußeren zu schaden"[800] die innere Raumaufteilung modifizierten, konnte nach der Wahl des Baumeisters Kapeller zum
städtischen Baurat[801], dem die technische Bauleitung übertragen war, im August 1840 unter der künstlerischen Oberaufsicht
Bürkleins[802] mit dem nördlichen Rathausflügel begonnen werden,
während über den östlichen Trakt an der Brandenburger Straße
weiterhin Unklarheit bestand.

Abb. 58 In dem Ausführungsentwurf wie in den Plänen Bürkleins war dieser Ostflügel nur mit fünf Achsen und dem daran vorerst abschließenden Rathausturm berücksichtigt worden, da die so entstehenden Räumlichkeiten den Bedarf decken konnten, während die Zielvorstellung eines zum Quadrat geschlossenen Rathauskomplexes oder zumindest eines zweiflügeligen Winkelbaus mit einem Mittelturm in der Ostfassade in einem späteren Bauabschnitt verwirklicht werden sollte.[803]
Diese Frage des Ostflügels war seit dem Jahr des Baubeginns, 1840, in lebhafter Diskussion. Auf der einen Seite standen die unter architekturästhetischem Aspekt Argumentierenden, die "im Hinblick auf die täglich wachsende Größe unserer Stadt und ihrer Einwohner" ein Gebäude forderten, "das sowohl rücksichtlich des architektonischen Stiles als auch ganz besonders in Beziehung auf Symmetrie den strengsten Forderungen der Kunst entspricht"[804], und somit ungeachtet der augenblicklichen Verwendbarkeit für eine sofortige Ausführung des Gesamtprojekts plädierten.[805]
Demgegenüber bestand bei den in dieser Frage durch den ersten Bürgermeister unterstützten Gemeindebevollmächtigten die Überzeugung, "daß eine Stadt, welche noch so viele Bedürfnisse hat sich nur auf das Notwendigste beschränken, jeden Überfluß aber, solange noch Notwendiges für sie zu tun ist, vermeiden soll."[806]
In dieser Auseinandersetzung konnte sich von Anfang an die erstgenannte Partei leichter durchsetzen, was erneut die während der ganzen Plangeschichte evident gewordene starke Betonung der politisch-gesellschaftlichen Symbolfunktion des Baues bestätigt.
So erfolgte bereits im Juni 1841 der Ankauf eines an den Bauplatz angrenzenden Privathauses, das "seiner geschmacklosen Bauart wegen einen widerlichen Eindruck erregt, weil es sich neben dem großartigen Rathauses sehr ärmlich ausnimmt"[807].
Gleichzeitig erging an Bürklein der Auftrag zu einer neuen Fassadenzeichnung des Ostflügels[808], da sich durch die Erweiterung des Grundstückes nach links um die Breite des angekauften Hauses eine Dezentrierung des Turmes ergeben hätte.
Der erste Vorschlag Bürkleins, den neu gewonnenen Platz durch "ein anderes, in einem mit dem Rathause homogenen Stile entworfenes Gebäude auszufüllen"[809], ohne den ursprünglichen Plan

des Rathauses zu ändern, und somit "fragliches Gebäude mit
dem Rathausbau in malerisch-schönen Einklang zu bringen, nicht
aber in "symmetrischen Einklang""[810], wurde von der städtischen
Baubehörde nicht akzeptiert.[811] Sie zeigte sich so in der Betonung der Symmetrie gegenüber der "stilreinen" Komposition
von Bauteilen im Sinne des Historismus in provinzieller Rückständigkeit noch deutlich den klassizistischen Normen repräsentiver Monumentalbauten verbunden.
Schließlich einigte man sich im März 1844 – trotz weiterhin
bestehender grundsätzlicher Bedenken von Gemeindebevollmächtigten und erstem Bürgermeister – auf die Ausführung des zweiten Entwurfs Bürkleins, in dem "das Äußerliche keine eigentliche Veränderung erlitten"[812] hatte, sondern der zusätzlich zu
überbauende Raum durch die Verlängerung der Fronten links und
rechts des Turmes um je eine Achse und die Verbreiterung des
Turmes selbst einbezogen wurde.

Zu diesem Zeitpunkt war der nördliche Rathaustrakt fast fertiggestellt. Bereits ein volles Jahr war der Innenausbau nach Plänen Bürkleins[813] im Gange, wofür vom Architekten Münchener
Künstler und Handwerker vorgeschlagen wurden, "da die Bildhauer hiesiger Gegend in diesem Style noch nicht gearbeitet
haben"[814]. Am 17. September 1844 wurde das Gebäude an der
Frankfurter Straße durch die städtische Behörde bezogen,[815]
im Oktober desselben Jahres war die Fundamentierung des östlich anschließenden Rathausflügels beendet.[816]
Obgleich sich die Stadtverwaltung mit diesem den tatsächlichen
Bedürfnissen, wie der herrschenden Finanzsituation entgegenstehenden Bauabschnitt des Rathauses den Vorwurf zuzog, "der
Magistrat habe wohl Geld zum Bauen, nicht aber dazu, um seiner
armen Bürgerschaft Brot zu verschaffen"[817], wurde für das Frühjahr 1845 die Grundsteinlegung festgesetzt. Dabei war man sich
durchaus bewußt, daß der anstehende Bau "zu großartig und zu
kostspielig" sei, und "auf ein Menschenalter die paratesten
Mittel, die weit nützlicher für andere dringende Gemeindebedürfnisse verwendet werden könnten und sollten"[818] in Anspruch
nehmen würde.
So zeigen ein Beschluß zur "Umgehung öffentlicher Feierlichkeiten zur Grundsteinlegung"[819] und ein erneuter – gleichwohl

vergeblicher - Antrag des ersten Bürgermeisters auf Baueinstellung im April 1847, der bei den Bürgern "die üblen Gesinnungen beschwichtigen"[820] sollte, daß die städtischen Behörden trotz drohender Stimmungen innerhalb der Bevölkerung nicht mehr bereit waren, von der repräsentativen Monumentalität ihres Rathauses Abstriche hinzunehmen. Damit aber deutet sich bereits der Wandel in der bürgerlichen Architekturpraxis an, der in der zweiten Hälfte des Jahrhunderts allgemein vollzogen die Bauszene beherrschte.

Zweckorientierung und Funktionsgerechtheit eines Gebäudes, sowie das "Bedürfnis" des Adressaten wurden nurmehr Vorwand dafür, mithilfe eindrucksvoller Architekturen den Aufstieg des Bürgertums zu dokumentieren. Mit dem Egalitätsprinzip seinen ursprünglichen Ausgangspunkt vergessend, bedeutete es für diese bürgerliche Gesellschaft keinen Widerspruch mehr, in aufwendigen Bauten und architektonischem Formenreichtum einen Wohlstand zu manifestieren, an dem wiederum nur eine privilegierte Schicht Anteil hatte.

Das "unter sorgfältiger Bemessung des wahren Bedürfnisses für den Dienst der Commune"[821] im November 1823 angegangene Rathausprojekt wurde so unter Mißachtung dieser Forderung siebenundzwanzig Jahre später zum überdimensionierten Denkmal der Stadt, dessen Fertigstellung nur durch die allzu einseitige Konzentration der finanziellen Mittel gewährleistet werden konnte. Die Inschriften der drei im Dezember 1850 im Rathausturm aufgehängten Glocken, "Arbeit ist des Bürgers Zierde", "Segen ist der Mühe Preis" und "Bürgerglück ist das höchste Ziel",[822] waren nicht mehr Programm, sondern erhielten eine ideologische Alibifunktion für das avancierte Großbürgertum, dessen Interessen von den für die Ausweitung des Baues verantwortlichen Magistratsräten wirkungsvoll vertreten wurde.

Den endgültigen Abschluß des ersten Rathausbaues der Stadt Fürth bildete im Juni 1854 die Anbringung zweier Gedenktafeln über dem Haupteingang des nördlichen Flügels und im Turmeingang des östlichen Flügels, die über Baubeginn und Fertigstellung Auskunft geben sollten.[223]

5.3. Die Rathauserweiterungsprojekte der Jahrhundertwende

Trotz der starken Betonung des repräsentativen Charakters des Fürther Rathauses in den letzten Jahren seiner Fertigstellung ist der Bau seiner architektonischen und programmatischen Konzeption gemäß zweifelsfrei der zweiten Phase der Neurenaissance zuzuordnen, deren Rezeptionskriterien geprägt waren von den außerkünstlerischen Bezügen zwischen Original- und Neostil, die für das deutsche Bürgertum in dieser Zeit zur Manifestation seines gesellschaftlichen und politischen Anspruchs wurden. Dem Bau der ersten Jahrhunderthälfte genügten - wie der Vergleich mit seinem gemeinhin als Vorbild zitierten Palazzo Vecchio in Florenz zeigt[824] - wenige architektonische Merkmale, die gewünschte Nachfolge anzuzeigen, so daß er trotz historisierender Elemente den funktionsorientierten Gestaltungsprinzipien der bürgerlichen Architekturtheorie jener Zeit entsprechend in einer betont schlichten Formensprache zur Ausführung gelangte.

Stellt man nun jedoch diesem Bau die Rathauserweiterungsprojekte der Jahre 1897-1901[825] und den ab 1906 geplanten Umbau einzelner Teile des bestehenden Rathauses[826] gegenüber, so wird deutlich, daß die urprüngliche ikonologische Aussage des vor mehr als fünfzig Jahren errichteten Rathauses für die Gegenwart des späten 19. Jahrhunderts nicht mehr verständlich, bzw. akzeptabel war. Man sah in dem Bau Gärtners und Bürkleins nur noch einen "unpraktischen und ungemütlichen Palazzo"[827], dessen schmucklose Mauerflächen mit ihren monoton-schlichten Rundbogenfenstern längst vom Zeitgeschmack überholt waren und ein zeitgenössischer Kommentar zu dem geplanten Erweiterungsbau nannte es als die beste Lösung, "wenn der riesige Steinhaufen abgerissen" und durch einen "modernen Rathausbau"[828] ersetzt würde.

Da ein derart rigoroses Vorgehen aber aus finanziellen Gründen für die Stadt Fürth nie ernsthaft zur Diskussion stehen konnte, mußte eine Lösung gefunden werden, "den künftigen Neubau in zweckmäßiger Weise mit dem bestehenden Rathause in Verbindung zu bringen"[829], ohne dabei jedoch direkt auf das "altmodische" Schema der vorhandenen Bauteile zurückzugreifen.

Für das städtische Bauamt, das zunächst mit den Entwürfen be-

Abb. 62 63

auftragt wurde, bot sich ein solcher Kompromiß in einem der zeitgemäßen, nationalen Ausprägung der Neurenaissance folgenden "Erkerbau"[830], da hierin neben einer Verwendung der "jetzt beliebten Renaissanceformen"[831] auch die Möglichkeit gesehen wurde, "den Übergang des hohen Rathauses zu den übrigen Gebäuden der Königstraße zu vermitteln"[832], zwischen deren ebenfalls von Giebeln und Erkern bestimmten Deutschrenaissance-Fassaden das blockhaft geschlossene Rathaus als Fremdkörper empfunden wurde. Auf ihn sollte nur noch insofern eingegangen werden, wie die Fassade dieses Erweiterungsbaus "aus dem gleichen Material wie das alte Rathaus hergestellt werden"[833] sollte.

Da dieser Planvorschlag des städtischen Bauamts aber nicht die Zustimmung der für den Anbau zuständigen Baukommission fand, wurde - wie schon beim Neubau des Rathauses selbst - im November 1898 die Weisung erlassen, "über die für den Rathauserweiterungsbau zu wählende Fassade mit einem Münchener Künstler im Architekturfache - etwa der Professor Friedrich Thiersch - ins Benehmen zu treten."[834]

In einem noch im selben Monat in Fürth vorliegenden Gutachten Thierschs wurde nun erneut die Stilfrage zum zentralen Thema. Daß sie aber auch hier nurmehr auf der Grundlage isoliert formalästhetischer Kriterien behandelt wurde, die die Phase einer programmatisch historisierenden Architektur als überwunden kennzeichneten, wird anhand der dargelegten alternativen Fassadenlösungen deutlich.

So lehnte Thiersch zunächst den genannten Deutschrenaissanceentwurf des Fürther Bauamts mit der Begründung ab, daß "Dachgauben und Giebel ... mit den übrigen Formen wenig Zusammenhang"[835] hätten und empfahl eine Anlage "mit einer streng rhythmischen an die florentinischen Vorbilder sich ebenfalls anlehnenden Frührenaissance-Architektur."[836] Gleichzeitig aber gab er - ohne konkretere Angaben - auch die Möglichkeit zu bedenken, "sich bei dem bestehenden Projekt ... ganz frei (zu) bewegen" und "die Fassadenarchitektur unabhängig von dem alten Schema zu gestalten"[837].

Abb. 64

Daß sich schließlich die Stadt Fürth entschloss, den Entwurf Thierschs "im florentinischen Stil als sehr gefällig und nobel zu acceptieren"[838], kann daher nicht als Zeichen einer ungewöhnlich kontinuierlichen architektonischen Programmatik aufgefaßt werden, sondern dürfte vielmehr aus wirtschaftlichen Erwägungen heraus gefällt worden sein, da jede weitere Planausfertigung Thierschs den staatlichen Baukredit unnötig belastet hätte.[839]

Für eine derartige Interpretation spricht auch das Vorgehen der Bauverantwortlichen, als nur fünf Jahre nach der Fertigstellung dieses ersten Erweiterungsbaus im Jahre 1901 erneut Verhandlungen über einen Umbau des Rathauses einsetzten,[840] die nun die Unzufriedenheit mit dem formalen Bestand des Rathauses unverkennbar machten. So ist für den Rathausflügel an der Brandenburger Straße ein Änderungsvorschlag des städtischen Architekten Holzer aus dem Jahre 1910 erhalten[841], der eindeutig auf eine Auflockerung der kompakten Mauerflächen abzielte und damit die Angleichung des Gärtner-Bürklein-Baus an den modernen Zeitgeschmack beabsichtigte.

Abb. 65

Ähnlich den Lösungen der Architekten Tappe und Waser für den Hauptbau sollten nun im ersten Obergeschoß gekuppelte Fenster mit rundbogigem Maßwerk eingesetzt werden, wie sie bereits der Anbau Thierschs in der für diese Spätphase der Neurenaissance charakteristischen, bewußten Annäherung an ein konkretes historisches Vorbild enthielt. Darüberhinaus war es geplant, die im Erdgeschoß vorhandenen kleinen Rundbogenfenster durch hohe, übergreifende Bogenstellungen zu kaschieren, um damit "den kastenartigen Eindruck des Hauses zu mindern"[842]. In den Bogenzwickeln vorgesehene freiplastische Figuren entsprachen ebenfalls der angestrebten "repräsentativen Neurenaissance"[843] dieses infolge des Krieges schließlich aufgegebenen Umbauprojekts, mit dem der Rathausbau der ersten Jahrhunderthälfte durch eine reichere, dekorationswertige Fassadengestaltung aufgewertet werden sollte.

AUSBLICK

ENTWICKLUNGSLINIEN DER NEURENAISSANCE IN DER ZWEITEN JAHRHUNDERTHÄLFTE

Die Untersuchungen dieser Arbeit waren darauf ausgerichtet, die Stellung der Neurenaissance in der Architektur der ersten Hälfte des 19. Jahrhunderts zu bestimmen. Sie umfaßten mit der Abgrenzung gegenüber dem Klassizismus die Frühzeit dieser historisierenden Stilform, in der die Hofarchitektur der deutschen Residenzstädte ihren führenden Anwendungsbereich darstellte, wie auch die "klassische" Phase der Neurenaissance in den dreißiger und vierziger Jahren des Jahrhunderts, in der die italienischen Vorbilder im Sinne einer programmatischen Rezeption des Originalstils seitens des fortschrittlichen Bürgertums ihre schöpferischste und eigenständigste Aktualisierung erfuhren.
Diese Entwicklung erhielt ihre entscheidende Zäsur mit dem Scheitern der bürgerlichen Revolution von 1848/49, indem der damit besiegelte Verlust der Einheit in der bürgerlichen Opposition gegen die monarchische Reaktion gleichzeitig die Aufgabe einer gemeinsamen ideologischen Basis bedeutete, in der auch die Neurenaissance als spezifisch bürgerliche Architektursprache in den vorangehenden zwei Jahrhunderten ihre Voraussetzung gefunden hatte. Die schrittweise Korrumpierung der bürgerlichen Forderung nach Freiheit, Gleichheit, Brüderlichkeit, die sich im politischen Bereich in der erneuten Anerkennung einer autoritären Staatsmacht manifestierte und im Wirtschaftsleben an einem zunehmenden individuellen Pragmatismus ablesbar wurde, blieb somit auch für die Architektur der Zeit nicht ohne Folgen.
Dabei liegt es auf der Hand, daß vor allem die Neurenaissance als Programmarchitektur des vorrevolutionären Bürgertums eine tiefgreifende Umorientierung erfuhr. Die für die kämpferische Phase des deutschen Bürgertums entscheidende paradigmatische Funktion der italienischen Renaissancevorbilder und damit ihre Bindung an ein eindeutig bestimmtes, gesamtgesellschaftliches

Assoziationsfeld wurde aufgegeben zugunsten einer neuen stilpluralistischen Interpretation der historischen Formelemente im Dienste bürgerlich-subjektivistischer Weltsicht.[844]
Die Definition verschiedener, von Fall zu Fall mit neuen ikonologischen Aussagewerten zu füllenden "Renaissancen" ersetzte den bislang homogenen Stilbegriff der Neurenaissance, so daß zu der weiterhin bestehenden "italienischen Renaissance" sowohl regionalspezifische Traditionen betonende Varianten treten konnten, wie die "nordische Renaissance" und die "Deutschrenaissance", daneben aber in der "hellenischen Renaissance" auch ein neuer graecisierender Formalismus wieder auflebte.

Während jedoch die "hellenische Renaissance"[845] im eigentlichen Sinn, nämlich die erneute Rezeption antiker Tempelarchitekturen aus ähnlichen Gründen wie bereits im ersten Drittel des Jahrhunderts nur beschränkt anwendbar war[846], und deshalb von Anfang an von den universeller verwendbaren Renaissanceformen italienischer Provenienz überlagert wurde,[847] konnte sich die Deutschrenaissance in der zweiten Jahrhunderthälfte langfristig als Alternative zur italienischen Neurenaissance durchsetzen. Unterstützt von der politischen Entwicklung Deutschlands in diesem Zeitraum, für die der nationale Einigungsgedanke einen übergeifenden Stellenwert erhalten hatte, wurde sie als Möglichkeit ergriffen, die Baudenkmäler der eigenen nationalen Vergangenheit verstärkt als Stilvorbilder einer historisierenden Architektur heranzuziehen.
Die Trägerschaft einer solchen Programmatik reichte von den Vertretern der reaktionären Machtpolitik Preußens, die schließlich zur Errichtung des deutschen Kaiserreiches führte, über verschiedene liberaldemokratische Gruppierungen des Bürgertums, die sich nicht von Anfang an kampflos der politischen Reaktion unterordnen wollten und im Bekenntnis zur Nationalversammlung von 1849 ihre politische Stellung manifestierten,[848] bis zu der breiten volkstümlichen Bewegung nationaler Prägung, die seit den späten fünfziger Jahren mit der Gründung von Turner- und Sängerbünden außerhalb des eigentlich politischen Bereichs entstanden war.[849]
Da nun in diesem Zusammenhang auch die Architektur unter starker Betonung traditionell deutscher Stilelemente zu der ge-

wünschten nationalen Selbstdarstellung herangezogen wurde, bedeutete dies unter den historisierenden Formensprachen in erster Linie für die am italienischen Vorbild orientierte Neurenaissance eine Veränderung der Rezeptionsvorlagen, während sich Neuromanik und Neugotik als ohnehin nationalbetont definierte Stilprägungen einer solchen Zielsetzung problemloser einfügten.

Die italienisierenden Formelemente der Neurenaissance wurden in ihrer Vorbildhaftigkeit zunehmend durch den Rückgriff auf deutsche, bzw. "nordische" Baudenkmäler des 16. Jahrhunderts ersetzt[850], die nun als "Verschmelzung des eigenartigen germanischen Empfindens mit den Überlieferungen der antiken Welt"[851] die Synthese bisheriger Theorien von der künstlerischen Vormachtstellung von Antike und Renaissance mit den neuen Nationalisierungstendenzen zu versprechen schienen. Die historische Legitimation einer solchen Haltung wurde hergestellt, indem man bereits für das 16. Jahrhundert eine negative "Verwälschung"[852] der nationalen Tradition des Mittelalters feststellte, deren Wiederholung nun durch die verstärkte Aktualisierung deutscher Architekturvorbilder vermieden werden sollte.

Um den Beweis anzutreten, "daß jene Meinung irrig sei, die alles Gute dieser Zeit nur von Außen, von Italien oder Frankreich herleiten wollte"[853], erfolgte auf diese Weise eine Betonung der nationalen Eigenständigkeit auch auf künstlerischem Gebiet, die - analog zur politischen "Nationalisierung"[854] - ihren größten Aufschwung mit der Reichsgründung erhielt. Daß zu dieser Zeit aber der Begriff der Nation für seine deutschen Verfechter bereits stark von Deutschtümelei und nationalistischer Überheblichkeit durchsetzt war, und damit die Deutschrenaissance als Träger einer reaktionär-konservativen Architektur zur Ausbildung gelangte, ist nicht zu verkennen, wenn nun das Prädikat "deutsch"[855] zum wesentlichsten Kriterium der Rezeption erklärt wurde. Der deutschen Renaissance nämlich sei es allein "unstreitbar gelungen, alle ihre Werke mit einem derartigen unterscheidenden Merkmale zu versehen, sie dadurch von den Leistungen anderer Völker in der gleichen Zeit abzusondern, kurz ihrer Kunstweise in der That einen gemeinsamen nationalen Grundzug zu geben."[856]

Um diesen "nationalen Grundzug" darzulegen, begnügte man sich aber nicht mit dem Hinweis auf das 16. Jahrhundert als "Culturepoche, ... in welcher wir mit wachsender Freude und berechtigtem Stolze uns ... erkennen als ein reiches und eines glänzenden Wohlstandes sich erfreuendes Volk"[857]. Mit einer Definition der Deutschrenaissance als einer "Weiterführung und Ergänzung gothischer Gedanken, wenn auch in anderem Formenkleide"[858], wurde gleichzeitig das Mittelalter als eine weitere nationale Hochphase von historischer Bedeutung der Rezeption legitimierend zugrunde gelegt und somit eine ununterbrochene Reihe deutscher Kunsttradition geschaffen. Das "gothische Gerüst, nur umkleidet mit den aus der Antike abgeleiteten Formen des Gebälks, der Säule und der Pilaster"[859] wurde zur Grundlage der Architektur erklärt, die nun als Deutschrenaissance ihre stiltragenden Elemente in den abgetreppten Giebelfassaden der deutschen Bürgerhäuser des 16. Jahrhunderts gefunden hatte und in deren verspielter Ornamentik, die durch Voluten und Türmchen, Beschlag- und Spangenwerk, sowie figürliche und vegetabilische Formen gekennzeichnet, den Bauwerken jener Zeit eine stark bewegte Silhouette gegeben hatten, die in der Tat gotisches Formempfinden wieder aufzunehmen schien.

Die starke ideologische Polarisierung der Deutschrenaissance einerseits, die weit fortgeschrittene typusspezifische Bindung der einzelnen historisierenden Stilarten andrerseits und nicht zuletzt die unverändert starke Anziehungskraft der Kunst Italiens, die für ihre deutschen Bewunderer immer noch in der Renaissance kulminierte[860], verhinderten jedoch, daß die italienischen Vorbilder der Neurenaissance völlig von den nördlichen Formvarianten des Originalstils verdrängt wurden. Die italienisierenden Fassaden blieben weiterhin als wesentliche Stilkomponente der Neurenaissance bestehen, da weder alle Architekten bereit waren, "frisch fröhlich tätig unter der nationalen Flagge jener Kunst ... zu folgen"[861], um so einen "deutschen Geschmack zu schaffen, den es bisher nicht gab"[862], noch die beherrschende Stellung, die die italienische Renaissance inzwischen für bestimmte Bauaufgaben erhalten hatte, durch die Proklamation eines neuen Stiles rückgängig gemacht werden konnte.

So erfolgte nun innerhalb der Neurenaissance eine deutliche
Zuweisung der Zuständigkeitsbereiche italienischer und deutscher Formvorbilder auf der Grundlage eben jener als prototypisch rezipierten Lösungen des Originalstils, die die Aktualisierung historischer Bauformen während des gesamten 19.Jahrhunderts kennzeichnete.

Für die öffentlichen Monumentalbauten blieben weiterhin die
"mustergiltigen Leistungen der italienischen Renaissance"[863]
verbindlich, wie sie unter anderem von Bürkleins Maximilianeum
(1857-1874)[864] und Neureuthers Technischer Hochschule (1866-1868) in München, von Hitzigs Börsenneubau (1859-1863) in Berlin und Sempers zweitem Hoftheater für Dresden (1871-1878) repräsentiert werden, während die Deutschrenaissance den stiltragend definierten Bürgerhäusern des 16. Jahrhunderts entsprechend, im privaten Wohnbau sowohl für die Architektur wie auch
für die kunstgewerbliche Ausstattung[865] eine führende Rolle
übernahm.

Allein im Rathausbau bot sich für die Deutschrenaissance ein
zentraler Anwendungsbereich innerhalb der öffentlichen Architektur[866], da dem Rathaus als bürgerlicher Symbolbau schlechthin neben der kommunalen Bedeutung nun auch verstärkt die Aufgabe der nationalen Traditionspflege zukam, und es sich daher
der für die Deutschrenaissance bestimmenden Ikonologie des
"deutschen Hauses"[867] mühelos einbeziehen ließ. Als die "für
eine solche Aufgabe ja besonders berechtigte Stilweise"[868]
verdrängte so die Deutschrenaissance den italienischen Stadtpalast als Vorbild für die nun primär patriotisch definierte
Bauaufgabe des deutschen Rathauses.

Als Beispiel für diese Entwicklung mögen einige Fakten aus der
Baugeschichte des Hamburger Rathauses dienen. Bereits in der
Konkurrenzausschreibung des Jahres 1876 besaßen die renaissanceorientierten Stilfassungen mit mehr als 100 Entwürfen
unter den eingereichten 144 Arbeiten gegenüber 17 neugotischen
Entwürfen und einem neuromanischen eindeutig das Übergewicht.[869]
Auf die Deutschrenaissance entfielen darunter allerdings nur
25 Arbeiten, während die italienische Neurenaissance noch den
Hauptanteil stellte und auch der Siegerentwurf der Architekten
Mylius & Bluntschli von italienischen Vorbildern beeinflußt
war. Unter dem Motto "Publico consilio, publico saluti"[870],

gehörte er jener repräsentativen Spätphase der Neurenaissance an, in der mit der Verwendung "echter Materialien und reichen künstlerischen Schmucks"[871] die Formensprache der Frühzeit dem Geschmack der Wilhelminischen Ära angepaßt wurde, ohne jedoch die für das städtische Regierungsgebäude bislang stilbildende Assoziation zu den profanen Baudenkmälern der italienischen Renaissance aufzugeben.
Obgleich eine derartige Stilfassung in Hamburg sicherlich nicht zuletzt aus Gründen der Einpassung des geplanten Rathauses in das von der italienischen Neurenaissance geprägte Architekturbild seiner Umgebung gewählt wurde, zeigt sich in dem Verzicht auf die Ausführung dieses Entwurfs, daß seine italienisierende Formensprache der Bauaufgabe eines deutschen Rathauses nicht mehr entsprechen konnte. Der endgültige, einstimmig genehmigte[872] Entwurf für das Hamburger Rathaus kam daher erst zustande, als in einer weiteren Planungsphase im Jahre 1880 der entscheidende Schritt von der italienischen Renaissance zur spezifischen Formensprache der Deutschrenaissance vollzogen wurde. Durch reichen Giebelschmuck an den Risalitvorsprüngen, eine "stattliche" Portalarchitektur mit Loggia, einem 95 m hohen Uhr- und Glockenturm und durch "das steile in einen Altan auslaufende Kupferdach"[873] sollte sich nun das Rathaus aus den am italienischen Schema orientierten "'Etagenhäusern' seiner Umgebung bedeutsam hervorheben"[874] und somit endlich eine ausreichende Berücksichtigung der Symbolwertigkeit des Gebäudes als "Element echt nationaler Sitte und Kultur"[875] garantieren.

Der ansonsten führende Anwendungsbereich der Deutschrenaissance aber lag - wie bereits festgestellt - auf dem Gebiet der bürgerlichen Wohnbauten, wo jener Spätstil neurenaissancistischer Architektur zur Ausbildung gelangte, der, letztlich deutsche und italienische Formelemente zugunsten einer üppigen Fassadenpracht vermengend, zunehmend stufenlos in den Neobarock des deutschen Kaiserreiches überleitete.
Er bleibt als weitere grundsätzliche Entwicklungstendenz der Neurenaissance in der zweiten Hälfte des 19. Jahrhunderts zu beobachten; denn um das erklärte Ziel der "Hebung des nationalen Gedankens"[876] zu erreichen, beinhaltete es für das wirtschaftlich saturierte, sowie ideologisch "verjunkerlichte"[877]

Bürgertum der Gründerzeit keinen Widerspruch mehr, in seinen
Privatbauten eine Erneuerung jener üppigen und schmuckvollen
Architekturformen anzustreben, zu deren Bekämpfung am Anfang
des Jahrhunderts die Neurenaissance antreten sollte. Es lag
vielmehr im Interesse einer weiteren Stärkung deutschnationaler Tradition und wird auch nur vor diesem Hintergrund erklärbar, wenn von den zeitgenössischen Architekten gefordert wurde,
"mit Erfolg an eine Bauperiode anzuknüpfen, welche das Volk
noch in Erinnerung hat, welche gewissermaßen noch in seinem
Blute steckt, nämlich die letzten Ausläufer des Barockstyles."[878]

Den Bruch, den die Programmatik der Neurenaissance somit von
ihrer Grundlegung in der nachrevolutionären französischen Architekturtheorie bis zu ihrer Spätphase im letzten Drittel des
Jahrhunderts erfahren hatte, ist symptomatisch für die Entwicklung des deutschen Bürgertums in diesem Zeitraum. Der Wandel von der auf maßvolle Formgebung ausgerichteten antibarocken
Stilprägung zur repräsentativen, formal aufwendigen Architektursprache der Gründerzeit spiegelt den ideologischen Rückzug wider, den das Bürgertum seit den Kämpfen um eine demokratische
Neuordnung in der ersten Jahrhunderthälfte angetreten hatte,
und der nun in der wilhelminischen Ära jegliche revolutionäre
Ambitionen hinter einem individuellen Pragmatismus hatte vergessen lassen.
Politische Forderungen, insbesondere nach sozialem Fortschritt
und demokratischen Beteiligungsrechten wurden nunmehr von den
sozialistischen Parteien[879] erhoben und waren damit für das
Bürgertum fremd und bekämpfenswert geworden. Seit der Abspaltung der demokratischen "Fortschrittspartei" war mit den
gemäßigten Vertretern des unter der Führung Vinckes verbleibenden "Nationalvereins" bereits im Jahre 1861 die politisch
wirksamste oppositionelle Gruppierung des liberalen Deutschland um den Preis der nationalen Einigung auf die reaktionäre
politische Linie Bismarcks eingeschwenkt, so daß die Verfassung
des deutschen Kaiserreichs von 1871 von dem weitaus größten
Teil des deutschen Bürgertums getragen und in ihrem konservativen Grundgehalt akzeptiert wurde.[880]
Vor diesem politischen Hintergrund aber war für die Neurenaissance die einst stilprägende Funktion der Abgrenzung einer

spezifisch bürgerlichen Architektursprache gegenüber dem Adel
und seiner Lebensweise verloren gegangen. Im Gegenteil erfolgte gerade im architektonischen Bereich seitens des Bürgertums
eine Annäherung an die üppige Formenvielfalt einer hierarchi-
schen Hofarchitektur, um somit dem neuen, auf finanziellem
Wohlstand und ökonomischer Potenz begründeten bürgerlichen
Selbstwertgefühl Ausdruck zu geben.
Diese durchaus auch aus zeitgenössischer Sicht als problematisch
erkannte Entwicklung beschrieb Franz Reber in seiner "Geschichte der neueren deutschen Kunst"[881] unter eindeutiger Benennung
der auslösenden Faktoren:
"Der Glückspilz der Börse (ist) stets geneigt, die neue Stellung mit möglichstem Eclat auch architektonisch zu verkünden.
Es fehlt daher auch nicht an Beispielen von Überladungs- und
Prunksucht ... es fehlt auch nicht an dem in letzter Zeit al-
lerwärts auftretenden bedenklichen Symptom der Hinneigung zu
Barock und Rococo, namentlich zu ersterem, in dem Anlehnen an
die deutsche Renaissance wie in französischem Einflusse die
vorzüglichste Nahrung empfangend."[882]

Da es sich in dieser Spätphase der Neurenaissance aber nicht
- wie noch im Vormärz - um die Manifestation eines breiten
volkstümlichen Führungsanspruchs des Bürgertums durch eine
spezifische Architektursprache handelte, sondern es vielmehr
darum ging, individuelle Erfolge im klasseninternen Konkurrenz-
kampf mittels repräsentativer Bauformen ablesbar werden zu lassen, konzentrierte sich die neue Stilbewegung nun vor allem
auf den privaten Wohnbau.
"Das bürgerliche Wohnhaus, vorher schlicht und untergeordnet,
ist jetzt aus seinem Dunkel getreten und schraubt sich zum
Palast empor."[883] Diese ebenfalls von Reber benannte Tendenz
bezog sich in erster Linie auf die eindeutige Betonung des
repräsentativen Moments im großbürgerlichen Wohnbau des letzten Jahrhundertdrittels, die nun durch die erneute Aufnahme
barocker Gestaltungsmittel sowohl in der architektonischen
Disposition wie auch in der ornamentalen Behandlung eines Gebäudes angestrebt wurde.
Vergleicht man unter diesem Aspekt etwa die im Jahre 1864 von
Semper ausgefertigten Entwürfe für die Züricher Villa Rieter-

Rothpletz[884] mit der 1839 als Gründungsbau neurenaissancistischer Villenarchitektur entstandenen Villa Rosa in Dresden, so wird eine derartige Tendenz deutlich ablesbar. Denn während bei der Villa Rosa der als "Salon" ausgewiesene, polygonale Zentralraum vom Vorhof aus über eine schmale Treppe, die ihrerseits in ein kleines querrechteckiges Vestibül führte, direkt zu erreichen war, rückte der entsprechende Saal der Villa Rieter-Rothpletz bis an die Gartenseite der Anlage zurück[885], um somit einer weitläufigen Folge von Vorzimmern Platz zu schaffen. Von der Eingangsseite aus war zunächst ein kreisförmiges, konvex aus der Fassade heraustretendes, mit dekorativen Säulenpaaren eingefaßtes Vestibül zu durchschreiten, das über einen schmalen Zwischenflur hinweg in einen runden "Vorsaal" führte, der hier die Stelle des zentralen Salons des Dresdener Baus eingenommen hatte. Von ihm aus erst war der Zugang zu den umgebenden Räumlichkeiten geplant, wobei der "Salon" in streng axialer Lage den Endpunkt dieser repräsentativen Eingangsflucht bildete.

Eine noch "palastähnlichere" Anordnung der einzelnen Bauglieder zeigt dann ein alternatives Projekt Sempers zu dem Züricher Bau.[886] Hier nämlich war der dreiflügeligen Anlage ein dem Grundriß des Dresdener Zwingers entlehnter Vorhof einbeschrieben, dessen Bezeichnung als "Cour d'honneur" nicht ohne die bewußte Assoziierung barocker Schloßprospekte denkbar scheint. Sein Eingang wurde markiert durch zwei statuentragende Freisäulen, nach deren Durchschreiten der Ankommende über den in etwa die doppelte Tiefe des dahinterliegenden mittleren Gebäudetrakts einnehmenden Ehrenhof die Innenräume der Villa erreichen sollte. In der zentralen Achse waren dies eine querrechteckige Galerie und der dahinterliegende, nahezu quadratische Salon, von dem aus dann der Blick in eine weiträumige Gartenanlage frei wurde, für deren Gestaltung mit einem konkaven architektonischen Abschluß erneut barockes Formgefühl eine Wiederbelebung erfuhr.

Die "Barockisierung" der Neurenaissance in ihrer Spätphase zeigt sich neben derartigen Veränderungen in der architektonischen Anlage aber auch in einem neuen Verhältnis zur ornamentalen Behandlung eines Gebäudes. Ein bisher nicht gekannter

Formenreichtum setzte ein, der neben der prunkvoll-üppigen
Fassadengestaltung, zu der verstärkt Formelemente der Hochrenaissance und des Manierismus herangezogen wurden, auch
eine stärkere Anlehnung an die historischen Vorbilder mit
sich brachte.
Neben teilweise detailtreuen Übernahmen von den italienischen
Renaissancevorbildern[887] sollte diese neue Authentizität nun
vor allem durch die Verwendung "originaler" Materialien wie
Haustein und Marmor beim Bau eines neurenaissancistischen Bürgerhauses erreicht werden. So entstand, seitdem es die finanziellen Möglichkeiten der Bauherrn erlaubten, auf eine geputzte
Rustizierung ebenso zu verzichten wie auf Stuckmarmor und eine
Werkstein vortäuschende Farbgebung der Fassade, der neue Gewerbezweig der "Privatarchitekten", zu deren Aufgabe neben dem
Entwurf und der Ausführung eines Neubaus auch der Import jener
gewünschten Baustoffe gehörte.
Ein Beispiel hierfür gibt die 1869 von den Berliner Architekten Gustav Ebe und Julius Benda gegründete Firma Ebe&Benda.[888]
Sie konzentrierte sich im wesentlichen auf die Errichtung repräsentativer Privatbauten, die die "reizlosen Flächen und
trockenen Linien"[889] früherer Bürgerhäuser je nach Geschmack
durch die möglichst authentische Nachbildung von Bauwerken
der italienischen oder deutschen Spätrenaissance, aber auch
des "Schlüter-Barock"[890] ersetzen sollten. Auch die Ornamentierung der Fassaden durch Sgraffitowerke, glasierte Terrakotten, bunte Fließen und bildhauerischen Schmuck gehörte zum
Angebot der Berliner Firma, das dazu beitragen sollte, ihrem
Kundenkreis einen möglichst unverfälschten Eindruck großbürgerlichen Wohngefühls des 16. und 17. Jahrhunderts zu vermitteln.
Eine so verstandene Historisierung der Architektur aber unterschied sich grundlegend von den Rezeptionsvorgängen der ersten
Jahrhunderthälfte. Denn während in diesem Zeitabschnitt der
Rückgriff auf Stilformen der Vergangenheit sowohl in der neuen
Hofkunst wie auch seitens des Bürgertums noch im Dienste einer
allgemeinen künstlerischen Erneuerung erfolgt war, in die öffentliche wie private Bauaufgaben gleichermaßen einbezogen
werden sollten, war die Aktualisierung historischer Architekturvorbilder nun zumindest für das wohlhabende Bürgertum zum

Selbstzweck geworden. Die Zielvorstellungen, die von dieser
Seite in einen Neostil gesetzt wurden, schienen erreicht,
wenn der zeiteigene Neubau sich möglichst originalgetreu präsentierte und damit für seinen Bauherrn zu einem Statussymbol
geworden war.[891]

Die soeben für den privaten Wohnbau aufgezeigte Entwicklung
der Neurenaissance zu einem von dekorativen Formwerten geprägten Spätstil gilt - wenngleich nicht in dem Maße - auch für
den Bereich der öffentlichen Monumentalbauten. Denn obschon
der öffentlichen Hand zur Finanzierung eines Neubaus in der
Regel nicht die Geldmittel zur Verfügung standen, die ein vermögender privater Bauherr zur repräsentativen Ausgestaltung
seines Wohnhauses aufwenden konnte, setzte auch hier mit dem
Rückgriff auf Vorbilder der italienischen Hoch- und Spätrenaissance und der verstärkten Anwendung von Ornamentformen der
zur gleichen Zeit in Deutschland entstandenen Bauwerke eine dekorative Formenvielfalt ein, die die beherrschenden Stilfaktoren der ersten Jahrhunderthälfte als überholt darstellte.
Diesem neuen architektonischen Programm wurden nun auch all
die öffentlichen Bauaufgaben unterstellt, deren Lösung in der
ersten Jahrhunderthälfte noch im engen Zusammenhang mit ihrer
Funktion innerhalb der angestrebten bürgerlichen Neuordnung
gesucht wurden, da mit dem Verzicht des Bürgertums auf politische Selbständigkeit auch die Positionen der Neurenaissance
aufgegeben wurden, die sich in den dreißiger und vierziger
Jahren unter gesellschaftskritischem Aspekt herausgebildet
hatten.
Den veränderten Inhalten bürgerlicher Ideologie entsprechend
wurden so die Geschäfts-, Handels- und Verkehrsbauten der
zweiten Jahrhunderthälfte zu prunkvollen Symbolen wirtschaftlicher Prosperität; Kulturbauten wie Museen, Galerien, Bibliotheken und Theater erfuhren eine erneute Annäherung an die
Opulenz ihrer höfisch-aristokratischen Repräsentanten, und
auch bei den Schul- und Universitätsbauten jener Zeit verdrängte eine formal aufwendig realisierte, allegorisch-überhöhende Ikonographie zunehmend den ehemals funktionalen Aufbau
im Dienste eines streng utilitaristisch ausgerichteten bürgerlichen Bildungsideals.

So entstand in den Jahren 1871-1873 die Berliner Kaisergalerie "als ein großstädtisch-moderner Sammelpunkt des geschäftlichen und gesellschaftlichen Verkehrs"[892], dessen funktionale Bedeutung für die neue deutsche Metropole durch eine neurenaissancistische Formensprache unterstrichen wurde, die barockes Dekor und nationale Architekturtraditionen gleichermaßen in sich vereinigte.[893]
In Ludwigshafen wählte man für den Neubau des Eisenbahndirektionsgebäudes[894] mit einer dreiflügeligen Anlage, der ein säulen- und balustradengezierter Festsaalbau einen prachtvollen Mittelakzent verlieh, einen Aufbau, "der noch ein Jahrhundert vorher dem einer fürstlichen Hofhaltung entsprach"[895].
Das Wiener Kunsthistorische Museum von 1871-1882 entstand als Teil des dort von Gottfried Semper projektierten "Kaiserforums"[896] in einem dem Rang eines solchen Vorhabens angemessen erscheinenden dekorativen Repräsentationsstil am Übergang von Renaissance und Barock.[897]
Der Entwurf der 1907-1909 von Max Littmann in München ausgeführten Schack-Galerie wurde in seiner römisch-barocken Fassadengliederung von Kaiser Wilhelm II. angeregt und korrigiert[898], und sollte so für München ein "kaiserliches Wahrzeichen"[899] werden.
Mit dem aus Mitteln der Kriegsentschädigung von 1871 finanzierten Neubau der Stuttgarter Landesbibliothek[900] sollte die immernoch beispielhafte Münchener Staatsbibliothek nicht nur seit längerer Zeit erstmals wieder in ihren baulichen Ausmaßen erreicht, sondern darüberhinaus durch eine mit üppigen Barockelementen versetzte Neurenaissance in ihrem Repräsentationswert übertroffen werden.[901]
Das 1871-1878 von Semper nach der Brandvernichtung seines ersten Dresdener Baus dort errichtete Neue Hoftheater[902] war in seiner architektonischen Formgebung deutlich geprägt von den Erfordernissen monarchischer Repräsentation, und auch für den Akademie- und Universitätsbau stellte Semper mit seinem Züricher Polytechnikum von 1859-1864[903] die Weichen für jene repräsentative Neurenaissance, deren zahlreiche Nachahmer sich in der Folgezeit mitunter sogar von höfischer Seite der Kritik ausgesetzt sahen, daß die Fassaden für eine solche Bauaufgabe "reicher als angemessen"[904] erschienen.

Bereits an diesen wenigen, willkürlich herausgegriffenen Beispielen wird nochmals der unüberbrückbare programmatische und formale Abstand augenfällig, der nun gegenüber der neurenaissancistischen Architektur der ersten Jahrhunderthälfte bestand. Die in Anspruch und Erscheinung als antibarocke Stilschöpfung entwickelte Formensprache hatte unter Aufgabe ihrer ehemals fundamentalen Gestaltungsprinzipien eine Stufe erreicht, auf der sich beides nahezu ins Gegenteil verkehrt hatte. Denn wie die formale Zurückhaltung als erstes Stilmerkmal der frühen Neurenaissance nun hinter den aufwendigen Dekorationssystemen einer Oberflächenarchitektur in Vergessenheit geraten war, so wurde auch die programmatische Basis jener Frühzeit vom selbstzufriedenen Großbürgertum der Gründerzeit nicht mehr als die seine erkannt.

Der Grad dieser umfassenden Neuorientierung bürgerlicher Ideologie seit der Jahrhundertmitte aber ist zu ermessen, wenn Cornelius Gurlitt gegen Ende des Jahrhunderts in Auseinandersetzung mit den gegen eine derartige offizielle Kunstpraxis gerichteten Theorien Otto Wagners[905], die auch die Forderung nach dem Wiederaufgreifen demokratischer Traditionen enthielten, fragen konnte:

"Ist denn die Demokratie der Zug unserer Zeit, liegt in ihr die Zukunft? ... Die Demokratie, die Wagner meint, nämlich die bürgerliche, hat unter den Modernen, wenigstens im Deutschen Reich, nicht eben mehr viele Anhänger. Ich glaube, Wagner steckt etwas zu tief in den Ansichten von 1848, um sich für modern halten zu dürfen."[906]

A N M E R K U N G E N

1 Klassizismus ist hier im engen Sinn abzugrenzen für die spätbarocke Architektur und die Bauten der ersten nachrevolutionären Phase bis zur Mitte des zweiten Jahrzehnts des 19. Jahrhunderts, die unter dem Einfluß der französischen Revolutionsarchitektur lediglich eine Reduzierung der Formelemente, nicht aber eine qualitative Veränderung erfahren hatten. Im Gegensatz zu diesem spätbarocken und nachrevolutionären Klassizismus steht erst die antikisierende Architektur innerhalb des Historismus, die die theoretischen Grundlagen jener dogmatischen Phasen aufgegeben hatte und auch die Antike als einen unter vielen rezipierbaren Zeitstil begriff.

2 Diese Eingrenzung wurde von Klaus Döhmer (In welchem Style sollen wir bauen?, München 1976, S.10 ff) als Zeitraum des "ideologischen Abbaus klassizistischer Stileinheit" anhand schriftlicher Quellen für den Beginn der deutschen Neugotik erarbeitet und kann, da die Besinnung auf die nationale mittelalterliche Tradition im Zuge der Befreiungskriege für den deutschen Staatenraum die frühesten nachklassizistischen Zeunisse architekturtheoretischen Inhalts hervorbrachte, generell als erster entscheidender Einbruch in das klassizistische Architekturverständnis gewertet werden.

3 Zur Bestimmung des kunstgeschichtlichen Terminus "Historismus" vgl. Wolfgang Götz, Historismus. Ein Versuch zur Definition des Begriffs. in: Zschr.d.dt.Vereins für Kunstwissenschaft XXIV 1970, 196-212. (Hier auch Literaturangaben zu historisierenden Tendenzen in der Kunst außerhalb des 19. Jahrhunderts.)

4 D. Müller-Stüler, Preußische Baukunst um die Mitte des 19. Jahrhunderts. in: Die Kunst im Dritten Reich 7, 1943 Heft 4/5, S.86

5 Müller-Stüler, Preußische Baukunst, S.86

6 vgl. Döhmer, Styl. Kapitel 1, Die Anfänge oder Gotik als Alternative, S.10 ff

7 Döhmer, Styl, S.20

8 So dargestellt bei Döhmer, Styl: "Wesentliche Voraussetzung für die Ausbildung eines historisierenden Formenpluralismus sind freilich bereits in der klassizistischen Stilstruktur selbst und in der Vielfalt ihrer stilistischen Unterprogramme angelegt."(S.20)

9 So bei Klaus Lankheit, Revolution und Restauration, Baden-Baden 1965, S.67. Für ihn entwickelte sich der "Rückgriff auf die Formensprache der Renaissance ... folgerichtig aus dem Klassizismus und darf daher als dessen Spätphase angesehen werden."(S.67)

10 Das Leuchtenberg-Palais Klenzes in München von 1816 gilt allgemein und zurecht als Beginn neurenaissancistischer Architektur in Deutschland.

11 Ein Beweis für diese Art der Politisierung ist auch die über die fachliche Auseinandersetzung hinausgehende Polemik Franz Kuglers gegenüber Semper als Republikaner, die jener im Verlauf der Polychromiediskussion immer wieder anbringt. So schreibt er in einer Kritik zu Sempers "Die vier Elemente der Baukunst", Braunschweig 1851: "Und wenn der Verfasser uns, ausser der rothen Farbe an der Architektur und Flecht- und Webarbeiten, der Position gemäß, die er äußerlich genommen, noch weiter von Roth unterhält, so bleibt es in unserem Belieben, das zu übersehen oder uns, wenn die Stunde kommen sollte - zu wehren."
(F. Kugler, Antike Polychromie. in: Deutsches Kunstblatt 1852, S.131)

12 Prägnantes Beispiel hierfür ist die vom sächsischen Hof geforderte Abänderung des ersten Entwurfs Sempers für ein Theater in Dresden (1835), in dem der Architekt weitgehend auf die spezifischen Elemente einer aristokratischen Theatertradition verzichtet hatte. (vgl. S.133 ff)

13 vgl. S.238-250; da die Weiterentwicklung der Neurenaissance in der zweiten Jahrhunderthälfte außerhalb des eigentlichen Untersuchungszeitraums dieser Arbeit liegt, erhebt dieses Kapitel keineswegs Anspruch auf Vollständigkeit, noch auf eine erschöpfende Darlegung der angesprochenen Entwicklungstendenzen. Es soll vielmehr in erster Linie vor den völlig veränderten Voraussetzungen und Ergebnissen der Renaissancerezeption in diesem Zeitraum den hier zentralen Bereich der Neurenaissance in der ersten Hälfte des 19. Jahrhunderts nochmals kontrastiv in seiner Eigenständigkeit hervorheben.

14 vgl. dazu Berthold Hinz, Zur Dialektik des bürgerlichen Autonomiebegriffs, in: Müller, Bredekamp, Hinz u.a., Autonomie der Kunst, Frankfurt/M. 1972, S.184 ff. Die Bedeutung des Klassizismus als Überwindung barocken Kunstmißbrauchs für die Zeit zeigt das ebenfalls in diesem Aufsatz abgedruckte Zitat aus J.J.Winckelmanns "Gedanken über die Nachahmung der griechischen Werke in Malerey und Bildhauerkunst"(1756): "Die Vergöttlichung des Hercules in Versailles, als eine Allusion auf Cardinal Hercules von Fleuri, von Le Moine gemalet, womit Frankreich als mit der größten Composition in der Welt pranget, ist eine sehr gemeine und kurzsichtige Allegorie: sie ist wie ein Lobgedicht, worinn die stärksten Gedanken sich auf den Namen im Calender beziehen. ...Man siehet aber auch zugleich ein, hätte auch die Vergötterung eines Ministers den vornehmen Plafond des königlichen Schlosses zieren sollen, woran es dem Maler gefehlet."(S.185)

15 Die Begründung der Ästhetik als Wissenschaft der sinnlichen Erkenntnis erfolgte unter Alexander Gottlieb Baumgarten (1717-1762). Ursprünglich als Vorlesung konzipiert, stellte seine "Aesthetica"(1750) die erste systematische Beschäftigung mit der Kunst als Mittel zur sinnlichen Erkenntnis dar.

16 vgl Vorlesung Manfred Riedel, Erlangen WS 1973/74, "Philosophie der Kultur (Kunst, Gesellschaft, Wissenschaft)".

17 Kant, Kritik der Urteilskraft, zit.n. Ausgabe Reclam Leizig 1956, S.165

18 Goethe, Einleitung Propyläen, zit.n. Rudolf Kaufmann, Der Renaissancebegriff in der deutschen Kunstgeschichtsschreibung, Winterthur 1932, S. 48

19 Goethe, Winckelmann und sein Jahrhundert, zit.n. Kaufmann, Renaissancebegriff, S.49

20 Goethe, Propyläen, zit.n. Kaufmann, Renaissancebegriff, S.49

21 vgl. die Forderung Saint-Justs: "Que les hommes révolutionnaires soient des Romains." (Marx/Engels,Werke, Abt.1, Bd.3, Die heilige Familie, Histor.Krit.Gesamtausg.1970, S.298)

22 vgl. hierzu Helen Rosenau, Boullée & visionary architecture, London 1976

23 Adolf Max Vogt, Russische und französische Revolutionsarchitektur. 1917. 1789.,Köln 1974, S.88 ff

24 A.W.Schlegel, Vorlesungen über schöne Literatur und Kunst, 1. Teil (1801-1802), zit.n. Kaufmann, Renaissancebegriff, S.58

25 ders., zit.n. Kaufmann, Renaissancebegirff, S.58

26 Friedrich Pecht, Deutsche Künstler des 19. Jahrhunderts, Nördlingen 1877, 1. Reihe, Gottfried Semper, S.152

27 Schlegel, Vorlesungen, zit.n. Kaufmann, Renaissancebegriff, S.58

28 Zur Antikenrezeption in der bürgerlichen Architektur seit der Renaissance vgl. Kurt Milde, Die Rezeption antiker Formen in der bürgerlichen Architektur, Diss. Dresden 1967

29 Die seit 1846 regelmäßig zur Wiederkehr des Geburtstages Schinkels am 13. März vom Berliner Architektenverein veranstalteten "Schinkelfeiern" sind ein Zeugnis reaktionärer deutscher Kunstpraxis par excellence. In der fetischistischen Beschwörung des vermeintlichen Geistes Schinkels, die im Jahre 1853 selbst vor der Ausschreibung einer Konkurrenz für ein W o h n haus für den toten Schinkel nicht zurückschrecken ließ, wurde ganz bewußt an die vorrevolutionär-klassizistische Tradition angeknüpft und die Versuche ihrer Neubelebung können durchaus als Mittel einer Restitution feudaler Kunstpraxis interpretiert werden.
vgl. hierzu die Reden zu Schinkelfeiern von Carl Boetticher aus dem Jahre 1853 (in: Zschr.f.Bauwesen 1853, Sp.309-316) und von Friedrich von Quast aus dem Jahre 1854 (in: Zschr. f.Bauwesen 1854, Sp.441-452)

30 Aus den Bemerkungen Schinkels zu seinem Schloßentwurf für Orianda (1838), zit.n. Leopold Ettlinger, Gottfried Semper und die Antike, Diss. Halle, Bleicherode 1937, S.37

31 Ettlinger, Semper, S.37

32 Ettlinger, Semper, S.37

33 Hier wären zu nennen (nach Antonio Hernandez, Grundzüge
   einer Ideengeschichte der französischen Architekturtheorie
   von 1500-1800, Diss. Basel, 1972):
   Percier/Fontaine, Recueil des palais, maisons et autres
   édifices modernes, dessinés à Rome, 1798
   dieselben, Choix des plus célèbres maisons de plaisance
   de Rome et de ses environs, Paris 1809
   J.N.L.Durand, Récueil et parallèles des édifices de tous
   genres, anciens et modernes remarquables par leur beauté,
   par leur grandeur ou par leur singularité, Paris 1800
   derselbe, Précis des leçons d'architecture données à l'école
   polytechnique, Paris 1802-05
   Famin/Grandjean, Architecture toscane. Palais, maisons et
   autres édifices, Paris 1806

34 vgl.hierzu Milde, Rezeption, S.139; Hier wird darauf hingewiesen, daß in Durands Architekturlehre die "erste theoretische Begründung der Neorenaissance" enthalten sei.
   Aber auch im 19. Jahrhundert wird diese Verbindung gesehen,
   wenngleich in späterer Zeit stets mit dem Hinweis auf eine
   inzwischen als Verwilderung angesehene Entwicklung der französischen Architektur:"Frankreich hat überhaupt das unbe-
   streitbare Verdienst, zuerst in unserem Jahrhundert den Werth
   der italienischen Renaissance wieder erkannt zu haben, und
   wir alle ... sind mehr oder weniger bei den Franzosen in die
   Schule gegangen, auch wenn wir uns von ihnen emanzipierten."
   (Rudolf von Redtenbacher, Die moderne Baukunst vor dem Forum
   der Kunstgeschichte, in: Deutsche Bauzeitung 1885, S.270 ff)

35 Hier in dieser Arbeit verwendet in einer zweibändigen französischen Ausgabe, Paris 1802/1805

36 Jean Nicolas Louis Durand wurde 1760 in Paris geboren und
   starb 1834 in Thiais. Als Schüler Boullées erzielte er erste
   architektonische Erfolge bei Konkurrenzausschreibungen des
   Nationalkonvents, doch blieb sein einziger ausgeführter Bau
   das Hôtel La Thuile in Paris (1788). Seine Bedeutung für die
   Architekturgeschichte erlangte Durand in seiner Funktion als
   Professor an der "Ecole polytechnique" in Paris (1795-1830).
   Im Rahmen dieser Lehrtätigkeit entstand auch seine hier zu
   untersuchende Architekturlehre (1801-05) mit ihrem entscheidenden Einfluß auf die Architektur des 19. Jahrhunderts. Da-
   neben veröffentlichte er u.a. die "Récueil et Parallèles des
   Edifices anciens et modernes"(1800), eine Zusammenstellung
   historischer Architekturbeispiele als Musterbuch für seine
   Schüler, das gleichzeitig aber auch über die Bauwerke Auf-
   schluß gibt, die für Durand Vorbildlichkeit besaßen.
   Weitere biographische Hinweise bei Thieme-Becker Künstlerlexikon, Leipzig 1914, 10.Bd., S.201/202, Stichwort "Durand";
   Nagler Künstlerlexikon, München 1837, 4.Bd., S.24/25; und
   Rondelet, La vie et les ouvrages de J.N.L.Durand, Paris 1835.

37 Durand schreibt im Vorwort über den Zweck seiner Schrift:
   "alors, non-seulement on abrégerait beaucoup le travail,
   mais encore on le rendrait plus fructueux."(Précis I, Introduction S.2)

38 Die erste polytechnische Schule entstand 1794 in der Pariser
   "Ecole Centrale des Travaux Publics"(seit 1795 "Ecole poly-

technique"). Auf der Grundlage der französischen Revolution sollte hiermit ein neuer Typus der bürgerlichen Hochschule geschaffen werden, dessen Ziel die Demokratisierung des Bildungsmonopols durch die burschenschaftlichen Universitäten war. Einen Kernpunkt dieses Programms stellte auch die praxisbezogene Ausbildung der Studenten dar.
(vgl. hierzu Winfried Nerdinger, Polytechnische Schule in München, in: Gottfried von Neureuther, Ausstellungskatalog des Münchener Stadtmuseums 1978, S.63)

39 Giedion charakterisiert Durand als "Popularisator, der die allgemeinen Ideen der Zeit für seine Kurse in ein enges System zu fassen wußte". (Siegfried Giedion, Spätbarocker und romantischer Klassizismus, München 1922, S.73)

40 "Il est évident que plaire n'a jamais pu être le but de l'architecture ni la décoration architectonique être son objet."(Précis I, Introduction S.15)

41 vgl. Hernandez, Grundzüge, S.109-116

42 Als Beispiel wäre zu nennen: Jacques François Blondel, Architecture françoise, Paris 1752-1766 und derselbe, Cours d'Architecture ou Traité de la Décoration, Distribution et Construction des Bâtiments, Paris 1771-1777. Letzterem ist hinsichtlich einer Bezugnahme auf die praktischen Belange der Architektur lediglich eine "Technische Baukunde" seines Schülers und Mitarbeiter Pierre Patte beigefügt. (vgl. Hernandez, Grundzüge, S.110 f)

43 Originaltitel bei Durand: "Elements des édifices"(Précis I,1)

44 Originaltitel bei Durand: "Composition en général" (Précis I,2)

45 Originaltitel bei Durand: "Examen des principaux genres d'édifices" (Précis II,3)

46 Ledoux's "L'architecture considérée sous le rapport de l'art, des moeurs et la législation" blieb bei ihrem Erscheinen 1804 in Paris fast unbemerkt, bis 1847 eine veränderte, aus noch vorhandenen Stichen ergänzte Ausgabe in zwei Bänden erschien. (Hernandez, Grundzüge, S.125)

47 zu Sozial- und Architekturutopien vgl. Ernst Bloch, Das Prinzip Hoffnung, 4. Teil (Konstruktion), Grundrisse einer besseren Welt. Ausgabe suhrkamp taschenbuch wissenschaft 3, Frankfurt/M. 1973, 2. Bd.

48 "L'utilité publique et particulière, le bonheur et la conservation des individus et de la société; tel est le but de l'architecture."(Précis I, Introduction S.15)

49 "Aber die Prinzipien aller Kunst, aller Wissenschaft sind nur Ergebnisse der Beobachtung. Also muß man, um sie zu entdecken, beobachten; und um erfolgreich zu beobachten, muß man es mit Methode tun."(Précis I, Introduction S.2)

50 vgl. Marc-Antoine Laugier, Essai sur l'architecture, 1753: Er fordert für den Künstler eine feste Regel, "dont il soit forcé de convenir et dont la conséquence aille directement à la condamnation de ses idées capricieuses". (zit.n. Hernandez, Grundzüge, S.101 f)

51 Auch dies ist eine Forderung Laugiers (zit.n. Hernandez, Grundzüge, S.102), gegen dessen klassizistische Thesen sich Durand hinsichtlich der Säulenordnungen auch explizit wendete (Précis I, Introduction S.5 ff)

52 vgl. auch Durand, Précis II,3, 2. Abschnitt, S.35: "notre but est moins d'enseigner à faire tel ou tel édifice que de développer les principes qui doivent guider dans la composition de tous."

53 Gottfried Semper, Entwurf eines Systems der vergleichenden Stillehre, London 1853. in: Kleine Schriften, S.261

54 "...il est impossible d'embrasser à la fois toutes les idées particulières comprises dans l'idée générale d'architecture. Il faut donc diviser celle-ci: mais loin que cette division mette, ce qui arrive souvent, en opposition entr'elles, les idées particulières; elle doit les rattacher ensemble, par l'ordre simple et naturel dans lequel elle les présente à l'esprit."(Durand, Précis I, Introduction S.4/5)

55 vgl. Durand, Précis I, Introduction S.2: "Dans tous les cours d'architecture, on divise cet art en trois parties distinctes; la décoration, la distribution, et la construction."
(vgl. Blondel, Anm. 42)

56 vgl. Vitruv, Zehn Bücher über die Architektur, hrsg.v. Curt Fensterbusch, Darmstadt 1964, S.167 ff)

57 Die erste kommentierte Vitruvübersetzung in französischer Sprache fertigte Claude Perrault im Jahre 1673 (Les dix livres d'Architecture de Vitruve, Paris 1673). Sie wurde vor allem im Hinblick auf die Säulenordnungen zur Grundlage der klassizistischen Architekturtheorie in Frankreich. (Hernandez, Grundzüge S.54 ff)

58 Damit wendete sich Durand, in Auseinandersetzung mit Marc Antoine Laugier gegen die Theorie des Ursprungs der Architektur aus einer ersten Schutzhütte des Menschen als einer imaginären Urform, die mit ihren den Proportionen des menschlichen Körpers nachempfundenen Ordnungen als Modell "allen Herrlichkeiten der Architektur zugrunde liegend"(Laugier, Essai sur l'Architecture, Paris 1755, zit.n. Durand, Précis I Introduction S.6).
Laugier selbst greift damit auf François Blondels "Cours d'Architecture"(vgl. Anm.42) zurück, wo bereits die zwei Kapitel Vitruvs "Vom Ursprung der Gebäude"(2. Buch, Ausg. Darmstadt 1964, S. 79 ff) und "Über die Entstehung der drei Säulenordnungen"(4. Buch, S. 166 ff) zur Konstruktion einer hypothetischen Urhütte verschmolzen werden, aus der sich dann direkt der griechische Tempelbau ableitete. Diese Urhütte ist bei Blondel auch abgebildet. (Hernandez, Grundzüge, S.58)

59 "Il faut nécessairement en conclure que ces ordres ne forment point l'essence de l'architecture; le plaisir que l'on attend de leur emploi et de la décoration qui en résulte est nul; cette décoration, elle-même, une chimère; et la dépense dans laquelle elle entraine, une folie."(Durand, Précis I, Introduction S.13)

60 In diesem Sinne ist die rhetorische Frage zu verstehen, die Durand stellt, um die auf äußere Effekte konzentrierte Säulenarchitektur des Klassizismus zu widerlegen: "L'est-il plus de croire que les hommes réunis en société, ayant une foule d'idées nouvelles et par conséquent, une foule de nouveaux besoins à satisfaire, aient fait de la décoration l'objet principal de l'architecture?"(Précis I, Introduction s.14)

61 Durand, Précis I, Introduction S.15: "Nous reconnaîtrons que dans tous les temps et dans tous les lieux, toutes les pensées de l'homme et toutes ses actions ont eu pour origine, ces deux principes, l'amour du bien-être et l'aversion pour toute espèce de peine."

62 Durand, Précis I, Introduction S.15

63 Durand, Précis I, Introduction S.15

64 vgl. Durand, Précis I, Introduction S.15/16: "... les hommes ... durent chercher 1° à tirer des édifices qu'ils construisaient le plus grand aventage et par conséquent, à les faire de la manière la plus convenable à leur destination, 2° à les batir de la manière la moins pénible dans l'origine, et la moins dispendieuse par la suite lorsque l'argent fut devenu le prix du travail."

65 Durand, Précis I, Introduction S.16

66 "Ainsi, la convenance et l'économie; voilà les moyens que doit naturellement employer l'architecture, et les sources où elle doit puiser ses principes, les seules qui puissent nous guider dans l'étude et dans l'exercice de cet art." (Durand, Précis I, Introduction S.16)

67 nach Sachs-Vilatte, Französisch-Deutsches Wörterbuch

68 vgl. Hernandez, Grundzüge S.114 f

69 Bisher umfaßten Architekturtheorien und Traktate nur die Bauaufgaben die der "Kunst des Bauens" genügten, während Zweckbauten und nicht repräsentative Privatbauten ausgeklammert blieben. Noch Boullée schrieb:
"Les sujets stériles sont ceux d'habitation: on ne parvient à les faire distinguer que par un peu plus ou moins de richesse; mais il est difficile d'y introduire la Poésie de l'architecture."(zit.n. Hernandez, Grundzüge S.124/125)

70 "L'artiste ne peut pas toujours offrir aux yeux ces proportions gigantesques qui en imposent; mais s'il est véritablement architecte, il ne cessère pas de l'être en construisant la maison du bucheron." (Ledoux, L'architecture considerée sous le rapport de l'art, des moeurs et de la législation, 1804, zit.n. Hernandez, Grundzüge S.127)

71 "Ainsi, tout talent de l'architecture se reduit à resoudre ces deux problèmes: 1° avec une somme donnée, faire l'édifice le plus convenable qu'il soit possible, comme dans les édifices particuliers, 2° les convenances d'une édifice données, faire cet édifice avec la moindre dépense qu'il se puisse, comme dans les édifices publics." (Durand, Précis I, Introduction S.20)

72 "Le but de l'architecture dans la composition des édifices particuliers est le même que dans la composition des édifices publics, l'utilité. Les moyens qu'elle emploie pour l'atteindre sont encore les mêmes, la convenance et l'économie." (Durand, Précis II, 3, 3. Abschnitt, S.76)

73 "Nous sommes loin de penser que l'architecture ne puisse pas plaire; nous disons au contraire qu'il est impossible qu'elle ne plaise pas, lorsqu'elle est traitée selon ses vrais principes."(Durand, Précis I, Introduction S.18)

74 "... notre but est moins d'enseigner à faire tel ou tel édifice qu'à développer les principes qui doivent guider à la composition de tous ... L'examen des édifices antiques et la comparaison que l'on en peut faire avec les édifices modernes est ce qui peut nous conduire plus directement à ce but."(Durand, Précis II, 3, 2. Abschnitt, S.35)

75 J.G.Sulzer, Allgemeine Theorie der Schönen Künste, 4 Bde, 1777: Beurteilung der Renaissance unter dem Stichwort "Baukunst", Bd.1, S.174 f

76 Dies gilt in erster Linie für England als führenden Bereich dieser Architektur im 18. Jahrhundert, wo zwar die für Palladios Bauten charakteristischen Formelemente Anwendung fanden, die weiterreichenden architektonischen Proportionsgesetze Palladios jedoch kaum Beachtung fanden. (vgl. hierzu J.Summerson, Architecture in Britain, 1530 to 1830, Harmondsworth 1963; F.Saxl/R.Wittkower, British art and the Mediterranean, Oxford 1969; E.Forsmann, Palladios Lehrgebäude, 1965)

77 Durand, Précis II, 3, 1. Abschnitt, S.28-35

78 begonnen 1698 von Jules Hardouin-Mansart

79 "... dans le premier cas (=Barock, J.Z.) il ne s'agit que de décoration et ... dans l'autre il s'agit de la disposition d'objets du plus grand intérêt, de la plus grande importance." (Durand, Précis II, 3, 1. Abschnitt, S.31)

80 Dies gilt vor allem für die barocken Platzanlagen in Paris, die als "Places royales" um die Reiterstatue des Königs in ihrer Mitte angelegt waren. (vgl. Wilfried Hansmann, Baukunst des Barock, Köln 1978, S.263)

81 Durand weist auf die Beschreibungen antiker Platzanlagen durch Platon, Xenophon, Demosthenes u.a. hin und auf ihre Bestimmung: "Les places publiques antiques étaient environnées d'édifices destinés, les uns au culte des dieux, les autres au service de l'état."(Durand, Précis II, 3, 1. Abschnitt, S.28)

82 Durand, Précis II, 3, 1. Abschnitt, S.33

83 Durand, Précis II, 3, 1. Abschnitt, S.33 f

84 Durand, Précis II, 3, 2. Abschnitt, S.43-47: "Des palais".

85 "Rien ... n'est plus noble que ces édifices".(Durand, Précis II, 3, 2. Abschnitt, S.44)

86 Über die Paläste des Escorial, Versailles und der Tuilerien fällt er des Urteil: "rien ... n'est plus trivial et plus mesquin que leur aspect."(Durand, Précis II, 3, 2. Abschnitt, S.44)

87 "On a prodigué des sommes énormes pour couvrir leur extérieur de ce que l'on appelle Architecture."(Durand, Précis II, 3, 2. Abschnitt, S.44)

88 "La plupart des palais d'Italie ... sont d'une petitesse extrême, ne sont pas composés à beaucoup près d'un aussi grand nombre d'objets, ont couté conséquemment infiniment moins, et rien cependant n'est plus noble que ces édifices." (Durand, Précis II, 3, 2. Abschnitt, S.44)

89 vgl. Durand, Précis I, 2, Plan 1

90 Bentmann/Müller, Die Villa als Herrschaftsarchitektur. Frankfurt/M. 1970, S.94. Hier auch weitere Ausführungen zum Verhältnis von Palladianismus und Historismus (S.92-94).
Zur Bedeutung der italienischen Villa im 16. Jahrhundert vgl. auch Bernhard Rupprecht, Villa. Zur Geschichte eines Ideals. in: Probleme der Kunstwissenschaft, 2.Bd. Berlin 1966, S.210-250

91 Sie entstand weitgehend losgelöst vom gesellschaftlich-ökonomischen Hintergrund der venetischen Villegiatura und wurde auch von Palladio selbst in den 4 Libri nicht unter "Villen" vorgestellt, sondern unter "Stadtpaläste" im 3. Kapitel des zweiten Buches ("casa della città"). Sie gehörte dem Typus der "Villa suburbana" an, war also ein Lusthaus in unmittelbarer Stadtnähe, das daher keine eigenen Wirtschafts- und Versorgungsgebäude nötig hatte. Als Wohnräume waren nur die seitlichen Eckräume bestimmt, während der zentrale, die Anlage bestimmende Kuppelraum nur Repräsentationsraum für besondere Anlässe war. Zur Rotanda vgl. J.S.Ackerman, Palladios villas, New York 1967, S.68 ff und C.Semenzato, La Rotonda di Andrea Palladio, Vicenza 1968

92 Michael Müller, Villa als Negation. in: Müller u.a., Autonomie der Kunst, S.69. Bezeichnend für die barocke und klassizistische Rezeption der Rotonda ist es, daß gerade diese von der ökonomischen Aufgabe der Villenarchitektur losgelöste, repräsentative Sonderform der Villa im 17. und 18. Jahrhundert zum Typus schlechthin wurde.

93 Durand, Précis II, 3, 2. Abschnitt, S.50 und Plan 7

94 Als typisches Beispiel für den formal puristischen Palladianismus im England des 18. Jahrhunderts sei das Chiswick House des Lord Burlington (1724-1728) genannt, bei dem verschiedene Motive Palladios eklektizistisch für einen Bau verwendet wurden und somit als rein formale Bindeglieder zwischen Original- und Nachfolgebau die Rezeption bestimmten.
vgl. Propyläen Kunstgeschichte Bd.10, S.238/239 und Abb.113; Andrea Palladio. La sua eredità nel mondo. Ausstellungskatalog Vicenza 1980.

95 Durand, Précis II, 3, 2. Abschnitt, S.63-66 und Plan 16

96 Ein Beispiel ist der Idealentwurf eines Theater bei Christian Ludwig Stieglitz, Encyclopädie der bürgerlichen Baukunst, Leipzig 1792, 4. Teil, Stichwort "Schauspielhaus, Schauplatz, Opernhaus, Comödienhaus, Theater", S.690 und Tafeln XXVIII und XXIX.
Als ausgeführter Bau vertritt das 1818-1821 nach Plänen Karl Friedrich Schinkels errichtete Schauspielhaus auf dem Berliner Gendarmenmarkt (heute: Berlin/DDR, Platz der Akademie) diesen Typus.

97 Diesem Typus folgte u.a. der Entwurf Friedrich Gillys zum Berliner Schauspielhaus von 1800.

98 Stieglitz, Encyclopädie, S.690: "Seine Hauptzierde wird ein Schauspielhaus durch einen Säulengang erhalten, der rings um dasselbe geführt wird."

99 Das erste freistehende Theater mit segmentförmigem Außenbau war in Frankreich das 1754 von Soufflot erbaute Théâtre de Lyon (Manfred Semper, Theater. in: Handbuch der Architektur Teil 4, Halbbd.6, Heft 5, Stuttgart 1904)

100 Datierung bei Martin Fröhlich, Gottfried Semper. Zeichnerischer Nachlass an der ETH Zürich. Kritischer Katalog von Martin Fröhlich, Basel und Stuttgart 1974, S.188: 1802

101 Diese Funktion der Architekturentwürfe Durands zeigt auch ein Vergleich seines Theaterentwurfs mit dem nach 1789 entstandenen Theaterprojekt Boullées für Paris (vgl. Helen Rosenau, Boullée, S.16; S.48 f; S.127 ff; hier auch Abb.).
Während Boullée das antike Theatervorbild mit einer allseitig freistehenden, von korinthischen Säulen umgebenen Rotunde als "Temple du Plaisir"(S.129) zu aktualisieren suchte und mit dieser aufwendigen Konzeption an den realen Bedürfnissen und Möglichkeiten seiner Zeit vorbeiplante, gelang es Durand, mit seinem Idealentwurf die Vorzüge der antiken Vorbilder und eine realistische Architekturkonzeption zu vereinigen.

102 Zur Architektur griechischer und römischer Theateranlagen vgl. dtv-Atlas zur Baukunst, Bd.1, München 1974, S.200 f und 238 ff.

103 zum Beispiel das Münchener Residenztheater von François Cuvillier. (vgl. hierzu Herbert Brunner, Altes Residenztheater in München, München 1963)

104 vgl. hierzu die Planungsgeschichte des Alten Hoftheaters Gottfried Sempers in Dresden (S.130 ff). Eine Ausnahme, indem hier auf eine exklusive Mittelloge verzichtet werden konnte, stellt lediglich das 1829-1833 in Mainz nach Plänen Georg Mollers errichtete Stadttheater dar. Denn für Mainz, das nach dem Wiener Kongress zu Hessen-Darmstadt kam, stellte sich nicht die Aufgabe eines großherzoglichen Hoftheaters, das bereits in der Residenzstadt Darmstadt in den Jahren 1818/19 ebenfalls nach Plänen Mollers errichtet worden war. Bezeichnenderweise folgte dieser bei dem älteren Bau mit Säulenportikus und rechteckigem Grundriß auch dem konventionell-klassizistischen Schema des Hoftheaters. (zu den beiden Bauten Mollers vgl. Marie Frölich/Hans-Günther Sperlich, Georg Moller, Darmstadt 1959)

105 Auch in dem 1574 erbauten königlichen Theater "Hôtel de Petit Bourbon" am Louvre befanden sich amphitheatralisch ansteigende, bis zur Höhe der Logen reichende Sitzreihen. (vgl. Manfred Semper, Theater, S.30)

106 Manfred Semper schreibt hierzu: "Was das Sehen und Gesehenwerden anbetrifft, so enthält das Amphitheater unstreitig die vorteilhaftesten Plätze des Saales, die deshalb auch sehr gesucht und entsprechend hoch im Preise sind. (Theater, S.187)

107 "Des masses de gradins disposés en demi-cercle et couronnés par une superbe colonade offraient une foule de places d'où chacun pouvait également bien voir et bien entendre."(Durand, Précis II,3,2.Abschnitt, S.65)
Hier übernimmt Durand fast wörtlich einen Gedanken seines Lehrers Boullée. Auch dieser schrieb im Zusammenhang mit seinem Theaterentwurf: "J'ai donné à l'intérieur de ma salle, la forme d'un demi-crecle. ... Cette forme est la seule convenable à la destination d'un Théâtre. Il faut y voir et y entendre parfaitement."(zit.n. Rosenau, Boullée, S.129)

108 "Dans la plupart (des théâtres modernes ist zu ergänzen), un quart au moins des spectateurs ne voit point ou voit mal." (Durand, Précis II, 3, 2. Abschnitt, S.65)

109 Eine späte Rezeption dieses explizit-bürgerlichen Gehalts der amphitheatralischen Theaterkonzeption der nachrevolutionären französischen Architekturtheorie zeigt noch ein Entwurf der Architekten Davioud und Bourdais zu einem "Volksopernhause" für Paris (in: Deutsche Bauzeitung 1876, S.343-345; dort auch Abb.). Bewußt kontrastiv vorgestellt zu dem etwa gleichzeitig in Bayreuth "für eine auserwählte ... aristokratische Gemeinde"(S.343) errichteten Festspielhaus Brückwalds, betonte man die "demokratische Grundlage"(S.343) dieses Entwurfs, der auf Logenränge zugunsten amphitheatralisch ansteigender, halbkreisförmig angeordneter Sitzreihen verzichtete. Die positiven Auswirkungen dieses Auditoriums auf die Verfolgung des Bühnengeschehens wird gleichfalls - wie schon bei Durand - hervorgehoben und den schlechten Bedingungen eines "Hoftheaters" gegenübergestellt, wenn der Verfasser schwärmerisch anmerkt:"Die Künstler der grossen Oper werden sich Beifall klatschen lassen durch die schwieligen Hände, durch die Hände der Arbeiter, welche nicht wie die blasier-

ten Glückskinder der Welt zum Theater gehen. Der Arbeiter folgt dem Schauspiel mit seiner Seele, er sieht und er hört, er begeistert sich dort und seine Bewegung äussert sich durch den Beifall, welchen die Künstler schätzen."(S.345)

110 vgl. Durand, Précis I, Introduction S.15

111 Deutsche Übersetzung des "Précis": "Abriß der Vorlesungen über Baukunst, gehalten an der königlichen polytechnischen Schule zu Paris von J.N.L.Durand, nach der neuesten Auflage aus dem Französischen übersetzt von Guido Schreiber, Lehrer an der polytechnischen Schule zu Carlsruhe". Freiburg/Karlsruhe 1830/31. (zit.n. Frölich, Moller, S.406, Anm.567)

112 vgl. hierzu auch den Einfluß von Durands Architekturlehre auf die "Bürgerliche Baukunst" der dreißiger Jahre, wie sie in dieser Arbeit am Beispiel des Münchener Architekten Gustav Vorherr belegt wird (s.S.87 ff)

113 Helmut Böhme, Prolegomena zu einer Sozial- und Wirtschaftsgeschichte Deutschlands im 18. und 19. Jahrhundert, Frankfurt/M. 1968, S.26

114 Böhme, Prolegomena, S.27. Über diese Tendenz feudaler Bestrebungen bestand bereits frühzeitig weitgehend Klarheit: "Die Räthe der Krone trugen dem Prinzip der neuen Zeit Rechnung, nur hatten sie die Revolution von unten schleunig in eine Revolution von oben umgesetzt."(J.N.Sepp, Ludwig Augustus. König von Bayern und das Zeitalter der Wiedergeburt der Künste, Schaffhausen 1869, S.6)

115 Goethe, zit.n. Böhme, Prolegomena, S.23 f

116 Der Begriff "Residenzen des 19. Jahrhunderts" umfaßt hier nur die Stadtresidenzen. Zum Schloßbau des Historismus außerhalb der Städte, den "romantischen" Schlössern in freier Natur vgl. Renate Wagner-Rieger (Hrsg.), Historismus und Schloßbau, München 1975.

117 Auch Wagner-Rieger (Schloßbau) nennt es ein Spezifikum des städtischen herrscherlichen Wohnbaus im 19. Jahrhundert, das diesen von den Bauten des genannten Buches unterscheidet, "daß Schlösser dieser Art sich auch bei rigorosester Neugestaltung der Umgebung in einem städtebaulichen Ambiente einzuordnen haben: daß sie unmittelbar mit anderer Architektur konfrontiert sind."(S.12)

118 Neben dem weiter unten ausführlich dargelegten Residenzneubau in München durch König Ludwig I. sei hier noch das 1837-1840 von Georg Moller errichtete neue Schloß in Wiesbaden erwähnt, dessen Bauplatz von seinem herzoglichen Bauherrn bewußt "am Ausgang der Altstadt inmitten von Bürgerhäusern am Marktplatz" gewählt wurde.(vgl. Ulrike von Hase, Wiesbaden - Kur- und Residenzstadt, in: Ludwig Grote (Hrsg.), Die deutsche Stadt im 19. Jahrhundert, München 1974, S.138 ff und Abb.S.140)

119 Den einheitlichsten Entwurf dieser neuen Hofarchitektur liefert die Neugestaltung der Münchener Ludwigstraße mit dem an-

grenzenden Residenzbezirk (vgl. S.55 ff). Zwar hob sich der
Königsbau der Residenz durch seine Größenverhältnisse von
den in der Ludwigstraße etwa gleichzeitig errichteten Gebäuden deutlich ab, jedoch zielte er als königliche Residenz
nicht auf eine Exklusivität der verwendeten Architekturelemente, die als solche bereits in der äußeren Erscheinung die
tatsächlichen Rangordnungen überdeutlich ablesbar gemacht
hätten.
In dem ersten Bauabschnitt der Ludwigstraße selbst entstanden
Adels- und Bürgerhäuser gleichberechtigt nebeneinander. So zum
Beispiel im Jahre 1820 ein Mietshaus des Baumeisters Rösche-
nauer, das später als Palais des Kronprinzen in Erwägung gezogen wurde und daneben im Jahre 1824 ein Wohnbau für einen
Schlosser Meyer, den Klenze als einen Palast bezeichnete, wie
ihn "selbst in Rom oder Florenz kein bürgerlicher Schlosser
bauen möchte."(vgl. Hederer, Die Ludwigstraße in München,
München 1942, S.32)

120 Giedion, Spätbarocker Klassizismus, S.77

121 Auch hier sei nochmals auf das neue Schloß in Wiesbaden hingewiesen, mit dem Moller in der architektonischen Konzeption
auf Karlsruher Wohnhausentwürfe Weinbrenners zurückgriff.
Dazu heißt es bei Hase, Wiesbaden, in: Grote, Die deutsche
Stadt:"Das neue Schloß war das Produkt einer Wechselbeziehung
zwischen demokratischen Lebensformen und introvertierter Re-
präsentanz. Einerseits war es gegenüber von Markt und Rathaus
eingebunden in das Straßengefüge und in die Fluktuation des
städtischen Lebens. Andererseits aber barg es in seinem Inneren Einrichtungen, die die Schloßbewohner vom bürgerlichen
Bade- und Gesellschaftsleben unabhängig machte."(S.139/40)

122 Über die architekturplanerischen Aktivitäten Friedrich Wilhelms IV. vgl. Ludwig Dehio, Friedrich Wilhelm IV. von Preußen, München 1961 und Volker Duvigneau, Die Potsdam-Berliner
Architektur zwischen 1840 und 1875, München 1966.

123 Zur Plangeschichte der Bauten von Sanssouci: Dehio, Friedrich
Wilhelm IV., S.69-84; hier auch Angaben älterer Literatur.

124 Anregungen und Vorbilder für seine eigenen Arbeiten erhielt
Friedrich Wilhelm IV. über französische Sammelwerke zur italienischen Renaissancearchitektur, z.B. Percier/Fontaine, Choix
des plus célèbres maisons ... und Grandjean, Architecture Toscane. Vgl. Dehio, Friedrich Wilhelm IV., S.72 und 74.

125 vgl. Ludwig Dehio, Friedrich Wilhelm IV., S.86

126 zit.n. Max Spindler, Dreimal München. Ludwig I. als Bauherr.
Zwei Vorträge zur Geschichte Münchens, München 1958, S.40

127 Der Hinweis findet sich bei Sepp, Ludwig Augustus, S.26

128 Sepp, Ludwig Augustus, S.26

129 Auch Duvigneau weist in seiner Arbeit darauf hin, daß im Gegensatz zu den anderen Architekten des Historismus, deren
Bauten theoretisch-programmatische Schriften zur Rechtferti-

gung und Begründung der konkreten Ausführung vorausgingen, für Friedrich Wilhelm IV. und seine ausführenden Architekten allein das verbindlich war, was dem König "am meisten zugesagt zu haben" schien. Briefe, persönliche Aussagen und Skizzen traten so an die Stelle architekturtheoretischer Reflexion und stellten die individuelle Rezeption der italienischen Renaissance durch die deutschen Monarchen außerhalb der herrschenden Architekturtheorie. (Duvigneau, Potsdam-Berliner Architektur, S.75)

130 vgl. eine Erklärung Klenzes mit dem Titel: "Was ich unter Renaissance verstehe", Bay.Staatsbibl.München, Handschriftenabteilung Klenzeana I, 11.

131 Klenze, Was ich unter Renaissance verstehe, Klenzeana I, 11

132 Klenze, Was ich unter Renaissance verstehe, Klenzeana I, 11

133 vgl. hierzu Berthold Hinz, Zur Dialektik des bürgerlichen Autonomiebegriffs, in: Müller u.a., Autonomie der Kunst, S.173-198

134 Zitat aus Wilhelm Stier, Beiträge zur Feststellung des Principes der Baukunst für das vaterländische Bauwesen in der Gegenwart. Vortrag anläßlich der 2. Versammlung deutscher Architekten und Ingenieure zu Bamberg im Jahre 1843, in: Försters Allgemeine Bauzeitung 1843, S.338

135 Klenze, zit.n. Pecht, Deutsche Künstler, S.31/32

136 Klenze, zit.n. Pecht, Deutsche Künstler, S.31/32

137 Aus einem Vortrag Friedrich von Quasts, "Die Lebenskraft der Antike", gehalten anläßlich der Schinkelfeier 1854, in: Zeitschrift für Bauwesen 1854, Sp. 441-552

138 Quast, Lebenskraft, in: Zeitschrift für Bauwesen 1854, Sp. 441-552

139 Ansätze zur Schaffung eines zeitgemäßen Architekturstils, der aktiv auf die Ausbildung der bürgerlichen Gesellschaft einwirken sollte, finden sich auch bereits in der Schrift Heinrich Hübschs von 1828, mit der er unter dem Titel "In welchem Style sollen wir bauen?" durch die Propagierung des "Rundbogenstils" gegen den "Lügenstyl" des Klassizismus zu Felde zog. (vgl. hierzu Dagmar Waskönig, Konstruktion eines zeitgemäßen Stils zu Beginn der Industrialisierung in Deutschland, in: Michael Brix/Monika Steinhauser (Hrsg.), Geschichte allein ist zeitgemäß, Lahn-Gießen 1978, S.93-105). Im Unterschied zur programmatischen,im gesamtgesellschaftlichen Bereich der vorbildlich gesetzten Renaissanceepoche verankerten Neurenaissance beschränkte sich Hübsch jedoch auf primär konstruktiv bestimmte Stilfindungskriterien, indem er aufgrund der historischen Architekturentwicklung Bogenstellung und Gewölbe gegenüber der Konstruktion aus vertikalen und horizontalen Baugliedern als die fortschrittlichere Technik definierte und diese deshalb für einen zeitgemäßen, wahrhaftigen und funktionalen Architekturstil als Grundlage postulierte. Die bei Micha-

el Bringmann, Studien zur neuromanischen Architektur, Diss. Heidelberg 1968, gegebene Definition des Rundbogenstils als "Benennung der meisten neuromanisch-neurenaissanceartigen Mischformen der ersten Jahrhunderthälfte"(S.15) ist deshalb abzulehnen, da sie in Fortführung des Hübsch'schen Denkmodells allein die konstruktive Einzelform als stilprägend anerkennt und die außerkünstlerische Rezeptionsgrundlage der Neurenaissance leugnet. In diesem Sinne konnte für Bringmann die Postulierung einer "Neurenaissance" nur nachträglich und aus Sicht und Kenntnis des heutigen Betrachters erfolgen, während er aus der Sicht des 19. Jahrhunderts lediglich die von der Einzelform bestimmte Opposition von "Rundbogenstil" und "Spitzbogenstil" als zulässig erklärte.

140 Wiegmann formulierte in seinen "Gedanken über die Entwickelung eines zeitgemäßen nationalen Baustyls"(Allgemeine Bauzeitung 1841, S.207-214): "... ist es unserer wichtigste Aufgabe, das Gewirre der verschiedenen Bestrebungen und Reaktionen, so viel an uns ist, auflösen und zurechtlegen zu helfen, das Würdige und Echte festzuhalten, das damit Streitende auszuscheiden und so in unverdrossener Treue den Genius der Neuzeit auch in der Kunst von der Hülle, die ihn uns noch verbirgt, zu befreien. ... Denn die Kunst ist nicht allein ein P r o d u k t ihrer Zeit, sondern gehört auch mit zu deren wirksamsten F a k t o r e n ; wie es denn überhaupt in der Entwicklungsgeschichte der Menschheit kein Glied gibt, das nicht in innigster Wechselbeziehung zu allen andern stünde."(S.209)

141 Wolfgang Müller von Königswinter schrieb im Jahre 1847 in der Düsseldorfer Zeitung über das Verhältnis von Kunst und Politik: "Unsere Kunstgeschichte ist auch Politik. ... Unsere Kunst, die streitbare Kirche unseres Künstlertums, ist ein großes Zeichen der Zeit, darum ist sie auch politisch. Je lauter die Ästhetiker rufen, daß unsere Kunst nicht Fertiges, daß sie nur ein Anlaufen und Ringen sei, um so bestimmter müssen die Politiker sagen, daß sie ihnen gehöre."(zit.n. "Kunst der bürgerlichen Revolution von 1830 bis 1848/49, Ausstellungskatalog der Neuen Gesellschaft für Bildende Kunst in Berlin 1972, Berlin 1973, S.125)

142 Müller von Königswinter, in: Kunst der bürgerlichen Revolution, S.125

143 Müller von Königswinter, in: Kunst der bürgerlichen Revolution, S.125

144 Die 1832 erfolgte Umwandlung der Berliner "Bauakademie" in eine "Allgemeine Bauschule" mit dem neuen Lehrzweig einer "Allgemeinen Geschichte der Baukunst" und damit das Eindringen bürgerlicher Ideologievorstellungen in die klassizistische Akademietradition ist ebenfalls innerhalb dieser Entwicklung zu sehen. (Hinweis auf die Umwandlung in "Deutsches Kunstblatt" 1856, Nekrolog auf Wilhelm Stier, S.373)

145 Zur Erklärung des Untertitels "Praktische Ästhetik" nannte Semper in der Einleitung die Notwendigkeit einer Abgrenzung gegenüber einer "abstrakten Schönheitslehre". Sein Werk sei aus der Praxis heraus entstanden und müsse auch für die Praxis anwendbar sein.

146 Aus der umfangreichen Literatur über die Architekturtheorie
Sempers seien hier nur genannt:
Leopold Ettlinger, Gottfried Semper und die Antike, Diss. Halle,
Bleicherode a.H. 1937
Heinz Quitzsch, Die ästhetischen Anschauungen Gottfried Sempers,
Berlin 1962
Gottfried Semper und die Mitte des 19. Jahrhunderts. Symposion
vom 2.-6. Dezember 1974. Basel/Stuttgart 1976
Weitere Literaturangeben bei: Martin Fröhlich, Kritischer
Katalog, S.308 ff

147 Abgedruckt in: Gottfried Semper, Kleine Schriften, S.215-258

148 Jakob Ignaz Hittorf (1792-1867), der in Paris tätige (St.Vincent-de-Paul 1824/44) Kölner Architekt, in dessen Atelier Semper während seiner Pariser Studienjahre mitarbeitete, entdeckte auf einer Reise im Jahre 1824 nach Italien Farbspuren an den Ruinen der dortigen griechischen Tempel. Er veröffentlichte diese Funde 1830 unter dem Titel "L'Architecture polychrome chez les Grecs"(Fröhlich, Kritischer Katalog, S.12, Anm.3) und setzte damit eine lebhaft geführte archäologische Fachdiskussion in Gang, in der die konservativen Verfechter eines "weißen Klassizismus Winckelmann'scher Sehweise"(Ettlinger, Gottfried Semper) denjenigen gegenüberstanden, die durch eigene Forschungsreisen von der Farbigkeit griechischer Architektur und Skulptur Kenntnis gewonnen hatten. Die konservative, immer noch dem Klassizismus verhaftete Theorie wurde hauptsächlich durch Franz Kugler vertreten ("Über die Polychromie der griechischen Architektur und Skulptur und ihre Grenzen", 1835), während auf Seiten der um historischen Authentizität bemühten Forscher Gottfried Semper eine führende Rolle einnahm.

149 vgl. hierzu Franz-Joachim Verspohl, Autonomie und Parteilichkeit: "Ästhetische Praxis" in der Phase des Imperialismus. in: Müller u.a., Autonomie der Kunst, S.199-230

150 vgl. auch das Kapitel dieser Arbeit über den politischen Gehalt dieser Schrift Semper, S.113 ff

151 Semper, Kleine Schriften, S.219

152 "Nur einen Herrn kennt die Kunst, das Bedürfnis. Sie artet aus, wo sie der Laune des Künstlers, mehr noch, wo sie mächtigen Kunstbeschützern gehorcht."(Semper, Kleine Schriften, S.217)

153 "Aber welcher Art ist unser Bedürfnis und wie sollen wir es künstlerisch bearbeiten? Das in jeder und auch in künstlerischer Beziehung wichtigste Bedürfnis eines Volkes ist sein Kultus und seine Staatsverfassung."(Semper, Kleine Schriften, S.218)

154 Semper, Kleine Schriften, S.233

155 Semper, Kleine Schriften, S.233

156 Semper, Kleine Schriften, S.220

157 Semper, Kleine Schriften, S.221

158 Semper, Kleine Schriften, S.220

159 Semper, Kleine Schriften, S.221

160 Semper, Kleine Schriften, S.221

161 Semper, Kleine Schriften, S.228; ein Hinweis auf die Darstellung der klassischen Periode griechischer Kunst als Ergebnis einer revolutionären Phase, des"Freiheitskampfes", bei Semper, findet sich bereits bei Heinz Quitzsch, Grundanschauungen, S.6/7

162 Gottfried Semper, Vortrag "Über den Zusammenhang der architektonischen Systeme mit allgemeinen Kulturzuständen", gehalten in London 1853. (Abgedruckt in Semper, Kleine Schriften, S.351-368) Zit.n. Semper, Kleine Schriften, S.351

163 Semper, Kleine Schriften, S.351

164 Semper, Kleine Schriften, S.352

165 Semper, Kleine Schriften, S.233

166 Semper, Kleine Schriften, S.233

167 Semper, Kleine Schriften, S.232

168 s.S.118 ff

169 Zur Planungsgeschichte der Neugestaltung Münchens in diesem Zeitraum vgl. Oswald Hederer, Leo von Klenze, München 1964. (Zitat Hederer, Klenze, S.128)

170 Hederer, Klenze, S.129

171 Eine ähnliche städtebauliche Aufgabe, die auch in ihrer Lösung Parallelen mit dem Münchener Neugestaltungsprojekt aufweist, stellte sich etwa gleichzeitig in Hannover, wo um das Leineschloß ein neuer Residenzbezirk angelegt werden sollte. Hier bestand zunächst ein Entwurf Georg Ludwig Laves (1788-1864) aus dem Jahre 1816 zu einem Neubau außerhalb des eigentlichen Stadtgebiets, der dann durch eine zentrale Schloßallee mit dem alten Stadtkern verbunden werden sollte. Aber auch in Hannover wurde diese spätbarocke Lösung nicht mehr realisiert zugunsten eines Umbaus des bestehenden Schlosses (1826-1830), durch den - wie in München - das Verhältnis von dynastischer Tradition und neuzeitlicher Akzentuierung eine zeitgemäßere Darstellung fand. (vgl. hierzu G.Hoeltje, Georg Ludwig Friedrich Laves, 1964, S.42)

172 Planabb. und Beschreibung bei Hederer, Klenze, S.129 f

173 So weist auch Max Spindler darauf hin, daß zwar die Glyptothek (1816) der einzige während der Kronprinzenzeit Ludwigs ausgeführte Bau ist, daß aber für viele spätere Neubauten die Pla-

nung bereits vor 1825 einsetzte.(Spindler, Handbuch der Bayerischen Geschichte, München 1974, 4.Bd., 1.Halbbd., S.103, Anm.13)
Zu "Ludwig als Bauherr" vgl. auch den Vortrag Max Spindlers gleichen Titels, abgedruckt in: Spindler, Dreimal München.

174 Zur Münchener Kunstpflege und Baukunst unter Ludwig I. vgl. Spindler, Handbuch 4.Bd., 2.Halbbd., S.1177-1181. (dort auch weitere Literaturangaben)

175 Ein Beweis hierfür ist auch der umfangreiche Briefwechsel Klenzes mit Ludwig zu den unter dessen Verantwortlichkeit entstandenen Neubauten: Geheimes Hausarchiv München:
1816-1820: IA 36,1
1821-1825: IA 36,2
1826-1829: IIA 31
1830-1838: IIA 32

176 vgl. auch S.34

177 vgl. hierzu die zehnjährige Planungsgeschichte der Dresdener Gemäldegalerie von 1837-1847, in der die Vorstellungen der Bürgervertreter in der zweiten Kammer des sächsischen Landtages die Bauplanung bereits entscheidend beeinflussen konnten.(S.149 ff)

178 zu Leben und Werk Leo von Klenzes vgl. Hederer, Klenze.

179 Eine ausführliche Darstellung der Studienjahre Klenzes bei Hans Kiener, Leo von Klenze. Architekt Ludwigs I., Diss. München 1920, S.110-225

180 Kiener, Klenze, S.132

181 Kiener, Klenze, S.126/127

182 Abb. in Grand Prix I, Pl.27/28 (Hinweis bei Kiener)

183 Nach einem Hinweis bei Kiener sollten sie als Tafelwerk veröffentlicht werden. Sie befinden sich heute (ebenfalls nach Kiener) in den Graphischen Sammlungen München. (Kiener, Klenze, S.140-155)

184 zit.n. Kiener, Klenze, S.127

185 zit.n. Pecht, Deutsche Künstler, S.31/32

186 Er schreibt: "Meiner innersten Überzeugung nach ist das monarchische Regierungssystem, namentlich für katholische Christen, das beste und heilsamste, und daß dieses nicht ohne Ehrfurcht und Achtung des Monarchen bestehen kann, wenn wir auch den Menschen in ihm oft tadeln und anklagen müssen." (zit.n. Hederer, Klenze, S.172)

187 Bayerische Staatsbibliothek, Handschriftenabteilung, Res. 2° Aciv. 93 k

188 Widmung Klenzes im Untertitel des Werkes

189 Klenze, Projet de Monument à la Pacification de l'Europe, S.6

190 Klenze, Projet de Monument à la Pacification de l'Europe, S.6

191 Klenze, Projet de Monument à la Pacification de l'Europe, S.7

192 Übersetzung der Verfasserin:
"Angeregt durch das Gedächtnis an Ihre erhabenen Taten und Ihren Ruhm wage ich es, Erlauchte Herrscher, auf den Altar, wo die Bewunderung der Völker Ihre Tugendhaftigkeit feiert, einen Entwurf für ein Denkmal niederzulegen, das der Nachwelt das Andenken an Ihr Jahrhundert und an die Wohltaten, die sie Ihnen verdankt, erhalten soll.
Dieses Denkmal ist, wie die Kunst selbst, ausschließlich religiös und philanthrop; wie es dieser zukommt, große Schicksalswenden zu verewigen, steht es dem, der sie ausübt nicht zu, sie politischen und individuellen Meinungen zu unterwerfen.
Der Idee eines auf der Grundlage der nationalen Unabhängigkeit der Völker Europas geschlossenen Friedens, der durch die gegenseitige Wertschätzung und Achtung dieser Völker garantiert wird, dieser von Ihren großherzigen Taten ins Leben gerufenen Idee habe ich mit diesem Denkmal ein Zeichen zu setzen versucht, dessen Entwurf ich hier respektvoll Ihrer Prüfung anheim zu stellen wage.
Seine Ausführung würde zweifellos große Anstrengungen erfordern, die Phantasie hat mich vielleicht bis an die Grenzen des Möglichen gehen lassen; aber würde weniger nicht diese hervorragendste Epoche der Geschichte, ihre unsterblichen Namen und die Heldentaten der Völker, die unter Ihren Gesetzen leben, beleidigen? Wäre dies schließlich nicht eine Beleidigung der Kunst selbst, wenn nicht ihr ganzer Reichtum entfaltet würde, um solch glorreiche Herrscher zu rühmen? Die Anstrengungen, die die Ausführung dieses Denkmals erfordern würde, verteilten sich ja im Übrigen auf alle Völker Europas und sie könnten wirksam erleichtert werden durch die Beschäftigung von Künstlern und Handwerkern aller Art, die nun an die Stelle der zahlreichen Schlachtenreihen treten könnten, die die Gefahr für das Vaterland zu den Fahnen gerufen hatte; wie bei den Völkern der Antike arbeiteten dann die gleichen Arme, die gemeinsam für das Vaterland gekämpft haben, nun zusammen, um ihre Heldentaten und ihre Siege unsterblich werden zu lassen. (S.5)/
Aber es steht mir nicht zu, allzu konkrete Vorschläge über die Mittel zu machen, mit denen dieser Entwurf,den ich Ihnen, Erlauchte Herrscher, vorzulegen wage, zu realisieren wäre, noch über die Einzelheiten der nationalen Feiern, bei denen das Denkmal Mittelpunkt sein würde, und über den Ort, an dem es zu errichten sei; wenn ich Ihre wohlwollende Billigung erreichen könnte, wären dies Fragen, die von den Staatsmännern zu lösen wären, denen es obliegt, die großen Interessen Europas zu regeln.
Eine Komposition, die allein aus den Eingebungen der künstlerischen Phantasie entstanden ist, darf nicht hoffen, von vornherein alle Stimmen zu einigen; es bedürfte eines göttlichen Talents, das zu erreichen, alle Bedürfnisse und alle Schicklichkeiten zu befriedigen, allein von Ihrer Nachsicht,Groß-

herzige Herrscher, darf ich eine günstige Aufnahme meiner
Arbeit erhoffen. Ich würde glauben, dieses Ziel ruhmreich
erreicht zu haben, wenn es mir gelänge, Ihre Blicke für einen
Augenblick auf eine Arbeit zu lenken, die eine so denkwürdige
Epoche zum Gegenstand hat, wie sie jahrhundertelang nicht wiederholbar ist.(6)/
Die Zeit in ihrem raschen Lauf übt gewissermaßen ihre produktiven und ihre zerstörerischen Kräfte. Sie sieht die Generationen entstehen und vergehen, ihre Epochen beginnen und enden,
ohne stehenzubleiben, um Erinnerungen festzuhalten, die sie im
Gegenteil selbst zerstört. Nachfolgender Ruhm würde den Schleier des Vergessens bereits über die Ereignisse breiten, die ihm
glorreich vorangegangen sind, wenn nicht die Kunst das Andenken
daran den zukünftigen Generationen zu vermitteln wüßte.
Ohne ihre bewahrende Fürsorge wären die Taten der Helden, die
Weisheit der Gesetzgeber, die Tugenden der Fürsten und selbst
die Geschichte für uns verloren. Durch die Darstellung der
denkwürdigen Taten und der Menschen, die der Gegenwart zur Ehre
gereichen, bietet sie der Nachwelt die Vorbilder. Ohne Homer
gäbe es keinen Achill und keine Ilias; und ohne sie möglicherweise keinen Alexander und kein erobertes Asien; auf diese
Weise bewahrt sie die großen Taten, die Werte und die Tugenden
und pflanzt sie fort.
Die Völker der Antike, unsere vielleicht unnachahmlichen Vorbilder, waren eher verschwenderisch als geizig im Gebrauch
dieser Mittel der Darstellung. Bei ihnen versammelt die Kunst
die zivilisierten Völker um ihre Monumente, sie bewahrte das
Gedächtnis an die glorreichsten Epochen und sie verteilte
schließlich den Lohn für Verdienst aller Art. Die Tempel, die
Theater und die Hyppodrome Athens, Olympias und Korinths, und
die nationalen Feste, die man dort feierte, waren das stärkste Band der hellenischen Völker; jeder Sieg erhielt ein Denkmal der Kunst; die Oden des Pindar, die Statuen des Skopas,
die Monumente des Metagenes wurden gleichermaßen an die Sieger der Spiele oder Schlachten, an die Gesetzgeber, an die
Philosophen und an die Redner verschwendet.
Diese Großzügigkeit breitete, indem sie die Künste zu einer
Perfektion erhob, von der die Spuren, die uns die Zeit erhalten hat, kaum eine Vorstellung geben können, über diese Völker den blendenden Glanz, der sie bewundernswert und für die
zukünftigen Zeiten nachahmenswert machte.
Der Unterschied der religiösen Vorstellungen, des Klimas, der
Gesetze und der Gewohnheiten hat uns weit zurückhaltender hinsichtlich der Anwendung künstlerischer Werte gemacht; die Monumente des gesamten modernen Europas kommen weder an Zahl
noch an Schönheit denen einer einzigen Stadt Griechenlands
oder des antiken Italiens gleich. Selbst wenn wir aus guten
Gründen diese Zurückhaltung rechtfertigen können, ist sie dennoch ein Zeichen, das die Nachwelt zu dem gerechten Vorwurf
einer barbarischen Gleichgültigkeit herausfordern könnte, wenn
wir diese nicht überwinden.
Was könnten wir anführen, um dem Vorwurf zu entgegnen, daß wir
es versäumt hätten, die glänzendste Epoche der Geschichte zu
verewigen, die Epoche, deren Zeugen wir sind? Wäre es vielleicht
Geldmangel? Nein! Europa, das während der Jahre seiner Erniedrigung Millionen ausgegeben hat, würde das Opfer einiger Millionen für den Ruhm (S.7)/

seiner Befreiung nicht verweigern; das Mißtrauen in die Fähigkeiten seiner Künstler? Sicherlich besitz Europa noch sehr fähige Künstler; wäre es also der Mangel an Gemeinschaftsgeist? Nochmals nein! Die Eintracht der Fürsten und der Völker hat Erfolge und Triumphe erlangt, dieselbe Eintracht sollte nicht so beständig sein, ihnen ein Denkmal zu setzen? Es wäre also allein der Unentschlossenheit zuzuschreiben, wenn wir der Nachwelt nicht das Andenken an einen sicheren und gerechten Frieden übermitteln würden, der einen Kampf beendet, den ein revolutionärer Sturm hervorgebracht hat, und der 25 Jahre lang von dem fehlgeleiteten menschlichen Geist genährt wurde; an einen Kampf, sage ich, der Europa, wie es schien, der Vorherrschaft berauben wollte, die es seit dreißig Jahrhunderten über den Rest der Welt ausübt. Denn diese wiederholten nationalen Kriege, diese blutigen und fortwährenden Kämpfe hätten es beinahe in die Finsternis der Barbarei zurückgestoßen, indem sie das soziale Band zerrissen, die Gesetze zum Schweigen gebracht und die Kultur rückgängig gemacht hätten.
Das war die Gefahr, die Europa bedrohte; aber die Vorsehung wachte und bot ihre Hilfe. Indem sie die Anstrengungen der Fürsten und ihrer Völker mit dem glänzendsten Erfolg krönte, brachte sie ganz Europa die Freiheit und den Frieden.
Die erste Welle der Dankbarkeit mußte dieser göttlichen Vorsehung gehören; Dankgesänge erschollen von den Gletschern des Ural bis zu den Säulen des Herkules, von den kargen Felsen Skandinaviens bis zu den ewigen Flammen des Ätna. Aber nachdem diese erste Pflicht erfüllt ist, dürfen wir nicht vergessen, daß uns noch eine zweite gegenüber der Nachwelt bleibt, eine Pflicht, deren wir uns nur entledigen können, indem wir in einem Denkmal wahrer Kunst den Ruhm des höheren Wesens, das Andenken an unsere Siege und die Ergebnisse dauerhaft verkünden. Das Prinzip, das das zivilisierte Europa für sein eigenes Glück braucht, nur eine einzige Familie zu bilden, die so viele Mitglieder besitzt, wie Europa Nationen zählt, dieses keineswegs chimärenhafte Prinzip scheint uns im Gegenteil das schönste Resultat des Erfolges zu sein, den das vereinigte Europa soeben errungen hat. Dies ist das gleiche Prinzip, das dem Entwurf des Denkmals zugrunde liegt, das wir zum Gedächtnis an diesen Frieden vorschlagen, dem für die Zukunft der gerechte Anspruch zukommt, die schönste Epoche der modernen Geschicht einzuleiten. Dieses für das vereinigte Europa errichtete Denkmal soll auch sein gemeinsamer Besitz sein. Im Zentrum des Kontinents errichtet, soll es dem Abhalten paneuropäischer Nationalfeiern dienen, der Anbetung des Gottes der Christen und der Aufbewahrung der sterblichen Hüllen derjenigen, deren Andenken erhalten zu werden verdient. Die Nationen würden dort ein Zentrum der Begegnung finden, das Verdienst seinen Lohn und derjenige, der die herrschende natürliche Ordnung unter den Völkern stören wollte, ein drohendes und bewahrendes Sinnbild; so hätte noch kein Denkmal jemals ein edleres und sinnvolleres Ziel besessen. Es ist nicht wünschenswert, ein solches Denkmal in einer Stadt zu errichten, da es zu kostspielig wäre, es in eine Umgebung zu stellen, die den Schönheiten entspräche, die ihm das Schauspiel der schönen Natur verleihen kann. Es muß vielmehr auf dem Gipfel eines Berges errichtet werden; dort, inmitten von Gruppen europäischer Bäume, majestätischer Eichen, würde es die Wirkung erzielen, die in den Stichen wiederzugeben versucht wurde, die es abbilden.

Der Unterbau unseres Projekts ist ein großer Kubus in einfachem und ernstem Stil, der an seinen vier Ecken von Vorbauten der gleichen Höhe und der gleichen Ordnung gerahmt wird. In der Mitte jeder Seite befindet sich an der Rückwand einer großen Nische einer der Hauptzugänge.
Zu beiden Seiten dieser Nischen ist ein großes Basrelief angebracht, das die wichtigsten Ereignisse der jüngsten Zeit wiedergeben soll, vom Brand von Moskau bis zur Völkerversöhnung, die nach dem Einmarsch in Paris die Schlacht des 19. Jahrhunderts so glücklich beenden sollte.
Über den Vorbauten der vier Ecken erheben sich reiche Trophäen. Ein Portal führt in das Innere eines jeden Vorbaus, die dazu bestimmt sind, dort eines Tages die Asche der vier Generäle aufzunehmen, die soviel zur Erlangung des Friedens beigetragen haben. Die Namen Kutusow, Schwarzenberg, Wellington und Blücher sollen auf Zinntafeln über den Eingängen angebracht werden. Die Hauptzugänge, die über Treppen ins Innere leiten, führen auf die erste Terrasse, von wo aus gerade Treppen zum Portikus des Tempels ansteigen, der das Monument bekrönt.
Der erste Sockel, auf dem die Treppe aufruht, ist mit geflügelten, Girlanden und Lorbeer tragenden Genien geschmückt, zwischen denen die Namen derjenigen eingeschrieben sind, die entweder durch ihren Rat oder ihre Taten zum glücklichen Ende der jüngsten Katastrophe beigetragen haben. Der zweite Sockel ist auf allen vier Seiten mit Inschriften bedeckt, die in Steinschrift in den vier Hauptsprachen Europas eine knappe Geschichte der letzten Zeit enthalten. Auf dem dritten schließlich sind zwischen Ruhmespalmen die Namen der Krieger eingraviert, die sich im letzten Krieg durch ihren Mut hervorgetan haben. Der Tempel selbst, für den wir die moderne dorische Ordnung als die passendste empfunden haben, trägt in den Statuen der Religion und der christlichen Tugenden, die seine Akrotere schmücken, ebenso wie in den Basreliefs der Giebel die Zeichen des Gottes, dem er geweiht ist. Im Innern ist er von einer Reihe korinthischer Säulen umzogen, die sich gegen den Hauptaltar öffnen und dort einen Triumphbogen bilden, der von einem Bild der triumphierenden Religion bekrönt wird. Genien als Karyatiden bilden die zweite Ordnung und unterstützen die in Eisenkonstruktion ausgeführte Kassettendecke.
(S. 8)/
Die Statuen der alliierten Herrscher und die des Oberhaupts der Kirche sind in den Nischen zu beiden Seiten aufgestellt. Im Sockel des Monuments ist ein großer Kenotaph aufgestellt, in dem die Asche derer aufgebahrt werden soll, die durch einen ruhmreichen Tod auf dem Schlachtfeld diese Auszeichnung ihres Vaterlandes verdienen.
Nur die beständigsten, haltbarsten Materialien wie Granit, Marmor und Bronze sollten zur Konstruktion dieses Monuments verwendet werden; die Würde eines solchen Gegenstandes sollte auch unter diesem Aspekt gesehen werden.
So soll also das Denkmal beschaffen sein, das wir vorschlagen, dem Frieden zu weihen und dessen Detailpläne und dessen perspektivische Ansicht eine klarere Vorstellung geben werden als alles, was wir sonst noch hinzufügen könnten. Wir sind davon ausgegangen, in dem Entwurf eine unzusammenhängende Mischung verschiedener Architekturstile ebenso zu vermeiden wie eine mißverstandene und der Kunst so oft verderbliche Symbolik. Wenn wir das Glück haben sollten, in dieser Hinsicht

Zustimmung zu erfahren, wird man uns vielleicht den Vorwurf einer zu großen und zu aufwendigen Konzeption machen; aber, um es nochmals zu sagen, ein allein aus der künstlerischen Phantasie hervorgegangener Entwurf wird nie alle zufriedenstellen können und wir nehmen es lieber in Kauf, über unser Thema hinaus zu gehen, als es nicht gebührend zu würdigen. Wir würden uns glücklich schätzen, wenn es unserer Arbeit gelänge, die Aufmerksamkeit auf den wichtigen Gegenstand, den sie behandelt, zu lenken und wenn wir mit ihr dazu beitragen könnten, ihn eines Tages in die Realität umzusetzen.(S.9)/

193 Hederer, Klenze, S.306

194 Hederer, Klenze, S.306

195 Hederer, Klenze, S.308

196 Hederer, Klenze, S.303

197 vgl. Klenze, Projet de Monument à la pacification de l'Europe, S.9:"Es muß vielmehr auf dem Gipfel eines Berges errichtet werden; dort inmitten von Gruppen europäischer Bäume ...."
An mehreren Stellen spricht sich Klenze für die Vorbildlichkeit der Antike für sein Projekt aus.

198 Hederer, Klenze, S.28

199 Bayerisches Hauptstaatsarchiv, OBB 7530, Personalakt Leo von Klenzes

200 Hederer, Klenze, S.52

201 In einer Wandparole an der Universität stand zu lesen: "Hormayer, dem Mörder unserer Söhne, 6000 Gulden. Dem Dieb Klenze 300 000 Gulden als königliche Belohnung für geleistete Dienste." (zit.n. Hederer, Klenze, S.52)

202 Hederer, Klenze, S.59 ff

203 aus einem Brief Ludwigs, zit.n. Hederer, Klenze, S.65 (dort keine weiteren Quellenangaben)

204 zur Berlin-Potsdamer Hofarchitektur:
Ludwig Dehio, Friedrich Wilhelm IV. von Preußen, München 1961;
Volker Duvigneau, Die Potsdam-Berliner Architektur zwischen 1840 und 1875, München 1966;
Eva Börsch-Supan, Die Berliner Baukunst nach Schinkel. 1840-1870, München 1977.

205 vgl. S.33 f

206 vgl. Dehio, Friedrich Wilhelm, S.70

207 zit.n. Hederer, Klenze, S.79

208 zit.n. Hederer, Klenze, S.200

209 zit.n. Hederer, Klenze, S.23

210 zit.n. Hederer, Klenze, S.81

211 Plangeschichte und Anlage der Ludwigstraße wurde bei Oswald Hederer, Die Ludwigstraße in München, München 1942, ausführlich dargelegt. Dort finden sich auch Abbildungen der einzelnen Planstufen der Gesamtanlage. Im Folgenden soll hingegen im Sinne der Themenstellung dieser Arbeit die Abhängigkeit des dort gewählten Architekturstils von dem Selbstverständnis des Bauherrn vor allem am Programmbau des Leuchtenberg-Palais untersucht werden.

212 Abb. bei Hederer, Ludwigstraße, S.17

213 Hederer, Ludwigstraße, S.15

214 Adolf von Schaden, Artistisches München im Jahre 1835, S.55 Das Leuchtenberg-Palais gilt in der Literatur allgemein als Beginn der Neurenaissance in Deutschland. Vgl. dazu: Ettlinger, Semper, S.39; Thieme-Becker, Künstlerlexikon, Stichwort Klenze, S.479; Hederer, Ludwigstraße, S.32; Hederer, Klenze, S.212; Lankheit, Revolution, S.63; Pevsner, Lexikon der Weltarchitektur, Darmstadt 1971, S.245;

215 Geh. Hausarchiv München IA 36, 34

216 Hederer, Ludwigstraße, S.31

217 Diese Haltung drückt auch die Behandlung eines Antrags aus dem Jahre 1826 aus, der die Erlaubnis zur Einrichtung von Geschäften in der Ludwigstraße erbittet (Geh.Hausarchiv München, IIA 31, 244): "Mehrere Eigentümer der neuen Häuser in der Ludwigstraße haben nachgesucht, in ihre Fassaden Türen zu Boutiquen brechen zu dürfen. ... glaube ich doch auf die Konsequenzen aufmerksam machen zu müssen, welche ... sehr bald eine völlige Neu- und Mißgestaltung der Straße herbeiführen würde."

218 Geh. Hausarchiv München, IA 36, 84, Brief Klenzes an Ludwig I.

219 vgl. Adalbert Prinz von Bayern, Die Herzen von Leuchtenberg, Reutlingen 1963, S.11-15 und derselbe, Eugène Beauharnais, München 1950.

220 Plansammlung TU München, 32/5: 2 Pläne zum Projekt I (34.8 und 34.9); 6 Pläne zum Projekt II (34.1-34.6)

221 Zum Gesamtwerk Karl von Fischers vgl. Oswald Hederer, Karl von Fischer, München 1961

222 z.B. das Törring Palais Fischers (1811); vgl. Abb.13

223 vgl. die Forderung des ersten Bauherrn des Prinz-Carl-Palais, Pierre de Salabert: Er wünschte ein Palais, geeignet, "die private Existenz bis auf die Höhe eines königlichen Daseins zu steigern."(zit.n. Hederer, Fischer, S.39)

224 vgl. Durand, Précis II, 3, 3. Abschnitt, S.77 ff ("Maisons particulières à la Ville")

225 Abb. bei Hederer, Ludwigstraße, Abb.13 (Originale in Staatl. Graph.Slg. München, Inv.Nr. 26 997 (Grundriß) und 27 404 (Hauptfassade gegen Odeon))

226 Für das Leuchtenberg-Palais steht der genannte erste Entwurf Klenzes, der in dieser Form nicht zur Ausführung kam.

227 Zur Baugeschichte des Palazzo Farnese vgl. Herbert Siebenhüner, Der Palazzo Farnese in Rom, in: Wallraf-Richartz-Jahrbuch 14/1952, S.144-164

228 zit.n. Hederer, Klenze, S.79 (dort ohne Quellenangaben)

229 Geh. Hausarchiv München IA 36, Abschrift eines anonymen Artikels aus "Der Freimütige" gegen Klenze (Nr.125, 1813)

230 vgl. Walter Benjamin, Das Kunstwerk im Zeitalter seiner technischen Reproduzierbarkeit, Ausg. Frankfurt/M. 1963, S.15

231 9 Originalpläne Klenzes zum ausgeführten Leuchtenberg-Palais im Stadtmuseum München, Maillinger Sammlung MI 1702,1-1702,9.

232 Geh. Hausarchiv München IA 36, Brief Klenzes an Ludwig, der sich unter anderem mit diesem Einwand auseinandersetzt, vom 10.5.1817

233 Als Gesamtdarstellung zum Odeon vgl. Heinrich Habel, Das Odeon in München, Diss. München 1964

234 Abb. bei Klenze, Ludwigstraße, S.35

235 vgl. Brief Klenzes, abgedruckt bei Habel, Odeon, S.1 f

236 Eine ausführliche Darstellung der Auseinandersetzungen um das Odeon findet sich bei Habel, Odeon, S.16-21 und bei Winfried von Pölnitz, Münchener Kunst und Münchener Kunstkämpfe 1799-1831, in: Oberbayer. Archiv 72/1936, S.84-87 (hier sind auch Presseäußerungen und Auszüge aus Landtagsprotokollen abgedruckt.)

237 Habel, Odeon, S.16

238 Pölnitz, Kunstkämpfe, S.85

239 Habel, Odeon, S.20

240 Habel, Odeon, S.20

241 Aus einer Rede des Abgeordneten von Eberts in einer Sitzung vom 20.4.1831, zit.n. Hederer, Klenze, S.221

242 Habel, Odeon, S.19 f

243 Gärtner drückt es in einem Brief an Martin Wagner in diesem Zusammenhang aus: "Klenze schadet dem Könige indirekt in der Meinung des Publikums mehr als eine neue Steuer."(zit.n. Habel, Odeon, S.17)

244 vgl. Hederer, Fischer, S.86

245 Plansammlung TU München, 32/3 - 11.1

246 Abb. bei Hederer, Fischer, S.87

247 Zu nennen wären hier etwa die Neue Münze in Berlin von Heinrich Gentz (1798-1800), die St.Stephanskirche in Karlsruhe von Friedrich Weinbrenner (1808-1814) und das Projekt für ein Nationaltheater in Berlin von Friedrich Gilly (1800); Abbildungen aller drei Bauten bei Dieter Dolgner, Die Architektur des Klassizismus in Deutschland, Dresden 1971.

248 vgl. hierzu Hederer, Fischer, S.75-85

249 vgl. hierzu Hederer, Klenze, S.243-249; die Akten zum Wiederaufbau des Nationaltheaters befinden sich in München im Hauptstaatsarchiv (OBB 4261 und OBB 7530) und im Kreisarchiv (RA 16/224, RA 15/223 1/2, RA 16/223 1/3 und XXXVII/156).

250 Hederer, Klenze, S.246

251 Hederer, Klenze, S.246

252 Hederer, Klenze, S.248

253 vgl. Geh. Hausarchiv München IA 36 II, Brief Nr. 224 (Klenze an Ludwig)

254 Geh. Hausarchiv München IA 36 II, Brief Nr. 224

255 Geh. Hausarchiv München IA 36 II, Brief Nr. 224

256 Geh. Hausarchiv München IA 36 II, Brief Nr. 224

257 Geh. Hausarchiv München IA 36 II, Brief Nr. 224

258 Bayer. Hauptstaatsarchiv OBB 12 726, Akt Max-Joseph-Platz; Brief vom 22.5.1825

259 vgl. Bayer. Hauptstaatsarchiv OBB 12 726

260 Die Lage und die architektonische Gesamtform des Bronzedenkmals wurde von Klenze bestimmt, während die figurale Komposition von Christian Daniel Rauch stammt. Der Guß selbst war das erste Hauptwerk der neuen Münchener Hütte. Die Grundsteinlegung erfolgte im Jahre 1825, die Enthüllung fand 1835 statt. (vgl. Norbert Lieb, München. Die Geschichte seiner Kunst, München 1971, S.291 f). Zum Max-Joseph-Denkmal vgl. auch: Mittig/Plagemann (Hrsg.), Denkmäler im 19. Jahrhundert, München 1972, S.49-68 und Abb. S.325-331; dort auch Hinweis auf Barbara Eschenburg, Das Denkmal König Maximilians I. Joseph in München, 1820-1835. Ungedruckte Dissertation München 1970.

261 Zum Königsbau vgl. Hederer, Klenze, S.263-273 und Allgemeine Bauzeitung 1837, S.17-20; daneben den Bauakt des Max-Joseph-Platzes von 1816-1937 im Hauptstaatsarchiv München (OBB 12726)

262 Die Planung des 1826 begonnenen Neubaus mit Klenze reicht bis 1823 zurück, jedoch stets mit der festen Absicht Ludwigs, den

Bau "erst als König beginnen und bewohnen" zu wollen. (zit. n. Hederer, Klenze, S.43)

263 Zwei frühere Entwürfe Klenzes "im reinen Style der griechischen Architektur" und "in römischer Art" wurden von Ludwig abgelehnt (vgl. Allg.BZ 1837, S.18)

264 Allg.BZ 1837, S.17 ff

265 vgl.S.275, Anm. 229

266 Daß Ludwig hierfür neben dem auch für unser heutiges Empfinden als Beispiel eines klar gegliederten, nur sparsam ornamentierten Palasttypus der Frührenaissance geltenden Palazzo Rucellai auch Formelemente des doch weitgehend vom Manierismus Ammanatis bis zum Barock geprägten Palazzo Pitti aufgriff, ist bezeichnend für diese frühe Phase neurenaissancistischer Hofarchitektur, in der die Originalarchitekturen noch nicht primär aus ihrem historisch bestimmbaren, gesamtgesellschaftlichen Zusammenhang heraus rezipiert wurden, sondern in erster Linie als Formvorbilder einer pauschal gesetzten und damit undifferenzierten, subjektiven Renaissancevorstellung übernommen wurden.

267 Allg.BZ 1837, S.18

268 Plansammlung TU München 32/4 - 24.2

269 Allg.BZ 1837, S.18

270 Allg.BZ 1837, S.18/19

271 Allg.BZ 1837, S.19

272 Zum Postgebäude vgl. Hederer, Klenze, S.323 und Allg.BZ 1836, S.333 und Taf. LXXIII; die Bauakten zum Postgebäude befinden sich im Hauptstaatsarchiv München (OBB 8874), Pläne zur neuen Fassade und zum Törring-Palais ebenfalls im Hauptstaatsarchiv (OBB 8874, Situationsplan), in der Maillinger-Slg. des Stadtmuseums München (MI, 1814 und MII, 119) und in den Staatlichen Graph. Slg. (Nr. 26622 und 26623).

273 Geh. Hausarchiv München IIA 32, Brief Klenzes an Ludwig vom 13.9.1833

274 Die Ruhmeshalle (1843-1854) und die Propyläen (1846-1860) wurden beide im antikisierenden Stil errichtet.

275 Aus einem Brief Klenzes an Ludwig aus dem Jahre 1817, zit.n. Hederer, Klenze, S.79 f

276 Aus dem Text Klenzes zu seinem "Projet de Monument à la Pacification de l'Europe, S.5 (vgl. Anm.192)

277 zit.n. Hederer, Klenze, S.79

278 Als jüngste Monographie zu Friedrich Gärtner vgl. Oswald Hederer, Friedrich von Gärtner, Leben, Werk, Schüler. München 1976

279 So benennt Klenze für das Postgebäude die "Analogie mit einer Anlage aus dem Cinquecento"(Geh. Hausarchiv München IIA 32, Brief vom 13.9.1833); Baubeginn für das Ospedale degli Innocenti Brunelleschis war jedoch 1419, die Loggia wurde 1421-24 ausgeführt.

280 vgl. z.B. die Berliner Kaisergalerie von Kyllmann und Heyden (1869-1873) und den Münchener Justizpalast Friedrich von Thierschs (1887-1897). Abb. in Brix/Steinhauser, Geschichte, S.229 (Kaisergalerie) und S.210 (Justizpalast).

281 z.B. "Versuch einer Wiederherstellung des toskanischen Tempels nach seiner historischen und technischen Anlage", München 1822 und "Der Tempel des olympischen Jupiter von Agrigent", Stuttgart und Tübingen 1827.

282 Allg.BZ 1836, S.333

283 Geh. Hausarchiv München, IIA 32, Brief Klenzes an Ludwig vom 13.9.1833

284 Allg.BZ 1836, S.333

285 So bestimmte bereits Max-Joseph I. die Aufgabe des neuen Nationaltheaters, zit.n. Hederer, Fischer, S.75.

286 vgl. das nur fünf Jahre zuvor fertiggestellte Odeon.

287 Geh. Hausarchiv München, IIA 32, Brief Klenzes an Ludwig vom 13.9.1833

288 Geh. Hausarchiv München, IIA 32, Brief Klenzes an Ludwig vom 13.9.1833

289 Prototypisch ausgebildet in der Schloßanlage von Versailles, wo dem königlichen Wohnbau selbst weiträumige Hofräume vorgelagert waren. W.Hausmann, Baukunst des Barock, beschreibt die angestrebte Wirkung in dem genannten Sinne:"Kommt man von der Stadt her, so stellt sich der Kern des Schlosses, die eigentlich Wohnstatt des Königs, als der hoheitsvoll in die Ferne entrückte Abschluß eines tiefgestaffelten Gebäudekomplexes dar, vor dem eine weite Hoffläche - ursprünglich zweifach durch Gitter unterteilt - die bewußt erstrebte Distanzwirkung steigert. Der Marmorhof unmittelbar vor den Gemächern des Königs lag ursprünglich um fünf Stufen erhöht gegenüber dem Hof davor, so daß dieser innerste Bezirk nur zu Fuß zu erreichen war."(S.90)

290 Geh. Hausarchiv München, IIA 32, Brief Nr.320 vom 22.9.1833

291 Geh. Hausarchiv München, IIA 32, Brief Klenzes an Ludwig vom 13.9.1833

292 Bay. Hauptstaatsarchiv OBB 4328. Der Stadtbaukommission gehörten bis zu diesem Zeitpunkt u.a. Karl von Fischer, Leo von Klenze und auch die Vertreter der bürgerlichen Baukunst Gustav Vorherr und Ulrich Himbsel an.

293 Das waren Gärtner, Klenze, Ohlmüller und Ziebland, wie aus dem vorangehenden Text deutlich wird.

294 J.M.Söltl, Die bildende Kunst in München, München 1842, S.76

295 Planbeschreibung Vorherrs, aus: Akt Vorherr, BayHSTA OBB 7676

296 vgl. hierzu ein Gutachten zu Himbsels "Magazin der Baukunst", in Bay. Hauptstaatsarchiv OBB 4329, Akt Himbsel: "Gutes, Brauchbares findet man selten – Vorzügliches nirgends. ... denn ist (der Baumeister) bloß Nachahmer, so sinkt er zum Handwerker herab, und will er erfinden, ohne selbst ausgebildet zu sein, so macht er Fehler auf Fehler."

297 Monatsblatt für Bauwesen und Landesverschönerung, hrsg. von einer gemeinschaftlichen Deputation für Landwirtschaft und Polytechnik in Bayern. Veranlaßt und redigiert durch den kgl. Baurat J.M.C.Gustav Vorherr. 1.-10.Jg., 1821-1830

298 Monatsblatt Nr.2, 1823, S.12

299 Monatsblatt Nr.3, 1822, S.18

300 Bay. Hauptstaatsarchiv OBB 7676, Akt Vorherr

301 Durand, Précis I, Introduction S.15

302 Vorherr stellte das Originalzitat Durands seinen 1819 erstmals, 1826 zum zweiten Mal im "Monatsblatt"(Nr.6, 1826) veröffentlichten "Andeutungen über die Direktion des öffentlichen Bauwesens in Bayern" voran.

303 Aus Vorherrs Darlegung der Ziele der "Landesverschönerungskunst", zit. bei Adolf von Schaden, Gelehrtes München im Jahre 1834, Beilage zum Akt Vorherr (BayHSTA OBB 7676).

304 vgl. auch Faust, Zur Sonne sollen die Menschen wohnen, Bückeburg 1832.

305 Vorherr, zit.n. A.v.Schaden, Gelehrtes München, Beilage zum Akt Vorherr, BayHSTA OBB 7676.

306 Monatsblatt Nr.3, 1822, S.1

307 Monatsblatt Nr.5, 1821, S.18 und eine Lithographie des Entwurfs von M.Reisach (1821) in der Maillinger-Slg. des Stadtmuseums München, II/1714

308 Monatsblatt Nr.5, 1821, S.18

309 Monatsblatt Nr.5, 1821, S.18

310 erhalten in einer Lithographie Leonhard Schmidtners in der Maillinger-Slg. des Stadtmuseums München, MI/1713

311 Monatsblatt Nr.5, 1821, S.18

312 Durand, Précis II, 3, 1. Abschnitt, S.25

313 Die folgende Paraphrasierung der Planbeschreibung Vorherrs folgt ebenso wie die verwendeten Zitate dem Abdruck im Monatsheft Nr.5, 1821, S.18 f.

314 Durand, Précis II, 3, 1. Abschnitt, S.24

315 Durand, Précis II, 3, 1. Abschnitt, S.25

316 Monatsblatt Nr.5, 1821, S.19; das entsprechende Zitat bei Durand lautet: "Ainsi, tout le talent de l'architecte se reduit à résoudre ces deux problèmes: 1° avec une somme donnée, faire l'édifice le plus convenable qu'il soit possible, comme dans les édifices particuliers: 2° les convenances d'un édifice étant donnés, faire cet édifice avec la moindre dépense qu'il se puisse, comme dans les édifices publics."(Durand, Précis I, Introduction S.20)

317 Monatsblatt Nr.5, 1821, S.18

318 Monatsblatt Nr.5, 1821, S.19

319 Monatsblatt Nr.5, 1821, S.19

320 Monatsblatt Nr.5, 1821, S.19

321 Durand, Précis II, 3, 1. Abschnitt, S.28 ff

322 Abgedruckt in: (Schorns) Kunstblatt Nr.48, 1828, S.191 f.

323 in: Kunstblatt Nr.48, 1828, S.191 f

324 Monatsblatt Nr.2, 1823, S.11-13

325 Monatsblatt Nr.2, 1823, S.12

326 Sie wurden meistens im "Monatsblatt" veröffentlicht.

327 Monatsblatt Nr.2, 1823, S.11 f

328 Der Hinweis fand sich im Monatsblatt Nr.11, 1822, S.64 und stand für diese Arbeit in der dort abgedruckten Beschreibung zur Verfügung.

329 Monatsblatt Nr.11, 1822, S.64

330 Monatsblatt Nr.11, 1822, S.64

331 Bay. HSTA OBB 7676; dort in einem Jahresbericht Vorherrs erwähnt.

332 Geh. Hausarchiv München, IIA 31, Brief Nr.244 vom 15.9.1826

333 Geh. Hausarchiv München, IIA 31, Brief Nr.244 vom 15.9.1826

334 vgl. eine Äußerung Ludwigs anläßlich der Stildiskussion um den Königsbau der Residenz (zit.n. Hederer, Klenze, S.43): "Römisch hin - römisch her, schlecht oder gut, wenn es mir gefällt, so wird und soll und muß es dennoch angewendet werden."

335 In diesem Sinne äußert sich Klenze über die Kunstauffassung Ludwigs (zit.n. Hederer, Klenze, S.81): "Ich erhielt gewöhnlich zur Antwort: 'Ja!Ja! das ist alles recht gut aber der Effekt, die Wirkung, mein bester Klenze, das ist doch die Hauptsache'."

336 Das entscheidende Signal gab die Pariser Julirevolution von 1830, für Deutschland markierte das Hambacher Fest von 1832 die veränderte politische Stimmung.(vgl. Fischer Weltgeschichte, Bd.26, Das Zeitalter der europäischen Revolution. 1780-1848, Frankfurt/M. 1969, S.262 ff, Die Julirevolution und ihre Folgen bis 1848.)

337 Zur Sozialgeschichte Deutschlands in diesem Zeitraum vgl. Werner Conze, Staat und Gesellschaft im deutschen Vormärz, ²1970 und Franz Schnabel, Deutsche Geschichte im 19. Jahrhundert, Freiburg 1964.

338 vgl. auch die Autobiographie Pechts: Friedrich Pecht, Aus meiner Zeit. Lebenserinnerungen, München 1894

339 Pecht, Deutsche Künstler, 1.Reihe, S.160 ff

340 Pecht, Deutsche Künstler, 1. Reihe, S.160

341 Pecht, Deutsche Künstler, 1. Reihe, S.162

342 Pecht, Deutsche Künstler, 1. Reihe, S.160

343 Pecht, Deutsche Künstler, 1. Reihe, S.162

344 Pecht, Deutsche Künstler, 1. Reihe, S.162

345 vgl. Max Seydewitz, Dresden. Musen und Menschen, Berlin 1973, S.119 ff

346 Seydewitz, Dresden, S.146 ff

347 vgl hierzu: Karlheinz Blaschke, Industrialisierung und Bevölkerung in Sachsen im Zeitraum von 1830-1890. in: Raumordnung im 19. Jahrhundert, 1.Teil (1965), S.69-97

348 Zahlen aus Handbuch der deutschen Wirtschafts- und Sozialgeschichte, hrsg.v. Hermann Aubin und Wolfgang Zorn, Bd.1u.2, Stuttgart 1971-1976, Bd.2 (1976), S.437

349 vgl. Otto Richter, Verfassungsgeschichte der Stadt Dresden, Dresden 1885

350 Aubin/Zorn, Handbuch, S.466 f

351 vgl. M.B.Lindau, Geschichte der Haupt- und Residenzstadt Dresden, 1.Bd. 1859, 2.Bd. 1863 (der 2.Bd. S.516-960 behandelt die Entwicklung Dresdens im 19. Jahrhundert).

352 Percy Ernst Schramm, Hamburg, Deutschland und die Welt, München 1943

353 Aubin/Zorn, Handbuch, S.466 f

354 Hans-Gerhard Voigt, Die Hamburger Raumpolitik im 19. Jahrhundert, in: Raumordnung im 19. Jahrhundert, S.149-165

355 Schramm, Hamburg, S.279

356 vgl. Günther Grundmann, Hamburg gestern und heute. Gesammelte Vorträge und Ansprachen zur Architektur, Kunst und Kulturgeschichte der Hansestadt, Hamburg 1972

357 Schramm, Hamburg, S.195

358 zur historischen Entwicklung Fürths vgl. Fronmüller, Chronik der Stadt Fürth, 1871 (hier verwendet in der 2. Auflage von 1887)

359 Aubin/Zorn, Handbuch, S.465 f

360 Zur Wirtschaftsgeschichte Fürths: Hans Mauersberg, Wirtschaft und Gesellschaft Fürths in neuerer und neuester Zeit, Göttingen 1974

361 Die neue bayerische Gemeindeordnung trat am 11.9.1825 in Kraft (Mauersberg, Fürth, S.78)

362 Die Bevölkerungszuwachsrate von 1823-1852 betrug in Fürth 29% (Mauersberg, Fürth, S.83)

363 Mauersberg, Fürth, S.84 f

364 vgl. Ausstellungskatalog "Kunst der Bürgerlichen Revolution von 1830-1848/49", Berlin 1973

365 Diese Unterscheidung Walter Benjamins ist dargelegt bei Müller u.a., Autonomie der Kunst, S.67

366 Wiegmann, Gedanken über die Entwicklung eines zeitgemäßen nazionalen Baustyls. in: Allg.BZ 1841, S.207-214, S.207

367 Wiegmann, Gedanken, S.207

368 Wiegmann, Gedanken, S.209

369 Hans Semper, Gottfried Semper, in: Schweizerisches Künstlerlexikon Bd.3, Frauenfeld 1913 (mit Semper-Literatur-Verzeichnis bis 1909), S.123-143, S.124 f

370 Die 1838-1840 errichtete Synagoge in Dresden, der erste Sakralbauentwurf Sempers und gleichzeitig der einzige, der zur Ausführung kam, wurde unter Berücksichtigung des "orientalischen Ursprungs des Judentums"(Hans Semper, Gottfried Semper, in: Biographisches Jahrbuch für Alterthumskunde, hrsg.v.Conrad Bursian, 2.Jg., Berlin 1879, S.62) in der Tradition orientalisch-byzantinischer Kuppelkirchen ausgeführt.
Der im Jahre 1843 im Anklang an gotische Kirchtürme mit Krabbenhelm und Maßwerk, Wimpergen und einer mittelalterlichen Ikonographie ausgestattete Cholerabrunnen war auch in formalstilistischer Hinsicht ein Auftragswerk des Dresdener Eugen von Gutschmid, der selbst am Entwurf mitarbeitete.

371 Pecht, Deutsche Künstler, 1. Reihe, S.166/167

372 Mir bekannte Ausnahmen sind nur die Arbeit von Heinz Quitzsch, Die ästhetischen Anschauungen Gottfried Sempers (1962), der sich erstmals um eine Rekonstruktion der Rolle Sempers in der politischen Landschaft der ersten Jahrhunderthälfte bemühte; dann die im Jahre 1974 an der ETH Zürich begonnene Aufarbei-

336 Das entscheidende Signal gab die Pariser Julirevolution
von 1830, für Deutschland markierte das Hambacher Fest von
1832 die veränderte politische Stimmung.(vgl. Fischer Weltgeschichte, Bd.26, Das Zeitalter der europäischen Revolution.
1780-1848, Frankfurt/M. 1969, S.262 ff, Die Julirevolution
und ihre Folgen bis 1848.)

337 Zur Sozialgeschichte Deutschlands in diesem Zeitraum vgl.
Werner Conze, Staat und Gesellschaft im deutschen Vormärz,
1970 und Franz Schnabel, Deutsche Geschichte im 19. Jahrhundert, Freiburg 1964.

338 vgl. auch die Autobiographie Pechts: Friedrich Pecht, Aus
meiner Zeit. Lebenserinnerungen, München 1894

339 Pecht, Deutsche Künstler, 1.Reihe, S.160 ff

340 Pecht, Deutsche Künstler, 1. Reihe, S.160

341 Pecht, Deutsche Künstler, 1. Reihe, S.162

342 Pecht, Deutsche Künstler, 1. Reihe, S.160

343 Pecht, Deutsche Künstler, 1. Reihe, S.162

344 Pecht, Deutsche Künstler, 1. Reihe, S.162

345 vgl. Max Seydewitz, Dresden. Musen und Menschen, Berlin 1973,
S.119 ff

346 Seydewitz, Dresden, S.146 ff

347 vgl hierzu: Karlheinz Blaschke, Industrialisierung und Bevölkerung in Sachsen im Zeitraum von 1830-1890. in: Raumordnung
im 19. Jahrhundert, 1.Teil (1965), S.69-97

348 Zahlen aus Handbuch der deutschen Wirtschafts- und Sozialgeschichte, hrsg.v. Hermann Aubin und Wolfgang Zorn, Bd.1u.2,
Stuttgart 1971-1976, Bd.2 (1976), S.437

349 vgl. Otto Richter, Verfassungsgeschichte der Stadt Dresden,
Dresden 1885

350 Aubin/Zorn, Handbuch, S.466 f

351 vgl. M.B.Lindau, Geschichte der Haupt- und Residenzstadt
Dresden, 1.Bd. 1859, 2.Bd. 1863 (der 2.Bd. S.516-960 behandelt die Entwicklung Dresdens im 19. Jahrhundert).

352 Percy Ernst Schramm, Hamburg, Deutschland und die Welt,
München 1943

353 Aubin/Zorn, Handbuch, S.466 f

354 Hans-Gerhard Voigt, Die Hamburger Raumpolitik im 19. Jahrhundert, in: Raumordnung im 19. Jahrhundert, S.149-165

355 Schramm, Hamburg, S.279

356 vgl. Günther Grundmann, Hamburg gestern und heute. Gesammelte Vorträge und Ansprachen zur Architektur, Kunst und Kulturgeschichte der Hansestadt, Hamburg 1972

357 Schramm, Hamburg, S.195

358 zur historischen Entwicklung Fürths vgl. Fronmüller, Chronik der Stadt Fürth, 1871 (hier verwendet in der 2. Auflage von 1887)

359 Aubin/Zorn, Handbuch, S.465 f

360 Zur Wirtschaftsgeschichte Fürths: Hans Mauersberg, Wirtschaft und Gesellschaft Fürths in neuerer und neuester Zeit, Göttingen 1974

361 Die neue bayerische Gemeindeordnung trat am 11.9.1825 in Kraft (Mauersberg, Fürth, S.78)

362 Die Bevölkerungszuwachsrate von 1823-1852 betrug in Fürth 29% (Mauersberg, Fürth, S.83)

363 Mauersberg, Fürth, S.84 f

364 vgl. Ausstellungskatalog "Kunst der Bürgerlichen Revolution von 1830-1848/49", Berlin 1973

365 Diese Unterscheidung Walter Benjamins ist dargelegt bei Müller u.a., Autonomie der Kunst, S.67

366 Wiegmann, Gedanken über die Entwicklung eines zeitgemäßen nazionalen Baustyls. in: Allg.BZ 1841, S.207-214, S.207

367 Wiegmann, Gedanken, S.207

368 Wiegmann, Gedanken, S.209

369 Hans Semper, Gottfried Semper, in: Schweizerisches Künstlerlexikon Bd.3, Frauenfeld 1913 (mit Semper-Literatur-Verzeichnis bis 1909), S.123-143, S.124 f

370 Die 1838-1840 errichtete Synagoge in Dresden, der erste Sakralbauentwurf Sempers und gleichzeitig der einzige, der zur Ausführung kam, wurde unter Berücksichtigung des "orientalischen Ursprungs des Judentums"(Hans Semper, Gottfried Semper, in: Biographisches Jahrbuch für Alterthumskunde, hrsg.v.Conrad Bursian, 2.Jg., Berlin 1879, S.62) in der Tradition orientalisch-byzantinischer Kuppelkirchen ausgeführt.
Der im Jahre 1843 im Anklang an gotische Kirchtürme mit Krabbenhelm und Maßwerk, Wimpergen und einer mittelalterlichen Ikonographie ausgestattete Cholerabrunnen war auch in formalstilistischer Hinsicht ein Auftragswerk des Dresdener Eugen von Gutschmid, der selbst am Entwurf mitarbeitete.

371 Pecht, Deutsche Künstler, 1. Reihe, S.166/167

372 Mir bekannte Ausnahmen sind nur die Arbeit von Heinz Quitzsch, Die ästhetischen Anschauungen Gottfried Sempers (1962), der sich erstmals um eine Rekonstruktion der Rolle Sempers in der politischen Landschaft der ersten Jahrhunderthälfte bemühte; dann die im Jahre 1974 an der ETH Zürich begonnene Aufarbei-

tung des Nachlasses Sempers, aus der bisher der von Martin
Fröhlich bearbeitete "Kritische Katalog" des zeichnerischen
Nachlasses an der ETH vorliegt; ebenfalls aus den Forschun-
gen der ETH Zürich ist das Symposion-Protokoll zum Thema
"Gottfried Semper und die Mitte des 19. Jahrhunderts"(vgl.
Lit.-Verz.) hervorgegangen. - In diesem Zusammenhang ist nunmehr auch auf den Katalog der 1979 zum 100. Todestag Sempers
in Dresden veranstalteten Ausstellung hinzuweisen, der neben
einer Werkmonographie v.a. für die Dresdener Jahre auch den
politischen Standort Sempers ausführlich berücksichtigt. -
vgl. hierzu jedoch S.320, Vorbemerkung zum Lit.-Verzeichnis.

373 Ein ausführliches Literaturverzeichnis der Schriften Sempers
wie der Sekundärlitertur bei M.Fröhlich, Kritischer Katalog,
S.307-310

374 Auch die Dissertation Claus Zoege von Manteuffels aus dem
Jahre 1952 (Die Baukunst Gottfried Sempers, Freiburg 1952,
nur in maschinenschriftlichem Durchschlag einsehbar), die eine
erste umfassende Werkpräsentation bietet, beschränkt sich auf
eine stilkritische Darstellung, in deren Rahmen ebenfalls der
Zusammenhang von gesellschaftspolitischem Standort und architektonischem Schaffen zu kurz kommt.

375 So auch bei Constantin Lipsius, Gottfried Semper in seiner Bedeutung als Architekt, Berlin 1880, der ersten und einzigen
das architektonische und kunsttheoretische Werk Sempers umfassenden Künstlermonographie: "Anfänglich der Bewegung fern blei-
bend, ließ sich Semper, von seinen revolutionären Freunden an
der geeigneten Seit geschickt gefaßt, bestimmen, den Barrikadenbau zu leiten."(S.5)

376 In Gottfried Semper, Vorläufige Bemerkungen über bemalte Archi-
tektur und Plastik bei den Alten, Altona 1834, in: Semper,
Kleine Schriften, S.215-258
Ein Hinweis, daß sich die betreffenden Stellen auf das München
Ludwigs I. beziehen bei: Hans Semper, Gottfried Semper, Bio-
graphisches Jahrbuch, S.51

377 Semper, Vorläufige Bemerkungen, in: Kleine Schriften, S.216 f

378 Semper, Vorläufige Bemerkungen, in: Kleine Schriften, S.217

379 M. Fröhlich, Kritischer Katalog, S.12

380 M. Fröhlich, Kritischer Katalog, S.12

381 Semper, Vorläufige Bemerkungen, in: Kleine Schriften, S.216

382 abgebildet bei Fröhlich, Kritischer Katalog, S.16-27

383 Semper, Vorläufige Bemerkungen, in: Kleine Schriften. S.216

384 Dieser Hinweis findet sich neben weiteren Angaben zu Sempers
Lehrtätigkeit bei Hans Semper, Gottfried Semper (Biographisches Jahrbuch), S.58 ff

385 Hans Semper, Gottfried Semper (Biographisches Jahrbuch), S.61

386 Durand, Précis II, 3, 2. Abschnitt, Plan II; vgl. in diesem
Zusammenhang auch einen unausgeführten Entwurf Sempers für die
Dresdener Gemäldegalerie (Museumsprojekt in den Zwingeranlagen,
1842; s.S.146), mit dem er auf diesen Idealentwurf zurückgriff.

387 Hans Semper, Gottfried Semper (Biographisches Jahrbuch), S.53

388 s.S.38 ff

389 vgl. Rudolf Zeitler, Sempers Gedanken über Baukunst und Gesellschaft in seiner ersten Schrift, in: Gottfried Semper und die Mitte des 19. Jahrhunderts, S.12-22, S.17 ff

390 Pecht, Deutsche Künstler, 1. Reihe, S.157

391 hier verwendet in der Neuauflage: Gottfried Semper, Wissenschaft, Industrie und Kunst, Mainz/Berlin 1966

392 Ausgangspunkt der Betrachtungen Sempers ist die Umkehrung der gesellschaftlichen Bedürfnisstruktur durch den Kapitalismus. Während bislang "das schrittweise Vorrücken in der Wissenschaft Hand in Hand (ging) mit der Meisterschaft und dem Bewußtsein dessen, wozu das Gewonnene anzuwenden sei", habe sich nun "die Ordnung der Dinge umgekehrt"(G. Semper, Industrie, Wissenschaft und Kunst, S.30/31). So ergibt sich für den Künstler in der kapitalistischen Gesellschaft eine negative Ausgangsposition; denn "...es ist ein Unterschied, für die Spekulation arbeiten oder als freier Mann sein eigenes Werk vollführen. Dort ist man doppelt abhängig; Sklave des Brotherrn und der Mode des Tages, die letzterem Absatz für seine Waren verschafft. Man opfert seine Individualität, seine 'Erstgeburt' für ein Linsengericht."(Semper, Wissenschaft, S.38)

393 Semper, Vorläufige Bemerkungen, in: Kleine Schriften, S.218

394 Semper, Vorläufige Bemerkungen, in: Kleine Schriften, S.218

395 Semper, Vorläufige Bemerkungen, in: Kleine Schriften, S.218

396 Semper, Vorläufige Bemerkungen, in: Kleine Schriften, S.218

397 Semper, Vorläufige Bemerkungen, in: Kleine Schriften, S.221

398 Semper, Vorläufige Bemerkungen, in: Kleine Schriften, S.228

399 Semper, Vorläufige Bemerkungen, in: Kleine Schriften, S.232

400 Semper, Vorläufige Bemerkungen, in: Kleine Schriften, S.233

401 Semper, Vorläufige Bemerkungen, in: Kleine Schriften, S.220

402 Semper, Vorläufige Bemerkungen, in: Kleine Schriften, S.221

403 Semper, Vorläufige Bemerkungen, in: Kleine Schriften, S.220

404 Bei der Untersuchung des politischen Standorts Sempers während der Dresdener Jahre können wir nur in einem einzigen Fall auf einen eigenhändigen Bericht Sempers zurückgreifen. Es ist ein Schreiben Sempers an das Dresdener Akademiemitglied von Quandt vom 17. Juli 1849, in dem er sich gegen Angriffe hinsichtlich seiner Aktivitäten während der Mairevolution zu rechtfertigen sucht. Zu diesem Brief sind mehrere Entwürfe im Züricher Semperarchiv erhalten, hier wurde die bei M.Fröhlich, Kritischer Katalog, S.69, abgedruckte Fassung verwendet.

Daneben finden sich Hinweise auf die Rolle Sempers in den
Berichten von Zeitgenossen, die jedoch durch die stark subjektive Motivation ihrer Abfassung nur bedingt zuverlässig
sein können. Dies gilt in erster Linie für die Autobiographie
Richard Wagners, "Mein Leben" (hier verwendete Ausgabe: München
1963), in der - 1865 auf den Wunsch Ludwigs II. hin begonnen -
die Revolutionsereignisse durchwegs bagatellisierend dargestellt sind. Den ideologischen Gegenpol dazu bildet die Schrift
August Röckels, "Sachsens Erhebung und das Zuchthaus zu Waldheim", Frankfurt/M. 1865, die während der Haft abgefaßt, eine
entschieden kämpferische Sicht der Ereignisse wiedergibt.
Aus abgeklärterer Sicht des späten Jahrhunderts berichtend sind
die Schriften Friedrich Pechts, der in seiner Autobiographie,
"Aus meiner Zeit" (1894) und in seiner Semper-Biographie in
der Reihe "Deutsche Künstler des 19. Jahrhunderts"(1877) den
Dresdener Jahren ebenfalls breiten Raum gibt.
Von der Sekundärliteratur über diesen Gegenstand wurden herangezogen: Waldemar Lippert, Richard Wagners Verbannung und Rückkehr, Dresden 1927, wo anhand von Briefen und Akten jene Jahre
dokumentiert sind; und Heinz Quitzsch, Die ästhetischen Anschauungen Gottfried Sempers, in dem die Akten des Landeshauptarchivs Dresden über die Revolutionsereignisse verarbeitet wurden.

405 vgl. Pecht, Deutsche Künstler, 1. Reihe, S.159-162

406 Nach Pecht (Deutsche Künstler, 1. Reihe, S.178) waren die Verbindungen zur Düsseldorfer Schule auf Betreiben Sempers hin
aufgenommen worden. Zur Rolle der Düsseldorfer Schule im Vormärz vgl. Kunst der bürgerlichen Revolution von 1830-1848/49,
S.118-135.

407 Diese Bezeichnung findet sich bei Pecht, Aus meiner Zeit,
S.290

408 Pecht hielt sich von 1836-37 und von 1846-47 in Dresden auf.

409 Pecht, Aus meiner Zeit, S.290/291

410 Pecht, Aus meiner Zeit, S.291. Dies ist die einzige mir bekannte Stelle, in der konkret auf eine politische Tätigkeit
Sempers vor 1849 hingewiesen ist. Bei Quitzsch fehlt dieser
Hinweis, er schreibt, daß für die Zeit vor der Revolution "keine Akten oder Briefe" aufzufinden waren. (Die ästhetischen Anschauungen, S.10 und Anm.23)

411 Eine sehr ausführliche Schilderung der Abläufe bei A.Röckel,
Sachsens Erhebung.

412 vgl. Stadelmann, Soziale und politische Geschichte der Revolution von 1848, (¹1948), München 1973, S.181-191

413 Die folgende Darstellung der Ereignisse scheint mir aufgrund
des Selbstzeugnisses Sempers gerechtfertigt (vgl. Anm.404
und S.118)

414 vgl. Sempers Brief an Quandt vom 17. Juli 1849 (S.118) und
Pecht, Deutsche Künstler, 1. Reihe, S.181 f

415 Eine detaillierte Darstellung der Maiereignisse, die jedoch in deren zeitlichem Ablauf von der obigen geringfügig abweicht, bei Quitzsch, Die ästhetischen Anschauungen, S.10/11

416 abgedruckt bei M.Fröhlich, Kritischer Katalog, S.69, nach einem der Entwürfe des Schreibens im Semper-Archiv der ETH Zürich.

417 M. Fröhlich, Kritischer Katalog, S.69.
Ein weiteres Beispiel für einen deutschen Architekten, der in den Jahren der Revolution auf bürgerlicher Seite für eine demokratische Neuordnung kämpfte und daraufhin seine Stellung als Hofarchitekt aufgeben mußte, ist Georg Adolph D e m m l e r (1804-1886), der seit 1837 am großherzoglichen Hof in Schwerin tätig war. (vgl. hierzu: Die Autobiographie Demmlers "Einige Notizen aus meinem Leben", unveröffentlichtes Manuskript bis 1862, mit Nachträgen seines Neffen Adolph Demmler bis 1885 im Staatsarchiv Schwerin, die - wie von Demmler bestimmt - posthum herausgegeben wurde: B.Mertelmeyer, Die Autobiographie eines großen Baumeisters, Schwerin o.J.(1914); Eduard Viereck (Hrsg.), Actenstücke, betreffend die Dienstentlassung des Hofbaurath Demmler in Schwerin nebst einigen an diesen Fall geknüpften Bemerkungen über die Stellung der Staatsdiener im Großherzogthum Mecklenburg-Schwerin, Hamburg 1851; G.A.Demmler, Neues und Altes. Eine Verteidigungsschrift. Schwerin 1874; Andreas Hamann, Georg Adolph Demmler, Hofbaurat und Sozialdemokrat, in: Heute und Morgen, 2, 1948, S.173-177)

Etwa gleichaltrig mit Semper trat Demmler noch während seiner Ausbildung an der Berliner Bauakademie einer Burschenschaft bei (1821) und zeigte sich so - wie dieser - frühzeitig auf seiten der bürgerlich-fortschrittlichen Bewegung. Seit 1823 war Demmler als Baukondukteur und Gehilfe des Oberlandbaumeisters Wünsch in Mecklenburg tätig, wo er an verschiedenen Bauprojekten mitarbeitete. Als 1837 Großherzog Friedrich Franz I. starb und mit Paul Friedrich sein einem gemäßigten Fortschritt durchaus zugetaner Enkel die Regierung übernahm, begann der fruchtbarste Abschnitt in der architektonischen Laufbahn Demmlers,an dessen Beginn bereits die Ernennung zum Hofbaumeister stand, der 1841 die Beförderung zum Hofbaurat folgte.(vgl. Mertelmeyer, Autobiographie, S.38 und 46)
Unter Paul Friedrich errichtete Demmler u.a. die Neubauten des Marstalls und des Arsenals (vgl.Denkmale der Geschichte und Kultur, Hrsg.v.Institut für Denkmalpflege im Henschelverlag, Berlin/DDR 1969) im neurenaissancistischen Stil und plante mit dem Großherzog den Neubau eines Schlosses am Alten Garten in Schwerin, der innerhalb der höfischen Architekturszene der Zeit insofern bemerkenswert ist, als Paul Friedrich sich nur nach beharrlichem Drängen dazu bereit fand, da er glaubte, "daß viele andere nützlichere Bauten notwendig wären" und erst "wenn diese fertig wären, wollte er an sein Schloß denken". (Mertelmeyer, Autobiographie, S.52/53; Pläne für das Schloßprojekt Paul Friedrichs im Staatsarchiv Schwerin, von wo,nach anfänglich bereitwilliger Auskunft, mitgeteilt wurde, daß der Nachlass Demmlers dort bereits wissenschaftlich bearbeitet würde; aufgrund fehlenden architektonischen Materials konnte das Werk Demmlers deshalb auch hier neben dieser biographischen Notiz als Parallele zu Semper nicht weiter zum Tragen kommen.)

Nachdem Paul Friedrich aber bereits 1842 starb und sein Nachfolger Friedrich Franz II. beabsichtigte, das alte Schweriner Schloß "zu einem dauernden Fürstensitz umzubauen"(Mertelmeyer, Autobiographie, S.65/66) wurde jenes Projekt nie ausgeführt. Von 1842-1851 arbeitete Demmler dann neben Semper (1843), Stüler (1844) und Willebrand für den Umbau des Alten Schlosses; (vgl. hierzu: A.Stüler, E.Prosch, H.Willebrand, Das Schloß zu Schwerin. Festschrift zur Einweihung, Berlin 1866-69; Das Schloß zu Schwerin, in: Deutsche Bauzeitung 1875, S.473 ff; Mertelmeyer, Autobiographie, S.65 ff und Pläne im Staatsarchiv Schwerin) hierbei schuf er eine für diese Zeit völlig revolutionäre soziale Bauorganisation, die auch eine "Unterstützungskasse für die beim Schloßbau zu Schaden kommenden Arbeiter" (Mertelmeyer, Autobiographie, S.74) mit einschloß. Noch 1881 schrieb Franz Mehring über diese Maßnahmen: "Diese ganze Wirksamkeit Demmlers war einer der allerersten Versuche auf deutschem Boden, die Arbeiter direkt am Ertrage der Produktion zu beteiligen, sie ist heute noch eine der glücklichsten Lösungen des schwierigen Problems der Gewinnbeteiligung, welche überhaupt erreicht sind, und sie hat einen dauernden Platz in der Geschichte der deutschen Volkswirtschaft."(Mertelmeyer, Autobiographie, S.90; vgl. auch die Beurteilung der Organisation Demmlers in Viktor Böhmert, Die Gewinnbeteiligung. Untersuchungen über Arbeitslohn und Unternehmergewinn.-Hinweis Mertelmeyer, Autobiographie, S.90.)
Dieses soziale Engagement Demmlers fand seinen folgerichtigen Ausdruck in einer entschieden demokratischen Haltung in den Revolutionsjahren, der er - nun im Gegensatz zu Semper - auch später trotz persönlicher Nachteile treu blieb. So befürwortete Demmler im Jahre 1850 eine Adresse der Bürgerschaft Schwerins um die Aufrechterhaltung des Staatsgrundgesetzes vom 10. Oktober 1849 (Mertelmeyer, Autobiographie, S.80 ff) und wurde daraufhin aus politischen Gründen aus den großherzoglichen Diensten entlassen (zum weiteren Schicksal Demmlers vgl. Mertelmeyer, Autobiographie, S.119-130). Neben dem Abbruch seiner Tätigkeit am Schweriner Schloß bedeutete dies für Demmler eine umso entschiedenere Parteinahme für demokratischen Fortschritt und soziale Verbesserungen: 1859 trat er dem in Mecklenburg verbotenen Frankfurter Nationalverein bei, 1860 stiftete er in Hamburg einen Bildungsverein für Arbeiter und nahm bereits im Jahre 1873 auf Drängen Liebknechts und Bebels zwei sozialdemokratische Kandidaturen für den Reichstag an, dem er jedoch erst 1878 angehören sollte.(vgl. Hamann, G.A.Demmler, S.174 f)
Daß er sich damit aber für diese Zeit längst jenseits einer achtbaren bürgerlichen Existenz begeben hatte, wird an der Tatsache deutlich, daß es bei seinem Tod im Januar 1886 einer Aufforderung der Regierung bedurfte, an der Leichenfeier teilzunehmen und "an der politischen Einstellung des Verstorbenen keinen Anstoß zu nehmen, sondern in ihm den großen Künstler zu ehren."(Hamann, G.A.Demmler, S.177)

418 Grundlage dieses Kapitels konnte nicht - wie im Falle Münchens und Fürths - die Durchsicht der in den Dresdener Archiven aufbewahrten Bauakten durch die Verfasserin sein. Als Quellen dienten hier neben eigenen Schriften Sempers zu den einzelnen Vorhaben und den zeitgenössischen Darstellungen in den Bauzeitschriften, im wesentlichen die verfügbare Sekundärliteratur zu den behandelten Bauten, wie sie von Fall zu Fall bei den jeweiligen Beispielen angegeben ist.

419 Als Übersicht über die gesamte Platzanlage vgl. Max Mütterlein, Gottfried Semper und dessen Monumentalbauten am Dresdener Theaterplatz, in: Neues Archiv für Sächsische Geschichte, Dresden 1913, S.300-400 und Claus Zoege von Manteuffel, Der Dresdener Theaterplatz von Gottfried Semper, in: Jahrbuch zur Pflege der Künste, 4. Jg. 1956, S.105-120.

420 Konformität als ästhetisches Stilprinzip der Fortführung oder Beibehaltung einer vorhandenen Stilform übernimmt N.Pevsner in seine Typologie des Historismus (in: Ludwig Grote (Hrsg.), Historismus und bildende Kunst, München 1965, S.13), nachdem es bereits von Panofsky ("conformità") für die Zeit der italienischen Renaissance nachgewiesen wurde. (vgl. E.Panofsky, Das erste Blatt aus dem "Libro" Giorgio Vasaris. Eine Studie über die Beurteilung der Gotik in der italienischen Renaissance, in: Städel-Jahrbuch VI, S.25 ff, 1930) Als erste Beispiele nennt Panofsky den gotischen Vierungsturm Bramantes für den Mailänder Dom aus dem Jahre 1490 und die 1521-1582 entstandene gotische Fassade für San Petronio in Bologna.

421 Hier ist in erster Linie Constantin Lipsius zu nennen, der in seiner Sempermonographie auf die Wiederbelebung einer Lokaltradition durch Semper hinweist: "Daß Sempers Dresdener Bauten der architektonische Lokal-Charakter Dresdens nicht nur im Allgemeinen, sondern auch im Speziellen beeinflußte, lässt sich unschwer nachweisen. Die Behandlung der Rustik und der Rustik-Säulen-Portale im Parterre des abgebrannten Hoftheaters sowohl, als des Oppenheim'schen Palais z.B., ähnelt sehr nur in eleganterm Maße, derjenigen der prächtigen, von Kraft und Fülle strotzenden Portale des Königlichen Schlosses."(Lipsius, Gottfried Semper, S.29)

422 vgl. S. 238-250

423 Lipsius, Gottfried Semper, S.29

424 vgl. hierzu das Kapitel über "Deutsche Renaissance und Dresdener Barock", bei Paul Schumann, Dresden, Leipzig 1922, S.288-298

425 Mütterlein, Monumentalbauten, S.301 ff

426 Von 1707-1751 als katholische Hofkirche umgebaut, danach als Ballhaus verwendet, 1801 zum Hauptstaatsarchiv ausgebaut und 1885 bei der Restaurierung des Schlosses abgebrochen (nach Mütterlein, Monumentalbauten, S.311/312). Als "großes Opernhaus" diente bis zum Neubau durch Semper ein weiterer Bau Pöppelmanns, Alessandro und Girolamo Mauros aus dem zweiten Jahrzehnt des 18. Jahrhunderts, der 1849 bei den Maiaufständen abbrannte.

427 Gottfried Semper, Das königliche Hoftheater zu Dresden, Braunschweig 1849, S.1

428 Diese Zeitangabe bei Manteuffel, Baukunst, S.235; Mütterlein schreibt dagegen, daß sich die Abbruchsarbeiten von 1838-1855 hinzogen (Monumentalbauten, S.311)

429 G.Semper, Über Baustile, in: Kleine Schriften, S.424

430 G. Semper, Hoftheater, zit.n. Mütterlein, Monumentalbauten, S.305

431 G. Semper, Über den Bau evangelischer Kirchen, in: Kleine Schriften, S.452

432 Als städtebaulich bedeutsame Platzlösungen können hier neben den zwei eigentlichen Bebauungsplänen für die Gesamtfläche der Jahre 1835 (= Forumsprojekt I) und 1840 (= Forumsprojekt II), die noch genauer untersucht werden sollen, auch die Projekte Sempers einbezogen werden, die zwar primär im Zusammenhang mit dem Museumsneubau entstanden sind (in diesem Zusammenhang werden sie in dieser Arbeit behandelt), diesen aber wiederum durch den architektonischen Anschluß an den Theaterplatz zu einem Teil der Gesamtanlage werden ließen. Es sind dies die als Anbauten an den Zwinger vorgeschlagenen Museumsentwürfe des Jahres 1839 und die schließlich ausgeführte Lösung des nördlichen Abschlusses des Zwingers durch die Gemäldegalerie.

433 Dieses und das folgende Zitat aus dem "Vorbericht" Sempers zu seinem einzigen eigenhändigen Bericht über einen seiner Dresdener Bauten: G. Semper, Hoftheater, S.1

434 G. Semper, Hoftheater, S.1

435 Aus einem Brief Sempers an Freiherrn von Lüttichau vom 18.8.1837, zit.n. Mütterlein, Monumentalbauten, S.305

436 vgl. Fritz Löffler, Das alte Dresden, Frankfurt 1966, S.131

437 G. Semper, Hoftheater, S.2

438 Der erste Bericht der "Kommission zur Neuorganisation der Museumsräume" wurde 1837 angefertigt (nach Mütterlein, Monumentalbauten, S.358).

439 vgl. G. Semper, Hoftheater, S.1:"In Folge dieses Auftrages entwarf er (= der Verfasser, J.Z.) an die Stelle des sogenannten Italienischen Dörfchens eine marktähnliche Anlage, die der leitenden Idee nach gewissermaßen dem hallenumgebenen, von Tempeln und Staatsgebäuden überragten, mit Monumenten, Brunnen und Statüen gezierten Forum der Alten entsprechen sollte."
Die Diskrepanz zwischen der konkreten Planfassung des Jahres 1835 und der gleichzeitig angesprochenen endgültigen Gesamtkonzeption führte in der Literatur zu erheblicher Verwirrung, indem lange Zeit die zweite, vollständige Fassung des Forumsplanes aus dem Jahre 1840 mit der des Jahres 1835 in eins gesetzt wurde. "Quelle" dieses Irrtums scheint die erste ausführliche Baugeschichte des Dresdener Theaterplatzes bei Mütterlein, Monumentalbauten, zu sein, auf die sich alle späteren Erwähnungen stützten. Und obwohl Manteuffel in seiner Dissertation des Jahres 1952 die chronologische Abfolge der Entwürfe erstmals richtig stellte (Manteuffel, Baukunst, S.269, Anm.183), erscheint in Fröhlichs "Kritischem Katalog" (1974) wiederum die falsche Datierung und Vermengung beider Planfassungen, wenn das Forumsprojekt mit Orangerie, Theater und Museumsbau erneut unter einem Entstehungsdatum 1837 (= Zeitpunkt der Veröffentlichung des unveränderten Projekts von 1835) angegeben wird. (Fröhlich, Kritischer Katalog, S.40)

440 Abgedruckt in: Zeitschrift für Bildende Kunst, Heft 1, 1931/32, S.6

441 Der Plan zeigt die zweite, schließlich genehmigte Variante für die Aufstellung des Friedrich-August-Denkmals innerhalb des Zwingers (vgl. G.Semper, Hoftheater, S.2, Anmerkung), doch ist das in diesem Zusammenhang unwichtig. Der Standplatz des Denkmals nach der ersten Variante läge am Ende der Längsachse, am Elbufer.

442 1782-1869. Schinkelschüler und Sohn Carl Gotthard Langhans', mit dem ihn Mütterlein ungeachtet dessen Todesjahr 1808 verwechselt. (Mütterlein, Monumentalbauten, S.320, Anm.1)

443 Aus dem Gutachten Langhans, zit.n. Mütterlein, Monumentalbauten, S.320

444 Semper selbst nennt ihre Lage "schief und planlos" und "mit dem übrigen schwer in Verbindung zu setzen". (G.Semper, Hoftheater, S.2)

445 Vor dem Dresdener Bau waren nur drei Theater mit rundem Vorbau ausgeführt: 1780 das Theater der Eremitage in Leningrad von Quarenghi, das Stadttheater in Mainz von Moller (1829-33) und das Theater in Antwerpen von Bourla (1829-34). Zur Genese des Typus bei Manteuffel, Baukunst, S.106 ff

446 Daß Semper der perspektivischen Wirkung großes Gewicht beimaß, zeigt seine Reaktion auf die Verschiebung des Standorts des Theaters in Richtung Zwinger, die bei der Ausführung des Gebäudes beschlossen wurde, um das alte Komödienhaus während der Bauzeit noch funktionsfähig zu erhalten. Er kritisierte, daß dadurch "der architektonischen Wirkung des Gebäudes von Seiten der Brücke und des Schlosses Abbruch geschehen, und die Gesamtanlage wesentlich gestört wurde."(G.Semper, Hoftheater, S.5)

447 s.S.139 ff

448 Sie wurde innerhalb des Projekts noch im Jahre 1840 durch ein Theatermagazin mit vorgelagertem Arkadengang ersetzt, nachdem auf Entschließung des Hofbauamts der Orangeriebau im Herzoglichen Garten, einem etwas abseits der Residenz gelegenen, hofeigenen Grundstück ausgeführt wurde. (G.Semper, Hoftheater, S.3) Architekt war von Wolframmsdorf, 1841. Für die Platzanlage bedeutete diese Änderung keinen wesentlichen Eingriff, da auch das Theatermagazin durch den vorgeblendeten Arkadengang dem im Äußeren an den Zwingerarkaden orientierten Orangeriegebäude angeglichen werden sollte.

449 vgl. G.Semper, Hoftheater S.2, Anmerkung

450 Planabbildung des Forum II bei G.Semper, Hoftheater, S.2, Fig.1 und S.22, Taf. II; bei M.Fröhlich, Kritischer Katalog, S.41

451 G.Semper, Das kgl. Hoftheater, S.11, Erklärung zu Taf. II

452 z.B. Hermann Hettner, Gottfried Semper, in: derselbe, Kleine Schriften, 1881, S.89-110; Hettner bezeichnet den Forumsplan

als "sinniges Zurückgehen auf den ursprünglichen Plan Pöppelmanns, des Erbauers des Zwingers". (S.99)
Auch Manteuffel (Baukunst, S.235) schreibt: "Die Zwingeranlage wird fortgesetzt in ähnlicher Weise wie es Pöppelmann plante. ... Pöppelmann seinerseits beruft sich eigenartigerweise auf römische Fora."

453 zum antiken Forum vgl. dtv-Atlas zur Baukunst, Bd.1, S.218-221

454 Diese liefert er in seinem Kupferstichwerk über den Dresdener Zwinger: "Vorstellung und Beschreibung des von Sr.Kgl.Majestät in Pohlen und Churfürstlichen Durchlaucht zu Sachsen erbauten sogenannten Zwinger-Garten-Gebäuden oder der Kgl.Orangerie zu Dresden", Dresden 1729. Hier zit.n. Hermann Hettner, Der Zwinger zu Dresden, in: derselbe, Kleine Schriften, S.362-382

455 Zitat aus dem Vortext zu Pöppelmanns Zwingerwerk, nach Hettner, Kleine Schriften, S.363

456 Hettner, Kleine Schriften, S.364

457 Hettner, Kleine Schriften, S.365

458 G.Semper, Vorläufige Bemerkungen, in: Kleine Schriften, S.220

459 G.Semper, Vorläufige Bemerkungen, in: Kleine Schriften, S.221

460 G.Semper, Hoftheater, S.1

461 Cosimo Rosselini (?), Ideale Stadtlandschaft, in: Propyläen Kunstgeschichte, Bd.7, Spätmittelalter und Neuzeit, S.400 und Abb.446

462 vgl. Hubert Georg Ermisch, Der Dresdener Zwinger, Dresden 1953, S.32
Das erste öffentliche Museum entstand 1737 in Florenz, in Sachsen machte König August III. 1768 als erster die "Königliche Gemäldegalerie" der Bevölkerung zugänglich (vgl. Kindlers Malereilexikon, Ausgabe dtv 1976, Bd.14, S.10)

463 Aus einem Kommentar Sempers, zit.n. Mütterlein, Monumentalbauten, S.306

464 Aus einem Gutachten Sempers, zit.n. Mütterlein, Monumentalbauten, S.378

465 Manteuffel, Baukunst, S.236

466 Die Verbindung zum Projekt Pöppelmanns nennt Semper selbst: "Durch eine derartige Anlage würde man sich an die ursprüngliche Idee des Begründers des Zwingers anschließen und letzteren mit den ihn umgebenden Monumenten erst verbinden. Es würde ein großer, sonst in Deutschland nicht zu findender Marktplatz entstehen." (zit.n. Mütterlein, Monumentalbauten, S.378)
Auch hier wird, ähnlich wie bei der Rezeption des Forumsgedankens nur eine leitende "Idee" übernommen, die ausreichend Spiel läßt für eine eigenständige Konkretisierung. So beruft sich Semper allein auf die bereits früher geplante räumliche Ausdehnung bis zur Elbe, begreift aber den Charakter seines Projekts als neue, zeiteigene Leistung.

467 G. Semper, Vorläufige Bemerkungen, in: Kleine Schriften, S.221

468 Eine ausführliche Baugeschichte des Theaters findet sich bei Mütterlein, Monumentalbauten, S.311-334, eine Besprechung des Baues bei Manteuffel, Baukunst, S.94-110

469 vgl. hierzu auch: Franz Biermann, Die Pläne für die Reform des Theaterbaus bei Karl Friedrich Schinkel und Gottfried Semper, Berlin 1928

470 Eine Formgenese des Dresdener Baus aus den französischen Theaterbauten des 18. Jahrhunderts bei Manteuffel, Baukunst, S.106 ff

471 Ein Beispiel für diesen Typus ist das zweite Hoftheater Sempers für Dresden, das dieser von 1871-1878 in Zusammenarbeit mit seinem Sohn Manfred Semper für das abgebrannte Alte Hoftheater errichtete.

472 Hier wären vor allem die zwischen 1870 und 1914 errichteten Theaterbauten der Architekten Fellner und Helmer zu nennen, die auch das Fürther Stadttheater (1901) ausführten. (vgl. Hans Christian Hoffmann, Die Theaterbauten von Fellner und Helmer, München 1968)

473 vgl. den Entwurf zu einem Volks-Opernhause für Paris, in: Deutsche Bauzeitung 1876, S.343-345 und Anm.109 dieser Arbeit.

474 Zum Theaterbau im 19. Jahrhundert vgl. auch: Hans-Christoph Hoffmann, Theater und Oper in der deutschen Stadt, in: Ludwig Grote, Die deutsche Stadt im 19. Jahrhundert, S.209-222 (hier auch weitere Literturangaben)

475 Insonderheit bezüglich der Verhältnisse in Dresden vgl. Georg Gustav Wieszner, Richard Wagner, der Theaterreformer, Emsdetten 1951

476 vgl. auch S.115 ff ("Der Dresdener Kreis")

477 Wieszner, Richard Wagner, S.18

478 Für den folgenden Abschnitt dienten die bei Mütterlein, Monumentalbauten, S.322-323 und 330-334 geschilderten Fakten und Abläufe als Unterlagen.

479 Mütterlein, Monumentalbauten, S.323; aus der Rede des Abgeordneten von Lindenau

480 Mütterlein, Monumentalbauten, S.332

481 zit.n. Mütterlein, Monumentalbauten, S.333

482 zit.n. Mütterlein, Monumentalbauten, S.332

483 Mütterlein, Monumentalbauten, S.333

484 Zum ersten Entwurf wie zum abgeänderten Ausführungsprojekt vgl. G. Semper, Hoftheater; eine Zusammenstellung der Pläne Sempers zum Alten und Neuen Hoftheater auch in: Die Baukunst, in: Die Kunst im Deutschen Reich, Berlin 1941, S.65-85

485 Ein Überblick über die Reformbewegung des deutschen Theaterwesens im 18. und 19. Jahrhundert bei Biermann, Reform des Theaterbaus

486 G.Semper, Hoftheater, S.5

487 G.Semper, Hoftheater, S.7

488 vgl. Biermann, Reform des Theaterbaus

489 G.Semper, Hoftheater, S.6

490 Ein zweiter Vorentwurf Sempers zum Alten Hoftheater sah an dieser Stelle segmentförmige Prosceniumsmauern vor, beinhaltete aber neben dieser formalen Alternative keine wesentlichen inhaltlichen Abweichungen. (Abb. in: Die Baukunst, S.70)

491 G.Semper, Hoftheater, S.4

492 Die Prosceniumslogen waren meist mit direkten Zugängen zu den Schauspielergarderoben verbunden, wie es auch bei dem ausgeführten Dresdener Bau der Fall war. (Manteuffel, Baukunst, S.103)

493 G.Semper, Hoftheater, S.5

494 G.Semper, Hoftheater, S.5

495 G.Semper, Hoftheater, S.5

496 G.Semper, Hoftheater, S.5

497 G.Semper, Hoftheater, S.5

498 Bei dem Modell zu einem Festtheater für München, Projekt A, (Abb. bei Biermann, Reform des Theaterbaus, Abb.48) scheint die Gestaltung der Prosceniumswand mit dreiteiligem Aufriß direkt von dem Vicentiner Vorbild übernommen. Ebenso zeigt die plastische Ausstattung mit verkröpften Säulen, Sockelzonen und unter Ädikulen eingestellten, vollplastischen Figuren, deutliche Anklänge. Es wäre möglich, daß Semper mit diesem späteren Theaterentwurf (1866) noch einmal versuchte, an dem nicht genehmigten ersten Entwurf für Dresden anzuknüpfen, indem er die Dekorationsformen des früheren Projekts wieder aufgriff.
(Zum Münchener Festspielhausprojekt vgl. Michael und Detta Petzet, Die Richard Wagner - Bühne Ludwigs II., München 1970)

499 z.B. die Spanische Wand (G.Semper, Hoftheater, S.5) und das halbkreisförmige Auditorium (G.Semper, Hoftheater, S.7)

500 G.Semper, Hoftheater, S.10

501 "Es unterscheidet sich dadurch wesentlich von dem Ausgeführten, dass ersterem ein hinter der Bühne befindlicher Saal gänzlich fehlte."(G.Semper, Hoftheater, S.6)

502 G.Semper, Hoftheater, S.5

503 G.Semper, Hoftheater, S.5

504 G.Semper, Hoftheater, S.7

505 Vollständiger Titel (hier zitiert als Semper, Hoftheater):
"Das Königliche Hoftheater zu Dresden, herausgegeben von Gottfried Semper, Professor der Baukunst an der Academie zu Dresden, Architekt des Theaters daselbst". Mit 12 Kupfertafeln, Braunschweig 1849

506 G.Semper, Hoftheater, S.8

507 G.Semper, Hoftheater, S.9

508 G.Semper, Hoftheater, S.6, Anmerkung

509 G.Semper, Hoftheater, S.6, Anmerkung

510 G.Semper, Hoftheater, S.8

511 G.Semper, Hoftheater, S.7

512 Semper schreibt am Beginn seiner Ausführungen über das ausgeführte Theater (G.Semper, Hoftheater, S.5):
"Aber abgesehen von diesen äusseren Abweichungen von der ursprünglichen Idee, mussten die in dem ersten Entwurfe niedergelegten Überzeugungen des Architekten über die zweckmässigste Anlage eines Theaters vielfache Modifikationen erleiden, in Folge derjenigen einander oft widersprechende Ansprüche, die mehr nach theatralischem Herkommen und dem Balletstyl modernen Bühnengeschmacks, als nach dem richtigen Gefühle für das Zeitgemässe und das wahre Interesse der Kunst an ein neues Schauspielhaus gemacht werden."

513 G.Semper, Hoftheater, S.7

514 G.Semper, Hoftheater, S.5

515 Vier Seiten waren dem "Forumsprojekt" gewidmet (S.1-4), zwei Seiten dem ersten Entwurf des Theaters (S.5/6).

516 G.Semper, Hoftheater, S.8

517 Manteuffel, Baukunst, S.106

518 zit.n. Mütterlein, Monumentalbauten, S.332

519 Durand, Précis II, 3, 2. Abschnitt, S.64-66

520 Durand, Précis II, 3, 2. Abschnitt, S.64 f

521 Das Mainzer Stadttheater wurde 1829-1833 von Georg Moller erbaut. vgl. dazu Frölich/Sperlich, Georg Moller, S.293-306

522 Bauherr war die Stadt Mainz, repräsentiert durch Bürgermeister und Magistrat. Den Mollerschen Typus des Hoftheaters verkörpert sein Darmstädter Theaterbau, der bezeichnenderweise noch ganz im Stil der klassizistischen Lösungen errichtet wurde. (vgl. auch Anm.104)

523 Zum Verhältnis Durand-Moller vgl. Frölich/Sperlich, Georg Moller, S.302-304

524 G.Semper, Hoftheater, S.14 - hier auch weitere Abbildungen der Innendekoration.

525 G.Semper, Hoftheater, S.10

526 G.Semper, Hoftheater, S.10

527 Stieglitz, Encyclopädie der bürgerlichen Baukunst. Handbuch für Staatswirthe, Baumeister und Landwirthe. Leipzig 1792

528 Stieglitz, Encyclopädie, S.698

529 Diese Herrscherexedra war bereits vorgebildet in zwei anderen Theaterentwürfen Sempers, die er beide im Privatauftrag regierender Monarchen angefertigt hatte: Im Entwurf zu einem Theater für den Kaiser von Brasilien in Rio de Janeiro und im Festspielhausprojekt für München, das im Auftrag Ludwigs II. für die Aufführungen von Wagner-Opern errichtet werden sollte.

530 vgl. hierzu die Verhandlungen der "Dresdener Kunstgenossenschaft" mit dem König und der königlichen Theaterbaukommission für die Berufung Sempers zum Wiederaufbau des Dresdner Hoftheaters der Jahre 1869 und 1870, die nötig waren, da Semper zwanzig Jahre nach der Revolution als Architekt immer noch aufgrund seiner Vergangenheit in den Hintergrund gedrängt wurde. (Dt. Bauzeitung 1869, S.642-646; 656 und 1870, S.12-15; 64; 90)

531 Hans Semper, Gottfried Semper (Biographisches Jahrbuch), S.78

532 vgl. M.Fröhlich, Kritischer Katalog, S.182-185; Brigitte Ott, Zur Platzgestaltung im 19. Jahrhundert, Diss. Freiburg/Br., 1966, S.32 ff; Alphons Lhotsky, Die Baugeschichte der Museen und der neuen Burg. Festschrift des Kunsthistorischen Museums I, Wien 1941; Allgemeine Bauzeitung 1867, S.291 ff

533 vgl. M.Fröhlich, Kritischer Katalog, S.186-197; Deutsche Bauzeitung 1871 und 1878.

534 zit.n. Hans Semper, Gottfried Semper (Biographisches Jahrbuch), S.78

535 G.Semper, Hoftheater, S.10

536 G.Semper, Die Sgraffitodekoration, in: Kleine Schriften, S.508

537 Zur Bauaufgabe Museum im 19. Jahrhundert: Volker Plagemann, Das deutsche Kunstmuseum 1790-1870, München 1967

538 Plagemann, Kunstmuseum, S.131-144 mit Abb.143-168; zur Bau- und Planungsgeschichte der Dresdener Gemäldegalerie vgl. auch: Hermann Hettner, Das neue Museum in Dresden (1855), in: derselbe, Kleine Schriften, S.322 ff und Mütterlein, Monumentalbauten

539 Mütterlein, Monumentalbauten, S.358-366

540 G.Semper, Hoftheater, S.2

541 Plagemann, Kunstmuseum, S.30

542 Über die Entstehung bürgerlicher Museumsbauten seit 1848 aus der Initiative privater Kunstvereine vgl. Plagemann, Kunstmuseum, S.33-35

543 Mütterlein, Monumentalbauten, S.368

544 Mütterlein, Monumentalbauten, S.381

545 Mütterlein, Monumentalbauten, S.385

546 Plagemann, Kunstmuseum, S.135 und Abb.143-145

547 G.Semper, Hoftheater, zit.n. Mütterlein, Monumentalbauten, S.305

548 Mütterlein, Monumentalbauten, S.359 f

549 Johann Wolfgang von Goethe, Von deutscher Baukunst (^{1}1772), in: Goethes Werke, Bd.12, Hamburg 1958, S.7 ff

550 Friedrich Gilly/ Friedrich Frick, Schloß Marienburg in Preußen, 1799-1803

551 Zur Entwicklung des Denkmalbegriffs im 19. Jahrhundert vgl. Brix/Steinhauser, Geschichte allein ist zeitgemäß, S.233-255: "Historische Bauten als Orientierung für die Gegenwart".

552 Auch die deutschen Bauten des 16. Jahrhunderts waren in der 1. Jahrhunderthälfte noch nicht als zentrale Denkmäler der nationalen Vergangenheit ins Bewußtsein gerückt. Ein frühes Beispiel für die _wenn auch anfänglich noch umstrittene - Restaurierung eines deutschen Renaissancebauwerks ist die Wiederherstellung des Schweriner Schlosses seit 1842 (vgl. auch Anm.417), während der Hauptanteil der Restaurierungsarbeiten an Gebäuden dieser Zeit erst im letzten Drittel des 19. Jahrhunderts erfolgte, als die "Deutschrenaissance" als nationale Stilprägung noch vor der Gotik rangierte.(vgl. die Diskussion um die Restaurierung des Heidelberger Schlosses (Brix/Steinhauser, Geschichte, S.249 f) und auch die Wiederherstellungsarbeiten am Dresdener Renaissanceschloß (Schumann, Dresden, S.288-298))

553 Plagemann, Kunstmuseum, S.136 und Abb.146-148

554 zit.n. Mütterlein, Monumentalbauten, S.361

555 vgl. Ermisch, Der Dresdener Zwinger (1953)

556 Es ist nur eine Grobzeichnung der Westfassade erhalten, so daß eine exakte Formanalyse dieses Entwurfs nicht möglich ist.

557 Abb. des Grundriß bei Plagemann, Kunstmuseum, Abb.148

558 Plagemann, Kunstmuseum, S.136 und Abb.149

559 Von diesem Projekt ist kein Fassadenriß erhalten (nach Plagemann, Kunstmuseum, S.136), so daß hier nur die Grundrißdisposition nach einem erhaltenen Plan zu würdigen ist. (Abb. bei Mütterlein, Monumentalbauten, S.371 und Plagemann, Kunstmuseum, Abb.149)

560 Plagemann, Kunstmuseum, S.137 und Abb.152; M.Fröhlich, Kritischer Katalog, S.41, Abb.52-1-1 und Grundrißplan des Forumsprojekts II bei G.Semper, Hoftheater, S.2, Fig.1;
Plagemann bezweifelt die Datierung dieses Projekts unter 1840, die hier von Mütterlein (Monumentalbauten, S.377) und Manteuffel übernommen wurde und hält aufgrund einer bei Mütterlein genannten gleichzeitigen Vorlage eines späteren Museumsentwurfs ein Entstehungsdatum auch dieses Projekts im Jahre 1842 für wahrscheinlich. (Plagemann, Kunstmuseum, S.374, Anm.362)
Eine eindeutige Klärung ist nicht möglich, da die betreffenden Akten verschollen sind (nach Plagemann, Kunstmuseum, S.398), aber möglicherweise handelt es sich hier um die Datierungen zweier Varianten zu dem östlichen Zwingeranbauprojekt, von denen Plagemann nur die eine mit rechteckigem Mittelsaal als Grundriß abbildet (Abb.152) und bespricht. Daneben existiert aber eine zweite Variante mit achteckigem Kuppelsaal, deren Grundriß in dem bekannten Forumsplan Sempers erscheint (Abb. bei Semper, Hoftheater, S.2, Fig.1); ihr entspricht auch eine perspektivische Zeichnung Sempers von der Anlage (Abb. bei Fröhlich, Kritischer Katalog, S.41), die nun mit 1842 datiert ist. Das Vorlagedatum 1842, das Plagemann für seine Neudatierung zum Ausgangspunkt nimmt, könnte sich also auch auf diese letztgenannte Zeichnung beziehen.

561 "Ich aber bin von der Überzeugung durchdrungen, daß, wenn einmal für die Gegend des Zwingers entschieden wird, notwendig auch die Hauptidee der Vollendung des Zwingerplanes die leitende sein müßte."(Mütterlein, Monumentalbauten, S.377, aus dem Begleitschreiben Sempers zu diesem Projekt)

562 Abb.152 bei Plagemann, Kunstmuseum

563 Abb. bei Fröhlich, Kritischer Katalog, S.41, Nr. 52-1-1

564 Mütterlein, Monumentalbauten, S.63, Fig.21

565 vgl. das bereits genannte Zitat Sempers über die städtebauliche Wirkung des Theaterplatzes, die verhindern sollte, daß "dem Blick der über die Brücke Kommenden sich ... eine Armut zeigt, die, mit der Größe der gleich daneben befindlichen Monumente früherer Zeiten verglichen, den Fremden zu falschen, unserer an glücklichen Resultaten so reichen Zeit nachteiligen Schlüssen führen muß." (zit.n. Mütterlein, Monumentalbauten, S.305)

566 Mütterlein, Monumentalbauten, S.385

567 vgl. Mütterlein, Monumentalbauten, S.385, aus einer Stellungnahme eines Abgeordneten zum Museumsprojekt

568 Plagemann, Kunstmuseum, S.136 f und Abb.150, 151

569 Durand, Précis II, 3, Plan II

570 Mütterlein, Monumentalbauten, S.377

571 Plagemann, Kunstmuseum, S.136

572 Aus einem Gutachten Sempers vom 17.1.1846, zit.n. Mütterlein, Monumentalbauten, S.379

573 Aus einem Gutachten Sempers vom 24.3.1846, zit.n. Mütterlein, Monumentalbauten, S.368

574 zit.n. Mütterlein, Monumentalbauten, S.388

575 zit.n. Mütterlein, Monumentalbauten, S.384

576 Plagemann, Kunstmuseum, S.137 ff

577 z.B. das Alte Museum in Berlin von K.F.Schinkel (1824-1828) und das etwa gleichzeitig mit dem Dresdener Bau ab 1841 projektierte Neue Museum Stülers in Berlin.

578 Zur Pinakothek vgl. Plagemann, Kunstmuseum, S.82-89 und Peter Böttger, Die Alte Pinakothek in München, München 1972

579 Plagemann, Kunstmuseum, S.140

580 Allgemein zur Abgrenzung der Architektur Schinkels und seiner Schule gegenüber der Neurenaissance Sempers: Eva Börsch-Supan, Der Renaissancebegriff der Berliner Schule im Vergleich zu Semper, in: G.Semper und die Mitte des 19. Jahrhunderts, S.160-172

581 zit.n. Plagemann, Kunstmuseum, S.74

582 Plagemann, Kunstmuseum, S.142

583 Eintrag in den Tagebüchern Schnorrs von Carolsfeld vom 1.12. 1851, zit.n. Manteuffel, Baukunst, S.90

584 vgl. Manteuffel, Baukunst, S.91 f und Plagemann, Kunstmuseum, S.143

585 Auch die Tatsache, daß die Münchener Pinakothek auf der Südseite ihre eindeutige Hauptfassade besaß, der die restlichen drei Seiten in Ornamentik und Gliederung untergeordnet waren, während das Dresdener Museum in diesem Sinne ungerichtet war und als gleichmäßig durchgebildeter Baukörper erschien, ist symptomatisch für die eben angesprochenen unterschiedlichen Architekturauffassungen.

586 vgl. ein Schreiben Sempers an das Deutsche Kunstblatt 1855, auch abgedruckt und hier zitiert nach: G.Semper, Kleine Schriften, S.135-137

587 Sie standen hier nicht zur Verfügung und sind auch in keiner der verwendeten Publikationen abgebildet. Nach Sempers eigenen Angaben fertigte er sie noch am Vorabend der Revolution; bei seinem Weggang von Dresden hätten sie sich noch in seinem Privatbesitz befunden (Semper, Kleine Schriften, S.136)

588 G.Semper, Kleine Schriften, S.135/136

589 G.Semper, Kleine Schriften, S.136

590 Eine Beschreibung der Bildprogramme von Pinakothek und Gemäldegalerie bei Plagemann, Kunstmuseum, S.87-88 und S.140-142

591 zit.n. Plagemann, Kunstmuseum, S.142

592 Dresden, Holzhofgasse 20; 1945 zerstört

593 Zur "Entfestigung und Stadterweiterung" im 19. Jahrhundert: Rudolf Wurzer, Die Gestaltung der Stadt im 19. Jahrhundert, S.11 ff, in: Ludwig Grote, Die deutsche\Stadt im 19. Jhd., S.9-32

594 Diese Klassifizierung wurde aus dem Inventarbuch über die Dresdener Bautätigkeit im 19. Jahrhundert übernommen: "Die Bauten, technischen und industriellen Anlagen von Dresden", hrsg. vom sächsischen Ingenieur- und Architektenverein, Dresden 1878, S.368

595 In Dresden wurden in den letzten zwei Dritteln des Jahrhunderts nur noch drei weiträumige Schlößchen mit großen Parkflächen für Mitglieder des Adels errichtet:
Das Albrechtsschloß, für Prinz Albrecht, den Bruder Friedrich Wilhelms IV. 1850-1854 von A.Lohse errichtet; die Villa Stockhausen für den Kammerherrn des Prinzen Albrecht, ebenfalls von A.Lohse 1851 ff errichtet; das Schloß Souchay, 1859-1861 von C.F.Arnold in neugotischen Formen errichtet; alle drei Schloßanlagen befanden sich auf den bereits im 18. Jahrhundert als Wohngebiet des Adels bevorzugten Hügeln von Dresden-Loschwitz. (vgl. Löffler, Das alte Dresden, S.115 f)

596 1945 ausgebrannt, 1951 Fassade gesprengt (nach Fröhlich, Kritischer Katalog, S.50)

597 Diese Bezeichnung wurde ebenfalls übernommen aus Die Bauten von Dresden, S.364

598 Der Inventarband des Architektenvereins nennt mit dem Palais Oppenheim nur drei Beispiele, von denen eines als Umbau eines älteren Anwesens noch eine Sonderstellung einnimmt.

599 Zahlen aus Die Bauten von Dresden, S.400 und S.366

600 Die Bauten von Dresden, S.358

601 Beispiele aus beiden Epochen bei Schumann, Dresden und Löffler, Das alte Dresden

602 Löffler (Das alte Dresden, S.115) weist auf die in Dresden gebräuchliche Bezeichnung "Hungerstil" hin, die "von falschem Prunk verdorbene Nachfahren" für diese Architektur fanden. In Dresden selbst waren es hauptsächlich die Bauten G.F. Thormeyers und Thürmers, des Amtsvorgängers Sempers, die diese Architektur repräsentierten.

603 vgl. Die Bauten von Dresden, S.378-381

604 Abgebildet bei Löffler, Das alte Dresden, Abb.309, Beschreibung S.369, doch ohne Angabe des Architekten

605 Löffler, Das alte Dresden, S.369 und Abb.308

606 Durand, Précis II, 3, 2. Abschnitt, Plan 1

607 Die Bauten von Dresden, S.364-366

608 Deutsche Bauzeitung 1880, Nr.15, S.87

609 Löffler, Das alte Dresden, S.125/126

610 Durand, Précis II, 3, 3. Abschnitt, S.82 und Plan 25

611 Durand, Précis II, 3, 3. Abschnitt, S.82: "L'irrégularité dans les différentes parties d'une maison serait non seulement une chose choquante pour l'oeuil, mais encore très incommode pour l'usage."

612 vgl. Durand, Précis II, 3, 3. Abschnitt, S.82 und den Grundriß des Palais Oppenheim

613 Georg Hermann Nicolai (1811-1881) war bereits gleichzeitig mit Semper in Dresden als Architekt tätig. Nach der Flucht Sempers wurde Nicolai dessen Nachfolger in seinen öffentlichen Ämtern. Als Vorstand der Dresdener Bauschule unterstand ihm auch die Ausbildung der städtischen Architekten, die in den folgenden Jahren vor allem die Dresdener Privatarchitektur im Sinne ihres als entschiedener Neurenaissancist anzusehenden Lehrers prägten.-vgl. Löffler, Das alte Dresden, S.134/135 und S.391.

614 In der hier beibehaltenen Klassifizierung der bürgerlichen Wohnbauten nach Häusern "geschlossener Bauweise" und Häusern in "freistehender Bauweise" (Die Bauten von Dresden, S.364 und S.368) nimmt dieses Beispiel eine Zwischenstellung ein, da es als formaler Typus der freistehenden Villa folgte, gleichzeitig aber auf einem der Bauplätze an der Bürgerwiese errichtet wurde, die für eine dichte Bebauung vorgesehen waren. So schloß das Nachbargebäude jeweils bis auf wenige Meter an das Haus an und der für eine freistehende Villa wesentliche, umgebende Garten fehlte. (Dresden und seine Bauten, S.367)

614a Musterbücher, die den Architekten wie den Bauherren die Auswahl vereinfachten, boten dafür die Grundlage, wie z.B. "Das Ornament in der italienischen Kunst des XV. Jahrhunderts." Eine Sammlung der hervorragendsten Motive, hrsg. von Georg Hermann Nicolai, Dresden 1882

615 Abgebildet bei Löffler, Das alte Dresden, Abb.336 und Die Bauten von Dresden, S.382 (Grundriß)

616 Die Bauten von Dresden, S.382/383 (Abb. und Beschreibung)

617 Die Bauten von Dresden, S.381/382

618 Die Bauten von Dresden, S.393

619 vgl. auch S.238 ff: Entwicklungslinien der Neurenaissance in der zweiten Jahrhunderthälfte

620 Den ausgewählten Beispielen Hamburger Architektur konnten hier - wie schon für Dresden - nicht eigene Archivstudien zugrunde gelegt werden. Baudaten und Fakten des historischen Ablaufs sind deshalb im wesentlichen der Sekundärliteratur entnommen, die an den entsprechenden Stellen angegeben ist.

621 Zur Architekturentwicklung Hamburgs in diesem Zeitraum: Grundmann, Hamburg gestern und heute, S.9-75

622 s.o.S.87-98: Die Diskrepanz zwischen den Architekturkonzeptionen Ludwigs I. in München und der gleichzeitigen städtischbürgerlichen Baupraxis.

623 Das Stadttheaterprojekt von 1825 (ausgeführt 1826-27), zu dem ein Plan Schinkels vorlag, wurde aus Kostengründen von dem einheimischen Architekten Wimmel stark vereinfachend überarbeitet, was den Hamburgern von der zeitgenössischen Kritik als unverzeihliches Banausentum angerechnet wurde. (vgl.dazu S.187-189); die Hamburger Kunsthalle wurde als erster Museumsbau in den Jahren 1863-1868 errichtet, zu einem wesentlich späteren Zeitpunkt also, als die großen fürstlichen Galerien.

624 Zur Hamburger Bautätigkeit im 19. Jahrhundert: Hamburg und seine Bauten, hrsg. vom Architekten- und Ingenieurverein Hamburg, Hamburg 1890

625 zur Organisation des städtischen Bauwesens vgl. Eckart Hannmann, Carl Ludwig Wimmel. 1786-1845., München 1975, S.35-40

626 Hannmann, Wimmel, S.36

627 zit.n. Hannmann, Wimmel, S.38

628 zit.n. Hannmann, Wimmel, S.38

629 zu Alexis de Chateauneuf vgl: Günther Lange, Alexis de Chateauneuf, ein Hamburger Baumeister, Hamburg 1965

630 zit.n. Hannmann, Wimmel, S.37

631 zit.n. Hannmann, Wimmel, S.37

632 Zum Theaterbau bei Hannmann, Wimmel, S.65-69

633 zit.n. Hannmann, Wimmel, S.68; hier ist auch das gesamte Bauprogramm abgedruckt

634 Beschrieben und abgebildet bei Hannmann, Wimmel, S.67 f und Abb.71

635 Beschrieben und abgebildet bei Hannmann, Wimmel, S.68 f und Abb. 73, 74

636 zit.n. Hannmann, Wimmel, S.68

637 zit.n. Hannmann, Wimmel, S,68

638 Zu Leben und Werk C.L.Wimmels vgl. die Monographie Hannmanns (Hannmann, Wimmel)

639 Die bei Hannmann (Wimmel, S.68) zitierten Stellen aus der Entwurfsbeschreibung Schinkels zeigen, daß die ungewöhnlichen Fensterkonstruktionen bewußt gewählt wurden, um dem Bau eine funktionstypische Charakterisierung zu geben: "Um nun aber nicht in den Etagen Fenster über Fenster 'in gewöhnlicher Form'

reihen zu müssen, was dem Theater 'ein casernenartiges Ansehen gegeben und es nicht als ein öffentliches Gebäude charakterisiert' hätte, erfand Schinkel für die Fenster eine 'Bogen-Construktion, die innerlich Abtheilungen nach der Höhe, vermöge eines durchlaufenden Kämpfergebälks, und Abtheilungen nach der Breite, mittelst eines jenes Gebälk unterstützenden Pfeilers, über welchem ein zweiter bis zum Schlußstein des Bogens läuft', abtrennt."

640 Lediglich das Komitee des Aktienvereins war mit dem Ergebnis zufrieden und lobte das "glückliche Gelingen des Werkes". (zit.n. Hannmann, Wimmel, S.69)

641 Aus einer Kritik des Berliner Journalisten Saphir, abgedruckt bei Hannmann, Wimmel, S.69 (dort zit.n. Hermann Uhde, Das Stadttheater in Hamburg 1827-1877, Stuttgart 1879, S.15 ff)

642 Hannmann, Wimmel, S.69

643 Hannmann, Wimmel, S.69

644 Hannmann, Wimmel, S.69

645 vgl. Durand, Précis I, Introduction, S.16 und die Ausführungen im ersten Teil dieser Arbeit.

646 Erbaut 1837-1840 von Wimmel und Forsmann als höhere Bildungsanstalt. vgl. Hannmann, Wimmel, S.83-91 und Allg. Bauzeitung 4.Jg. 1839, S.115 ff

647 Erbaut 1839-1841 von Wimmel und Forsmann. vgl. Hannmann, Wimmel, S.92-100 und Schreyl, Zur Geschichte der Baugattung Börse, Berlin 1963, S.33-64

648 So z.B. der Umbau des Stadttheaters durch Martin Haller von 1873/74, das Post- und Telegrafenamt von Haake und Ruppel aus den Jahren 1883-1887 und das seit 1879 begonnene Justizforum am Sievekingplatz, für das nun, den generellen Architekturtendenzen der Zeit entsprechend, neben neurenaissancistischen Motiven auch neubarocke Formelemente bestimmend wurden. (vgl. Grundmann, Hamburg gestern und heute, S.9-75)

649 Abb. und Beschreibung in: Hamburg und seine Bauten, S.148

650 Dem Stil der Gärtnerschule verwandt, erinnert es deutlich an die Münchener Staatsbibliothek und den Fürther Rathausbau. Abb. und Beschreibung in: Hamburg und seine Bauten, S.183

651 Zum Hamburger Rathausbau vgl.: Heinz-Jürgen Brandt, Das Hamburger Rathaus, Diss. Hamburg 1957; Charlotte Kranz-Michaelis, Rathäuser im deutschen Kaiserreich. 1871-1918., München 1976, S.158/159

652 Als Grundlage hinsichtlich der Fakten und Abläufe des Wiederaufbaus diente hier: Fritz Schumacher, Wie das Kunstwerk Hamburg nach dem großen Brande entstand, 1. Auflage Berlin 1920, hier verwendet in der Neuauflage Hamburg 1969 (= Bd.2 der Veröffentlichungen des Vereins für Hamburger Geschichte)

653 Hamburg und seine Bauten, S.47

654 Schumacher, Kunstwerk, S.50, Anm.1

655 Die von der Technischen Kommission erstellte Liste der "Grundzüge des Planes" ist abgedruckt bei Schumacher, Kunstwerk, S.54/55, Anm.5

656 Semper bezeichnet das Gremium als "Kommission von Technikern" (aus einem Sitzungsprotokoll vom 27.5.1842, zit.n. Schumacher, S.57, Anm.6) und spielt damit wohl auf die geringe Empfänglichkeit ihrer Mitglieder für architekturästhetische Fragestellungen an.

657 Hannmann, Wimmel, S.40

658 Schumacher, Kunstwerk, Abb.3; ihm lag nach Angabe seines Verfassers ein Entwurf Christopher Wren's zugrunde, den dieser für den Wiederaufbau Londons nach dem Brand von 1666 hergestellt hatte (Schumacher, Kunstwerk, S.14).

659 Schumacher, Kunstwerk, Abb.5; in zwei Beilagen zu Sitzungsprotokollen vom 21.5.1842 (Schumacher, Kunstwerk, S.50-54, Anm.4) und vom 27.5.1842 (Schumacher, Kunstwerk, S.57-58, Anm.6) waren die Vorschläge Sempers festgehalten.

660 Abb. bei Schumacher, Kunstwerk, Abb.4

661 zit.n. Schumacher, Kunstwerk, S.18

662 Friedrich Meyer, Kunstreise durch das neue Schulgebäude zu Hamburg, Vierte Station, Altona o.J., S.5/6, zit.n. Hannmann, Wimmel, S.41

663 Schumacher, Kunstwerk, S.18

664 Ebenfalls aus einem Urteil zum Neubau des Johanneums, in dem nun aber die Kunstfeindlichkeit Hamburgs beklagt wird: "So steht denn Hamburg wieder auf dem Punkt, ein Gebäude zu erhalten, das sich in nichtssagenden, den Zweck nicht charakterisierenden Formen darstellt, gleichsam als ob es außer dem Kreise der Kunstwelt läge; soll Hamburg denn ewig das Land der Kunstbarbarei bleiben?" (zit.n. Hannmann, Wimmel, S.90/91)

665 Aus dem Sitzungsprotokoll vom 30.5.1842, zit.n. Schumacher, Kunstwerk, S.54 ff, Anm.5

666 Die Vorläufigkeit und Unsicherheit, die diesen Entschluß noch kennzeichnete, zeigte im Nachhinein eine Äußerung der Technischen Kommission anläßlich der Neuberufung Lindleys, der vom 6. Juli bis 12. September 1842 - also auch zum Zeitpunkt der Annahme des endgültigen Ausführungsplanes - aus dem Gremium ausgeschieden war: "In der Erwartung, daß Herr Lindley dieser Aufforderung, den Beratungen über die Ausführung eines Bauplanes beizutreten, Folge leisten werde, müsse diese Bereitwilligkeit umso mehr anerkannt werden, als der nunmehr von Rat und Bürgerschaft genehmigte Bauplan nach ganz entgegengesetzten Prinzipien und in allen wesentlichen Stücken von dem früheren Plane des Herrn Lindley abweichend entworfen ist." (zit.n. Schumacher, Kunstwerk, S.59, Anm.13)

667 Aus dem Sitzungsprotokoll der Technischen Kommission vom 22.6.1842, zit.n. Schumacher, Kunstwerk, S.30

668 Aus dem Sitzungsprotokoll der Technischen Kommission vom 5.8.1842, zit.n. Schumacher, Kunstwerk, S.34

669 Aus der Erklärung der Technischen Kommission zum Ausführungsentwurf vom 15.8.1842, zit.n. Schumacher, Kunstwerk, S.35

670 Schumacher, Kunstwerk, S.35

671 Schumacher, Kunstwerk, S.44

672 Die Fassadenentwürfe der Privathäuser mußten lediglich zur Genehmigung vorgelegt werden, so daß es zwar eine Kontrolle gab, keinesfalls aber eine definitive Reglementierung. (vgl. Schumacher, Kunstwerk, S.44)

672a Abb. bei Hannmann, Wimmel: Börse Abb.131; Johanneum Abb.114.

673 Aus der Entwurfsbeschreibung Wimmels und Forsmanns, zit.n. Hannmann, Wimmel, S.96

674 Hannmann, Wimmel, S.96

675 Hannmann, Wimmel, S.96

676 Aus einem Gutachten Johann Matthias Hansens zu einem Börsenvorentwurf Wimmels und Forsmanns, in dem die Neurenaissance des Gebäudes ausdrücklich als bürgerliche Stilform bezeichnet wird. (zit.n. Hannmann, Wimmel, S.96)

677 zit.n. Schumacher, Kunstwerk, S.44

678 vgl. eine Erklärung der Rat- und Bürgerdeputation vom 6.12.1842, zit.n. Schumacher, Kunstwerk, S.40/41

679 Erklärung der Technischen Kommission vom 16.12.1842, zit.n. Schumacher, Kunstwerk, S.41

680 Schumacher, Kunstwerk, S.41

681 zit.n. Schumacher, Kunstwerk, S.40

682 Zwei frühere, als "Ideen in Skizzenform" (Protokoll vom 8.11.1842) bezeichnete Entwürfe Wimmels, von denen zumindest der eine noch keine endgültige Lösung gezeigt haben dürfte, sind nicht erhalten (nach Angabe Hannmann, Wimmel, Anm.464).

683 zit.n. Hannmann, Wimmel, S.97

684 Dieses sogenannte "Theatermotiv", bei dem Rundbogenöffnungen von vorgestellten Kolonnaden übergriffen werden, war exemplarisch in der Libreria Jacopo Sansovinos in Venedig (seit 1537) ausgebildet. (vgl. Erich Hubala, Renaissance und Barock, S.38)

684a Abb. bei Hannmann, Wimmel, Abb.132

685 Aus der als Beilage zum Sitzungsprotokoll vom 21.5.1842 verfaßten Denkschrift Sempers zur Wiederaufbauplanung. (Schumacher, Kunstwerk, S.50 ff, Anm.4)

686 Schumacher, Kunstwerk, S.50 ff, Anm.4

687 Die Vorstellungen Sempers dazu waren ausführlich dargelegt in einer weiteren Denkschrift des Architekten, die als Beilage zum Sitzungsprotokoll vom 27.5.1842 geführt wird und ebenfalls bei Schumacher im vollen Wortlaut wiedergegeben ist. (Schumacher, Kunstwerk, S.57 f, Anm.6)

688 Schumacher, Kunstwerk, S.57 f, Anm.6

689 Aus der Denkschrift Sempers vom 21.5.1842, zit.n. Schumacher, Kunstwerk, S.51, Anm.4

690 Schumacher, Kunstwerk, S.51, Anm.4

691 Schumacher, Kunstwerk, S.51, Anm.4

692 Schumacher, Kunstwerk, S.51, Anm.4

693 Aus dem Beratungsprotokoll der Technischen Kommission vom 24.5.1842, zit.n. Schumacher, Kunstwerk, S.24

694 Der Plan Sempers wurde als Alternative zu den Vorschlägen Lindleys begutachtet.

695 Aus dem Beratungsprotokoll, zit.n. Schumacher, Kunstwerk, S.26/27

696 Ein Überblick über die einzelnen Projekte - auch mit Abbildungen der erhaltenen Planvorlagen - findet sich bei Schumacher, Kunstwerk, dem eine Aufarbeitung der Bestände des Hamburger Staatsarchivs zugrunde liegt.

697 Aus der Erklärung der Technischen Kommission vom 15.8.1842, zit.n. Schumacher, Kunstwerk, S.41

698 Protokoll der Technischen Kommission vom 16.12.1842, zit.n. Schumacher, Kunstwerk, S.41

699 Dieser Vorgang erklärt sich dadurch, daß Semper wahrscheinlich während der Planungsarbeiten wiederholt als Gutachter und Berater aufgetreten ist, wie Schumacher (Kunstwerk, S.59, Anm.11) aufgrund von Aktennotizen annimmt.

700 Die in Anführungszeichen gegebenen Bezeichnungen dieser Planbeschreibung entstammen der Grundrißzeichnung Sempers, abgebildet bei Schumacher, Kunstwerk, Abb.12

701 Bereits in den "Vorläufigen Bemerkungen" aus dem Jahre 1834 (in: G.Semper, Kleine Schriften, S.221) schrieb Semper: "Hamburg ... könnte ein nordisches Venedig, ein Genua sein, wenn der Gemeinsinn es dazu erwecken wollte, indem er dem Aufwande der Bürger eine großartige Richtung gäbe."

702 Der von Kanälen bestimmte Charakter Hamburgs wurde zur Grundlage seiner Wiederaufbauplanung. vgl. Denkschrift Sempers vom 21.5.1842, abgedruckt bei Schumacher, Kunstwerk, S.50 ff, Anm.4

703 Aus der Stellungnahme Chateauneufs vom 27.9.1842, zit.n. Schumacher, Kunstwerk, S.37

704 Am deutlichsten wird dieser Unterschied beim Vergleich venezianischer Palastfassaden mit dem Gliederungssystem florentinischer Stadtpaläste, die sich v.a. in der Ausbildung hoher, geschlossener Sockelgeschosse von der bis ins Erdgeschoß "offenen" Bauweise der venezianischen Paläste unterscheiden. Diese Differenz der Lokalstile wurde auch in der Neurenaissance ganz bewußt in die Rezeption einbezogen, indem die Bedingungen am Ort der Aktualisierung gegen die der Originalbauten abgewogen wurden. (vgl. hierzu die Klassifizierung der italienischen Architektur hinsichtlich der Vorbildlichkeit für die eigene Zeit bei Fergusson, History of the Modern Styles of Architecture, 1863)

705 Erst in der zweiten Jahrhunderthälfte wurde diese lokalspezifische Stilausprägung, die als Sonderform innerhalb der zeitgenössischen historisierenden Architektur gewertet werden kann, mit deren Hilfe ökonomische und gesellschaftliche Individualität ihren Ausdruck fand, von der die nationale Zugehörigkeit betonenden Deutschrenaissance abgelöst.

706 Abb. bei Grundmann, Hamburg gestern und heute, S.22

707 Abb. des Wohnhauses Ferdinandstraße in:Hamburg und seine Bauten, S.561

708 zit.n. Schumacher, Kunstwerk, S.26

709 Handbuch der Architektur, 4.Teil 7/1: Stadt- und Rathäuser. Stuttgart 1900, S.3

710 Zur Bauaufgabe Rathaus im späten 19. Jahrhundert vgl.Kranz-Michaelis, Rathäuser im deutschen Kaiserreich (1976)

711 Für die Rezeption dieser italienischen Prototypen städtischer Verwaltungsgebäude ist die kunsthistorisch-formale Epochengliederung in mittelalterliche und renaissancistische Bauformen nicht relevant. Die ausschlaggebende gesellschaftliche Verankerung zeigt die Übernahme der im 13. und 14. Jahrhundert ausgebildeten Architekturtypen, für die die Renaissance Weiterführung und Vollendung brachte, die erst in der Epoche des Barock - wiederum aufgrund gesellschaftlich-politischer Kriterien - abgelöst wurden. Unter wirkungsgeschichtlichem Aspekt ist das Fürther Rathaus also eindeutig der Neurenaissance zuzuordnen.

712 vgl. Durand, Précis I, Introduction, S.16

713 Bauakten und Pläne für diese Phase: Fürth Stadtarchiv, Magistratsakten Fach Nr. 64a, 1-6

714 Die neue Stadtverwaltung bestand aus einem Ersten und einem Zweiten Bürgermeister, zwei rechtskundigen Räten, zehn bürgerlichen Räten und dreißig, diesem "Magistrat" zur Seite gestellten städtischen Vertretern, den Gemeindebevollmächtigten. Als Amtslokal wurden vorübergehend Räume im ehemaligen Ansbach-Brandenburgischen Geleitsamt von 1651 und im Schulhaus am Kirchenplatz von 1718 zur Verfügung gestellt. (vgl. Fronmüller, Chronik der Stadt Fürth)

715 Julius Sax, Das Rathaus in Fürth, Fürth 1871, S.2

716 Quellen zum Fürther Rathaus:
Stadtarchiv Fürth, Magistratsakten zum Rathausbau,
Nr.64a, 1-31, (64a, 32 fehlt), 33-46, den Rathausbau von 1823-1851 betreffend;
Nr.64a, 56-59, die Rathauserweiterungen von 1897-1934 betreffend;
Franz von Bäumen, Zusammenstellung der wichtigsten Ereignisse in der Stadt Fürth vom 1.10.1818 an. Handschrift in der Stadtbibliothek Fürth

717 64a,1 fol.28

718 64a,1 fol.1

719 64a,1 fol.28: Vortrag den Bau eines Rathauses betr. vom Dezember 1823

720 Eigentlich handelte es sich um zwei Alternativprojekte, die sich vor allem in der Größe und damit in den Kosten unterschieden. Hinsichtlich der deshalb zu erwartenden Schwierigkeiten riet der Architekt selbst von der ersten aufwendigeren Fassung ab, da er - in Übereinstimmung mit der Stadtverwaltung - die zweite Variation für zweckentsprechend hielt. (64a,1 fol.40: Abb. der 1. Fassung; fol.41: Abb. der 2. Fassung)

721 vom 5.8.1823; 64a,1 fol.4-9

722 64a,1 fol.4-9

723 So erinnern die Entwürfe Brügers mehr an die Palastfassaden Karl von Fischers als an die in München längst eingeführten Beispiele Klenzes, bei denen bereits ein weiterer Schritt in Richtung neurenaissancistischer Stileinheit geschehen war.

724 64a,1 fol.4-9

725 Die Pläne Brügers wurden jedesmal erst dann nach Ansbach eingesandt, nachdem sie die Zustimmung der städtischen Verantwortlichen erhalten hatten.

726 64a,1 fol.76

727 64a,1 fol.96

728 vgl. Gutachten des kgl. Baurats Panzer vom 27.3.1824 (64a,1 fol.93)

729 Kritik des Entwurfs Brügers vom 26.5.1824 (64a,1 fol.103)

730 64a,2 (beigelegt)

731 64a,2 Schreiben vom September 1824, S.1

732 64a,2 Schreiben vom September 1824, S.1

733 64a,2 fol.20, Vortrag des zweiten Bürgermeisters Schönwald vom 3.4.1825:
"Die Baukostensumme würde sich freilich durch jene vorgeschrie-

benen Verschönerungen und durch die notwendig werdende Erweiterung des Turmes ... um einige Tausend Gulden erhöhen, allein kann dieser Mehraufwand für eine solch wahrhaft große und bleibende Zierde unserer Stadt irgend einen Anstand finden?"

734 64a,2 fol.43

735 z.B. die stark restaurative Bautätigkeit der Nachbarstadt Nürnberg in der zweiten Jahrhunderthälfte, mit dem Ziel, die eigene städtische Vergangenheit über die Architektur wieder aufleben zu lassen.

736 Sax, Das Rathaus in Fürth, S.1

737 Der Standplatz des ausgeführten Baus wurde in der ersten Planungsphase noch nicht in Erwägung gezogen.

738 64a,1 fol.15

739 64a,1 fol.28-31

740 Dieser Platz wurde den Katholiken "von Seiner Majestät dem Könige als ein Geschenk überlassen", um darauf die erste katholische Kirche zu errichten (64a,1 fol.35)

741 64a,1 fol.28-31

742 64a,1 fol.42/43: "Die Meinung, daß unsere Stadt nach wenigen Jahren so vergrößert werde, daß der katholische Kirchenbauplatz den Mittelpunkt derselben ausmachen werde, wollen wir zwar wünschen, daß solche in Erfüllung gehen möge, müssen aber aus triftigen Gründen bezweifeln, da bei den jetzt bestehenden allgemeinen Handelsverhältnissen ein solches goldenes Zeitalter wohl niemals wieder kehren wird, daß eine Stadt in so kurzer Zeit sich so vergrößern kann, als es in früheren Jahren mit unserem lieben Fürth der Fall war."

743 vgl. 64a,3, "Die Erweiterung des zum Rathausbau erforderlichen Platzes betr."

744 64a,5 und 64a,6

745 64a,2 fol.20

746 64a,2, Antrag an das kgl. bayer. Hauptmünzamt München vom 18.4.1825

747 "Randgruppe" ist dabei rein soziologisch zu verstehen, da zahlenmäßig die Juden 1824 mit einem Fünftel der Einwohnerzahl die nach den Protestanten stärkste Religionsgemeinschaft in Fürth ausmachten: 10 357 Protestanten, 2 510 Juden, 407 Katholiken (Angaben nach Fronmüller, Chronik, S.242)

748 64a,5 fol.3

749 64a,5 fol.6

750 64a,5 fol.41: "Zu dem Zeitpunkte, wo zur Ausführung geschritten werden soll, erheben die Besitzer der benachbarten Häuser

Einspruch gegen den vorhabenden Rathausbau, und es ist die Tatsache über jeden Zweifel erhaben, daß die jüdische Korporation unter der Decke steckt, um nach ihrer boshaften Weise der Beförderung der guten Sache hinderlich zu sein."

751 Auf der einen Seite hatte der Rezess von 1766 noch seine juristische Gültigkeit, auf der anderen Seite bestand noch keine gesetzliche Gleichberechtigung (erst 1871) der Juden, so daß das nichtjüdische Bürgertum auf die Priorität seiner Interessen pochen konnte.

752 64a,9 fol.137

753 64a,9 fol.82

754 Magistratsakten 64a,8 - 64a,46

755 Mauersberg, Wirtschaft und Gesellschaft Fürths, S.85

756 64a,8 fol.1

757 Ein Beispiel für das Spannungsverhältnis Nürnberg - Fürth in dieser Zeit gibt der nachdrücklich vertretene Wunsch der Stadt Fürth nach Einrichtung einer selbständigen Industrie- und Handelskammer, wie es Mauersberg (Wirtschaft, S.85/86) an einer Stellungnahme des Fürther Kaufmannstandes vom 26.4.1832 belegt: Man hielt es für unumgänglich nötig, daß in allen Städten, "wo Handel und Industrie einen vorherrschenden Charakter annehmen", e i g e n e Kammern gebildet würden, "wie dies namentlich in Nürnberg, Fürth, Erlangen, Schwabach, Nördlingen, Weißenburg und Roth der Fall ist,.(da).die Lage des Handels und der Fabrikation fast in jeder Stadt eine eigentümliche Richtung nimmt."

758 vgl. Durand, Précis II, 3, 2. Abschnitt; in seinem Kapitel über die "Maisons-de-Commune" stellt Durand die mittelalterlichen, nordischen Rathäuser neben den italienischen Palazzo Pubblico.

759 64a,11 fol.2, "Erörterungen über die für den Rathausbau zu Fürth von Sr. Majestät unserem Könige allergnädigst genehmigten Baupläne", vom 27.20.1838: "Bauten dieser Art sind bleibende Monumente für den Regenten, unter dessen glorreicher Regierung sie heraufgediehen, so wie für jene, die deren Bedürfnis fühlend, sie ins Leben riefen; nicht weniger aber sind dieselben auch der Nachwelt klar vorzählende Zeugen von der Geistesstufe und dem Wohlstande ihrer Zeit."

760 64a,10 fol.64

761 64a,8 fol.82, 83, 85

762 vgl. Helmut Böhme, Prolegomena, S.24

763 vgl. Protokoll der Plenarsitzung von Magistrat und Gemeindebevollmächtigten vom 20.2.1837, 64a,10 fol.69 f

764 Dies ist der Hausname des Gasthofs "Zum Brandenburger Haus"

765 64a,10 fol.69/70

766 64a,10 fol.69/70

767 1. Auftrag vom 24.2.1837, 64a.10 fol.70

768 64a,8 fol.19

769 64a,10 fol.70

770 vgl. auch die Einsetzung einer "permanenten Commission" zur Prüfung der Rathauspläne unter der Leitung des Ersten Bürgermeisters Franz von Bäumen am 30.3.1837 (64a,10)

771 64a,10 fol.213

772 vgl. das Bauprogramm der Stadtverwaltung, 64a,10 fol.80: "Die äußere Facade des Hauses wird, wenn sie gleich auf möglichst einfachen Formen beruhen soll, kunstgerecht sein."

773 vgl. die Auseinandersetzungen um den Bauplatz, Stellungnahme der Gemeindebevollmächtigten vom 19.10.1832, 64a,8 fol.21: "Unser schönes neues Schulgebäude ist hinter der Stadtkirche versteckt, und Unrecht wäre es auch das Rathaus in einer Nebenstraße versteckt anzubringen."

774 64a,10 fol.79-84

775 64a,10 fol.79

776 64a,10 fol.139; Entwurf Köppel Bay.HSTA Abt.I Planslg.15 759

777 64a,10 fol.140; Entwurf Schmidtner Staatsarchiv Ngb., Regierungsplanslg. Mappe XIV, Nr. 6-8

778 64a,10 fol.90

779 64a,1 fol.107

780 64a,1 fol.107

781 64a,10 fol.90

782 vgl. 64a,10 fol.206: "Man kann sich aus folgenden (= finanziellen, J.Z.) Gründen nicht beifällig dafür aussprechen, daß der übrigens sehr schöne und großartige Riß des Baumeisters Schmidtner bei unserem vorhabenden Rathausbau in seiner ganzen Ausdehnung ausgeführt werde. Dieser Aufwand ist viel zu groß für eine Gemeinde, welche sich durch den Bau eines Hospitals, eines Schulgebäudes, einer Brücke und einer Kirche, eine schwere Schuldenlast aufgebürdet hat."

783 vgl. 64a,10 fol.180 ff

784 Aufgrund der hier durchgeführten Quellendurchsicht ist die allgemeine Zuschreibung dieses Vorprojekts für das Fürther Rathaus an Eduard Bürklein, den jüngeren Bruder Friedrichs, nicht zu halten. Denn obgleich die Originalpläne zu diesem Projekt (BayHSTA Planslg. OBB 15 757, 15 760, 15 762, 15 764-15 766) mit "Eduard Bürklein 1837" signiert sind, das Überga-

beschreiben des Münchener Architektenverein (Stadtarchiv
Fürth, 64a,10 fol.189) von "Bürklein (d.J.)" spricht und
auch die Kostenrechnung für die nach Fürth abgesandten Pläne
vom 13.8.1837 (Stadtarchiv Fürth 64a,10 fol.353) mit "Eduard
Bürklein, Architekt" unterzeichnet sind, nennt ein Schreiben
Friedrich Bürkleins an den Stadtmagistrat von Fürth vom 17.8.
1839 (64a,14) diesen als den eigentlichen Verfasser des betreffenden Entwurfs:
"Schließlich erlaube ich mir noch die Bitte, künftighin vor
meinen Geschlechtsnamen den Taufnamen "Friedrich" gefälligst
setzen zu wollen, da ich aus Gründen der Bescheidenheit für
das erste Erscheinen des Rathausprojektes den Namen meines
jüngeren Bruders Eduard geborgt habe."
Eduard Bürklein selbst war (nach Thieme-Becker, Künstlerlexikon) erst ab 1842 im Büro Gärtners tätig und zur Zeit des Plan-
entwurfs als 21jähriger noch in Ausbildung.

Neben der älteren Literatur zum Fürther Rathaus (Julius Sax,
Das Rathaus in Fürth, 1887 und Hans Lippert, Die Geschichte
des Rathauses in Fürth, in: Fürther Heimatblätter 4.Jg. 1840,
Nr.3/4) nennt auch Oswald Hederer in seiner jüngsten Gärtner-
monographie (Hederer, Friedrich von Gärtner, München 1976,
S.223 f) Eduard Bürklein sowohl als Schöpfer des fraglichen
Planes wie auch als "verantwortlicher Bauleiter" (S.224) des
1840. begonnenen Rathauses, obgleich seit dem oben genannten
Schreiben Friedrich Bürkleins vom 17.8.1839 (64a,14) dieser
auch in den Akten als einziger Partner der Stadt Fürth bezüg-
lich des Neubaus erscheint. Diese falsche Zuschreibung übernimmt
Heinrich Habel in seinem Aufsatz "Fürth als Stadtdenkmal", in:
Deutsche Kunst und Denkmalpflege 35 (1977), S.5-32, S.16 und
S.30, Anm.29

785 BayHSTA Planslg.OBB 15 767 (Fassade) und 15 768 (Grundriß EG)

786 BayHSTA Planslg.OBB 15 756 (Fassade Frankfurter Straße),
15 758 (Fassade Brandenburger Straße), 15 763 (Grundpläne)

787 BayHSTA Planslg.OBB 15 757, 15 760, 15 762, 15 764 - 15 766

788 vgl. Übersicht im Magistratsbericht vom 18.7.1837 (64a,10)

789 Festgesetzt im Gemeindeedikt für das rechtsrheinische Bayern,
verkündet am 17.5.1818 (vgl. Spindler, Handbuch der bay. Geschichte, 4.Bd., S.69-86, §5 Die innere Entwicklung Bayerns
seit Montgelas' Sturz (1817-1825))
vgl. auch Stadtarchiv Fürth, Magistratsakt 132,2, Über die Be-
fugnisse des Magistrats und der Gemeindebevollmächtigten, Niederschrift vom 13.5.1820.

790 z.B. Verzicht auf den Turm (64a,10, Magistratsbericht vom
18.7.1837)

791 64a,10 fol.213

792 64a,10, Bericht die Baupläne zum Rathaus betreffend vom 20.9.
1837. Das Gemeindeedikt von 1818, mit dem auch Fürth die städtische Selbstverwaltung übertragen wurde, sieht für Entscheidungen, die aus irgendwelchen Gründen von den städtischen Gremien
nicht getroffen werden können, die Weitergabe an die staatliche Oberkuratel vor.

793 64a,10 fol.316

794 Hederer (Gärtner, Abb.162) nennt als den von Gärtner am 8.5. 1838 dem Bürgermeister Schönwald übergebenen Rathausentwurf (64a,10 fol.316) den Plan GS 2317 der Gärtner-Sammlung der TU München. Dieser Plan aber ist identisch mit dem "Eduard Bürklein" signierten, tatsächlich aber von Friedrich Bürklein angefertigten (vgl.Anm.784) Siegerentwurf der Konkurrenz des Münchener Architektenvereins von 1837, der in Fürth ja bereits seit dieser Zeit vorlag (vgl.64a,10 fol.180 ff). Aufgrund der genannten Niederschrift Schönwalds muß es sich aber bei der Übergabe um einen weiteren Plan - eben Gärtners selbst - gehandelt haben, der jedoch, wie es scheint, nicht mehr greifbar ist, so daß er nur anhand des ausgeführten Baus rekonstruierbar ist.

795 64a,10 fol.328

796 64a,10 fol.328

797 64a,11 und 64a,14

798 64a,15-20

799 64a,14 fol.46

800 64a,14 fol.3

801 am 21.1.1840 vom königlichen Ministerium des Innern bestätigt (64a,14)

802 64a,38; zu dieser Kompetenzverteilung vgl. eine Auseinandersetzung zwischen Bürklein und Kapeller um die Ausführung des Hauptgesimses am Rathaus vom 5.9.1842 (64a,19 fol.107), in der Bürklein sein Befremden darüber ausdrückt, "daß es sich noch darum zu handeln scheine, durch wen ausschließlich der artistische Teil des hiesigen Rathausbaues, abgesehen von sonstiger technischer Leitung zu besorgen sei, da durch dem gehorsamst Unterzeichneten (= Bürklein, J.Z.) zugekommene frühere Beschlüsse er sich mit dessen Erledigung beauftragt glaubte."

803 vgl. den Entwurf Bürkleins von 1837, dessen Ausmaße für den von Gärtner überarbeiteten Ausführungsplan verbindlich gesetzt werden können.

804 64a,21 fol.5-7: Stellungnahme des Magistratsrats Sigmund zum Rathausbau vom 15.2.1840

805 Man erwog die Gründung einer Leihanstalt, um die so entstehenden Räume zu nutzen (64a,21 fol.8 und 18).

806 64a,20 fol.16

807 64a,21 fol.19

808 64a,21 fol.18

809 64a,21 fol.66/67

810 64a,21 fol.66/67

811 64a,21 fol.74

812 64a,21 fol.160-163, "Baubeschreibung der behufs Erbauung einer Leih- und Sparkassenanstalt entworfenen Baupläne", vom 11.3.1843

813 64a,19 fol.169

814 64a,19 fol.118; die Gipsmodelle für die Kapitelle und Basen der Säulen am Balkon und im Vestibül wurden von Anselm Sickinger (1807-1873), der auch an der Befreiungshalle in Kehlheim tätig war, angefertigt.

815 vgl. Intelligenzblatt der Stadt Fürth vom 16.9.1844 (eingeheftet in Akt 64a,19 fol.366)

816 64a,20; die technische Bauleitung hatte jetzt der Baupraktikant Welterich aus Kulmbach übernommen, der im Dezember 1843 Kapeller abgelöst hatte (64a,19 fol.296). Nach seinem Tod im Jahre 1847 ging die Bauleitung im Oktober 1847 an Bauinspektor Frommel über (64a,28).

817 64a,20, Vortrag Bäumens vom 22.4.1847

818 64a,20 fol.23

819 64a,20 fol.23

820 64a,20, Vortrag Bäumens vom 22.4.1847

821 64a,1 fol.1

822 64a,34

823 64a,40

824 vgl. Eduard Rühl, Das Fürther Rathaus und sein florentiner Vorbild, in: Bayerland 1934, Sonderheft Fürth

825 vgl. die Akten im Stadtarchiv Fürth 64a,56-59 (ohne Seitennumerierung) und Bauamt Fürth, Mappe H.XXVI (M II)

826 vgl. die Akten im Stadtarchiv Fürth 64a,53 (mit Fassadenplan); die Projektierung dieses Umbaus zog sich jedoch so lange hin, daß er während des 1. Weltkriegs schließlich aufgegeben werden mußte.

827 64a,56, Auszug aus der Nordbayerischen Zeitung vom 7.1.1899

828 64a,56, Auszug aus der Nordbayerischen Zeitung vom 7.1.1899

829 64a,56, Bericht vom April 1897

830 64a,56, Bericht vom April 1897; hierzu zwei Alternativprojekte des städtischen Bauamts Fürth, Mappe H.XXVI (MII)

831 64a,56, Bericht vom April 1897

832 64a,56, Bericht vom April 1897

833 64a,56, Bericht vom April 1897

834 64a,56, Notiz vom 3.11.1898

835 64a,56, beigelegtes Gutachten Thierschs vom 28.11.1898

836 64a,56, Gutachten Thiersch; der beigelegte Entwurf Thierschs (Mappe H.XXVI MII) zeigt noch die ursprüngliche 6achsige Fassung des Rathausanbaus, die zur Ausführung um eine Achse verkürzt wurde, damit "die Haustüre (nicht) außer dem Mittel käme, was die Schönheit des Baues immerhin einigermaßen beeinträchtigt" hätte, wie die Stadt Fürth im August 1899 bemerkte (64a,56, Notiz vom 17.8.1899).

837 64a,56, Gutachten Thiersch

838 64a,56, Sitzungsergebnis vom 8.12.1898

839 Bereits beim Auftrag für das genannte Gutachten und die mitgelieferten Fassadenentwürfe wurden die Kosten zulasten des Baukredits gehend genannt. (64a,56, Notiz vom 3.11.1898)

840 64a,53

841 64a,53, Umschlag 45

842 64a,53

843 64a,53

844 Zum ideologischen Umbruch des deutschen Bürgertums nach der 48er Revolution vgl. Leo Kofler, Zur Geschichte der bürgerlichen Gesellschaft ('1948), 5.Auflage Darmstadt/Neuwied 1974, S.535-590 und Fischer Weltgeschichte, Bd.27, Das bürgerliche Zeitalter (Hrsg. Guy Palmade), Frankfurt 1974

845 Der führende Verteter der "hellenischen Renaissance" war der dänische Architekt Theophil Hansen (1813-1891). Nach Studien in Berlin und einer Lehrtätigkeit in Athen lebte er seit 1846 in Wien und wirkte dort an der architektonischen Gestaltung der Ringstraße mit. Daneben errichtete er in Athen die Akademie der Wissenschaften und die Bibliothek (1861 ff).
vgl. G.Niemann/F.v.Feldegg, Theophil Hansen und sein Werk,1893; Cornelius Gurlitt, Zur Befreiung der Baukunst, Berlin 1969, S.78 ff; M.Fischer-Hölzl, Theophil Hansen. Leben und Frühwerke, Diss. Graz 1946; Karl Ginhart, Wiener Kunstgeschichte, 1948.

846 z.B. die Bauten Hansens in Athen, wo er seine klassisch-antikisierende Architektur als eine Art "Heimatstil" verstehen konnte, und das Wiener Parlamentsgebäude (1873-1883), wo die Bauaufgabe die direkte Assoziation zur griechischen Antike wünschenswert machte.

847 So z.B. beim Wiener Heinrichshof Hansens (1861-1863), der wegweisend wurde für spätere Mietshäuser monumentalen Ausmaßes. vgl. hierzu auch Gurlitt, Befreiung, S.84/85:"Die damals

jungen Architekten setzten alsbald mit einer Reihe von Versuchen ein; bezeichnend war aber auch für die Folge, ehe die italienische und deutsche Renaissance das Übergewicht gewann, eine hellenische Renaissance, die nicht ganz die alte Lehre aufgab, namentlich nicht in den Gliederungen und Einzelheiten, aber doch sich über das Maß alter Strenge hinauswagte."

848 So der 1859 unter der Führung von Rudolf von Benningsen, Schulze-Delitzsch und Herzog Ernst von Coburg-Gotha gegründete Nationalverein (vgl. Franz Mehring, Zur deutschen Geschichte von der Revolution 1848/49 bis zum Ende des 19. Jahrhunderts, Berlin 1965)

849 vgl. N.Heise, Die Turnerbewegung und die Burschenschaften als Verfechter des Einheits- und Freiheitsgedanken in Deutschland, Diss. Halle 1965

850 So erinnert beispielsweise Hubert Stier in einem Vortrag über "Die deutsche Renaissance als nationaler Styl und die Grenzen ihrer Anwendbarkeit" aus dem Jahre 1884 (in: Der Bautechniker, 4.Jg. 1884, S.476-480) an die "anmuthige Art und Weise, wie die grosse Form der italienischen Bogenhalle übertragen wird in die Verhältnisse und die Gestalt des deutschen Laubenganges." (S.479)

851 K.O.E.Fritsch, Deutsche Bauzeitung 1890, S.436

852 vgl. Johannes Janssen, Geschichte des deutschen Volkes seit dem Ausgang des Mittelalters, 6.Bd., Kunst und Volksliteratur bis zum Beginn des 30jährigen Krieges, Freiburg 1888, S.48-124

853 Stier, Deutsche Renaissance, S.477

854 Nationalisierung bezeichnet hier nicht allein das historisch-politische Ereignis der Gründung des kleindeutschen Kaiserreiches im Jahre 1871, sondern faßt als Oberbegriff all die Tendenzen zusammen, die im Laufe der zweiten Jahrhunderthälfte allmählich zu einer allgemeinen Aufwertung der nationalen Tradition führten. Er umfaßt somit gleichermaßen Voraussetzungen und Folgen einer konservativ-pragmatischen Reichsgründungspolitik und wird im übertragenen Sinn auch auf die Architektur der Zeit anwendbar.

855 So schreibt Stier über die Vorbildhaftigkeit der deutschen Architektur des 16. Jahrhunderts: "... sie hat ferner auch ihren Hervorbringungen einen bestimmten Stempel aufzudrücken vermocht, welcher dieselben von vornherein als deutsch erkennen läßt."(Deutsche Renaissance, S.477 f)

856 Stier, Deutsche Renaissance, S.478

857 Stier, Deutsche Renaissance, S.477

858 Stier, Deutsche Renaissance, S.477

859 Stier, Deutsche Renaissance, S.478

860 So schreibt Ernst Förster 1855 über die deutsche Renaissance: "Sie ist eitel Willkür, Mangel an wohlgegliederter Entwicklung

und Vorbildung, Bedeutungslosigkeit der Formen, Mißverständnis und Verunstaltung der Antike, Überwucherung durch Schmuckglieder."(zit.n. Gurlitt, Befreiung, S.73)

861 Stier, Deutsche Renaissance, S.479

862 Gurlitt, Befreiung, S.74

863 Stier, Deutsche Renaissance, S.479

864 Das Maximilianeum sollte ursprünglich im gotisierenden "Maximilianstil" von Bürklein errichtet werden. Dieser Ausführungsplan wurde dann jedoch - möglicherweise auf Betreiben Sempers (nach Manteuffel, Baukunst, Anm.261), was dieser in einem Brief aber "aufs Entschiedenste in Abrede"stellte (Brief Sempers an den Sohn Bürkleins vom 13.7.1874, Abschrift im Theatermuseum München, Semperakten 4°1026) - in die Formensprache der italienischen Hochrenaissance übertragen.
Zur Stildiskussion um das Maximilianeum vgl. Dagobert Joseph, Geschichte der Baukunst, Leipzig 1909, Bd.3; Ausstellungskatalog Gottfried Neureuther, München 1978, S.51-60; Eberhard Drüeke, Die Maximilianstraße in München. Zum Problem des neuen Baustils., in: Brix/Steinhauser, Geschichte allein ist zeitgemäß, S.107-120

865 vgl. Stier, Deutsche Renaissance, S.478 f; über die kunstgewerbliche Anwendung der Deutschrenaissance heißt es hier:
"In der anmuthigen und behaglichen Ausbildung und Ausstattung unserer Wohnräume verdanken wir der Beschäftigung mit dieser Kunst unserer Vorfahren den eigentlich entscheidenden, einen wirklich nationalen Fortschritt. Durch sie auf diesem Gebiete der Begriff des deutschen Hauses als einer Besonderheit, auf die wir stolz sein können, wieder zu Ehren gebracht, als einer Stätte, wo Kunst gepflegt und verstanden wird, und hier sind meiner Empfindung nach auch die besten Leistungen der neuen Wiederbelebung des Styles zu finden." (S.479)

866 vgl. Kranz-Michaelis, Rathäuser im Deutschen Kaiserreich, S.99 folgende

867 Stier, Deutsche Renaissance, S.479

868 Deutsche Bauzeitung 1885, S.109: Zum Hamburger Rathaus

869 Deutsche Bauzeitung 1876, S.463 und S.505: Zu den Hamburger Rathausentwürfen von 1876

870 Deutsche Bauzeitung 1876, S.513

871 Deutsche Bauzeitung 1876, S.513

872 Deutsche Bauzeitung 1885, S.97

873 Deutsche Bauzeitung 1885, S.109 f

874 Deutsche Bauzeitung 1885, S.109

875 Kranz-Michaelis, Rathäuser, S.100; vgl. in diesem Zusammenhang auch die Stildiskussion um den Anbau des Fürther Rathauses von 1897-1901 (s.o.S.235-237)

876 K.Hocheder, Die künstlerische Seite des bürgerlichen Bauwesens, Vortrag März 1895, in: Süddeutsche Bauzeitung 1895, S.314

877 Der von Leo Kofler für die Entwicklung des deutschen Bürgertums nach der gescheiterten Revolution von 1848/49 verwendete Begriff der "Verjunkerlichung" (Kofler, Bürgerliche Gesellschaft, S.584) bezeichnet die Aufgabe der revolutionären, auf eine bürgerlich-demokratische Neuordnung ausgerichteten Ideologie durch das ökonomisch konsolidierte Großbürgertum des späten 19. Jahrhunderts und die gleichzeitige Hinwendung zu der ehemals bekämpften Lebens- und Gesellschaftsform des Adels. ("Je mehr der Bourgeoisie das demokratische Gesellschaftsideal in der Ferne entschwand, desto näher rückte ihm das aristokratische."Kofler, Bürgerliche Gesellschaft, S.584)
Er beinhaltete in diesem Sinne "die ideologische und moralische Entartung der Bourgeoisie"(Kofler, S.584), die nun mit ihrem einstmaligen politischen Gegner gemeinsame Sache machte und die neuen Träger ihrer aufgegebenen demokratischen Ideale als Proletariat zum Klassenfeind erklärte.

878 Hocheder, Bürgerliches Bauwesen, S.314

879 Eine erste Organisation erfolgte bereits im Jahre 1848 mit dem Zusammenschluß der lokalen deutschen Arbeitervereine zur "Arbeiterverbrüderung". Innerhalb der politischen Parteienlandschaft schlossen sich diese dann der aus dem 1859 gegründeten Deutschen Nationalverein hervorgegangenen Fortschrittspartei unter der Führung Schulze-Delitzschs an. Im Jahre 1863 erfolgte in Breslau eine erste Abspaltung des Allgemeinen Deutschen Arbeitervereins unter Lasalle, deren Fahne nun die ehemals bürgerliche Forderung "Freiheit, Gleichheit, Brüderlichkeit" über dem Symbol des "Handschlags" trug. Im Jahre 1869 schlossen sich die Schulze-Delitzsch'schen Vereine in Eisenach zur Sozialistischen Arbeiterpartei zusammen, die bis 1875 unter der Führung Bebels und Liebknechts neben den Lassalleanern bestand. 1875 schlossen sich beide Gruppierungen in Gotha zur Sozialistischen Arbeiterpartei Deutschlands zusammen, die nun zum gemeinsamen politischen Organ der sozialistischen Bewegung Deutschlands wurde. (vgl. Vom Untertan zum Staatsbürger, Katalog zur Ausstellung der Georg von Vollmar Akademie in München und Nürnberg, 1978)

880 Erst nach 1871, als das Ziel der Einheit Deutschlands erreicht war, erfolgte bei den Liberalen eine Rückbesinnung auf demokratische Traditionen, indem sich von der Nationalliberalen Partei ein linker Flügel abspaltete, der seit 1890 zusammen mit der Fortschrittspartei die Freisinnige Partei bildete, die sich nun als demokratische Gruppierung zwischen den konservativen und den sozialistischen Parteien verstand, und als solche auch ihre Position im Reichstag festigen konnten. (vgl. Fischer Weltgeschichte, Bd.27, S.299 ff)

881 Franz Reber, Geschichte der neueren deutschen Kunst vom Ende des vorigen Jahrhunderts bis zur Wiener Ausstellung 1873, Stuttgart 1876

882 Reber, Geschichte der neueren deutschen Kunst, S.688

883 Reber, Geschichte der neueren deutschen Kunst, S.684 f

884 Plangeschichte und Abbildungen bei M.Fröhlich, Kritischer Katalog, S.96-99

885 Projekt II, Katalognr. 144-1-9 (Fröhlich, Kritischer Katalog, S.99)

886 Projekt I, Katalognr. 144-1-4 (Fröhlich, Kritischer Katalog, S.97)

887 Als Beispiel hierzu vgl. die bereits erwähnte Villa Häbler in Dresden (1866/67) des Architekten Karl Eberhard (s.o.S.182), die gegenüber der eigenständigen, ohne wörtliche Zitate auskommenden Aktualisierung des venezianischen Palastschemas am Bau Sempers ihre Renaissancewertigkeit nun durch die Wiederaufnahme konkret benennbarer Lösungen des Originalstils erhielt, wie z.B. die stuckierten Eckzwickel der Bogenöffnungen im Obergeschoß nach den Vorbildern an der Fassade der Bibliothek Sansovinos in Venedig aus den Jahren 1536-1553.

888 vgl. Thieme-Becker, Künstlerlexikon, S.291, Stichwort "Ebe"

889 Thieme-Becker, Künstlerlexikon, S.291

890 Als Beispiel dafür ist das 1882-1884 entstandene Palais Rudolf Mosse am Leipziger Platz in Berlin zu nennen. (ebenfalls nach Thieme-Becker, Künstlerlexikon, S.291)

891 Auch diese Entwicklung wird in Rebers "Geschichte der neueren deutschen Kunst" erkannt und benannt: "Das Hinschwinden der Idealität, wie es in der Gegenwart unverkennbar, hat das frühere Verhältnis der künstlerischen Anstrengung für ideale und vorab Cultzwecke und für Profanzwecke wesentlich verändert. Individuum und Kaptial bemächtigen und bedienen sich der Kunst ungleich mehr für eigene Zwecke als dies früher geschehen war und geschehen konnte, wo Kirche, Fürst und Staat fast allein der Kunst Nahrung gaben und dafür ihrer Dienste genossen." (S.684)

892 Brix/Steinhauser, Geschichte im Dienste der Baukunst, S.226, in Brix/Steinhauser (Hrsg.), Geschichte allein ist zeitgemäß, S.199-310

893 Zur Berliner Kaisergalerie (erbaut 1871-1873 von der Berliner Architektenfirma Kyllmann & Heyden) und allgemein zur Entwicklung des Bautyps der "Passage" in dieser Zeit vgl.: Johann Friedrich Geist, Passagen, ein Bautyp des 19. Jahrhunderts, München 1969. Über die Berliner Kaisergalerie heißt es hier: "In dem Bau dieser Passage manifestiert sich das Selbstverständnis Berlins als neue deutsche Metropole des Handels und der Politik und leitet ihren Aufstieg zu einer Stadt mit weltstädtischem Anstrich regelrecht ein. ... Zur Eröffnung ritt der Kaiser mit seinem Gefolge, umjubelt von seinen Berliner Untertanen, durch die Passage, die sich fortan "Kaisergalerie" nennen durfte."(S.106)

894 erbaut 1870-1875 von Gottfried Neureuther.

895 Florian Hufnagl, Direktionsgebäude der pfälzischen Eisenbahnen/Ludwigshafen, S.98, in: Ausstellungskatalog Gottfried Neureuther, S.94-100

896 Zum Wiener Forumsprojekt Sempers vgl.:
Försters Allgemeine Bauzeitung 1867, S.291 ff; Deutsche Bauzeitung 1885, S.44 und S.379; A.Hofmann, Wiener Städtebaufragen, in: Deutsche Bauzeitung 1918, S.18; B.Ott, Platzgestaltung, S.32; M.Fröhlich, Kritischer Katalog, S.181-185

897 Zum Kunsthistorischen Museum vgl. A.Lhotsky, Die Baugeschichte der Museen, Wien 1941

898 Hinweis bei Rolf Linnekamp, Die Gründerzeit (Heyne Stilkunde 4), München 1976, S.180 (hier auch Abb.)

899 Zum Neubau der Schack-Galerie und der damit verbundenen Preußischen Gesandtschaft vgl. Deutsche Bauzeitung 1909, 2.Halbbd., S.548-553

900 1878-1885 nach einem Entwurf Theodor von Landauers errichtet

901 vgl. Hanns Michael Crass, Bibliotheksbauten des 19. Jahrhunderts in Deutschland, München 1976, S.56-59

902 vgl. M.Fröhlich, Kritischer Katalog, S.186-197

903 vgl. M.Fröhlich, Kritischer Katalog, S.224-287

904 Deutlich abhängig von dem Züricher Bau Sempers zeigt sich so zum Beispiel das Münchener Polytechnikum Gottfried Neureuthers (1866-1868). Die erwähnte höfische Kritik bezieht sich ebenfalls auf diesen Bau, zu dem ein Vorentwurf von König Ludwig II. folgendermaßen bemängelt wurde:"Die für das neue Gebäude der polytechnischen Schule entworfene Fassade finde ich reicher, als es mir angemessen erscheint. Baurath Neureuther soll deshalb eine weniger gezierte Fassade, die mir seiner Zeit vorzulegen ist, entwerfen."(zit.n. Winfried Nerdinger, Polytechnische Schule in München, S.68, in: Ausstellungskatalog Gottfried Neureuther, S.63-93)
Neben dieser jüngsten Publikation zum Polytechnikum in München, die eine ausführliche Beschreibung der Planungsgeschichte und des Baus selbst nebst zahlreichen Abbildungen enthält, sei hierzu noch hingewiesen auf: Gottfried Neureuther, Der Neubau des Polytechnikums in München, in: Deutsche Bauzeitung 1870, S.233-236; 235; 247-248; 255.

905 Zum architektonischen Programm und Werk Otto Wagners vgl.:
Otto Wagner, Die Baukunst unserer Zeit, Wien 1914; Heinz Geretsegger/Max Peintner, Otto Wagner 1841-1918 (1964).

906 zit.n. Gurlitt, Befreiung, S.135/136.

LITERATUR- UND QUELLENANGABEN

Vorbemerkung

Die Arbeit berücksichtigt nur bis zum Abgabetermin im Mai 1979 erschienene Literatur. So konnte insbesondere der anläßlich der Dresdener Semper-Ausstellung erschienene Katalog "Gottfried Semper zum 100. Todestag". Ausstellung im Albertinum zu Dresden vom 15. Mai bis 29. August 1979. Dresden 1979, für den entsprechenden Teil der Arbeit nicht mehr verwendet werden.

I. Verzeichnis der abgekürzt zitierten Literatur

1. Zeitschriften

Monatsblatt für BAUWESEN und Landesverschönerung, veranlaßt und redigiert durch den kgl. Baurat J.M.C.Gustav Vorherr, 1.-10. Jg., 1821-1830.

Zeitschrift für BAUWESEN, 1853, 1854.

Allgemeine BAUZEITUNG, 1836, 1837, 1839, 1841, 1843, 1867.

Deutsche BAUZEITUNG, 1869, 1870, 1871, 1875, 1876, 1878, 1880, 1885, 1890, 1909, 1918.

KUNSTBLATT, 1828.

Deutsches KUNSTBLATT, 1852, 1855, 1856.

2. Schriften

Die BAUKUNST, in: Die Kunst im Deutschen Reich, Berlin 1941, S.65-85

BIERMANN Franz, Die Pläne für die Reform des Theaterbaus bei Karl Friedrich Schinkel und Gottfried Semper, Berlin 1828

BÖHME Helmut, Prolegomena zu einer Sozial- und Wirtschaftsgeschichte Deutschlands im 18. und 19. Jahrhundert, Frankfurt/M. 1968

BRIX Michael/STEINHAUSER Monika (Hrsg.), Geschichte allein ist zeitgemäß. Historismus in Deutschland, Lahn-Gießen, 1978

DEHIO Ludwig, Friedrich Wilhelm IV. von Preußen, München 1961

DÖHMER Klaus, In welchem Style sollen wir bauen? München 1976

Die Bauten, technischen und industriellen Anlagen von DRESDEN, hrsg. vom sächsischen Ingenieur- und Architektenverein, Dresden 1878

DURAND Jean Nicolas Louis, Précis des leçons d'architecture données à l'école polytechnique, Paris 1802-1805

DUVIGNEAU Volker, Die Potsdam-Berliner Architektur zwischen 1840 und 1875, München 1966

ERMISCH Hubert Georg, Der Dresdener Zwinger, Dresden 1953

ETTLINGER Leopold, Gottfried Semper und die Antike, Diss. Halle, Bleicherode 1937

FRÖLICH Marie/SPERLICH Hans-Günther, Georg Moller, Darmstadt 1959

FRONMÜLLER, Chronik der Stadt Fürth, (^{1}1871) Fürth 1887

GIEDION Siegfried, Spätbarocker und romantischer Klassizismus, München 1922

GROTE Ludwig (Hrsg.), Die deutsche Stadt im 19. Jahrhundert, München 1974

GRUNDMANN Günther, Hamburg gestern und heute. Gesammelte Vorträge und Ansprachen zur Architektur, Kunst und Kulturgeschichte der Hansestadt, Hamburg 1972

GURLITT Cornelius, Zur Befreiung der Baukunst. Redigierter Neudruck (Werner Kallmorgen) aus: Die deutsche Kunst des 19. Jahrhunderts - Ihre Ziele und Thaten, ^{2}Berlin 1900, Berlin 1969

HABEL Heinrich, Das Odeon in München, Diss. München 1964

HAMANN Andreas, Georg Adolph Demmler, Hofbaurat und Sozialdemokrat, in: Heute und Morgen 2, Schwerin 1848, S.173-177

HAMBURG und seine Bauten, hrsg. vom Architekten und Ingenieurverein Hamburg, Hamburg 1890

HANDBUCH der Bayerischen Geschichte, hrsg. v. Max Spindler, 4 Bde, München 1974

HANDBUCH der deutschen Wirtschafts- und Sozialgeschichte, hrsg. v. Hermann Aubin und Wolfgang Zorn, Bd.1/2, Stuttgart 1971-1976

HANNMANN Eckart, Carl Ludwig Wimmel. 1786-1845, München 1975

HAUSMANN Wilfried, Baukunst des Barock, Köln 1978

HEDERER Oswald, Die Ludwigstraße in München, München 1942

HEDERER Oswald, Karl von Fischer, München 1961

HEDERER Oswald, Leo von Klenze, München 1964

HEDERER Oswald, Friedrich von Gärtner. Leben, Werk, Schüler, München 1976

HERNANDEZ Antonio, Grundzüge einer Ideengeschichte der französischen Architekturtheorie von 1500-1800, Diss. Basel 1972

HETTNER Hermann, Kleine Schriften, Braunschweig 1881

HOCHEDER K., Die künstlerische Seite des bürgerlichen Bauwesens, Vortrag März 1895, in: Süddeutsche Bauzeitung 1895, S.291. 304. 312

KAUFMANN Rudolf, Der Renaissancebegriff in der deutschen Kunstgeschichtsschreibung, Winterthur 1932

KIENER Hans, Leo von Klenze. Architekt Ludwigs I., Diss. München 1920

KOFLER Leo, Zur Geschichte der bürgerlichen Gesellschaft, (^{1}1948) Darmstadt/Neuwied 1974

KRANZ-MICHAELIS Charlotte, Rathäuser im deutschen Kaiserreich. 1871-1918, München 1976

KUNST der bürgerlichen Gesellschaft von 1830-1848/49. Ausstellungskatalog der Neuen Gesellschaft für Bildende Kunst 1972, Berlin 1973

LANKHEIT Klaus, Revolution und Restauration, Baden-Baden 1965

LHOTSKY Alphons, Die Baugeschichte der Museen und der neuen Burg. Festschrift des Kunsthistorischen Museums I, Wien 1941

LIPSIUS Constantin, Gottfried Semper in seiner Bedeutung als Architekt, Berlin 1880

LÖFFLER Fritz, Das alte Dresden, Frankfurt 1966

MANTEUFFEL Klaus Zoege von, Die Baukunst Gottfried Sempers, Diss. Freiburg 1952 (Masch.Schr.)

MAUERSBERG Hans, Wirtschaft und Gesellschaft Fürths in neuerer und neuester Zeit, Göttingen 1974

MERTELMEYER Bruno, G.A.Demmler, 1804-1886. Die Autobiographie eines großen Baumeisters, Schwerin o.J. (1914)

MILDE Kurt, Die Rezeption antiker Formen in der bürgerlichen Architektur, Diss. Dresden 1967

MÜLLER, Bredekamp, Hinz, Verspohl, Fredel, Apitzsch, Autonomie der Kunst. Zur Genese und Kritik einer bürgerlichen Kategorie, Frankfurt/M. 1972

MÜLLER-STÜLER D., Preußische Baukunst um die Mitte des 19. Jahrhunderts, in: Die Kunst im Dritten Reich 7, 1943, H. 4/5, S.75-88

MÜTTERLEIN Max, Gottfried Semper und dessen Monumentalbauten am Dresdener Theaterplatz, in: Neues Archiv für Sächsische Geschichte, Dresden 1913, S.300-400

Gottfried NEUREUTHER. 1811-1887, Ausstellungskatalog des Münchener Stadtmuseums 1978

OTT Brigitte, Zur Platzgestaltung im 19. Jahrhundert, Diss. Freiburg/Br. 1966

PALMADE Guy (Hrsg.), Das bürgerliche Zeitalter, Fischer Weltgeschichte Bd.27, Frankfurt/M. 1974

PECHT Friedrich, Deutsche Künstler des 19. Jahrhundert, 1.-4. Reihe, Nördlingen 1877

PECHT Friedrich, Aus meiner Zeit. Lebenserinnerungen, München 1894

PERCIER/FONTAINE, Choix des plus célèbres maisons de plaisance de Rome et de ses environs mesurées et dessinées par Percier et Fontaine, Paris 1809

PLAGEMANN Volker, Das deutsche Kunstmuseum 1790-1870, München 1967

PÖLNITZ Winfried von, Münchener Kunst und Münchener Kunstkämpfe 1799-1831, in: Oberbayrisches Archiv 72/1936

QUITZSCH Heinz, Die ästhetischen Grundanschauungen Gottfried Sempers, Berlin/DDR 1962

RAUMORDNUNG im 19. Jahrhundert, T.1 und 2, Hannover 1965-1967 = Forschungs- und Sitzungsberichte der Akademie für Raumforschung und Landesplanung, Bd.30. 39

REBER Franz, Geschichte der neueren deutschen Kunst vom Ende des vorigen Jahrhundert bis zur Wiener Ausstellung 1873, Stuttgart 1876

RÖCKEL August, Sachsens Erhebung und das Zuchthaus zu Waldheim, Frankfurt/M. 1865

ROSENAU Helen, Boullée & visionary architecture, London 1976

SAX Julius, Das Rathaus in Fürth, Fürth 1871

SEMPER Gottfried, Das königliche Hoftheater zu Dresden, Braunschweig 1849

SEMPER Gottfried, Kleine Schriften, hrsg.v. Manfred und Hans Semper, Berlin/Stuttgart 1884

SEMPER Gottfried, Wissenschaft, Industrie und Kunst, Neudruck Mainz/Berlin 1966

Gottfried SEMPER. Zeichnerischer Nachlass an der ETH Zürich. Kritischer Katalog von Martin Fröhlich, Basel/Stuttgart 1974

Gottfried SEMPER und die Mitte des 19. Jahrhundert. Symposion vom 2.-6.Dezember 1974, in: Schriftenreihe des Instituts für Geschichte und Theorie der Architektur an der ETH Zürich, Basel/Stuttgart 1976

SEMPER Hans, Gottfried Semper, in: Biographisches Jahrbuch für Alterthumskunde, hrsg.v. Conrad Bursian, 2.Jg., Berlin 1879, in: Jahresbericht über die Fortschritte der classischen Alterthumswissenschaft, hrsg. von Conrad Bursian, Berlin 1880, S.49-83

SEMPER Manfred, Theater. Handbuch der Architektur T.4, Halbbd.6, Heft 5, Stuttgart 1904

SEPP Johann Nepomuk, Ludwig Augustus. König von Bayern und das Zeitalter der Wiedergeburt der Künste, Schaffhausen 1869

SEYDEWITZ Max, Dresden. Musen und Menschen, Berlin/DDR 1973

SPINDLER Max, Dreimal München. Ludwig I. als Bauherr. 2 Vorträge zur Geschichte Münchens, München 1958

SCHRAMM Percy Ernst, Hamburg, Deutschland und die Welt. Leistung und Grenzen hanseatischen Bürgertums in der Zeit zwischen Napoleon I. und Bismarck, München 1943

SCHUMACHER Fritz, Wie das Kunstwerk Hamburg nach dem großen Brande entstand, (¹1920) Hamburg 1969

SCHUMANN Paul, Dresden, Leipzig 1909

STIEGLITZ Christian Ludwig, Encyclopädie der bürgerlichen Baukunst, Leipzig 1792

STIER Hubert, Die deutsche Renaissance als nationaler Styl und die Grenzen ihrer Anwendbarkeit, in: Der Bautechniker 4. Jg. 1884, S.476-480

THIEME-BECKER, Allgemeines Lexikon der bildenden Künstler, Leipzig 1914

VITRUV, Zehn Bücher über die Architektur, hrsg.v. Curt Fensterbusch, Darmstadt 1964

VOGT Adolf Max, Russische und französische Revolutionsarchitektur. 1917. 1789., Köln 1974

WAGNER-RIEGER Renate, Historismus und Schloßbau, München 1975

WIEGMANN Rudolf, Gedanken über die Entwicklung eines zeitgemäßen nationalen Baustyls, in: Allgemeine Bauzeitung 1841, S.207-214

WIESZNER Georg Gustav, Richard Wagner, der Theaterreformer, Emsdetten 1951

II. Benutzte Archive

Bayerisches Hauptstaatsarchiv München (BayHSTA)

Geheimes Hausarchiv München

Plansammlung der Technischen Universität München

Stadtmuseum München, Maillinger Sammlung

Bayerische Staatsbibliothek München, Handschriftenabteilung

Staatsarchiv Nürnberg

Stadtarchiv Fürth - Burgfarrnbach

Städtisches Bauamt Fürth

III. Erläuterungen und Nachweise zum Bildteil

1 - Anlage und Alternativentwurf Durands für die Place de la Concorde in Paris - Durand, Précis II, 3, planche 2 - vgl. S. 20
2 - Grundrißvarianten Durands, Typus Villa Rotonda - Durand, Précis I, 2, planche 1 - vgl. S. 22
3 - Durand, Idealentwurf für ein Rathaus - Durand, Précis II, 3, planche 7 - vgl. S. 22
4 - Durand, Idealentwurf für ein Theater - Durand, Précis II, 3, planche 16 - vgl. S. 24
5 - Klenze, Projet de Monument à la Pacification de l'Europe, 1813 - Bay. Staatsbibliothek, Handschriftenabteilung, Res. 2°Aciv. 93 k - vgl. S. 51
6 - Karl von Fischer, Leuchtenberg-Palais Projekt I, 1814 - Planslg. TU München, 32/5, 34.9 - vgl. S. 58
7 - Karl von Fischer, Leuchtenberg-Palais Projekt II, 1814 - Planslg. TU München, 32/5, 34.6 - vgl. S. 58
8 - Karl von Fischer, Prinz-Carl-Palais, Fassade 1803-06 - Hederer, Fischer, S.39, Abb.15
9 - Karl von Fischer, Leuchtenberg-Palais Projekt I, 1814, Grundriß EG und 1. OG - Planslg. TU München, 32/5, 34.8 - vgl. S. 59
10- Klenze, Entwurf Arco-Palais 1820 - BayHSTA Abt.I, Karten-Slg. 3017/3 - vgl. S. 61

11 - Karl von Fischer, Törring-Palais am Karolinenplatz, 1811 - Planslg. TU München 32/5, 30.1 - vgl. S. 62

12 - Klenze, Leuchtenberg-Palais, Projekt I, 1816 - aus: Hederer, Ludwigstraße, S.31, Abb.13 - vgl. S. 62

13 - Klenze, Leuchtenberg-Palais, 2. Fassadenentwurf mit Säulenbalkon, 1816 - Stadtmuseum München, Maillinger-Slg. M I/1702,5 - vgl. S. 65

14 - Die drei von Karl von Fischer geplanten Neubauten für den Max-Joseph-Platz: Nationaltheater (O) - Fassade des Törring-Palais (S) - Residenz (N); ausgeführt wurde nur das Nationaltheater - aus: Hederer, Fischer, S.81, Abb.40; S.87, Abb.43 und 44

15 - Der Königsbau der Residenz in München. Zeitgenössische Ansicht nach der Fertigstellung - BayHSTA Abt.I, OBB 12726 - vgl. S.75

16 - Klenze, Fassadenentwurf des Postgebäudes (Federzeichnung auf Pauspapier von Ziebland) - Stadtmuseum München, Maillinger-Slg. M II/119 - vgl. S. 78

17 - Der Max-Joseph-Platz in München. Zeitgenössische Ansicht nach der Fertigstellung - BayHSTA Abt.I, OBB 12726 - vgl. S. 84

18 - Gustav Vorherr, Entwurf für die Neugestaltung des Isartors in München. Lithographie aus dem Jahr 1821 - Stadtmuseum München, Maillinger-Slg. M I/1714 - vgl. S. 92

19 - Erster Forumsplan Sempers für die Neuanlage des Dresdener Theaterplatzes, 1835 - aus: Zeitschrift für Bildende Kunst, Heft 1, 1931/32, S.6 - vgl. S. 123

20 - Gottfried Semper, Forumsprojekt II (1840) für die Neuanlage des Dresdener Theaterplatzes - aus: Gottfried Semper, Hoftheater, S.2, Fig.1 - vgl. S. 126

21 - Ausschnitt aus dem Titelblatt zu Pöppelmanns Kupferstichwerk über den Dresdener Zwinger (1729) mit Plan für die Erweiterung der bestehenden Anlagen - aus: Ermisch, Der Dresdener Zwinger, S.30 - vgl. S. 126

22 - Gottfried Semper, Grundriß zum 1. Entwurf für das Dresdener Hoftheater (1835) - aus: G.Semper, Hoftheater Fig. 2 - vgl. S. 134

23 - Gottfried Semper, Grundriß Parterre des Ausführungsentwurfs zum Dresdener Hoftheater (1838) - aus: G.Semper, Hoftheater, Taf. IV - vgl. S. 137

24 - Gottfried Semper, Vordere Ansicht und Querdurchschnitt des Ausführungsentwurfs zum Dresdener Hoftheater (1838) - aus: G.Semper, Hoftheater, Taf. VI - vgl. S. 139

25 - Gottfried Semper, Grundriß des 2. Rangs mit königlichen Galalogen im ausgeführten Dresdener Hoftheater (1838) - aus: G.Semper, Hoftheater, Taf. V - vgl. S. 141

26 - Bauplätze für die Gemäldegalerie Gottfried Sempers im direkten räumlichen Verbund mit der Dresdener Zwingeranlage (schraffiert eingezeichnet) - aus: Mütterlein, Monumentalbauten, S. 373, Fig. 27 - vgl. S. 151

27 - Bleistiftzeichnung des projektierten "Forums" am Dresdener Theaterplatz: rechts das bereits ausgeführte Hoftheater, links das Museumsprojekt von 1840, im Hintergrund der Zwinger und im Vordergrund die geplanten Eingangsarchitekturen (signiert unten rechts: GS. inv. 1842) - aus: Fröhlich, Kritischer Katalog, S.41, Nr. 52-1-1 - vgl. S. 155

28 - Zeitgenössische Ansicht des Dresdener Zwingers mit der Gemäldegalerie Sempers (Hofseite) - aus: Plagemann, Kunstmuseum, Abb. 162 - vgl. S. 158, 166

29 - Gottfried Semper, Gemäldegalerie. Nordfassade gegen den Theaterplatz - aus: Plagemann, Kunstmuseum, Abb. 160 - vgl. S. 158, 166

30 - Grundrisse zur Dresdener Gemäldegalerie Gottfried Sempers (Parterre, 1. Etage, 2. Etage) - aus: Plagemann, Kunstmuseum, Abb. 164 - vgl. S.158

31 - Gottfried Semper, Die Villa Rosa in Dresden, 1839. Südfassade (oben) und Grundriß (unten) - aus: Die Bauten von Dresden, Abb. 183 und 184 - vgl. S. 173

32 - Gottfried Semper, Fassadenaufriß des Palais Oppenheim in Dresden, 1845-48 - aus: Fröhlich, Kritischer Katalog, S.51, Abb. 86-1-2 - vgl. S. 177

33 - Grundrisse Parterre und 1. OG Palais Oppenheim in Dresden - aus: Die Bauten von Dresden, Abb. 168 und 169 - vgl. S. 178

34 - Durand, Idealplan für ein Wohnhaus mit unregelmäßigem Grundriß (rechts) - Durand, Précis II, 3, planche 25 - vgl. S. 178

35 - Hermann Nicolai, Villa Seebach in Dresden, 1839. Fassade und Grundrisse - aus: Die Bauten von Dresden, Abb.172-175 - vgl. S. 180

36 - Karl Eberhard, Villa Häbler in Dresden, 1866/67 - aus: Die Bauten von Dresden, Abb. 190 - vgl. S. 182

37 - Otto Grahl, Wohnhaus Parkstraße 2 in Dresden, 1869/70 - aus: Die Bauten von Dresden, Abb. 186 - vgl. S. 183

38 - Schinkel, Entwurf für ein Stadttheater in Hamburg, 1825/26 aus: Hannmann, Wimmel, Abb. 73 - vgl. S. 187

39 - Zeitgenössische Ansicht und Grundriß des Hamburger Stadttheaters. Ausgeführter Bau von C.L.Wimmel, 1826 - aus: Hannmann, Wimmel, Abb. 75 und 77 - vgl. S. 188

40 - William Lindley, Plan für den Wiederaufbau der abgebrannten Stadtviertel Hamburgs, 1842 - aus: Schumacher, Kunstwerk, Abb.3 - vgl. S. 193 und 201

41 - Gottfried Semper, Plan für den Wiederaufbau der abgebrannten Stadtviertel Hamburgs, 1842 - aus: Schumacher, Kunstwerk, Abb.5 - vgl. S. 193 und 201

42 - Chateauneuf, Endgültiger Plan der Alsterarkaden - aus: Schumacher, Kunstwerk, Abb. 19 - vgl. S. 198

43 - Chateauneuf, Die Hamburger Börse mit den geplanten Börsenarkaden, 1843 - aus: Schumacher, Kunstwerk, Abb.20 - vgl. S. 198

44 - Ausführungsplan für den Wiederaufbau des zerstörten Hamburg, 1842 - aus: Schumacher, Kunstwerk, Abb.11 - vgl. S. 203

45 - Gottfried Semper, Zeichnung zum 2. Planvorschlag für den Wiederaufbau Hamburgs (Alsterbecken mit Rathaus und Verwaltungshaus, davor die Säulen mit stadtsymbolischen Statuen), 1842 - aus: Schumacher, Kunstwerk, Abb.13 - vgl. S. 205

46 - H.W.Burmester, Wohnhaus Ferdinandstraße 70 in Hamburg, 1842 - aus: Hamburg und seine Bauten, S.561 - vgl.S.208

47 - Venedig, Palazzo Contarini-Fasan, um 1475 - Aufnahme der Verf. - vgl. S. 208

48 - Brüger, Entwurf für das Rathaus in Fürth, 1. Fassung Dezember 1823 - Stadtarchiv Fürth 64a,1 fol.40 - vgl. S. 212

49 - Brüger, Entwurf für das Rathaus in Fürth, 2. Fassung Dezember 1823 - Stadtarchiv Fürth 64a,1 fol.41 - vgl. S. 212

50 - Brüger, Entwurf für das Rathaus in Fürth, 4. Fassung Juni 1824 (mit Berücksichtigung der rechts oben notierten Änderungswünsche der Kreisregierung) - Stadtarchiv Fürth 64a,1 fol.102 - vgl. S. 213

51 - Leo von Klenze, Fassadenentwurf für das Rathaus in Fürth, 1825 - aus: Fürther Heimatblätter 1940, Nr.3/4 - vgl. S. 213

52 - Köppel, Entwurf für das Rathaus in Fürth, April 1837 - BayHSTA Abt.I, Planslg. 15759 - vgl. S. 222

53 - Leonhard Schmidtner, Entwurf für das Rathaus in Fürth, 1837 - Staatsarchiv Nürnberg, Regierungsplanslg. Mappe XIV, Nr.6 - vgl. S. 222

54 - Carl Tappe, Entwurf für das Rathaus in Fürth, 1837. Hauptfassade gegen die Frankfurter(heute: Königs-)Straße - BayHSTA, Planslg. OBB 15767 - vgl. S. 226

55 - Wilhelm Waser, Entwurf für das Rathaus in Fürth, 1837. Hauptfassade gegen die Frankfurter(heute: Königs-)Straße - BayHSTA, Planslg. OBB 15756 - vgl. S. 226

56 - Wilhelm Waser, Entwurf für das Rathaus in Fürth, 1837. Fassade gegen die Brandenburger Straße - BayHSTA, Planslg. OBB 15758 - vgl. S. 226

57 - Friedrich Bürklein, Entwurf für das Rathaus in Fürth, 1837. Hauptfassade gegen die Frankfurter(heute: Königs-)Straße - BayHSTA, Planslg. OBB 15757 - vgl. S. 227

58 - Friedrich Bürklein, Entwurf für das Rathaus in Fürth, 1837. Fassade gegen die Brandenburger Straße - BayHSTA, Planslg. OBB 15760 - vgl. S. 227

59 - Friedrich Bürklein, Entwurf für das Rathaus in Fürth, 1837. Grundplan EG - BayHSTA, Planslg. OBB 15764 - vgl. S. 227

60 - Das Rathaus in Fürth. Der ausgeführte Bau - Aufnahme der Verf. - vgl. S. 229

61 - Das Rathaus in Fürth. Ansicht ca. 1851 - Stadtarchiv Fürth - vgl. S. 229

62 - Entwurf für den Anbau des Fürther Rathauses, ca. 1898,(I).
     Angefertigt im städtischen Bauamt Fürth - Stadtarchiv
     Fürth, Mappe H.XXVI, M II - vgl. S. 236
63 - Entwurf für den Anbau des Fürther Rathauses, ca. 1898,(II).
     Angefertigt im städtischen Bauamt Fürth - Stadtarchiv
     Fürth, Mappe H.XXVI, M II - vgl. S. 236
64 - Friedrich von Thiersch, Entwurf für den Anbau des Fürther
     Rathauses, November 1898 - Stadtarchiv Fürth, Mappe H.XXVI,
     M II - vgl. S. 236
65 - Holzer, Plan zum Umbau der Rathausfassade an der Brandenburger Straße in Fürth, 1910 - Stadtarchiv Fürth, 64a,53
     Umschlag 45 - vgl. S. 237

Erlanger Studien

herausgegeben von

Detlef Bernd Leistner und Dietmar Peschel

Band 1   Ulrich Wyss

Theorie der mitteldeutschen Legendenepik
1973, vergriffen

Band 2   Eva Betz

Wieland der Schmied. Neue Untersuchungen zur
Wielandüberlieferung. 1973

231 Seiten, kart., DM 26.--   ISBN 3-7896-0102-0

Band 3   Helmut Schneider

Wirtschaft und Politik. Untersuchungen zur Geschichte der späten römischen Republik. 1974

508 Seiten, kart., DM 48.--   ISBN 3-7896-0103-9

Band 4   Dieter Marc Schneider

Revolutionärer Syndikalismus und Bolschewismus.
Der Prozeß der Auseinandersetzung französischer
Syndikalisten mit den Bolschewiki 1914-1922. 1974

353 Seiten, kart., DM 38.--   ISBN 3-7896-0104-7

Band 5   Detlef Bernd Leistner

Autor - Erzähltext - Leser. Sprachhandlungstheoretische Überlegungen zur Sprachverwendung in Erzähltexten. 1975

555 Seiten, kart., DM 48.--   ISBN 3-7896-0105-5

Band 6   Elisabeth Schmid

Studien zum Problem der epischen Totalität in
Wolframs "Parzival". 1976

192 Seiten, kart., DM 28.--   ISBN 3-7896-0106-3

Band 7   Reinhard Lahme

Zur literarischen Praxis bürgerlicher Emanzipationsbestrebungen: Robert Eduard Prutz. 1978

308 Seiten, kart., DM 38.--   ISBN 3-7896-0107-1

Band 8   Friedrich J. Bröder

Presse und Politik. Demokratie und Gesellschaft im
Spiegel politischer Kommentare der "Frankfurter Allgemeinen Zeitung", der "Welt" und der "Süddeutschen
Zeitung". 1976

369 Seiten, kart., DM 16.--   ISBN 3-7896-0108-X

Band 9   Gerd-Dietmar Peschel
          Prolog-Programm und Pragment-Schluss in Gotfrits Tristanroman. 1976
          222 Seiten, kart., DM 28.--   ISBN 3-7896-0109-8

Band 10   Karl Richard Fösel
          Der Deus ex machina in der Komödie. 1975
          189 Seiten, kart., DM 30.--   ISBN 3-7896-0110-1

Band 11   Lothar Petry
          Die erste Internationale in der Berliner Arbeiterbewegung. 1975
          381 Seiten, kart., DM 38.--   ISBN-3-7896-0111-X

Band 12   Ulrich Hohner
          Zur Problematik der Naturnachahmung in der Ästhetik des 18. Jahrhunderts. 1976
          276 Seiten, kart., DM 34.--   ISBN 3-7896-0112-8

Band 13   Lutz Antonio Marcuschi
          Die Methode des Beispiels. Untersuchungen über die methodische Funktion des Beispiels in der Philosophie, insbesondere bei Ludwig Wittgenstein. 1976
          230 Seiten, kart., DM 26.--   ISBN 3-7896-0113-6

Band 14   Rolf Rühle
          Der kritische Rationalismus und seine Hegelkritik. Die Notwendigkeit von Induktion, Deduktion und Dialektik. 1976

Band 15   Karl-Günther Hartmann
          Die humanistische Odenkomposition in Deutschland. Vorgeschichte und Voraussetzungen. 1977
          249 Seiten, Notenanhang, Kart.,   ISBN 3-7896-0115-2

Band 16   Peter Schabert
          Laut- und Formenlehre des Maltesischen anhand zweier Mundarten. 1977
          254 Seiten, kart., DM 36.--   ISBN 3-7896-0116-0

Band 17   Wolf Rudolf Lutz
          Heinrich der Erlauchte (1218-1288) Markgraf von Meißen und der Ostmark (1221-1288) Landgraf von Thüringen und Pfalzgraf von Sachsen (1247-1263) 1977
          504 Seiten, kart., DM 48.--   ISBN 3-7896-0117-9

Band 18   Peter Linz
Semantische Struktur und kognitive Textverarbeitung. Ein theoretischer und empirischer Beitrag zu einer sprachepsychologischen Texttheorie.
332 Seiten, kart., DM 40.--   ISBN 3-7896-0118-7

Band 19   Jeanne-Marie Gagnebin
Zur Geschichtsphilosophie Walter Benjamins. Die Unabgeschlossenheit des Sinnes.
172 Seiten, kart.,   ISBN 3-7896-0119-5

Band 20   Ludwig Kröner
Eschatologie bei Karl Marx? Untersuchungen zum Begriff "Eschatologie" und seiner Verwendung in der Interpretation des Werkes von Karl Marx.
240 Seiten, kart., DM 36.--   ISBN 3-7896-0120-9

Band 21   Günter Niklewski
Versuch über Symbol und Allegorie. (Winckelmann - Moritz - Schelling)
170 Seiten, kart., DM 28.--   ISBN 3-7896-0121-7

Band 22   Heinrich Hirschfelder
Die bayerische Sozialdemokratie 1864-1914. 1979
2 Bände zusammen
688 Seiten, kart., DM 56.--   ISBN 3-7896-0122-5

Band 23   Eva Ulrich
Studien zur Nürnberger Glasmalerei des ausgehenden 15. Jarhunderts.
385 Seiten, kart., DM 48.--   ISBN 3-7896-0123-3

Band 24   Gerhard Strauss
Aspekte der Form Roman in Deutschland zwischen Spätaufklärung und poetischem Realismus. Zur Theorie und Praxis des bürgerlichen Romans.
240 Seiten, kart., DM 36.--   ISBN 3-7896-0124-1

Band 25   Gabriele Massuh
Borges: Eine Ästhetik des Schweigens
240 Seiten, kart., DM 36.--   ISBN 3-7896-0125-X

Band 26 Peter Schmitt
Faust und die "Deutsche Misere"
Studien zu Brechts dialektischer Theaterkonzeption.
352 Seiten, kart., DM 46.--   ISBN 3-7896-0126-8

Band 27 Hans Paul Fiechter
Kafkas fiktionaler Raum
212 Seiten, kart., DM 36.--   ISBN 3-7896-0127-6

Band 28 Jutta Zander - Seidel
Kunstrezeption und Selbsverständnis
368 Seiten, kart., DM 48.--   ISBN 3-7896-0128-4